Instruments entre les mains du Rédempteur

Instruments entre les mains du Rédempteur

Quand Dieu utilise des gens qui ont besoin de changement, pour en aider d'autres qui ont besoin de changement.

PAUL DAVID TRIPP

230 rue Lupien,
Trois-Rivières (Québec)
Canada G8T 6W4

Pour l'édition originale en anglais :
Instruments in the Redeemer's Hands
by Paul David Tripp © 2002
Published by P&R Publishing Company
P.O. Box 817, Phillipsburg, New Jersey 08865-0817, U.S.A.
This translation published by arrangement with P&R Publishing

Pour l'édition en langue française :
Instruments entre les mains du Rédempteur
par Paul David Tripp
Traduit et publié avec la permission de P&R Publishing
© 2013, 2017 par Publications Chrétiennes
230, rue Lupien, Trois-Rivières (Québec) – Canada G8T 6W4
www.publicationschretiennes.com
Tous droits réservés.

Traduction : Élaine Cossette
Révision : Louise Denniss
Correction : Hélène Charland
Mise en page : AGS/Aristide Therrien

Ce livre a été publié précédemment aux Éditions Cruciforme sous le titre *Instruments dans les mains du Rédempteur*.

ISBN : 978-2-89082-289-4

Dépôt légal – 1er trimestre 2017
Bibliothèque et Archives nationales du Québec
Bibliothèque et Archives Canada

« Éditions Impact » est une marque déposée de Publications Chrétiennes, Inc.

Les citations bibliques sont tirées de la Nouvelle Version Segond révisée (Colombe), Alliance biblique universelle, © 1978.

La reproduction d'un extrait quelconque de ce livre, par quelque procédé que ce soit, tant électronique que mécanique, en particulier par photocopie et par microfilm, est interdite sans l'autorisation écrite de l'éditeur. Les exercices inclus dans l'Appendice 5 peuvent être photocopiés en respectant les conditions suivantes : 1) l'exemplaire du livre que vous possédez a été acheté, 2) vous employez ces exercices dans le cadre d'une relation de counseling, et 3) vous n'exigez aucune somme excédant le coût de la reproduction de ces documents.

À Tedd,
Merci de me montrer la voie

Table des matières

Préface		9
Chapitre 1	La meilleure des nouvelles : une raison de se lever le matin	13
Chapitre 2	Entre les mains du rédempteur	35
Chapitre 3	Avons-nous réellement besoin d'aide?	61
Chapitre 4	Le cœur est la cible	85
Chapitre 5	Comprendre les luttes du cœur	109
Chapitre 6	Suivre l'Admirable Conseiller	135
Chapitre 7	Bâtir des relations en entrant dans l'univers des autres	159
Chapitre 8	Bâtir des relations en nous identifiant à la souffrance	193
Chapitre 9	Apprendre à connaître les gens	221
Chapitre 10	Découvrir les domaines où le changement s'impose	251
Chapitre 11	Dans quels buts dire la vérité avec amour?	275
Chapitre 12	Le processus menant à dire la vérité avec amour	303
Chapitre 13	Élaborer un plan d'action et clarifier les responsabilités	329
Chapitre 14	Affermir l'identité en Christ et instaurer un système permettant de rendre des comptes	355
Appendice 1	Dissiper l'aveuglement : un autre regard sur la collecte de données	379
Appendice 2	Qualités que le conseiller doit développer pour effectuer la collecte des données	397
Appendice 3	Stratégies pour la collecte des données	417
Appendice 4	Les doctrines inspirant les exercices pratiques	443
Appendice 5	Les exercices pratiques liés aux quatre étapes du counseling	461
Notes		499

Préface

Les desseins préparés par Dieu pour son Église sont à la fois merveilleux et nous portent à réfléchir. Ils sont merveilleux parce que Dieu est un Dieu jaloux et ferme dans ses décisions. L'œuvre entreprise parmi son peuple se poursuivra sans défaillir jusqu'à son accomplissement total. Ses plans nous portent également à réfléchir en raison du modèle qu'ils proposent et qui inclut « tout son peuple, en tout temps ».

Plusieurs d'entre nous éprouveraient un soulagement si Dieu avait confié à des professionnels chevronnés la responsabilité de notre sanctification, mais le modèle biblique se révèle tout autre. Dieu a prévu que tout le Corps atteigne une pleine maturité en Christ à travers le fidèle ministère de chacune de ses parties. Les leaders ont reçu des dons, une position et la responsabilité de former et de mobiliser le peuple de Dieu afin qu'il vive quotidiennement selon un modèle de ministère exercé les uns envers les autres.

Le modèle est simple : quand Dieu vous appelle à lui, il vous appelle également à être un serviteur, un instrument entre ses mains rédemptrices. Tous ses enfants sont appelés à exercer un ministère, et tous ont besoin de l'intervention quotidienne des autres dans leur vie. Si vous suiviez le Seigneur pendant mille ans, le ministère du Corps de Christ vous serait tout aussi indispensable alors que le premier jour où vous avez cru. Ce besoin demeurera toujours le même, jusqu'à ce que notre sanctification soit achevée dans la gloire.

Voici donc le sujet de ce livre : Dieu se sert d'individus qui ont eux-mêmes besoin de changer afin qu'ils deviennent des instruments de changement envers d'autres. Le but de ce livre n'est pas simplement que des personnes soient transformées en donnant et en recevant de l'aide, mais que la culture même de l'Église soit transformée.

Je suis persuadé que l'Église d'aujourd'hui se compose davantage de consommateurs que de fidèles engagés. Cela n'empêche pas Jean et Sabrina de participer à des activités ou à la réalisation d'un projet, mais leur participation occasionnelle est loin de refléter le modèle du Nouveau Testament où « chacun est à l'œuvre en tout temps ». Notre tendance à faire de la consommation ecclésiastique a grandement affaibli l'Église. Pour la plupart d'entre nous, cette dernière constitue tout simplement un événement auquel nous assistons, ou une organisation à laquelle nous appartenons. Nous ne la considérons pas comme un appel qui façonne nos vies entières.

Pourtant, il serait de toute évidence impossible d'engager suffisamment de personnel rémunéré pour combler les besoins de l'Église locale moyenne. La culture de l'Église évangélique contemporaine, où « l'assemblée passive paie les services de professionnels », doit être abandonnée pour faire place au modèle de ministère établi par Dieu dans sa sagesse. Le présent livre vise précisément cet objectif.

Chaque fois que je termine un projet comme celui-ci, je me rends compte à quel point je suis privilégié. Le fait de pouvoir me libérer des fonctions que j'occupe habituellement dans le ministère afin de concentrer toute mon énergie à écrire est un cadeau extraordinaire. Je désire remercier John Bettler, les membres de la faculté et le personnel de *Christian Counseling and Educational Foundation*, ainsi que les membres du peuple de Dieu qui ont contribué, au prix de grands sacrifices, à la réalisation de ce travail. J'exprime ma reconnaissance à Sue Lutz. Sue, tes aptitudes de réviseure sont incomparables. Merci de bien vouloir traduire mes pensées en phrases cohérentes, sans hésiter à me faire part de « critiques constructives » lorsque tu es convaincue qu'elles pourront améliorer le livre.

Enfin, certains lecteurs se demanderont peut-être pourquoi le présent ouvrage ne contient aucune question de réflexion à la fin de chaque chapitre. Sachez donc que ce type de matériel a déjà été développé dans le cadre d'un programme d'étude destiné aux Églises locales. Ce programme *The Instruments of Change* [en anglais seulement] comporte douze leçons incluant à la fois un manuel pour l'animateur et un pour l'étudiant. Chaque leçon développe trois aspects précis : les concepts à connaître, leur application à votre vie personnelle et la manière dont ils donnent le ton à vos relations et à votre ministère.

Je veux également remercier ma famille. Luella, tu es mon aide et mon fidèle soutien, mais plus encore, tu es ma meilleure amie. J'ai retiré de grandes bénédictions de ton ministère quotidien envers moi depuis plus de trente ans. Merci à vous quatre, Justin, Ethan, Nicole et Darnay d'user de patience envers votre papa qui n'a pas fini d'apprendre comment vivre ce qu'il a été appelé à enseigner.

À vous, lecteurs, que Dieu vous bénisse abondamment, alors que vous répondez à son appel en prenant part à la réalité la plus importante qui se produit dans l'univers, c'est-à-dire la rédemption.

1
La meilleure des nouvelles : une raison de se lever le matin

Quelle serait la meilleure nouvelle que l'on puisse vous annoncer? À quoi songez-vous quand vous vous dites : « Si seulement... »? Souhaitez-vous devenir millionnaire et acheter la maison de vos rêves? Vous vous imaginez peut-être décrocher l'emploi idéal. Vous aspirez à voir votre femme ou votre mari devenir soudainement la personne que vous avez toujours espérée. Vous vous représentez votre enfant qui enfin se prend en main, vit de manière responsable et se marie avec quelqu'un de bien. Quelle bonne nouvelle vous rendrait heureux?

Posons la question autrement. Pour quelle raison vous levez-vous le matin? Qu'est-ce qui vous motive et vous anime tout au long de la journée? Quelle cause possède suffisamment de valeur à vos yeux pour que vous y accordiez temps, talents et énergie? Qu'est-ce qui vous apparaît suffisamment important pour que vous le placiez au cœur de votre vie?

Ce livre traite de la meilleure nouvelle qu'un individu puisse entendre. Il énonce une vérité tellement grande qu'elle donne de la valeur à tout ce que nous faisons, malgré nos imperfections et ce monde déchu. Cette nouvelle est diamétralement opposée à l'univers de l'imaginaire, des rêves et des attentes irréalistes. Elle s'enracine dans l'histoire même et dans la réalité quotidienne. Elle pénètre et atteint les situations les plus pénibles de la vie et apporte l'espérance d'un changement durable. Elle seule vaut la peine que l'on vive pour elle! Il s'agit de *la* Bonne Nouvelle!

Revenons sur l'histoire pour comprendre la Bonne Nouvelle

Quand Dieu a créé l'univers, des individus parfaits ont vécu pendant un court laps de temps dans un monde parfait, en parfaite communion avec Dieu. La nature offrait une végétation riche et luxuriante et une grande variété d'animaux peuplaient la terre, la mer et le ciel. Les besoins spirituels et physiques étaient parfaitement comblés. Personne n'avait faim, personne ne craignait la maladie. Aucune épine, aucune mauvaise herbe ne poussaient dans les jardins.

L'homme et la femme, Adam et Ève, vivaient ensemble en parfaite harmonie. Leurs jours s'écoulaient sans compétition malsaine, lutte de pouvoir, vengeance ou reproche. Ils ne connaissaient pas les effets de la peur, de la culpabilité, de la honte, de la rébellion contre l'autorité, les mots blessants ou les machinations secrètes. Leur vie était caractérisée par la compréhension, la communication et l'amour.

Ils ne menaient pas de combat désespéré dans le but de trouver leur identité, vaincre l'anxiété, la dépression ou une dépendance. Ils n'étaient pas hantés par leur passé et ne redoutaient pas l'avenir. Les expressions « désir insensé, motif ambigu, tentation » étaient étrangères à leur vocabulaire.

Il existait, de même, une union parfaite entre Dieu et eux. Ils avaient été créés pour aimer, adorer et obéir et ils agissaient selon ce plan. Profitant de la brise du soir, ils parcouraient le jardin en compagnie de Dieu, jouissant d'une relation profonde avec leur Créateur. Leur travail consistait à cultiver et à garder le jardin planté par Dieu et ils s'y adonnaient avec brio. Dieu n'avait aucune raison de les réprimander et ils n'avaient rien à se reprocher. Rien ne venait troubler les jours qui se suivaient et se ressemblaient. Nous ne pouvons imaginer la qualité exceptionnelle de cette vie, car notre regard est aujourd'hui profondément marqué par le péché.

Malheureusement, cette situation n'a pas duré longtemps. L'homme et la femme ont commis un acte de rébellion sans précédent et se sont écartés du chemin tracé par Dieu. En un instant, tout s'est écroulé. L'extraordinaire beauté du monde en porterait pour toujours de profondes cicatrices.

La peur, la culpabilité et la honte sont rapidement devenues le lot de l'expérience humaine normale. Ceux qui vivaient auparavant en parfaite harmonie se livraient désormais à la tromperie, aux accusations et aux luttes de pouvoir. La maladie et les ronces faisaient partie de leurs préoccupations quotidiennes. Les humains ont commencé à s'attacher au mal et à agir selon l'injustice. Ils ne se sont pas soumis à l'autorité de Dieu, mais ont préféré s'ériger en maîtres de leurs propres vies. Le monde qui autrefois avait entonné l'hymne à la perfection gémissait dorénavant sous le poids de la chute.

Le péché a modifié jusqu'aux moindres pensées, désirs, mots et actions. Il a engendré un monde où règnent la duplicité et le cœur partagé, le culte du moi et l'égocentrisme. Les gens ont préféré être servis plutôt que de servir leur prochain. Ils se sont révélés assoiffés de pouvoir et se sont rassasiés d'illusions et d'autosuffisance. Ils ont oublié leur Créateur et adoré la créature. Au lieu d'aimer l'autre et d'exprimer cet amour en partageant leurs biens, ils ont préféré leurs possessions et exploité les autres pour en obtenir davantage. La deuxième génération d'êtres humains a même introduit le meurtre dans ses mœurs. Le mensonge, la tricherie, la dissimulation et la trahison ont bientôt fait leur apparition. Plusieurs ont souffert d'occasionnels manques d'égard commis à leur endroit ou d'abominables sévices physiques et sexuels perpétrés par d'autres. Pour la première fois, les douleurs intérieures et les souffrances provenant de l'extérieur ont suscité des pleurs et des gémissements.

Dieu voyait désormais son monde ravagé par le péché. Il a alors formé en lui-même un projet de rétablissement afin qu'il ne demeure pas dans cet état. Ce plan, qui s'échelonnait sur plusieurs milliers d'années, impliquait la maîtrise des forces de la nature et du cours de l'histoire humaine, mais rien n'est impossible à Dieu. À partir de la chute, de génération en génération, il a orchestré toutes choses de manière à redresser un jour ce qui avait été si terriblement tordu. Au moment fixé par lui, il a envoyé son Fils unique dans ce monde.

Prêts pour la meilleure des nouvelles

La première mention de la Bonne Nouvelle est si brève qu'elle pourrait facilement nous échapper. Elle se trouve au début de l'Évangile de Marc et se compose de quelques phrases insérées dans un court verset. Pourtant, Jésus y résume avec justesse la raison de sa venue.

Marc rapporte ainsi les paroles de Jésus : « Le temps est accompli et le royaume de Dieu est proche. Repentez-vous, et croyez à la bonne nouvelle » (Marc 1.15). Nous avons tendance à considérer que Jésus a prononcé ces mots dans le seul but de se présenter, mais sa proclamation comporte bien davantage. Elle nous donne, alors que nous sommes confrontés aux dures réalités de la chute, la seule raison valable de nous lever le matin. Elle nous remplit d'une espérance incomparablement pratique et intensément personnelle.

La nouvelle commence par ces mots : « Le temps est accompli. » Jésus déclare en fait : « Voici l'œuvre à laquelle Dieu a travaillé. La totalité de l'histoire converge vers ce moment décisif. » Dieu n'avait pas oublié l'humanité ou cessé de s'occuper d'elle. Depuis le tout premier acte de désobéissance, il préparait le monde pour ce jour. Malgré le chaos et la futilité apparente, il écrivait la merveilleuse histoire de la rédemption qui a atteint son point culminant lors de la venue de Jésus-Christ.

En y réfléchissant, nous découvrons que tous les récits heureux ou malheureux rapportés dans l'Ancien Testament visaient un objectif clair. Les batailles, les voyages, les épreuves, les royaumes, les révélations, les miracles, les intrigues politiques et personnelles faisaient partie d'un plan soigneusement élaboré pour conduire le monde à un moment précis de son histoire. Longtemps avant les écrits de Marc, Dieu avait à maintes reprises informé son peuple qu'il rétablirait ce qui avait été détruit, mais ses paroles demeuraient souvent incomprises. Jésus entame son ministère en déclarant : « Comprenez-vous ce qui se passe maintenant? Le jour que les prophètes ont annoncé est enfin arrivé et l'espérance lointaine et obscure a fait place à l'éblouissante réalité. Le temps est accompli! »

Ses propos suscitent néanmoins une question : « Qu'est-ce qui s'accomplit exactement en ces temps remarquables? » Jésus annonce que le royaume de Dieu est proche. En d'autres termes, il affirme humblement : « Je suis le Roi des rois et je porte avec moi la puissance de mon royaume. » Ailleurs, Christ a clairement établi que son royaume ne consiste pas en une domination politique ou un gouvernement issu de ce monde. Il le désigne par l'expression : « un royaume au-dedans de vous » (voir Luc 17.20-21). Dieu n'a pas accompli son œuvre rédemptrice en déclenchant une révolution politique ou une guerre terrestre. La principale bataille s'est engagée et a été gagnée dans les cœurs humains.

Dans une culture où l'égo règne en maître, il nous faut absolument considérer la magnificence de ce royaume. Nous ne pouvons le réduire de sorte qu'il épouse la forme de nos besoins et de nos désirs, car il nous transporte au-delà de notre vécu et de nos relations personnelles. Le Roi n'est pas venu pour nous aider à concrétiser nos projets individuels, mais pour nous rendre participants d'une réalité plus étonnante, plus glorieuse et merveilleuse que tout ce que nous aurions pu imaginer. Le meilleur moyen de saisir quelque peu l'aboutissement grandiose de ces choses consiste peut-être à écouter aux portes de l'éternité même. À la fin du livre de l'Apocalypse (19.6-9), la foule considérable des rachetés se tient devant le trône et telle la voix des grandes eaux, s'exclame :

> Alléluia! Car le Seigneur Dieu, le Tout-Puissant, a établi son règne. Réjouissons-nous, soyons dans l'allégresse et donnons-lui gloire, car les noces de l'Agneau sont venues, et son épouse s'est préparée. Il lui a été donné de se vêtir de fin lin, éclatant et pur.

Observez bien les paroles de leur chant. Ils ne disent pas : « J'ai obtenu l'emploi rêvé! Mon mariage a été un succès! J'avais de bons amis et mes enfants ont réussi leurs vies. » Ou encore : « J'ai vaincu mes peurs et ma dépression. » Les cœurs de la multitude assemblée sont éblouis pour deux raisons. D'abord, Christ a remporté la victoire finale. Sa volonté a été accomplie, son plan mené à bien, et il règne sans opposition pour toujours. Dieu a réuni un peuple qui partage la même passion pour sa gloire et trouve la consolation suprême dans son autorité. Ils l'ont suivi par la foi, ils ont souffert et obéi au prix de grands sacrifices, mais ils ne regrettent rien. Le Rédempteur et sa souveraineté les comblent parfaitement.

Ensuite, le moment glorieux des noces de l'Agneau, la célébration ultime, arrive enfin. Les voix résonnent, semblables à de puissants tonnerres, quand la multitude des rachetés découvre qu'elle a non seulement été invitée aux noces, mais qu'elle est *elle-même* l'épouse! Elle est habillée de fin lin. La souillure et les marques du péché ont disparu. L'impureté de son iniquité est effacée. Elle est enfin purifiée pour toujours. Elle se tient devant l'Époux, revêtue de pureté et de sainteté.

En écoutant aux portes de l'éternité, nous constatons que ce royaume concerne Dieu et la transformation radicale qu'il opère chez les individus. Le royaume ne s'intéresse pas à l'esprit égocentrique de la culture ambiante. Christ est venu briser les chaînes qui nous liaient à cette manière de penser dégradante et il nous appelle à vivre pour la seule raison qui en vaille vraiment la peine. Son royaume vise la manifestation de sa gloire et la sainteté de son peuple. Christ est venu, il a vécu, il est mort et ressuscité afin de produire un tel changement. Il nous offre d'échanger les gloires temporaires que nous recherchons contre une existence et une œuvre fondées sur le royaume et dont l'objectif consiste à prendre le contrôle de nos cœurs et à transformer nos vies.

Remarquez que Christ associe la Bonne Nouvelle à un appel à la repentance. La Bible définit la repentance comme un changement radical du cœur menant à un changement absolu de direction. Cette transformation est possible uniquement si nous disposons de la puissance pour y parvenir. Il serait en effet cruel de demander à des gens paralysés par le péché de se repentir sans leur accorder le pouvoir d'y arriver! Le message de Jésus capte dès lors notre attention puisqu'il déclare : « À cause de ma venue, votre cœur *peut* subir une transformation permanente. » Le monde se trouve certes dans un état lamentable, mais le Roi est venu, portant avec lui la gloire et la puissance de son royaume!

Êtes-vous sous l'emprise d'un péché particulier dont vous n'arrivez pas à vous défaire? Fréquentez-vous une assemblée profondément divisée? Votre mariage a-t-il dévié des objectifs bénéfiques élaborés par Dieu? Traînez-vous encore aujourd'hui de pénibles souvenirs de votre passé? Avez-vous été déçu par de bonnes intentions qui n'ont mené à rien, par des promesses non tenues, par des rêves et des espoirs brisés? Le besoin de changement se situe non seulement autour de nous, mais également en nous.

Le péché attaché à nos cœurs complique terriblement notre existence. Il transforme l'amour en désir égoïste. Il enlève au foyer la paix et la sécurité que Dieu lui avait conférées et il en fait un endroit où sont infligées les pires blessures humaines. Il corrompt le marché du travail, empêche le gouvernement de travailler au bien du peuple et souille même l'Église. Au crépuscule de la vie, il conduit finalement à la mort.

Vous ne pouvez échapper au péché, car il habite en vous. Par sa puissance, il déforme ce que vous apprenez. Vous ne pourrez jamais vous montrer plus malin que lui et aucune rançon versée ne suffirait à vous libérer de son emprise. Le péché vous suit même si vous changez d'adresse. C'est pourquoi la venue du Roi est la meilleure nouvelle qui soit.

Il est possible de changer! Le péché vous plonge peut-être dans une vive affliction, mais vous possédez une espérance qui ne vous trompera jamais (Romains 5.1-5). Ce mariage peut prendre un nouveau virage. Cet adolescent peut modifier son comportement. Cette Église peut changer. Cette amitié brisée peut être restaurée. Cette amertume peut céder la place à la joie, la compulsion et la peur peuvent être vaincues. Ce cœur de pierre peut s'attendrir et cette langue acérée peut prononcer des paroles douces. Une personne complètement centrée sur elle-même peut devenir un serviteur altruiste. Des individus peuvent exercer le pouvoir sans en abuser. Les foyers peuvent devenir des endroits où règnent l'amour, la sécurité et la guérison. Il est possible de changer parce que le Roi est venu!

En tout cela, Dieu poursuit un seul but : sa propre gloire. Christ est venu afin de rétablir la véritable raison pour laquelle nous avons été créés, celle de vivre continuellement dans une attitude d'adoration et de soumission à son égard. Il réalise cette œuvre en insufflant la vie à nos cœurs morts et nous saisissons alors notre réel besoin de lui. Il a vécu sans pécher et a accompli la loi pour nous. Il donne librement sa vie comme une offrande pour le péché afin que nous recevions le plein pardon. Il nous adopte dans sa famille, nous accordant les droits et privilèges de ses enfants. Il nous transforme à son image de jour en jour. Par sa grâce, il nous rend capables de faire le bien. Son Esprit habite en nous et nous convainc de péché, il illumine la vérité et nous donne la force d'obéir. Il nous place dans le Corps de Christ où nous recevons l'enseignement qui nous permet de grandir. Il orchestre chaque événement pour sa gloire et notre bien. Il nous aime d'un amour éternel et rédempteur.

La Bible appelle ce changement la *rédemption*. Nous sommes non seulement transformés, mais également réconciliés avec Dieu. C'est ce qui rend tous les autres changements possibles.

Notre message doit être la Bonne Nouvelle

Quand Jésus a envoyé ses disciples exercer un ministère en son nom, il leur a commandé de proclamer ce message. Nous proclamons aujourd'hui le même message et l'adressons d'abord à nous-mêmes qui luttons contre le péché, puis à ceux qui semblent prisonniers de circonstances insurmontables. Nous devons affirmer sans faillir : « Notre seule espérance réside en Jésus-Christ, le Roi des rois. En lui seul, le cœur connaît une transformation personnelle et durable. » Tout autre message nourrit de faux espoirs.

Les habitants d'un monde déchu, dont la vie s'avère souvent difficile, cherchent des explications tandis qu'ils auraient plutôt besoin d'imagination. Ils réclament des stratégies, des techniques et des principes, car ils désirent simplement améliorer leur sort. Pourtant, Dieu leur offre bien davantage. Ils doivent pouvoir déceler la présence du royaume lorsqu'ils regardent leur famille, leurs voisins, la ville, leur travail, l'Église et leur histoire. L'imagination – la capacité de voir ce qui est réel, bien qu'invisible – entre alors en scène. Paul avait les regards fixés sur les réalités d'en haut

(2 Corinthiens 4). À l'instar de Paul, il leur faut considérer la ville comme une glorieuse société de rachetés à rassembler, au milieu d'une bataille spirituelle intense, afin qu'ils vivent en communion avec Dieu. Quand ils observent leurs enfants, ils ont besoin de discerner le Sauveur à la recherche de leurs cœurs égarés. Ils doivent percevoir l'histoire comme le théâtre où Dieu met ses desseins à exécution. Il est nécessaire pour chacun de découvrir la splendeur de l'espérance de l'existence humaine qui consiste à connaître, aimer et servir Dieu. Il leur est possible d'entretenir une relation intime avec lui pour l'éternité et de former une communauté fondée sur l'amour, ce qui ne peut être accompli d'aucune autre manière. Tout cela est rendu possible parce que le Roi a déployé sur eux son amour et sa grâce.

Nous, pécheurs, possédons la tendance naturelle à nous détourner du Créateur pour servir la créature. Nous refusons d'espérer en une Personne et plaçons notre confiance dans des systèmes, des idées, des individus ou des biens matériels. L'Espoir véritable se trouve devant nos yeux, mais nous ne le voyons pas. Nous préférons plutôt fouiller le vaste amoncellement des idées humaines et y extraire un fragment d'illumination. Nous sommes alors convaincus d'avoir trouvé la clé, la solution qui réglera tous les problèmes. Nous nous conformons à notre nouvelle compréhension des choses et vivons dans l'illusion d'un changement véritable et permanent. Pourtant, nous éprouvons bien vite une amère déception. La transformation aura été de courte durée et superficielle, sans pénétrer au cœur du problème. Nous retournons alors à la fouille du terrain, décidés cette fois à creuser au bon endroit. Eurêka! Nous découvrons un autre fragment d'inspiration, apparemment plus profond que le premier. Nous l'apportons à la maison, l'étudions et le mettons en pratique, mais nous revenons constamment au point de départ.

La Bonne Nouvelle nous oblige à regarder la réalité en face : nous n'obtiendrons jamais l'aide indispensable au changement véritable en prospectant notre site de notions tout humaines. Seul l'Homme, Jésus-Christ, procure un secours efficace. Nous ne présentons pas aux gens un *système* de rédemption, une série de principes et de concepts. Nous leur offrons un *Rédempteur*. Dans sa puissance, nous recouvrons l'espoir et l'aide nécessaires pour vaincre les ennemis les plus redoutables. L'espérance repose sur la grâce du Rédempteur, le seul vrai moyen d'expérimenter un changement durable.

Nous touchons au cœur de ce qui distingue les croyants de la psychologie qui prévaut dans notre culture. Le monde s'étant fondamentalement détourné du Seigneur ne peut proposer qu'une forme ou une autre de systèmes en guise d'aide. Son espoir se limite à exposer une série d'observations, une suite de concepts, ou à appliquer les différentes étapes d'un processus. En revanche, nous allons à la rencontre de ceux qui creusent désespérément et leur offrons avec amour de prendre leur pelle. Nous les amenons doucement à se détourner de leur fouille pour leur présenter avec joie l'Homme, Jésus-Christ. L'essence même du ministère personnel se trouve résumée dans ces quelques phrases.

Cependant, notre prédisposition à remplacer le Roi par autre chose ne meurt pas facilement. Cette inclination dévoile son visage hideux alors même que nous cherchons nos réponses dans les Écritures. Nous ouvrons la Bible en pensant : « Où se trouve le verset qui parle de...? » Nous oublions que le seul espoir offert par les principes des Écritures réside en une personne, Jésus-Christ. Nous perdons de vue que la Bible n'est pas une encyclopédie, mais le récit du plan de Dieu pour racheter l'humanité impuissante et misérable. Elle raconte l'histoire d'individus rescapés de leur indépendance et de leur propre sagesse pour être transportés dans un royaume où Jésus occupe la place centrale, et où il existe une véritable espérance vivante[1].

Nous ne pouvons considérer la Bible comme un ensemble de démarches thérapeutiques, car nous en faussons alors le message et aucun changement durable ne se produira. Jésus ne serait jamais venu dans ce monde si un procédé quelconque avait pu combler nos besoins. Il est venu parce que notre problème ne pouvait être résolu autrement. Il incarne la seule réponse. Dès lors, ne présentons jamais un message qui altère la Bonne Nouvelle. Nous ne proposons pas aux gens d'adhérer à un système, nous les dirigeons vers un Rédempteur. Il *est* l'espérance.

Pourquoi l'espoir repose-t-il sur une personne?

Si vous désirez aider quelqu'un, la première étape consiste à diagnostiquer son problème et à trouver la solution. Vous vous rendez chez votre mécanicien parce qu'il trouvera la cause des ennuis mécaniques de votre voiture et la remettra en bon état de marche. Il en va de même pour toute position digne de confiance visant le changement personnel. Une telle perspective doit poser le bon diagnostic concernant les difficultés en cause et appliquer le remède nécessaire au changement.

Nous touchons au point où la culture commet une grave erreur. En rejetant une vision biblique de l'humanité, le monde écarte tout espoir de répondre avec justesse à la question : « Qu'est-ce qui ne va pas? » En énonçant une réponse erronée, comment pourra-t-on apporter une solution adéquate au problème?

Qu'est-ce qui pousse les gens à agir comme ils le font? Mon problème se règlera-t-il par l'accès à une information pertinente? Une meilleure compréhension basée sur des recherches scientifiques m'aidera-t-elle à trouver une solution? Mes expériences antérieures m'empêchent-elles d'avancer? Si je réussis à régler certains éléments de mon passé, serai-je libéré? Ou encore, mon dérèglement est-il essentiellement biologique? Pourrai-je rétablir l'harmonie en retrouvant l'équilibre chimique de mon corps? Enfin, existe-t-il une réalité plus profonde qui identifie le problème à un autre niveau? La réponse des Écritures à cette dernière question est claire et retentissante : « Tout à fait! »

Les Écritures admettent que je manque d'informations puisque je ne connais pas ce que je devrais connaître. Elles ne minimisent pas l'impact des expériences, mais affirment que le cœur du problème précède toute expérience et est enfoui encore plus profondément en nous. La Bible reconnaît également qu'il existe une interaction complexe entre nos natures spirituelles et physiques, mais le fondement de nos difficultés ne se trouve pas dans la biologie. De ce fait, la Bible se démarque complètement de notre culture.

La Bible déclare que le cœur du problème, la principale raison pour laquelle nous agissons comme nous le faisons, est le *péché*. Soyons plus précis. L'Écriture définit le péché comme un *état* entraînant des *comportements*. Nous *sommes* tous pécheurs et ainsi, nous *commettons* de mauvaises actions. C'est pourquoi j'ai affirmé précédemment que notre problème fondamental précède toute expérience. David l'a magnifiquement exprimé dans le Psaume 51 : « Voici : je suis né dans la faute, et ma mère m'a conçu dans le péché » (verset 7). Il affirme en réalité : « Je me heurte à un obstacle de taille depuis ma naissance. Il me hantait longtemps même avant mes premières expériences. Quelque chose ne tourne pas rond chez moi et influe profondément sur ma manière d'agir en tant qu'être humain. » Les conséquences de cette affirmation ont l'effet d'une bombe. Je ne peux échapper au péché parce qu'il fait partie de ma nature. Il imprègne tout ce que je pense, dis ou fais. Il oriente mes désirs, influence ma réaction envers l'autorité et mon processus décisionnel. Il remet en cause mes valeurs, alimente mes rêves et mes espoirs et façonne toutes mes interprétations.

Si vous désirez résoudre vos difficultés personnelles ou aider d'autres à surmonter les leurs, il vous faut corriger les façons de penser erronées. Sans négliger les souffrances du passé et les déficiences physiques, vous devez faire davantage, c'est-à-dire vaincre le péché qui déforme toutes ces expériences. Considérons deux exemples.

Patricia a subi de graves sévices dans son enfance. Elle redoutait particulièrement le moment où son père rentrait du travail, le soir. Elle s'efforçait de ne pas se trouver à la maison à ce moment-là ou se cachait dans sa chambre, à l'abri du danger. Ces épreuves l'ont profondément marquée. Nous pleurons avec Patricia et ressentons de la colère à cause du mal commis contre elle, mais nous devons aller plus loin.

En examinant les obstacles actuels dans la vie de Patricia, vous constatez que son expérience passée ne constitue pas son seul problème. Sa manière de réagir à ce qu'elle a vécu l'influence énormément. Patricia est très dominatrice, il devient donc difficile de travailler avec elle et elle possède peu d'amies. Elle conteste sans cesse et a constamment besoin qu'on lui donne raison. Elle est obsédée par ce que les autres pensent d'elle et ce trait de caractère entache toutes ses relations. Sa devise personnelle se résume en ces mots : « Quel avantage personnel vais-je en retirer? » Elle critique, juge et accorde rarement le bénéfice du doute.

Pourtant, lorsque vous discutez avec Patricia, elle se décrit comme une personne qui souffre terriblement. Elle se sent rejetée et seule. Elle ne comprend pas pourquoi les gens la trouvent intimidante. Elle a l'impression que personne ne respecte son opinion.

Qu'arrive-t-il à Patricia? Ses difficultés présentes découlent-elles uniquement de ses expériences douloureuses? Il apparaît clairement que ce n'est pas le cas. Patricia ne combat pas seulement les démons de son passé, mais également sa façon de les aborder. L'Écriture nous mène toujours vers une telle conclusion. Puisque le péché fait partie intégrante de notre nature, nous devons faire face aux événements de notre histoire, ainsi qu'à notre manière d'y réagir, elle-même déformée par le péché. Nous n'obtiendrons une aide véritable qu'en réglant les problèmes du passé *et* de notre péché. Nous ne pouvons y échapper puisqu'un *pécheur a tendance à se rendre lui-même coupable en réagissant au mal commis contre lui.*

C'est pourquoi le Rédempteur représente le seul espoir pour Patricia (et pour nous). Nous ne pouvons nous soustraire à notre nature pécheresse. L'amour, l'encouragement, l'information et les beaux principes ne suffisent pas. Le salut s'avère essentiel. Rien d'autre n'apportera de solution durable à notre véritable tragédie personnelle.

Observons maintenant l'exemple de Jacques. Son père œuvrait activement comme ancien de leur Église et sa mère était engagée dans le ministère. Il a été élevé dans un foyer chrétien stable où les membres lisaient quotidiennement la Bible ensemble. Le père de Jacques travaillait dur et jouissait d'une véritable réussite. Ses parents vivaient une vie de couple exemplaire et entretenaient d'assez bonnes relations avec leurs enfants. Jacques a fréquenté une école chrétienne et le budget familial lui a permis d'étudier dans une université renommée. Pourtant, la vie de Jacques connaît des hauts et des bas.

Au moment où vous rencontrez Jacques, vous constatez qu'il a déjà été marié deux fois et a changé de travail à plusieurs reprises. Sa colère est palpable. Jacques se plaint : il vit dans un monde peuplé d'idiots qui ne prennent pas le temps d'écouter quelqu'un qui sait ce qu'il fait. Il explique avoir perdu ses emplois parce qu'il savait mieux que ses patrons comment diriger leur entreprise, ce qui les intimidait beaucoup. Selon lui, ses ex-femmes étaient faibles sur le plan émotionnel et incapables de vivre avec un homme sûr de lui et parfaitement « équilibré ».

Jacques subit-il les contrecoups de l'influence exercée par sa famille d'origine? Bien entendu! Néanmoins, je le répète, cette analyse n'est pas complète. Jacques lutte essentiellement contre *Jacques*. Non seulement le péché m'amène-t-il à mal réagir à la souffrance, mais il m'empêche de répondre adéquatement aux situations favorables. L'enfant doué ridiculise celui qui est désavantagé. L'étudiant athlétique se moque de son compagnon maladroit. Quelque chose à l'intérieur de nous fonctionne si mal que nous sommes incapables de réagir correctement à la bénédiction.

De beaux principes ne suffiront pas à aider Jacques. Il a besoin d'être délivré de lui-même et seul le Rédempteur accomplira en lui cette œuvre. Par conséquent, il est inutile de proposer aux gens une simple marche à suivre ou de leur donner des conseils sur la manière de se réconcilier avec leur passé. Nous devons leur présenter un Rédempteur puissant et présent. *Il* est notre seul espoir. Il a vaincu le péché à notre place! Il nous offre gratuitement sa grâce, celle qui transforme les cœurs et change les vies!

Dès lors, les propos de Paul s'éclairent : « Prenez garde que personne ne fasse de vous sa proie par la philosophie et par une vaine tromperie selon la tradition des hommes, selon les principes élémentaires du monde, non selon *Christ* » (Colossiens 2.8). La philosophie du monde est trompeuse parce qu'elle ne tient pas ses promesses. Elle peut paraître logique et bien documentée, mais elle ne se centre pas sur Christ. Le seul espoir et l'aide véritable ne viennent que de lui, puisque le péché a imprégné notre nature même. Toute autre solution ne peut produire les résultats escomptés.

Les effets du péché sur nous

Le péché représente l'ultime maladie, la véritable psychose. Il est impossible d'y échapper ou de le vaincre par nos propres efforts. Ouvrez les yeux et vous verrez qu'il laisse sa marque partout. Le péché complique nos existences déjà passablement complexes. La vie dans un monde déchu est plus difficile que celle que Dieu avait déterminée et le péché rend cette situation encore pire. Nous faisons face à la souffrance, la maladie, la déception et la mort. Cependant, notre réel problème se situe à un niveau plus profond que l'expérience, la biologie ou les relations. Il est fondamentalement moral et déforme tout. Il falsifie notre identité, dénature notre perspective, modifie nos comportements et nous ravit toute espérance. Moïse l'a bien compris lorsqu'il a décrit la société d'avant le déluge : « L'Éternel vit que la méchanceté de l'homme était grande sur la terre; et que chaque jour son cœur ne concevait que des pensées mauvaises » (Genèse 6.5). Voilà l'effet du péché dans nos vies. Il constitue l'ultime maladie!

Notre aîné était un bébé extrêmement actif. Il passait ses journées à s'agripper à ma femme, Luella. Il grimpait et se cramponnait à elle comme à un jeu modulaire extrême. À l'âge de huit mois et demi, ce petit garçon a commencé à marcher. Bientôt, il se déplaçait dans la maison à une vitesse incroyable. Je me souviens m'être dit que cette situation semblait presque anormale. Un enfant de cet âge pouvait-il réellement marcher? Pourtant, il marchait bel et bien!

Quand un bébé fait ses premiers pas, toutes sortes de dangers insoupçonnés le guettent et un parent avisé se doit de le mettre en garde. Une des façons de s'y prendre pour protéger l'enfant consiste à se baisser à sa hauteur, le regarder droit dans les yeux et l'informer de ce qui le menace. Vous le prenez par la main et, faisant le tour de la maison, vous lui montrez les choses à éviter. Mon fils étant si jeune, j'ai eu l'impression de perdre mon temps, mais j'ai visité chaque pièce de la maison en lui recommandant de ne pas toucher aux prises électriques. J'ai même insisté : « Ne touche jamais à ça et ne rentre jamais rien dans les trous. Tu pourrais mourir! » Il m'a regardé sans expression tout en tortillant son tee-shirt d'un doigt et essayant d'en enfoncer un autre dans son nez. Je lui ai demandé s'il avait bien compris, il a hoché sa petite tête sans conviction et est reparti vers d'autres aventures. J'étais convaincu que je m'étais donné beaucoup de peine pour rien.

Quelques jours plus tard, je lisais dans le salon quand j'ai aperçu du coin de l'œil notre bébé m'observant à la dérobée. Il a jeté un regard dans ma direction, puis s'est tourné vers le mur, répétant son manège à plusieurs reprises. Quand il a jugé que j'étais suffisamment absorbé, il s'est dirigé tout droit vers la prise électrique. Cependant, avant de toucher enfin à l'objet de ses désirs, il a fait quelque chose d'absolument étonnant. Il s'est arrêté, s'est retourné pour s'assurer que je ne regardais pas et j'ai finalement bondi pour l'attraper juste au bon moment.

En me lançant ce dernier regard, il a prouvé qu'il *avait* compris le but de mon sermon adapté à ses huit mois, il *savait* agir contre ma volonté, il tentait de cacher sa rébellion et il était mystérieusement attiré par un objet manifestement défendu. Cet épisode de la vie de mon fils démontre au moins trois effets dévastateurs du péché.

D'abord, le péché produit la *rébellion*. Je ne parle pas simplement du fait d'enfreindre quelques lois, mais d'une imperfection inhérente à mon caractère. Je ne l'ai pas apprise, je la possédais à la naissance.

Je n'ai pas eu besoin d'enseigner à mon garçon à braver l'interdiction, à se soustraire à l'autorité et à goûter au « fruit défendu ». Vous et moi faisons exactement la même chose que lui. Que ce soit en garant la voiture dans une zone interdite, en falsifiant la déclaration de revenus, en nous éloignant de maman dans le magasin de jouets, en refusant de nous soumettre au conseil d'un ancien ou en nous livrant à des convoitises secrètes, la rébellion est présente en chacun de nous.

La rébellion se définit comme la tendance innée à croire aux mensonges racontés par l'autonomie, la suffisance et l'égocentrisme. Elle conduit à la transgression répétée des limites établies par Dieu. L'autonomie déclare : « J'ai le droit de faire ce que je veux, quand je le veux. » La suffisance renchérit : « Je n'ai besoin de personne, je n'ai pas à me soumettre à qui que ce soit, car je possède les ressources nécessaires pour me suffire à moi-même. » L'égocentrisme ajoute : « Je suis le centre de mon univers. Je trouve tout à fait justifié de vivre pour moi-même et de n'accomplir que ce qui contribue à mon bonheur. » Ces mensonges ont d'abord été entendus dans le jardin et Satan les a répétés depuis des générations à tous ceux qui lui ont prêté une oreille attentive. Ils contredisent l'essence même de la nature humaine. Nous n'avons pas été créés pour vivre de manière autonome, mais en parfaite soumission à Dieu et pour sa gloire. Hors des limites tracées par ses desseins, l'existence est vouée à l'échec.

Notre esprit rebelle influence la manière dont nous abordons les difficultés et les bénédictions. L'autonomie, la suffisance et l'égocentrisme nous incitent à penser à nous d'abord et avant tout et à franchir les barrières qui se dressent entre nous et nos désirs. Nous souhaitons dominer, mais détestons nous retrouver sous la domination d'autrui. Nous désirons établir les règles et les modifier selon notre convenance. En fait, nous voulons être Dieu et diriger notre univers suivant notre propre volonté. Quelle que soit la cause de notre insoumission, nous nous rebellons toujours, somme toute, contre Dieu. Nous refusons de respecter son autorité, lui dérobant ainsi la gloire qui lui est due et lui usurpant le droit de régner.

Ensuite, le péché produit en nous la *folie*. La folie croit que seules les perceptions, connaissances, théories et « vérités » issues de l'homme sont acceptables et dignes de confiance. Elle se trompe en s'imaginant que son savoir surpasse tout. Elle nous amène à déformer la vérité et à vivre dans un monde forgé de toutes pièces comme si, en regardant la vie dans un miroir déformant, nous étions convaincus d'y voir la réalité.

Mon petit garçon avait été averti du danger, mais dans sa folie, il se pensait plus malin que moi. La folie exerce son emprise sur celui qui n'écoute pas les conseils ou ne voit pas l'utilité d'étudier la Parole de Dieu. Elle fausse notre sentiment d'identité, brise les relations, ralentit la croissance et sabote le changement.

La folie nous convainc que nous nous trouvons sur la bonne voie et que nos décisions irrationnelles et rebelles sont sages et judicieuses. À cause d'elle, nous nions le caractère essentiel de l'être humain. Nous n'avons pas été créés pour puiser en nous la source de la sagesse. Dieu nous a formés pour recevoir sa révélation, dépendre des vérités qu'il nous enseigne et appliquer ces vérités à nos vies. Notre nature même exige que nous fondions nos interprétations, nos choix et nos comportements sur la sagesse de Dieu. Nous courons à la ruine en ne suivant pas ses directives.

Lorsque David écrit : « L'insensé dit en son cœur : Il n'y a point de Dieu! » (Psaume 14.1), il touche au fondement même de la folie. Cette dernière consiste à rejeter Dieu, à désirer d'instinct remplacer sa sagesse par la nôtre. À la base, nous voulons être notre propre dieu et accéder à la « vérité » qui nous convient.

Enfin, le péché nous rend *incapables* d'accomplir ce que Dieu a ordonné. Cette *incapacité* imprègne chaque situation et chaque relation de nos vies. En effet, non seulement je refuse d'obéir à la volonté de Dieu croyant que ma façon de faire est supérieure, mais encore, même quand je manifeste de bonnes intentions, je n'arrive pas à les concrétiser. Je n'atteins jamais le degré d'excellence fixé par Dieu.

Vous êtes-vous déjà préparé à aborder un sujet difficile avec un ami? Vous apprenez votre texte par cœur en essayant d'anticiper les répliques de votre interlocuteur. Vous tentez de déterminer les moments où la conversation pourrait déraper et vous vous promettez de ne prononcer aucune parole regrettable. Cette fois, vous voulez vraiment réussir. Pourtant, au milieu de la discussion, il se passe quelque chose. L'autre vous blesse, la tension s'accroît d'un cran et les mots malheureux sont déjà sortis de votre bouche. Après coup, vous n'y comprenez rien! Vous êtes tombé exactement dans le piège que vous vous étiez promis d'éviter!

Dans son Épître aux Romains, l'apôtre Paul a cerné cette condition de manière saisissante : « Je ne fais pas le bien que je veux, mais je pratique le mal que je ne veux pas. » Cette description correspond-elle à votre expérience? Paul continue ainsi : « Je trouve donc cette loi pour moi qui veux faire le bien : le mal est présent à côté de moi. Car je prends plaisir à la loi de Dieu, dans mon for intérieur, mais je vois dans mes membres une autre loi, qui lutte contre la loi de mon intelligence et qui me rend captif de la loi du péché qui est dans mes membres » (7.19, 21-23). Paul explique essentiellement ce qui suit : « Malgré mon désir de me soumettre à l'autorité de Dieu et d'écouter ses sages conseils, je finis toujours par tout gâcher! J'échoue lamentablement en dépit de mes bonnes intentions! »

Non seulement sommes-nous rebelles et insensés, mais le péché paralyse complètement notre sens moral. Nous sommes foncièrement *incapables* de faire le bien. Qui d'entre nous peut affirmer que sa colère contre ses amis est toujours justifiée? Quel mari peut prétendre aimer sa femme sans faillir, comme Christ aime l'Église? Quel individu aime en tout temps son prochain comme lui-même? Nous n'arrivons pas à pratiquer le bien, même si nous le désirons, parce que les « muscles » de notre moralité sont atrophiés par le péché. Nous ne pouvons tout simplement pas accomplir le bien pour lequel nous avons été créés. Il s'agit d'un des effets les plus tragiques de l'ultime maladie, le péché.

Nous, les êtres humains, ne pouvons vivre sans aide. Nous avons besoin du salut, de guérison et de pardon. En un mot, nous avons besoin de Dieu et de la Bonne Nouvelle qui proclame que le Roi étant venu, un changement durable peut s'opérer. Notre espérance individuelle ainsi que le fondement de notre ministère envers les autres reposent sur elle.

La Bonne Nouvelle du royaume ne nous met pas à l'abri des épreuves, des souffrances et des privations. Elle parle d'un Rédempteur venu me sauver de *moi-même*. Son salut produit en moi le changement profond qui modifie mes réactions à l'égard de certaines circonstances pénibles de la vie. Le Rédempteur transforme des rebelles en disciples, des insensés en humbles auditeurs. Il fait marcher les boiteux. En lui, il est possible de faire face à la vie et de réagir avec foi, amour et espérance. De plus, tout en nous transformant, il nous permet de participer à ce qu'il accomplit dans la vie des autres. En répondant favorablement à l'œuvre du Rédempteur en vous, vous apprenez à devenir un instrument entre ses mains.

2

Entre les mains du Rédempteur

Un jour, j'ai reçu un appel de Samuel qui paraissait complètement affolé. Sa journée s'était déroulée sans incident : le réveil, puis le travail habituel jusqu'à la fermeture. Il se hâtait de retourner à la maison, quand un homme désespéré l'avait abordé, lui racontant que sa vie se trouvait dans un tel gâchis qu'il ne savait même pas où il passerait la nuit. Samuel a bien vu qu'il ne s'agissait pas d'un clochard. Il l'a donc amené chez lui dans le but de lui trouver de l'aide et il a téléphoné à son pasteur – moi. « Paul, me dit-il, j'ai rencontré un homme qui a perdu son emploi. Il s'est querellé avec sa femme et le voilà maintenant à la rue. J'ai pensé le conduire chez toi pour que tu puisses l'aider. Il en a grandement besoin. Peux-tu nous recevoir tout de suite? »

Je me suis empressé de répondre avant que Samuel ne poursuive : « L'amour de Dieu n'est-il pas étonnant, Samuel? Dieu se soucie de cet homme et il a mis un de ses enfants sur son chemin. Dieu s'intéresse également à toi et te donne l'occasion de devenir un instrument entre ses mains. Je suis convaincu que Dieu ne se trompe jamais d'adresse ou de personne et qu'il souhaite se servir de *toi* pour prêter assistance à quelqu'un. Je vais prier à l'instant pour toi afin que Dieu remplisse ton cœur de son amour et t'accorde sa sagesse. » Ma prière terminée, Samuel a continué : « Mais je ne crois pas être en mesure de… » Je l'ai interrompu : « Je prierai de nouveau pour toi ce soir et je te téléphonerai demain matin. Ton ministère envers cet inconnu m'encourage énormément. » Je l'ai salué et j'ai raccroché.

Au cours des semaines suivantes, déterminé à ne pas accomplir le travail à sa place, j'ai accompagné Samuel qui apprenait à aimer son ami découragé. Il a découvert comment devenir un instrument employé par Dieu pour favoriser le changement dans la vie de quelqu'un. Tout au long du processus, Dieu a également opéré des transformations importantes dans la vie de Samuel et de sa femme. J'avais obligé Samuel à bousculer ses habitudes quotidiennes non parce qu'il manquait de compassion, mais de courage. Il était persuadé qu'il ne parviendrait jamais à combler les besoins de cet homme, quels qu'ils soient. Il ne se percevait pas comme un instrument de Dieu, mais seulement comme un intermédiaire – un canal passif reliant deux choses l'une à l'autre. Par contre, un instrument est un outil que l'on manie énergiquement pour effectuer des transformations et Dieu a appelé chaque membre de son peuple à être un instrument de changement entre ses mains rédemptrices.

L'histoire générale de la rédemption renferme un principe à ne pas oublier : *Dieu se sert de gens ordinaires pour accomplir des choses extraordinaires dans la vie des autres.* Quel comité missionnaire, quel ministère, quelle Église locale embaucheraient les individus que Dieu a utilisés dans les Écritures? Citons, entre autres, Moïse (un meurtrier en exil), Gédéon (un homme craintif préférant rester caché), David (un jeune berger sans aucune formation militaire), Pierre (un ami reniant son maître en public) et Paul (un persécuteur de l'Église). Nous pourrions ajouter à cette liste plusieurs autres noms de gens simples dont Dieu s'est servi pour réaliser ses desseins sur la terre. Dieu ne nous a pas seulement créés pour nous remplir de son amour. Il nous appelle également à déverser cet amour dans la vie des autres.

Le coffre et ses nombreux outils

Que vous vient-il à l'esprit en pensant au changement et au développement personnel? Songez-vous immédiatement, comme Samuel, à consulter votre pasteur, un ancien ou un conseiller professionnel? Notre culture présuppose qu'aucun changement n'est possible sans ce type d'assistance. Il est évident que Dieu appelle des gens à exercer certains ministères spécialisés, mais le cercle d'aidants décrit par la Bible inclut tous les membres de son peuple. En outre, les transformations personnelles décrites dans les Écritures s'avèrent complètement différentes de celles préconisées par la culture. Elles enseignent que la grâce de Dieu change nos cœurs et que le Saint-Esprit renouvèle notre intelligence. Ainsi, nous ne pouvons changer personne; c'est l'œuvre du Rédempteur qui opère le changement. Nous sommes simplement ses instruments.

Pourtant, il subsiste un problème : la plupart d'entre nous croient que Dieu transporte un coffre à outils minuscule! Un menuisier se sert d'une grande variété d'outils et chacun lui permet de compléter les différents aspects de son travail. Dieu possède un coffre immense et ses enfants lui tiennent lieu d'outils principaux. Malheureusement, plusieurs dans l'Église ne se perçoivent pas de cette manière. Ils considèrent qu'il incombe aux professionnels rémunérés d'exercer le ministère. Quant à leur propre implication, elle se limite à prononcer une prière ou à préparer un repas. Pourtant, leur adoption dans la famille de Dieu comporte également un appel au ministère, à prendre part à la grande œuvre du royaume.

Le modèle biblique général se résume en ces mots : *Dieu transforme la vie des individus lorsqu'ils communiquent sa Parole à d'autres.* Nous nous posons d'emblée la question suivante : « Qui Dieu utilise-t-il et en quoi consistent leurs compétences? Dieu se sert-il uniquement d'un groupe restreint? Pourquoi celui-ci semble-t-il avoir été choisi, mais pas celui-là? À quelle catégorie est-ce que j'appartiens? » Éphésiens 4.11-16 répond à ces questions :

> C'est lui [Christ] qui a donné les uns comme apôtres, les autres comme prophètes, les autres comme évangélistes, les autres comme pasteurs et docteurs, pour le perfectionnement des saints. Cela en vue de l'œuvre du service et de l'édification du Corps du Christ, jusqu'à ce que nous soyons tous parvenus à l'unité de la foi et de la connaissance du Fils de Dieu, à l'état d'homme fait, à la mesure de la stature parfaite du Christ.
>
> Ainsi nous ne serons plus des enfants, flottants et entraînés à tout vent de doctrine, joués par les hommes avec leur fourberie et leurs manœuvres séductrices, mais en disant la vérité avec amour, nous croîtrons à tous égards en celui qui est le chef, Christ. De lui, le corps tout entier bien ordonné et cohérent, grâce à toutes les jointures qui le soutiennent fortement, tire son accroissement dans la mesure qui convient à chaque partie et s'édifie lui-même dans l'amour.

La métaphore du corps est la seule qui représente avec exactitude le plan de Dieu pour l'Église. Christ n'a pas donné des leaders à son Église dans le but qu'ils portent seuls la charge du ministère, mais afin qu'ils équipent chacun des membres pour qu'ils participent à l'œuvre de transformation personnelle entreprise par Dieu. Rappelez-vous : aucune Église locale ne pourrait employer suffisamment de personnel pour combler tous les besoins d'aide survenant en une semaine! Selon le modèle biblique, l'exercice du ministère informel et personnel occupe une plus grande place que celui du ministère formel et public. Ce dernier sert à former le peuple de Dieu dans l'exercice du ministère personnel, qui devient en fin de compte le mode de vie du Corps de Christ. En y réfléchissant, diriez-vous que les changements dans votre vie se sont produits *uniquement* grâce au ministère public de la Parole? Dieu n'a-t-il pas également utilisé des personnes ordinaires pour transformer votre cœur et votre vie?

Pour rendre justice à la métaphore du corps humain mentionnée par Paul, il ne suffit pas de dire que Dieu nous a réunis en vue de nous aider à grandir. Un corps ne se développe que si *chacune de ses composantes* accomplit son travail. Considérez de même l'interdépendance évoquée par cette image. Aucune transformation ne s'effectue en vous sans toucher plusieurs parties du Corps.

    Je me suis souvenu de cette vérité dernièrement, quand j'ai commencé à ressentir une douleur à l'épaule gauche. J'ignore s'il s'agissait d'une bursite, d'arthrite ou de l'assaut déplorable de la vieillesse, mais je me suis aperçu que cette articulation s'avérait extrêmement importante. Je ne me souciais pas tellement de mes épaules auparavant, mais j'ai soudainement acquis une nouvelle appréciation de la manière dont le corps travaille. Il se compose d'un organisme dont les différentes parties dépendent intrinsèquement l'une de l'autre.

    La métaphore du corps met également en évidence une création élaborée avec minutie. L'œil ne ressemble en rien à la main et quelle différence entre l'articulation de l'épaule et le foie! Le corps humain incarne une conception intelligente et planifiée. Chaque partie a été fabriquée avec soin et placée au bon endroit pour accomplir son travail. Il en va de même pour le Corps de Christ. Chaque membre du peuple de Dieu est différent. Nous avons été appelés, mis en place et dotés de divers talents afin d'apporter notre contribution à l'œuvre du royaume de Dieu. Notre vécu, nos personnalités, nos capacités et notre degré de maturité diffèrent, et notre Rédempteur l'a voulu ainsi. Il agit en toute souveraineté.

    Nous oublions souvent cette vérité. Notre univers est centré sur notre petite personne et nous nous laissons absorber trop facilement par les choses qui nous concernent directement. Pourtant, Éphésiens 4 nous propulse au-delà de notre existence présente, consumée par les réalisations et le bonheur personnels. Votre vie ne se résume pas simplement à un emploi satisfaisant, un mari compréhensif ou une femme agréable et des enfants sages. Elle représente bien plus qu'un joli jardin, de belles vacances et des vêtements à la mode. En réalité, vous faites partie d'un projet colossal qui a débuté avant votre naissance et se poursuivra après votre mort. Dieu vient à la rescousse de l'humanité déchue. Il nous transporte un à un dans son royaume et nous façonne progressivement à son image – et il désire que vous participiez à ce plan grandiose.

Votre vie est plus extraordinaire que vous ne l'imaginez. Elle se déroule à un moment précis de l'histoire et pourtant vous travaillez de concert avec Hénoch, Noé, Joseph, Moïse, Josué, Abraham, Isaac, Jérémie, Ézéchiel, Matthieu, Pierre, Paul, Augustin, Calvin, Luther et plusieurs générations de croyants anonymes qui ont compris quelle place ils occupaient dans le royaume et y ont fourni leur apport. Vous ne réussirez à vivre et à servir efficacement dans l'univers restreint où Dieu vous a placé qu'en conservant une vision claire de son immense univers[1].

Ce n'est pas tout

Concentrons-nous maintenant sur la deuxième partie de notre affirmation : *Dieu transforme la vie des individus* **lorsqu'ils communiquent sa Parole à d'autres**. Les changements opérés par Dieu chez son peuple sont directement liés au ministère de la Parole. Une fois de plus, cette manière de faire s'avère complètement opposée à celle que prône notre culture (et même quelquefois l'Église) pour favoriser la croissance et les transformations personnelles. Il arrive trop souvent que la philosophie du ministère diffère selon qu'il s'agit de donner une direction à la prédication ou aux entretiens privés. Par exemple, pourquoi employons-nous sans difficulté l'expression « prêcher la Parole », alors que « conseiller la Parole » nous semble étrange? D'un point de vue biblique, le ministère privé et le ministère public fondent tous deux sur la Parole de Dieu leur espoir de susciter le changement. Ils représentent tous les deux des méthodes complémentaires pour apporter la Parole aux gens vivant dans des contextes variés.

Je veux exercer mon ministère personnel en offrant plus qu'un cœur rempli de compassion, une oreille attentive et un engagement à porter le fardeau de l'autre. Ces attitudes reflètent certes les fruits agréables de l'amour chrétien, mais je désire donner davantage. Je veux communiquer les vérités des Écritures à ceux qui se trouvent au milieu de situations et de relations difficiles, car elles seules changent les cœurs. Le ministère personnel s'adresse à des gens qui aiment les autres, mais cet amour doit inclure le partage de la Parole de Dieu. Paul a appelé ce modèle « la vérité avec amour » selon Éphésiens 4. Dieu se sert de l'union entre la puissance de la vérité et l'amour prêt au sacrifice pour transformer les individus.

S'il est vrai que le nombre d'interventions informelles dépasse le temps consacré au ministère public, nous devrions sans aucun doute évaluer la qualité des conseils que nous dispensons dans ces moments informels. Supposons que votre voisine en larmes vous confie avoir découvert un magazine pornographique dans le sac à dos de son fils. Ou que votre partenaire de golf vous avoue qu'il songe à quitter sa femme. Ou encore, vous remarquez qu'un des bénévoles manifeste un comportement inacceptable envers certaines filles du groupe de jeunes. Quelle que soit votre façon de réagir, elle se traduira en counseling ou en ministère individuel. Toutefois, nous abordons ces situations avec beaucoup plus de désinvolture que nous le faisons quand il s'agit du ministère public.

Si l'on vous demandait d'enseigner une classe d'école du dimanche, de prêcher un sermon ou de diriger une étude biblique, une question vous viendrait immédiatement à l'esprit : « Est-ce que j'ai suffisamment de temps pour me préparer? » Pourtant, nous répondons généralement à notre voisine, à notre partenaire de golf ou au bénévole de l'Église avec très peu de préparation, de réflexion et de prière. Pourquoi passons-nous plusieurs heures à nous préparer à enseigner, mais prodiguons-nous d'importants conseils personnels sans trop y réfléchir? Nous oublions que Dieu se sert de nos interactions pour mettre en œuvre la puissance transformatrice des Écritures dans le cœur des gens. Nous oublions que la Parole de Dieu constitue l'instrument de changement par excellence et la remplaçons plutôt par l'expression de notre sagesse personnelle et de notre propre expérience. Ainsi, les paroles s'envolent sans effet.

C'est la raison pour laquelle la seconde partie de notre modèle s'avère si importante. Dieu place les gens côte à côte et crée ainsi un système d'interdépendances complexes, mais il a également prescrit le contenu de nos interactions au sein de ces relations.

La mousson de Dieu

J'ai visité le nord de l'Inde à plusieurs reprises. Cette partie du monde se caractérise par un climat extrêmement sec et chaud la majeure partie de l'année. (Il m'est déjà arrivé de supporter une température de 52 ° Celsius à New Delhi!) Pendant la saison sèche, le nord de l'Inde ne présente qu'une terre aride et stérile, mais les Indiens savent qu'un changement est sur le point de se produire. Leur espoir vient du sud, là où se forment les pluies torrentielles de la mousson qui remontent tranquillement le continent. Quand la pluie se met enfin à tomber et inonde la terre desséchée, on dirait qu'on a appuyé sur un interrupteur : une floraison éblouissante jaillit de partout. En quelques jours, le nord de l'Inde revit et se couvre de feuilles et de fleurs exotiques.

La puissance transformatrice de la Parole de Dieu est tout aussi spectaculaire. Le ministère personnel apporte à la terre desséchée du cœur la mousson de la Parole. Il est entendu qu'une transformation complète ne s'opère pas du jour au lendemain, mais nos vies manifestent peu à peu la beauté d'un caractère renouvelé et portent des fruits nouveaux. Le passage d'Ésaïe 55.10-13 saisit bien cette dynamique :

> Comme la pluie et la neige descendent des cieux et n'y retournent pas sans avoir arrosé, fécondé la terre et fait germer les plantes, sans avoir donné de

la semence au semeur et du pain à celui qui mange, ainsi en est-il de ma parole qui sort de ma bouche : elle ne retourne pas à moi sans effet, sans avoir exécuté ma volonté et accompli avec succès ce pour quoi je l'ai envoyée. Oui, vous sortirez dans la joie et vous serez conduits dans la paix; les montagnes et les collines éclateront en acclamations devant vous, et tous les arbres de la campagne battront des mains. Au lieu des buissons s'élèvera le cyprès, au lieu de l'ortie croîtra le myrte; et ce sera pour l'Éternel une renommée, un signe perpétuel qui ne sera pas retranché.

La Parole de Dieu transforme les individus de manière tout aussi impressionnante. La pluie arrosant le sol aride produit toujours un résultat perceptible. Elle imbibe la terre qui, à son tour, fortifie les racines; ces dernières nourrissent la plante et les fleurs s'épanouissent. Il en va de même pour la Parole de Dieu. Elle transforme ce qu'elle touche, apportant beauté et abondance à la vie des gens. Ces transformations indiquent deux réalités extraordinaires. D'abord, nous sommes réellement les enfants de la promesse. Dieu a promis d'être notre Dieu, d'être avec nous et de nous bénir. Ces changements nous amènent ensuite à contempler sa gloire. Les fleurs et les fruits produits par la pluie manifestent la gloire de celui qui les donne. En partageant la Parole de Dieu les uns avec les autres, nous devenons des signes pointant vers sa gloire.

Quelle est cette espérance? Il s'agit de l'espérance du royaume. Le Roi est venu et a envoyé ses enfants afin qu'ils partagent entre eux sa Parole de vie transformatrice. Des gens perdus retrouvent leur chemin, des individus paralysés par le découragement marchent avec espoir, des personnes isolées vivent en harmonie les unes avec les autres. Les relations brisées sont rétablies, les esprits tortueux pensent selon la vérité, la justice et la pureté et celui qui s'appuyait sur ses propres forces se confie désormais en Dieu. La pluie de Dieu arrose les racines du cœur et les vies portent du fruit en abondance. C'est ainsi que le Seigneur agit, ce sont là l'espérance et l'œuvre de son royaume.

Réponses, encyclopédies et esquisses

Le passage d'Ésaïe 55 devrait raviver notre espérance, mais il suscite également une question. Quelle est la meilleure manière d'exercer un ministère biblique envers une autre personne et de communiquer la puissance des Écritures à sa vie?

Plusieurs chrétiens ne comprennent tout simplement pas le caractère fondamental de la Bible. Ils la perçoivent comme une encyclopédie spirituelle : l'énumération complète des problèmes humains inventoriés par Dieu, jointe à une liste exhaustive de réponses divines. Si vous l'ouvrez à la page appropriée, vous y trouverez une solution à toutes vos difficultés. Une nuance plus sophistiquée consiste à voir la Bible comme un manuel de théologie systématique, une esquisse des sujets essentiels à maîtriser pour penser et vivre comme Dieu le demande. Ces deux interprétations nous conduisent à citer des passages des Écritures isolés (un commandement, un principe, une promesse) qui semblent combler le besoin du moment. Nous estimons ainsi le ministère de la Parole tout juste plus appréciable qu'une opération de « couper-coller » spirituel.

Ce type de ministère produit rarement des transformations durables, car il n'apporte pas la puissance de la Parole là où le changement s'avère réellement nécessaire. Dans un tel ministère, l'égo tient la place centrale, les besoins personnels demeurent la préoccupation première et l'objectif poursuivi continue d'être le bonheur individuel. Au contraire, un ministère de la Parole efficace doit plonger jusqu'à la racine de l'égocentrisme et du culte du moi afin d'ouvrir nos yeux sur l'immensité du monde défini par Dieu et centré sur lui. En l'absence de cette perspective, les promesses, les principes et les commandements de la Parole se mettront au service de ce que nous aimons vraiment : nous-mêmes. Voilà qui explique peut-être la raison pour laquelle tant de gens lisent et entendent la Parole de Dieu régulièrement sans pour autant être transformés.

La pluie de la Parole doit pénétrer jusqu'à la racine du problème si nous voulons expérimenter des changements durables.

En exerçant un ministère individuel, nous ressentons souvent la pression qui consiste à utiliser la Bible selon les thèmes qu'elle aborde. En général, vous discutez avec quelqu'un faisant face à des difficultés d'ordre personnel, relationnel ou situationnel. Vous voulez dès lors connaître ce que la Bible dit à ce sujet afin de l'appliquer à la vie de votre interlocuteur. Vous prenez donc votre concordance ou une Bible thématique, vous numérisez les versets et les passages pertinents et vous les partagez à la personne en question. Ce faisant, vous vous méprenez malheureusement sur le véritable sens de la Parole et comment l'employer à bon escient.

Supposons que vous discutiez avec une femme vivant en guerre ouverte avec son mari. Tous les sujets sont susceptibles de déclencher une lutte de pouvoir. Ils se lancent des remarques terriblement blessantes. Elle trouve refuge auprès de ses enfants alors que lui se laisse absorber tout entier par son travail. Ils ne se retrouvent jamais seuls tous les deux, sinon par obligation. Quel est le problème de ce couple? Ne croyez-vous pas qu'il se situe à un niveau beaucoup plus profond que celui de la communication, de la répartition des rôles, du travail, de l'éducation des enfants et de la gestion du temps? Ces questions représentent simplement le fruit d'un ensemble de problèmes dont les racines s'enfoncent profondément. Ils ne pourront remédier au chaos extérieur que si la puissance transformatrice de la Parole pénètre jusqu'à la racine. Toute autre solution ne délogera pas de son trône l'égo rebelle, insensé et impuissant qui continuera à régner sans avoir été touché, essentiellement inchangé.

La femme rêve d'un mari plus gentil et attentionné. Le mari veut une femme plus aimable et satisfaite. Leurs désirs ne sont pas mauvais en tant que tels, mais Dieu vise davantage pour eux qu'un mariage heureux et un partenaire idéal. Un ministère exercé en fonction des besoins, centré sur le moi et cherchant à définir des solutions peut *se servir* de la Bible, mais il ne s'avère pas véritablement biblique. Il déforme l'intention première des Écritures. Cette erreur peut nuire grandement à la vitalité et à la productivité du Corps de Christ, empêchant plusieurs croyants authentiques d'atteindre la maturité spirituelle. Nous devons trouver quelque chose de mieux.

Redites-moi l'histoire

La Bible se révèle une encyclopédie plutôt médiocre. Si Dieu avait voulu écrire ce type de livre, il aurait agencé les Écritures autrement, en y incluant plusieurs volumes. En fait, beaucoup de sujets ne sont pas traités de façon thématique dans la Bible. Par exemple, elle ne parle pas explicitement de la schizophrénie, du trouble de déficit de l'attention, des adolescents, des émissions de télévision à regarder en famille ou des techniques sexuelles pour les couples mariés. En essayant de consulter votre Bible comme s'il s'agissait de l'encyclopédie de Dieu, vous conclurez qu'elle ne répond pas à plusieurs des questions cruciales de la vie d'aujourd'hui, ou alors vous devrez falsifier, tordre et adapter certains passages pour servir vos propres desseins. Quoi qu'il en soit, en agissant de la sorte, vous ne recevez pas la Parole comme Dieu le désire. Cette erreur explique pourquoi tant de gens ressentent de la frustration par rapport aux Écritures. Nous aimerions sans l'avouer qu'elles soient plus simples et organisées par thèmes!

La Bible a effectivement des choses importantes et puissantes à dire au sujet des thèmes mentionnés ci-dessus. Seulement, elle s'y prend d'une manière très différente de celle que nous imaginons. Par exemple, elle n'emploie jamais le mot « adolescent », mais traite concrètement et avec sagesse de cette période agitée de la vie. Dieu dans sa Parole me donne tout ce dont j'ai besoin pour être la personne qu'il veut que je sois, et pour faire ce qu'il désire que je fasse, sans toutefois évoquer clairement plusieurs des problèmes que j'affronte chaque jour.

Néanmoins, si vous voulez comprendre ce que Dieu enseigne sur un sujet particulier, vous ne pouvez vous limiter aux passages bibliques qui en traitent précisément. Le couple plongé dans une lutte de pouvoir sans fin ne réussira pas à briser le cercle vicieux de ce tumulte en étudiant les versets habituels sur le mariage. Sans une vue d'ensemble de toute la Bible, ces passages sur la vie conjugale leur offriront une aide décevante. À vrai dire, il est même possible de se servir de ces passages pour satisfaire ses propres ambitions plutôt que pour accomplir les desseins de Dieu.

Nous touchons donc à la principale différence entre les Écritures et une encyclopédie. Quand j'ouvre une encyclopédie, il me suffit de lire l'article se rapportant au sujet qui m'intéresse pour obtenir l'information désirée. Les articles sont indépendants les uns des autres, et les thèmes ne se recoupent pas. Dans la Bible, par contre, chaque passage dépend du tout et toute la Bible est soudée ensemble par des thèmes interreliés qui pénètrent chaque passage à la manière d'une armature, telles les barres d'acier utilisées pour le renforcement du béton. Si je lis la Bible en m'attardant à des sujets précis, je ne discernerai pas les thèmes fondamentaux constituant le cœur même de ce que Dieu veut vraiment me dire. Ces thèmes me donnent un sentiment d'identité, un but et une direction modifiant complètement le cours de mes pensées, de mes désirs, de mes propos et de mes actions. Ils plongent jusqu'à la racine de mon problème et produisent un changement durable.

Il faut malheureusement admettre que plusieurs d'entre nous ne sont pas bibliques dans leur façon d'employer la Bible! Ce n'est pas véritablement lui rendre justice que de citer simplement quelques mots tirés de son contenu. Je dois plutôt offrir des conseils reflétant l'ensemble de sa pensée. La Bible est un récit, l'histoire de la rédemption et Jésus-Christ en constitue le personnage principal. *Il* est le thème dominant du récit et transparaît dans tous les passages du livre. Cette histoire raconte comment Dieu a tenu la nature en bride et a orchestré l'histoire en vue d'envoyer son Fils sauver des hommes et des femmes rebelles, insensés et égoïstes. Il les a libérés de leur propre esclavage, les rendant capables de vivre pour sa gloire et leur accordant une vie éternelle en sa présence, loin des douloureuses réalités de la chute.

Ce récit central et prédominant montre que le problème responsable des difficultés de l'être humain se situe au-delà des manifestations quotidiennes du péché. Notre problème le plus profond réside dans le fait que nous cherchons à établir notre identité en dehors de l'histoire de la rédemption. Si la direction et le but de nos vies sont complètement faussés, il nous faut bien plus que de simples conseils pratiques sur la bonne manière d'agir dans une situation donnée. Nous avons besoin d'un message suffisamment puissant pour vaincre la tendance humaine naturelle à rechercher notre propre gloire et notre bonheur personnel et à oublier que la brièveté de nos vies s'inscrit dans l'éternité même. Chaque jour, nous nous laissons subjuguer de quelque manière par le mensonge qui nous pousse à croire à notre autonomie et à notre autosuffisance, et nous adorons la créature au lieu du Créateur.

Le problème du péché est tellement envahissant et enraciné si profondément en nous qu'il nous faut puiser davantage de la Bible que des principes, des directions, des idées ou des points de vue. En adoptant une approche encyclopédique des Écritures, cherchant des solutions à des problèmes précis, nous ne comblerons jamais notre besoin le plus profond. Il nous faut en effet quelque chose qui nous transformera de l'intérieur – nous avons besoin de Jésus-Christ! Lui seul et son œuvre nous libèrent de l'esclavage de l'égo et de notre tendance à diviniser la créature. En découvrant que notre histoire s'inscrit dans la prodigieuse histoire de la rédemption, nous commençons à vivre à la gloire de Dieu. Le changement durable débute lorsque notre identité, notre but et notre direction sont définis par l'histoire de Dieu. Cette manière de penser appliquée à nos relations transformera considérablement nos aspirations. Elle prendra les principes et les commandements des Écritures et les utilisera tel que Dieu le veut. Nous comprendrons alors comment chaque principe, promesse et commandement trouve son sens et son accomplissement en Christ. Si nous les dissocions de lui, ces éléments perdent la signification prévue par Dieu au départ et sont détournés pour servir à d'autres fins.

Par exemple, que retenez-vous du récit de l'Exode et de la traversée de la mer Rouge? Voyez-vous en Moïse un héros et un appel à lui ressembler? Cherchez-vous des principes pour résoudre certaines difficultés? De l'aide pour diriger un groupe rebelle? Des méthodes pour traverser un cours d'eau important? Les sept habitudes d'un peuple nomade fort ingénieux? Vous avez probablement entendu des prédications ou assisté à des cours d'école du dimanche développant ce type de sujets. Pourtant, on s'éloigne alors de l'idée principale du récit de l'Exode. Ce livre ne constitue en fait qu'un chapitre de l'histoire globale de la rédemption. Elle dirige notre attention vers notre besoin d'un Messie, un Sauveur qui nous délivre de l'esclavage, remporte la victoire sur l'ennemi et nous conduit sur la voie que nous devons suivre. Si vous apprenez comment appliquer cette nouvelle identité à votre vie de couple, vous serez en mesure de mieux comprendre les passages traitant spécifiquement du plan de Dieu pour le mariage.

Le compte rendu de l'Exode enseigne plusieurs leçons au couple déchiré par un conflit. Il apprend au mari et à la femme qui ils sont, pourquoi ils se battent et où trouver l'espoir et l'aide dont ils ont besoin. Les thèmes abordés dans ce récit sont repris dans les passages traitant du mariage, car ces derniers appliquent l'histoire de la rédemption divine à l'une des relations les plus importantes de la vie. Cependant, nous ne saisirons pas pleinement la signification des versets sur le mariage si nous les dissocions des thèmes présents dans le reste de la Parole de Dieu. Nous ne pouvons lire la Bible comme un guide pratique de développement personnel écrit par Dieu, car en agissant ainsi, nous tenterons constamment de l'exploiter de façon à ce qu'elle comble les désirs de nos cœurs. Pourtant, ces mauvais désirs constituent précisément ce qui nuit à nos relations et contribue à les briser. Le Rédempteur a vécu, est mort et est ressuscité afin que nous ne vivions plus pour nous-mêmes, mais pour lui et pour sa gloire (2 Corinthiens 5.14-15)[2].

L'armature de Dieu

Quand des ouvriers coulent un énorme bloc de béton, ils le renforcent à l'aide d'une armature métallique composée de barres d'acier horizontales et verticales, traversant la structure d'un bout à l'autre, afin d'y ajouter solidité et stabilité. De la même manière, les grands thèmes de l'histoire de Dieu traversent tous les passages des Écritures, conférant à ma vie une stabilité que je ne trouverai nulle part ailleurs. Les différents chapitres de mon histoire prendront tout leur sens à la lumière de ces thèmes.

Examinons trois thèmes importants de l'histoire de la rédemption. Chacun d'eux contient un encouragement pratique ainsi qu'un appel clair à vivre en toute sagesse, selon la piété. Considérons d'abord la *souveraineté* de Dieu. Neboukadnetsar nous a fourni l'un des meilleurs résumés sur le sujet, après que Dieu lui ait enlevé la raison pour la lui redonner plus tard :

> J'ai béni le Très-Haut, j'ai loué et glorifié celui qui vit éternellement, celui dont la domination est une domination éternelle, et dont le règne subsiste de génération en génération. Tous les habitants de la terre sont comme s'ils n'avaient pas de valeur; il agit comme il lui plaît avec l'armée des cieux et avec les habitants de la terre, et il n'y a personne qui résiste à sa main et lui dise : Que fais-tu?
>
> (Daniel 4.31-32)

De l'ascension à la chute des gouvernements, en passant par la température de demain ou la situation exacte de chaque être humain sur le globe, l'univers entier est dirigé par Dieu. Il possède le pouvoir et l'autorité d'accomplir précisément ce qu'il veut, où il le veut. La souveraineté de Dieu ne s'applique pas seulement à sa puissance et à sa position, mais également à ses desseins. Les Écritures enseignent clairement que Dieu a formé un projet pour le monde et ses habitants. Dieu réunit en ce moment même son peuple, le façonnant à son image et le préparant à passer l'éternité avec lui. Ce plan général, révélé déjà depuis plusieurs siècles dans l'histoire, est accompli au cours des événements quotidiens et dans la vie de chacun de ceux qui sont passés sur cette terre. Quel que soit le point où l'on se situe dans le temps, à la question : « Que fait Dieu? », il n'existe qu'une réponse : « Il accomplit son plan. »

Ce thème est destiné à nous procurer une consolation pratique. Regardez autour de vous. Ne trouvez-vous pas que plusieurs choses nous échappent complètement? Les méchants semblent trop souvent être les vainqueurs. Vous avez certainement déjà crié : « Pourquoi moi? » ou pleuré devant la souffrance d'un ami. Vous vous sentez peut-être perdu au milieu de la foule, vous demandant à quoi sert cette petite vie relativement insignifiante. Vous souffrez possiblement jour après jour de votre totale incapacité à vous changer vous-mêmes.

En réponse aux questions profondes et sincères de l'humanité, Dieu nous rassure par sa souveraineté : « Prenez courage, je maîtrise parfaitement la situation. Je suis la définition même de l'amour et de la sainteté. Toutes mes voies sont justice et vérité, je prends toujours la meilleure décision et je ne m'accorderai aucun repos aussi longtemps que mes desseins ne seront pas accomplis. »

La consolation existe malgré les questions sans réponses. Au milieu même du désarroi le plus total, il est possible de trouver l'encouragement, de même que l'espoir dans les moments d'abattement les plus sombres. Votre monde ne se résume pas à un chaos généralisé contrôlé par des forces impersonnelles. Votre destinée ne repose pas entre vos mains ou celles d'autrui. Votre Père céleste vous tient dans sa main, lui qui règne sur tout! Vous êtes un enfant du Roi des rois et vous vivez à l'ombre de ses ailes. Il vous a associé à son plan, c'est pourquoi la manifestation de sa puissance et de son autorité est porteuse de bénédictions pour vous.

Vous et moi pouvons demeurer confiants en dépit des mystères irrésolus de notre vie. Nous persévérons même si nous n'arrivons plus à donner un sens à la réalité, car nous savons que Dieu connaît l'explication des mystères, il mettra de l'ordre dans le chaos apparent, lui qui gouverne l'univers entier.

Que signifient ces principes pour chacun de nous? Ils signifient que la paix règne en moi, même si je suis incapable de tout comprendre. La paix intérieure du chrétien ne se fonde jamais sur sa capacité à saisir et à expliquer complètement l'enseignement des Écritures. Elle s'appuie sur la présence, la puissance et les attributs du Seigneur. Pourquoi vivrais-je dans l'anxiété et la peur puisqu'il gouverne le ciel et la terre selon ses sages desseins? La souveraineté absolue de Dieu garantit l'accomplissement de chacune de ses promesses envers ses enfants. Et cela vous inclut!

Le roi David a compris cette vérité lors d'un épisode sombre de sa vie. Son fils Absalom avait comploté contre lui pour usurper son trône. Imaginez que vous êtes obligé de fuir votre palais à cause de la peur que vous inspire votre propre fils! (Dans ce type de monarchie héréditaire, le fils accédait au trône à la mort de son père seulement.) David finit par se réfugier dans une caverne, entouré d'une bande de loyaux soldats. Ses acolytes se présentent devant lui et demandent essentiellement : « Qu'arrivera-t-il maintenant? » D'après les Psaumes 3 et 4, la réponse de David reflète une vérité à appliquer dans chacune de nos vies : « Seigneur, mon cœur est rempli de joie lorsque je pense à toi. Ma joie dépasse celle du jour des récoltes, quand le vin nouveau coule à flot (le moment le plus heureux de l'année dans une société basée sur l'agriculture). Je me trouve certes dans cette caverne, mais Absalom n'a aucun pouvoir sur moi. Toi, le Dieu souverain, tu tiens ma vie entre tes mains et elle n'a pas échappé à ton regard un seul instant. Je refuse donc de céder à la peur. Je ne me laisserai pas assaillir par cette multitude de questions sans réponses. Je dormirai en paix, car toi seul Seigneur me fait reposer en sécurité. » (Versets extraits des Psaumes 3 et 4 et paraphrasés par l'auteur.)

Chaque fois que vous aimez votre ennemi, vous placez votre confiance en la souveraineté de Dieu. Chaque fois que vous réagissez avec douceur et gentillesse à la colère d'un autre, vous décidez de vous reposer sur la souveraineté de Dieu. Chaque fois que vous résistez à la tentation d'avoir à tout prix le dernier mot d'une discussion, vous vous en remettez à la souveraineté de Dieu. Puisqu'il dirige toutes choses, ce n'est jamais en vain que vous obéissez à sa voix. Votre vie possède un sens et un but parce que vous participez au projet de Celui qui gouverne tout parfaitement. Bien plus, vous êtes membre de sa famille!

Imaginez quels changements se produiraient chez le couple dont nous avons parlé précédemment, si les conjoints connaissaient tous deux les bienfaits de cette confiance. Leur guerre de mots incessante, leur lutte de pouvoir et leurs accusations réciproques s'enracinent dans un combat plus profond qui concerne la domination de leur vie. La relation qu'entretient ce couple expose leur désir avide d'obtenir ce qu'ils veulent. Lorsque mon espérance réside dans mes propres capacités à établir les règles du jeu, je perçois l'autre comme une menace constante plutôt qu'un ami intime. Cette manière de penser anéantit tout espoir d'expérimenter l'unité amoureuse et prête au sacrifice qui constitue le cœur d'un mariage réussi. Tous les passages bibliques traitant du mariage reposent sur ce thème. Chacun d'eux m'appelle à confier au Seigneur le couple que nous formons et à faire avec joie ce qu'il me dit, puisqu'il sait ce qui est juste et bien, sachant que mon espérance se trouve en son pouvoir et non le mien.

Une grâce merveilleuse

Le second thème important est la *grâce* de Dieu. Cette dernière me pousse à m'examiner et m'encourage jusqu'au plus profond de mon être. Dévoilant le problème qui empoisonne mes relations, elle me fournit le seul motif sérieux pour continuer.

Au cours du déroulement de l'histoire de la rédemption, une évidence s'impose encore et toujours : il est possible de trouver la grâce dans le monde où nous vivons. Non seulement Dieu est-il souverain, mais sa grâce abonde. Tout de suite après qu'Adam et Ève aient désobéi, Dieu a clairement révélé qu'il ferait bien plus que les punir. Il enverrait la descendance de la femme (Christ) pour vaincre l'Ennemi et racheter son peuple (voir Genèse 3.15). Devant la rébellion volontaire de ses créatures, Dieu a répondu par la grâce! Cette grâce justifie, assurant un pardon total et une ferme acceptation auprès de Dieu. Par sa grâce, il nous adopte dans sa famille, nous accordant les droits et privilèges des véritables enfants. Cette grâce me donne une capacité nouvelle, me rend apte à penser, dire et accomplir des choses qu'il m'est impossible de faire par mes propres forces. Elle transforme de façon radicale, touchant chaque aspect de ma vie.

La grâce se compare à l'épaisse barre d'acier qui traverse et solidifie le béton de l'histoire biblique. À partir de la chute, en passant par l'appel d'Abraham, la délivrance de l'esclavage en Égypte, l'approvisionnement dans le désert, les victoires dans la Terre promise, David, Salomon, Ésaïe, Jérémie et Amos, la prédication de Jean-Baptiste, la grossesse miraculeuse de Marie, le ministère du Messie sur la terre, la croix et le tombeau vide, le fidèle ministère des apôtres, la détermination de l'Église persécutée et l'espérance des enfants de Dieu qui attendent son retour, cette histoire est imprégnée de la grâce. La grâce la définit et lui donne une direction.

L'histoire me répète sans cesse que Dieu a pourvu le moyen de résoudre mon problème le plus profond qui est le péché. Elle me rappelle que je n'ai plus à vivre prisonnier de ma propre rébellion, dominé par ma folie ou paralysé par mon incapacité. Plus je me trouve dans un état de faiblesse, plus la grâce de Dieu agit avec puissance et efficacité.

Comment cette vérité devient-elle pratique et transforme-t-elle nos vies? Reprenons l'exemple de ce couple. Un des problèmes majeurs de leur relation consiste à ne pas vivre selon le *principe de la grâce*. Il est désolant de constater le manque évident de grâce au sein de leur union et ce, en dépit de leurs innombrables difficultés. Ils n'ont aucune envie de s'examiner et de confesser les péchés ancrés dans leurs cœurs. C'est pourquoi ils ne goûtent jamais à la douceur du pardon. Aucune espérance divine ne les soutient dans leurs sombres moments de découragement. Ils ne connaissent pas la paix qui vient lorsque l'un et l'autre se confient à la grâce de Dieu. Ils ne croient pas que Dieu leur donnera tout ce qui leur manque afin que leurs rapports mutuels soient empreints de piété. Par conséquent, leur relation se limite à des exigences, des performances, des échecs, des jugements et des châtiments humains. Il n'existe pour eux aucune puissance ou espérance de changement. Et puisqu'ils ne baignent pas quotidiennement dans la source de la grâce de Dieu, ils ne se transmettent aucune grâce réciproque.

Tous les livres traitant du mariage, de même que les habiletés à communiquer et les efforts en vue de changer sont voués à l'échec parce que le seul espoir véritable de ce couple repose sur la grâce de Dieu. Elle seule transforme les cœurs et métamorphose les relations. En s'appuyant sur elle et en la partageant l'un avec l'autre, ils verront les bases actuelles de leur union s'effriter pour céder la place à un amour imprégné de la grâce et de la puissance de Dieu. Une relation conjugale s'épanouira uniquement sous le régime de la grâce, là où les principes bibliques portent des fruits durables.

Ce n'est pas votre fête

En 1978, j'ai accompli l'un des plus grands exploits de ma vie : je suis devenu professeur de maternelle! J'avais fondé une école chrétienne en collaboration avec quelques braves et j'ai débuté en assumant le rôle de directeur. Cependant, en raison de notre budget limité et du personnel restreint, j'ai accepté d'enseigner temporairement à la classe de maternelle.

Un lundi après-midi, la mère d'un de mes universitaires en herbe m'a demandé si elle pouvait célébrer l'anniversaire de sa fille dans la classe le vendredi suivant. Le jour de la fête, la maman s'est activée à tout préparer dans la classe, puis nous avons finalement pu entrer. Elle avait transformé notre petite salle en un royaume féérique! Les murs et les tables étaient somptueusement décorés, des serpentins multicolores pendaient du plafond et un ballon gonflable contenant un autre ballon était attaché au dos de chaque chaise. Des sacs de cellophane noués d'un ruban et remplis de surprises attendaient chacun des invités, à l'exception de la fillette dont c'était l'anniversaire. À sa place, on pouvait admirer une pile impressionnante de cadeaux joliment emballés.

Un des invités, Jean-François, était assis au bout de la table et répétait sans cesse le même manège. Il regardait son petit sac de surprises, puis la montagne de cadeaux de la fillette choyée, se croisait les bras et lançait un *hum* parfaitement audible, accompagné d'une moue désapprobatrice. Son regard devenait de plus en plus mauvais et ses *hum* de plus en plus forts. Toute l'attention s'est bientôt portée sur lui et il a failli gâcher la fête, lorsqu'une des mamans présentes s'est approchée et s'est agenouillée à ses côtés. Elle a tourné sa chaise de façon à le regarder dans les yeux et a prononcé ces mots importants : « Jean-François, ce n'est pas ta fête! »

Jean-François n'était pas *censé* monopoliser l'attention ou recevoir de nombreux cadeaux d'anniversaire. On célébrait la fête de Susie et il était juste qu'elle occupe la place d'honneur. Jean-François ne s'amuserait pas pendant la célébration s'il cherchait en être le point de mire.

Il en va de même pour la magnifique histoire de la Bible. Au cœur de cette histoire, en dépit du nombre impressionnant de lieux, d'acteurs, d'événements historiques et naturels extraordinaires, se trouve le Seigneur. C'est *son* histoire. Paul le résume ainsi : « Tout est de lui, par lui et pour lui! À lui la gloire dans tous les siècles. Amen! » (Romains 11.36).

Nous avons été créés pour sa gloire et sommes appelés à la manifester dans tout ce que nous faisons. Cette question de la *gloire* constitue le dernier de nos trois thèmes généraux. Le péché fait de nous des voleurs de gloire. Il ne se passe probablement pas une journée sans que nous n'imaginions un complot pour dérober au Seigneur ce qui lui revient de droit. En rivalisant les uns contre les autres pour recueillir la gloire, il est impossible de maintenir l'unité qui est créée uniquement quand d'un seul cœur nous vivons pour lui.

À la base d'un mariage raté, d'une famille éclatée ou d'une amitié brisée se trouve toujours une gloire volée. Nous sommes insatiables lorsqu'il s'agit d'obtenir la gloire qui ne nous appartient pas et nous ferions n'importe quoi pour la posséder. Au lieu de glorifier Dieu en mettant au service des autres les dons qu'il nous a accordés, nous utilisons les autres pour nous procurer la gloire que nous affectionnons tant. Le péché nous amène à nous approprier l'histoire et à la réécrire de sorte que nous en devenons le personnage principal, projetant ainsi nos vies à l'avant de la scène.

Cependant, il n'existe qu'une scène et elle appartient au Seigneur. Toute tentative de notre part de lui usurper la position qui lui revient déclenche une guerre entre lui et nous. Cette guerre à la verticale est acharnée, une lutte pour obtenir la gloire divine, un complot pour prendre la place même de Dieu. C'est le scénario caché derrière chaque histoire malheureuse de ce monde. Le péché a fait de nous des voleurs de gloire. Nous ne savons pas souffrir parce que la souffrance entrave notre gloire. Nous trouvons difficile d'entretenir de bonnes relations parce que nos amis entrent en compétition avec nous pour jouir de la gloire. De même, nous ne savons pas servir convenablement, car notre quête de gloire nous amène à préférer être servis.

L'histoire des Écritures est pourtant l'histoire de la gloire du Seigneur. Elle m'appelle à prendre part à un projet plus grand que moi. Elle m'offre de vivre pour une réalité qui en vaut vraiment la peine. Le Rédempteur est venu pour que les voleurs de gloire connaissent la joie de vivre pour sa gloire. Il n'existe aucune satisfaction personnelle ou joie profonde comparable à l'engagement à vivre pour la gloire de Dieu. Cet engagement est en fait notre véritable besoin. S'il vivait pour la gloire de Dieu, le couple dont nous avons parlé connaîtrait une relation conjugale transformée par une redéfinition complète de ses paramètres de vie[3].

Une vie qui en vaut la peine

La principale œuvre du royaume de Dieu constitue la transformation. Dieu opère ces changements quand le Saint-Esprit donne à son peuple la capacité de partager sa Parole. Nous offrons davantage que des solutions, des stratégies, des principes et des commandements. Nous parlons de l'histoire la plus extraordinaire jamais racontée, l'histoire du Rédempteur. Notre but consiste à nous aider mutuellement à développer une mentalité axée sur « l'histoire de Dieu ». Nous avons reçu la mission de nous enseigner, nous avertir et nous encourager les uns les autres à mettre notre confiance dans la souveraineté de Dieu plutôt qu'à établir notre règne personnel. Nous sommes appelés à nous appuyer sur sa grâce plutôt que sur nos propres forces et à nous soumettre à sa gloire au lieu de rechercher la nôtre. Voilà donc ce qui constitue le royaume de Dieu : des individus entre les mains du Rédempteur, qu'il utilise chaque jour comme des instruments de changement durable.

3

Avons-nous réellement besoin d'aide?

Émilie, une jeune fille brillante et douée âgée de douze ans, n'arrive plus à surmonter ses peurs grandissantes. Elle refuse de pratiquer ses sports préférés et pleure chaque matin à la seule idée d'aller à l'école. Sara, sa mère, se sent totalement impuissante devant une telle situation.

Lors de leur dîner hebdomadaire, Jeanne confie à Christine que son mari et elle se disputent souvent. Christine tente de réconforter son amie par quelques mots d'encouragement, mais elle ne sait que faire pour l'aider davantage.

François aime beaucoup diriger son petit groupe d'étude biblique, sauf lorsque vient le moment de prier. Chaque semaine, il entend un partage qui l'interpelle. Il sait qu'il devrait contacter celui ou celle qui décrit ses difficultés, mais il ignore comment exercer un ministère envers des individus qui ne l'aborde pas directement pour recevoir de l'aide.

Frédéric et Hélène entretiennent une belle amitié avec les Simard, mais les enfants de ces derniers sont de véritables petits garnements. Ils savent que les Simard trouvent leur rôle de parents très difficile, car ils en ont déjà discuté ensemble. Ils désireraient les appuyer dans cette tâche, mais ils se sentent dépourvus.

Depuis la mort de son mari, Manon n'a plus envie de rien. Elle passe des heures devant le téléviseur sans même s'intéresser aux émissions diffusées. Elle aimerait parler à une amie de ce qu'elle vit, mais elle croit que personne ne pourra véritablement la comprendre.

André est pratiquement incapable de réprimer ses convoitises. Il ne peut même plus poser le regard sur une femme sans éprouver des pensées impures. Il a commencé à mener une double vie et dans ses brefs moments de lucidité, il a terriblement peur. Il voudrait en parler à quelqu'un, mais à qui? Il craint d'être jugé et de voir sa vie s'écrouler.

Martin ressent de plus en plus de colère à l'égard de ses parents. Quand il n'est pas à l'école ou au travail, il s'enferme dans sa chambre. Il a partagé à quelques amis son désir de quitter la maison, mais leurs réponses ne lui ont été d'aucun secours. Il ne sait pas où trouver un adulte à qui il pourrait confier ses soucis.

Richard consacre tout son temps et son énergie à son travail. Son ami Georges en voit les effets néfastes sur sa vie spirituelle et sur sa famille. Quand Georges essaie d'en parler à Richard, ce dernier s'irrite et se tient sur la défensive. Georges sait qu'il devrait revenir à la charge, mais ignore comment s'y prendre.

Robert aime son ministère de pasteur. Il se passionne pour la préparation et la prédication de sermons. Il prend plaisir à développer des programmes pour aider les membres de l'Église à grandir. Cependant, Robert déteste qu'une personne se décharge sur lui de ses problèmes. Il a la désagréable impression qu'on attend de lui qu'il agite une baguette pastorale magique, opère un miracle et règle toutes les difficultés. À cause de cette énorme pression, un nœud se forme dans son estomac et il se demande ce que lui réservent les semaines à venir.

La tragédie résultant du péché et de la souffrance bouleverse la vie de chaque individu. Elle se présente sous les allures d'une lutte intérieure de plus en plus difficile à supporter, d'une relation conflictuelle qui s'envenime ou d'un passé douloureux qui refait constamment surface.

Regardons la vérité en face : nous avons tous besoin d'aide et les gens autour de nous se trouvent dans la même situation. Vous le constatez en côtoyant vos amis, votre famille, vos voisins, vos compagnons de travail et les membres de votre Église. Vous le voyez clairement dans votre propre vie, quand vous y réfléchissez honnêtement. Nous ne pouvons tout simplement pas nous débarrasser de certaines pensées ou attitudes. Nous agissons mal, nous le regrettons, le confessons, décidons et promettons de ne plus recommencer, mais dans le feu de l'action, nous sommes incapables de tenir nos promesses.

De quelle manière Dieu nous aide-t-il et comment se sert-il de nous pour en aider d'autres? Nous savons qu'il nous a appelés à participer à l'œuvre du royaume, mais il n'a pas fourni de méthode précise à mettre en pratique. Nous ne trouvons nulle part un modèle décrivant les « sept étapes pour parvenir à la perfection personnelle et relationnelle ». Dieu nous a plutôt demandé de placer notre espoir dans l'œuvre et la présence de Jésus, le Rédempteur. Ainsi, celui qui aide et celui qui reçoit de l'aide dépendent tous deux de sa puissance et de sa sagesse pour changer.

Comment une telle chose peut-elle se produire? Comment devenons-nous des instruments entre les mains de Dieu? Une réponse adéquate à ces questions passe par une compréhension biblique de l'humanité, de son besoin d'aide et de la façon dont les changements s'opèrent.

Les Écritures envisagent la vie humaine sous trois aspects : la création, la chute et la rédemption. Cette perspective générale jette les bases indispensables au ministère personnel. En commençant par la vue d'ensemble brossé par les Écritures, puis en apprenant à poser un regard biblique sur notre entourage, nous sommes en mesure de collaborer plus efficacement à l'œuvre de transformation continue accomplie par Dieu.

Commençons par le commencement

Comme nous l'avons vu, nous avons reçu le mandat biblique clair d'exercer un ministère personnel. Vous serez peut-être surpris d'apprendre, cependant, que ce besoin était présent dès le premier chapitre de la Genèse.

> Dieu dit : Faisons l'homme à notre image selon notre ressemblance, pour qu'il domine sur les poissons de la mer, sur les oiseaux du ciel, sur le bétail, sur toute la terre et sur tous les reptiles qui rampent sur la terre.
>
> Dieu créa l'homme à son image : Il le créa à l'image de Dieu, homme et femme il les créa.
>
> Dieu les bénit et Dieu leur dit : Soyez féconds, multipliez-vous, remplissez la terre et soumettez-la. Dominez sur les poissons de la mer, sur les oiseaux du ciel et sur tout animal qui rampe sur la terre.
>
> (Genèse 1.26-28)

Nous connaissons si bien ce passage qu'il est facile de passer à côté de sa vision radicale de l'être humain. En le comprenant mieux, notre vie et notre manière d'interagir avec les autres changeront complètement.

Le récit de la création suit un certain rythme, une sorte de cadence. Dieu crée la lumière et voit qu'elle est bonne. Il y a un soir et un matin, c'est le premier jour. Dieu crée le ciel et la terre, la terre ferme et la mer et voit que c'est bon. Il y a un soir et un matin, c'est le deuxième jour. Dieu crée quelque chose, voit que c'est bon... et le rythme est maintenu – jusqu'à ce qu'il décide de former les êtres humains. Brusquement, le rythme s'interrompt.

Dieu travaille autrement avec Adam et Ève et sa façon d'agir prouve que le ministère personnel s'avère indispensable à chacun de nous. Tout de suite après avoir créé Adam et Ève, Dieu leur *parle*. Il ne s'est pas adressé à ses autres créatures. Il s'est simplement reposé, puis a continué son œuvre de création. Lorsque Dieu change de cadence et se comporte différemment, il faut en chercher la cause. Pourquoi Dieu leur a-t-il parlé?

Dieu savait que même si Adam et Ève étaient parfaits et vivaient en parfaite harmonie avec lui, ils ne pouvaient comprendre seuls les réalités de la vie. Ils avaient été créés pour dépendre de Dieu. Dieu leur a donc expliqué qui ils étaient et quel était le but de leur vie. Ce manque de compréhension ne résultait pas du péché, mais était inhérent à leur condition humaine.

Nous nous trouvons en présence du premier exemple de ministère personnel de l'histoire de l'humanité. L'Admirable Conseiller vient à la rencontre de l'être humain et définit son identité et le but de son existence. Pourquoi Adam et Ève ne pouvaient-ils pas vivre sans cette intervention de Dieu? Qu'est-ce qui les différenciait du reste de la création? La réponse comporte trois volets.

D'abord, Adam et Ève ont été créés pour *recevoir une révélation*. Dieu les a dotés d'une capacité à communiquer absolument unique parmi ses créatures. Il les a créés pour qu'ils écoutent, comprennent et appliquent sa Parole à leurs vies. Cette aptitude ne sert pas avant tout à entretenir des relations humaines, mais à connaître et à comprendre Dieu.

Le reste de la création n'a pas besoin de cette faculté pour vivre à la gloire de Dieu. Vous et moi le savons d'instinct et c'est pourquoi nous n'engageons pas de discussion théologique avec les chênes de notre cour! Le chêne rend gloire à Dieu simplement en élevant vers le ciel ses grosses branches feuillues. Sa forme et sa présence témoignent silencieusement de la renommée de son Créateur, mais les êtres humains vivent pleinement pour la gloire de Dieu quand ils ont recours à sa Parole.

La culture contemporaine a tendance à croire que notre besoin d'aide résulte d'actions commises par ou contre nous – conséquence d'une biologie humaine déficiente ou du manque de chimie entre deux personnes. Pourtant, le chapitre 1 de la Genèse rétablit les faits : notre besoin se manifestait déjà avant l'apparition du péché, puisque nous avons été créés des êtres dépendants.

En essayant de vivre sans le secours de Dieu, je m'impose l'existence d'une loque humaine. Je vis comme un animal, je deviens autre chose que ce que je suis en réalité. Un grand nombre d'individus tentent de vivre ainsi, mais ils font preuve d'irrationalité. Ils nient leur identité, détruisent leur propre vie et anéantissent leur espoir. Nous, êtres humains, avons été créés pour mettre en application les principes de la révélation de Dieu, c'est pourquoi nous avons reçu des aptitudes de communication exceptionnelles.

Tout ministère personnel doit commencer par l'humble reconnaissance de ce besoin essentiel et incontournable. Même si la chute n'avait jamais eu lieu, même en l'absence du péché, nous aurions encore besoin d'aide parce que nous sommes humains. En approfondissant cette vérité, vous progresserez vers une compréhension juste de vous-même et de l'œuvre que Dieu vous appelle à réaliser.

L'être humain pense

Deuxièmement, Adam et Ève se démarquaient du reste de la création parce qu'ils avaient été formés pour *interpréter*. Nous donnons un sens à ce qui nous entoure à cause de notre merveilleuse faculté de penser. Nous organisons, interprétons et expliquons continuellement notre monde intérieur et extérieur. Nous pensons tous, bien que certains excellent davantage dans ce domaine. Nous ne basons pas notre existence sur des faits purs et simples, mais sur l'*interprétation* de ces faits. Dieu a accordé à Adam et Ève une capacité de réfléchir inégalée, mais seule sa Parole pouvait interpréter correctement leur univers.

Quand j'étais jeune pasteur à Scranton en Pennsylvanie, notre famille habitait une vieille maison de style victorien comportant un long escalier abrupt. Un après-midi, j'étais assis au salon lorsque j'ai entendu quelqu'un dégringoler les marches. Je me suis précipité vers l'escalier et j'ai vu mon petit garçon de trois ans, Ethan, débouler les trois ou quatre dernières marches avant de s'arrêter. Je lui ai demandé si tout allait bien et il m'a assuré qu'il n'avait aucun mal.

Je m'apprêtais à regagner le salon et à continuer la lecture du journal lorsqu'Ethan a dit : « Merci. » J'ai répondu : « Tu n'as pas à me remercier, Ethan, je n'ai rien fait. » « Ce n'est pas toi que je remercie, papa, mais les anges », a rétorqué mon fils en me regardant comme s'il était tout à fait normal de comprendre ce qu'il voulait dire. *Que c'est mignon*, ai-je pensé en m'éloignant. Mais la petite voix m'immobilisa de nouveau : « Je sais comment ils s'y prennent! » « Qui? » ai-je demandé. « Les anges, papa, je sais comment les anges travaillent. Chaque personne possède deux anges qu'elle ne voit pas. L'un se tient de ce côté (sa droite) et l'autre, de ce côté (sa gauche) et ils transportent un énorme ballon de plage invisible au-dessus de ta tête. (Nous revenions tout juste de vacances au bord de la mer.) Quand tu commences à tomber, ils mettent le ballon devant toi. Tu rebondis sur le ballon et tu ne te fais pas mal! » Satisfait de son explication, Ethan est reparti jouer.

Vous pensez peut-être : « Que c'est charmant! » Pourtant, ses propos se révèlent surtout remarquables : tout de suite après avoir dégringolé l'escalier sans s'être blessé, ce jeune enfant tentait d'en dégager un sens. Déjà, à trois ans, il pensait, organisait, interprétait et expliquait! Ethan a associé un thème de l'école du dimanche et un autre émanant de vacances familiales pour formuler une explication plausible (en apparence) et interpréter son expérience.

Ce jeune garçon a maintenant vingt-trois ans. Pensez au nombre de fois où il a interprété son monde de la sorte et de quelle manière ses interprétations ont donné une direction à sa vie.

Un autre événement tiré de la vie de notre cadet aidera à comprendre comment notre interprétation influence la manière dont nous réagissons à ce qui se passe autour de nous. Darnay, également âgé de trois ans, se promenait dans la cour arrière de la maison sans prendre garde à son frère qui jouait au baseball en frappant des pierres à l'aide du manche d'un râteau. Bientôt, Ethan a lancé un caillou atteignant Darnay en plein front. Ce dernier est tombé par terre et saignait abondamment. Pendant que sa sœur jouait le rôle de la sirène d'ambulance et que son frère inquiet plaidait son innocence, j'épongeais le sang afin de déterminer la gravité de la blessure. Quant à Darnay, il restait étendu, immobile, serein, d'un calme déconcertant. Ayant vu bouger ses lèvres, je me suis penché pour mieux saisir ses paroles et je l'ai entendu répéter systématiquement : « Je suis si content que mon papa soit un docteur. »

Darnay savait que l'abréviation « Dr » apparaissait devant le nom de son papa et que celui-ci fixait parfois des rendez-vous à des gens. Sans l'ombre d'un doute, son papa était médecin. Cependant, en l'écoutant murmurer son leitmotiv, j'ai pensé : « *J'ai bien peur que tu aies de graves ennuis, car je ne suis pas le type de docteur que tu crois!* »

Cette crise familiale anodine montre l'importance de nos interprétations. Nous n'expliquons pas seulement nos relations et les événements, mais également notre personnalité. Nous

nous attribuons une identité et vivons conformément à ses caractéristiques. Darnay n'a pas réagi à la situation en se basant sur les cris de sa sœur, la panique de son frère ou le sang répandu. Il a réagi selon l'identité qu'il s'était donnée – malheureusement fausse. En croyant son papa médecin, il se sentait en sécurité. En d'autres circonstances, il aurait été très effrayé. Pourtant, il s'agissait d'une paix non fondée et il découvrirait bientôt ne pas être celui qu'il pensait.

Observez dans quelle mesure la réaction de Darnay devant cette situation découle de son interprétation. Premièrement, elle a influencé ses *émotions*. Il a évalué le danger en se fondant sur une supposition et n'a pas ressenti de peur. Deuxièmement, son interprétation de la vie a défini son *identité*. Il était (ou croyait être) le fils d'un médecin professionnel compétent. Troisièmement, cette interprétation a déterminé sa vision des *autres*. Il m'accordait une confiance sans limites et ainsi, n'était nullement fâché contre Ethan puisqu'il recevrait les soins appropriés. Quatrièmement, ses pensées ont agi sur sa manière d'envisager la *solution*. Papa allait simplement s'occuper du problème! Enfin, ses croyances naïves concernant la réalité influenceraient l'application d'éventuels *conseils*. Darnay était prêt à suivre aveuglément mes instructions et à faire confiance à mon analyse de la situation, à cause de son ignorance.

En déclarant que Dieu a donné aux êtres humains la faculté d'interpréter, nous touchons au cœur de la raison pour laquelle ces derniers agissent comme ils le font. Nos pensées conditionnent nos émotions, notre sentiment d'identité, notre perception des autres, nos plans pour résoudre les problèmes et notre disposition à recevoir les conseils d'autrui. C'est pourquoi il nous faut un cadre d'analyse proposant des interprétations justes qui nous aideront à réagir adéquatement aux différentes circonstances de la vie. Seules

les Paroles du Créateur nous procurent ce cadre.

Vous serez toujours au service de quelqu'un

Ces mots chantés par l'un de mes théologiens préférés, Bob Dylan*, captent l'essentiel du troisième élément nous distinguant du reste de la création. Les êtres humains sont fondamentalement des *adorateurs*. L'adoration ne se définit pas uniquement par des actions, mais s'inscrit au cœur même de notre nature. On ne peut partager l'humanité en deux catégories : ceux qui adorent et ceux qui n'adorent pas. Nous adorons tous quelqu'un ou quelque chose. Il s'agit simplement de déterminer l'objet de notre vénération.

Dieu a voulu que l'adoration soit le principe motivateur de notre vie. Adam et Ève ont été créés pour puiser le sens et le but de leur existence dans la personne, la présence et les desseins de Dieu. Il s'agit d'un référent qui renvoie inévitablement à Dieu. À cause de cette volonté divine, tout ce que fait l'homme exprime une forme d'adoration. Vos actions et votre manière d'agir trahissent votre désir de servir *quelque chose*. Un amour provenant du cœur même de notre être revendique notre loyauté et influence nos comportements.

Le besoin d'adorer se manifeste très tôt dans notre vie. Avez-vous déjà amené votre jeune enfant au magasin de jouets? En manœuvrant le chariot au milieu de l'allée, vous réussissez à l'empêcher d'attraper ce qui se trouve à sa portée. Tout se passe plutôt bien jusqu'à ce que vous arriviez à la caisse. Yanick remarque alors la figurine du Capitaine Bonco X-Rider. Il prend tout à coup un ton suppliant : « Maman, je le veux! Est-ce que je peux l'avoir? » Vous répondez fermement : « Non, pas aujourd'hui. Souviens-toi, maman avait dit qu'elle t'achetait un seul jouet ce matin. » Yanick se met à pleurnicher : « Je le veux! Je le veux! Sébastien, lui, a tous

---

* NDÉ : Bob Dylan, *Gotta Serve Somebody*, © 1979 par Special Rider Music.

3 / Avons-nous réellement besoin d'aide?

les X-Riders, et il a même une console de *PlayStation*! Ce n'est pas juste! Moi, je n'ai jamais rien!» Vous commencez à perdre patience en objectant : « Ce n'est pas vrai. Je t'ai acheté un puzzle et tu n'auras rien d'autre pour l'instant. »

Brusquement, Yanick se raidit, rejette la tête en arrière et se met à hurler. Vous avez l'impression que tous les yeux sont braqués sur vous. Vous espérez qu'une trappe s'ouvrira miraculeusement sous vos pieds et vous mènera directement à votre voiture. Vous repassez dans votre tête la liste de punitions pour choisir celle qui convient le mieux à une telle offense.

Cet incident n'expose pas seulement une difficulté de relation horizontale entre une mère et son fils. La crise émane plutôt de ce que Yanick, malgré son jeune âge, est un adorateur et ses réactions manifestent un sentiment d'adoration. Le problème de Yanick ne provient pas simplement de son désir d'obtenir un jouet et de sa colère devant le refus. Il révèle un instinct naturel et humain plus profond qui consiste à vouloir vivre pour lui-même et pour son propre plaisir, sans se soucier de la présence de Dieu. Cette querelle plutôt banale entre une mère et son fils reflète notre penchant inné à servir quelque chose et le postulat issu du péché voulant que ce « quelque chose » soit en fait notre propre personne! Yanick souhaite être le souverain absolu de son petit univers et exige que sa mère se soumette à ses ordres. Malheur à celle qui se mettra en travers de son chemin. Le petit Yanick est un voleur d'adoration.

L'adoration dont la race humaine déchue s'empare touche au cœur de son problème. Malheureusement, nous sommes tous coupables de ce crime. Puisque nous sommes des adorateurs par nature, trois choix s'offrent à nous : nous rendons à Dieu la gloire qui lui revient, nous servons autre chose ou nous nous vouons un culte à nous-mêmes, en nous plaçant avec intransigeance au centre de notre univers. Ne s'agit-il pas d'une définition appropriée du fantasme? Lorsque la vraie vie déçoit un individu, il s'invente un univers distinct où ses ordres sont exécutés à la lettre. Qui a déjà imaginé un monde où les figurants refusaient d'accéder à ses désirs? Le fantasme nous amène à croire que nous pouvons être Dieu.

Dieu a créé des adorateurs. Adam et Ève avaient besoin d'entendre Dieu leur dire : « Je suis votre Créateur et vous m'appartenez. Vous avez été créés pour m'aimer, me servir, m'adorer et m'obéir. Ces principes constituent la base même de toute votre existence et de toutes vos actions. » Ils avaient besoin d'être orientés vers Dieu, puisqu'il est la référence et ainsi, sa révélation devenait absolument essentielle.

En résumé

Il est impossible de comprendre l'univers du ministère personnel sans le chapitre 1 de la Genèse. Ce chapitre enseigne que notre besoin d'aide fait partie intégrante de notre nature. Il ne résulte pas de la chute. Les êtres humains doivent trouver la vérité à l'extérieur d'eux-mêmes s'ils veulent donner un sens à leur vie. Le point de vue de Dieu s'avère primordial pour interpréter les réalités de l'existence. Nous avons été créés pour adorer.

Ces données nous conduisent à formuler une observation déterminante. S'il est vrai que tous les êtres humains cherchent continuellement à trouver un sens à la vie, il s'ensuit que la vie *au grand complet* est formée de counseling ou de ministère personnel. Le counseling constitue la fibre même de la vie humaine! Nous interprétons sans cesse et partageons constamment nos interprétations avec d'autres. Ce « partage » équivaut en somme à prodiguer des conseils ou des avis sur la manière de réagir aux différentes situations.

En fin de compte, nous exerçons une influence sur les autres dans chacune de nos relations. Nous donnons et recevons des conseils chaque jour. Les professionnels rémunérés ne possèdent pas l'exclusivité en matière de counseling. Il fait partie intégrante de tous rapports humains. Malheureusement, nous sommes rarement conscients de l'impact important que produisent ces rencontres quotidiennes.

Le livre des Proverbes illustre habilement cette dynamique. Il décrit la vie comme un vaste forum sur le counseling, allant des sages conseils d'un père à son fils jusqu'aux enseignements de l'insensé qui compliquent l'existence. Ce forum comprend deux types de discussion : le conseil du sage et celui de l'insensé et chaque jour, vous et moi recevons un peu des deux. Des voix discordantes se font la lutte pour obtenir notre attention. Elles influencent nos pensées, désirs, choix et actions. Ces conseils nous parviennent à travers les paroles d'un ami, le contenu d'une émission de télévision ou la prédication du dimanche. Un parent qui réprimande un enfant ou un mari donnant son avis donnent tous deux des conseils. C'est inévitable, nous sommes tous des conseillers et recevons tous des conseils.

Nous devrions nous inquiéter de ce que des milliers d'heures de counseling certifié sont pratiquées sans aucune référence à la Parole de Dieu. Cependant, le fait que le counseling non officiel soit couramment pratiqué et sur une échelle beaucoup plus vaste par des gens qui ne savent pas ce qu'ils font et d'autres qui ne réalisent pas à quel point ils sont influencés, devrait nous inquiéter davantage. Si vous vivez sur cette planète, vous êtes un conseiller! Vous interprétez la vie et partagez vos interprétations avec d'autres. Vous exercez une influence et *subissez* de même l'influence d'autrui. Certaines personnes obtiennent votre attention et vous les écoutez. Que vous en soyez conscient ou non, elles façonnent votre manière de pensée, forment vos désirs et modifient vos plans d'action. La question n'est pas de savoir *qui* conseille. Nous le faisons tous. La principale question consiste à savoir si ce counseling s'enracine dans la révélation du Créateur.

L'entrée en scène d'un autre conseiller

Nous avons fait ressortir notre besoin d'aide à partir du récit de la création. Nous devons également l'examiner sous l'angle de la chute. Le chapitre 3 de la Genèse a des implications importantes sur le ministère personnel.

> Le serpent était le plus rusé de tous les animaux des champs que l'Éternel Dieu avait faits. Il dit à la femme : Dieu a-t-il réellement dit : Vous ne mangerez pas de tous les arbres du jardin?
>
> La femme dit au serpent : Nous mangeons du fruit des arbres du jardin. Mais quant au fruit de l'arbre qui est au milieu du jardin, Dieu a dit : Vous n'en mangerez pas et vous n'y toucherez pas, sinon vous mourrez. Alors le serpent dit à la femme :
>
> Vous ne mourrez pas du tout! Mais Dieu sait que, le jour où vous en mangerez, vos yeux s'ouvriront, et que vous serez comme des dieux qui connaissent le bien et le mal.
>
> La femme vit que l'arbre était bon à manger, agréable à la vue et propre à donner du discernement. Elle prit de son fruit et en mangea; elle en donna aussi à son mari qui était avec elle, et il en mangea. Les yeux de tous les deux s'ouvrirent; ils prirent conscience du fait qu'ils étaient nus. Ils se firent des ceintures avec des feuilles de figuier cousues ensemble.
>
> (Genèse 3.1-7)

Pour la première fois au cours de cette histoire, une autre voix se fait entendre, un autre conseiller. Notez bien la teneur de ses propos et son conseil à Ève. Il utilise les expressions mêmes employées par Dieu pour parler à Adam et Ève, mais leur confère une interprétation différente. Le serpent donne une tournure particulière aux paroles prononcées par Dieu, car il manque totalement d'objectivité.

Ève vivait l'un des instants les plus solennels de l'histoire. Nous pouvons presque entendre le silence de mort enveloppant la création, dans l'attente de sa décision cruciale. Suivrait-elle les conseils du Créateur ou ceux du serpent? Où puisera-t-elle le sens et le but de sa vie? En qui se confiera-t-elle? Enfin, que croira-t-elle au sujet de Dieu, de ses attributs et de ses desseins? Ces questions constituent le fondement de la lutte qui faisait rage à ce moment.

La tragédie morale qui s'est jouée en Éden touche au cœur même de l'existence humaine. Nous avons lu dans le passage qu'Ève a vu que le fruit était « propre à donner du discernement ». Satan n'a pas seulement proposé à Ève le meilleur fruit du jardin, mais lui a présenté autre chose d'intrinsèquement plus attirant. Il a expliqué à Ève qu'en mangeant ce fruit, elle posséderait sa propre sagesse. Il lui a promis une sagesse personnelle, autonome, libre du besoin de Dieu ou de sa révélation! Cette fascination l'a conduite tout droit à la chute.

Satan offrait une voie différente pour parvenir à la sagesse, faisant miroiter la promesse que les êtres humains sont en mesure d'apprendre le discernement sans aide. Ses paroles suggéraient que malgré la beauté de la révélation de Dieu, elle n'est pas essentielle. En suivant la sagesse de Satan, chaque individu tient sa propre vie entre ses mains et s'appuie sur ses capacités personnelles pour penser, interpréter, comprendre et appliquer. Satan convainc Ève du mensonge le plus attirant et le plus cruel qui soit, le mensonge de l'autonomie et de l'autosuffisance. Il lui présente une sagesse qui ne la contraint pas à fléchir les genoux devant Dieu.

En choisissant de suivre le conseil du serpent, Adam et Ève se voyaient dans l'obligation de changer doublement leur façon de penser. D'abord, ils devaient forcément rejeter Dieu et sa révélation de lui-même en tant que Créateur et Conseiller, lui qui avait défini leur identité et le but de leur existence. L'apôtre Paul proclame en parlant de Christ : « ... en [lui] sont cachés tous les trésors de la sagesse et de la connaissance ». Il ajoute que « la philosophie et la vaine tromperie » du monde ne peuvent tenir leurs promesses parce qu'elles dépendent de « la tradition des hommes, selon les principes élémentaires du monde, et non selon Christ » (Colossiens 2.3, 8). La Bible déclare que la sagesse est une personne et son nom est Christ! Cette vérité existait dès le commencement. Par conséquent, nous affirmons sans le moindre doute qu'en rejetant Dieu le Père, Adam et Ève ont également rejeté Christ, s'imaginant trouver ailleurs ce que lui seul peut offrir.

Le Psaume 14 affirme que ce rejet décrit l'essence même de la folie. La folie ne consiste pas simplement à démontrer de la stupidité, combinaison mortelle d'arrogance et d'ignorance. Les insensés présupposent que Dieu n'existe pas et que nous pouvons vivre sans sa révélation. Le chapitre 3 de la Genèse recèle de sagesse et est nécessaire au counseling. Quelle voix écouterai-je? Qui sera la source de ma sagesse? Adam et Ève devaient se rallier à l'une ou l'autre des deux voix et leur décision, comme la nôtre, aurait des conséquences éternelles.

Ensuite, s'ils prêtaient une oreille attentive à ce nouveau conseiller (Satan), ils auraient non seulement à renier Dieu, mais leur propre nature. Le serpent semble proposer une alternative crédible, mais en fait il n'existe aucune alternative. Adam et Ève ont été créés pour vivre un certain type d'existence et n'auront aucune chance de réussir en dehors de ce dessein. Pourtant, ils étaient sur le point de se laisser tenter par cette option séduisante et des millions de gens effectuent le même choix tous les jours.

Pourquoi obéir à Dieu?

Cette nouvelle approche de la sagesse proposée par un autre conseiller n'est pas neutre. Elle entraîne des conséquences morales évidentes. Si Adam et Ève décidaient de croire à l'interprétation de ce nouvel intervenant, il serait stupide qu'ils continuent à obéir à Dieu. Dieu se révélerait alors menteur et fourbe, un dieu manipulateur et anxieux, craignant que l'homme ne devienne semblable à lui.

Il en va de même pour le ministère personnel, les conseils et les avertissements. Les interprétations que nous partageons les uns avec les autres définissent continuellement les limites entre la justice et l'injustice, le bien et le mal, la vérité et le mensonge, la sagesse et la folie. Elles orientent inévitablement nos désirs, nos pensées et nos actions. Toutes mes interprétations reposent sur ma perception de Dieu, de moi-même et des autres et elles influencent les sentiments de mon cœur et mes gestes.

Le fait qu'Adam et Ève rejettent les paroles de Dieu et suivent le serpent, les entraînera certainement à penser et à agir autrement. Malheureusement, c'est ce qu'ils ont fait et la vie n'a plus jamais été la même par la suite. Nous vivons aujourd'hui dans un monde où des milliers de voix interprètent la vie pour nous et rivalisent pour obtenir notre allégeance et notre attachement. Il n'est pas étonnant que nous soyons perplexes! Il n'est pas surprenant que nous ne puissions penser clairement! Ces voix nous séduisent parce qu'elles éveillent en nous ce désir corrompu et trompeur ressenti d'abord dans le jardin. Ce désir consiste à proclamer notre autonomie, à agir comme bon nous semble, à n'être redevables à personne et à puiser la source de notre vie ailleurs qu'aux pieds de notre Créateur.

Tels sont les effets du péché sur nous. Ils nous réduisent à vivre en insensés, reniant Dieu et l'essence même de notre nature. Nous n'adhérons peut-être pas à l'athéisme, mais en pratique, nous passons notre vie sans Dieu, nous concentrant surtout sur la dimension horizontale de l'existence. Les réalités de ce monde nous attirent et nous enchaînent. Il est possible d'aller à l'église et de posséder une connaissance biblique et théologique de haut niveau et de mener cependant cette recherche en marge de notre vie. Elle sert de glace sur le gâteau de l'égo, de l'autosuffisance et de l'indépendance. En agissant ainsi, nous prouvons qu'une autre sagesse commande à nos pensées et motive nos cœurs.

Les gens, le serpent et le ministère personnel

Quels sont les principes se dégageant de Genèse 3 qui nous aideront à développer une compréhension biblique du ministère personnel?

1. Nos pensées, nos opinions, nos conseils et nos relations visent toujours un but précis. Que nous en soyons conscients ou non, nous nous influençons mutuellement sous le rapport des désirs, des idées et des actions.

2. Tout conseil possède une valeur morale déterminant ce qui est juste et injuste, vrai et faux, bon et mauvais, sage et insensé.

3. Nous devons aspirer à l'humble dépendance décrite dans Genèse 1, où les habitants du jardin fondaient leurs pensées, leurs propos et leurs actions uniquement sur la Parole de Dieu.

4. Les voix du monde éveillent en nous l'illusion entretenue au plus profond de notre cœur pécheur, soit le désir d'*être* Dieu et de comprendre la vie sans son aide. Nous avons besoin de gens qui nous aiment suffisamment pour nous ramener à une vie qui soit centrée sur Dieu.

5. La Parole de Dieu (les Écritures) s'avère absolument essentielle pour trouver un sens à notre vie. C'est pourquoi il nous faut écouter la seule voix sûre, celle du Créateur. Seule sa Parole élimine la confusion suscitée par la philosophie du monde et notre propre folie et elle seule nous rend réellement sages. La véritable connaissance commence par la connaissance d'une personne, Dieu. La sagesse est le fruit de l'adoration et c'est à genoux que nous la recevons. Elle émane d'une vie soumise à Jésus-Christ,

la vraie sagesse.

Le salut n'exclut pas le besoin

Les chrétiens ont-ils encore besoin d'aide? Le ministère personnel s'avère-t-il nécessaire à ceux qui sont pardonnés par la grâce de Dieu, adoptés dans sa famille et en qui le Saint-Esprit habite? Le ministère public de la Parole ne suffit-il pas? En accentuant le ministère personnel, emboitons-nous simplement le pas à la culture ambiante axée sur la thérapie?

Un jour, alors que j'enseignais les principes discutés dans le présent livre, une femme m'a demandé : « Puisque je possède la Bible et que le Saint-Esprit habite en moi, pourquoi aurais-je besoin des conseils des autres? » De quelle manière auriez-vous répondu à sa question? Il est vrai que le Saint-Esprit est l'Admirable Conseiller de l'Église. Grâce à lui, nous comprenons la Parole de Dieu, il nous convainc de péché, œuvre en nous afin que nous obéissions de tout cœur à Dieu et nous permet de répondre à son appel pour notre vie. Cependant, cela signifie-t-il que le ministère individuel soit superflu? Vous pourriez employer des arguments semblables pour nier la nécessité de l'adoration communautaire et de la prédication de la Parole. Une vérité importante consignée dans l'Épître aux Hébreux échappait à cette femme : « Prenez donc garde, frères, que personne parmi vous n'ait un cœur méchant et incrédule, au point de se détourner du Dieu vivant. Mais exhortez-vous, chaque jour; aussi longtemps qu'on peut dire : Aujourd'hui! afin qu'aucun de vous ne s'endurcisse par la séduction du péché » (Hébreux 3.12-13).

Ces deux versets sont brefs, mais extrêmement riches. D'abord, notez que ce passage est écrit à des « frères », c'est-à-dire, des croyants. L'auteur traite de sujets faisant partie de la vie chrétienne normale. Il ne s'adresse pas à des incroyants ou à des croyants d'une classe à part. L'auteur nous prévient qu'une réalité présente dans chacune de nos vies nous expose au danger et requiert l'exercice d'un ministère quotidien les uns envers les autres.

Ensuite, examinons le contenu de l'avertissement : « Prenez garde que personne parmi vous n'ait un cœur méchant et incrédule – qui se détourne et finisse par s'endurcir. » Puisque l'auteur a cru bon d'émettre une telle recommandation, nous devons y porter une grande attention. Son exhortation décrit un processus que j'ai souvent vu à l'œuvre chez les personnes que j'ai conseillées.

L'histoire débute lorsqu'un individu cède aux mauvais désirs de son cœur. Un homme marié commence à s'intéresser à une femme au travail. Il se demande ce qu'il découvrirait en la connaissant mieux. Il porte un intérêt croissant à sa tenue vestimentaire, son regard, sa coiffure et sa silhouette. Bien entendu, ses désirs s'éveillent de plus en plus. Il ne pense pas encore à une relation sexuelle ou à quitter sa femme. Il décide de lui parler. Quel mal y a-t-il dans ce geste? Après tout, elle est une collègue de travail et il se doit d'entretenir avec elle des rapports amicaux.

Bientôt, cependant, leurs repas du midi s'éternisent et on les voit souvent parler ensemble au cours de la journée. Un jour, il lui offre de la reconduire chez elle et passe quarante-cinq minutes assis à ses côtés sur le canapé. Il lui caresse la main et lui avoue que leur amitié est précieuse à ses yeux. En retournant à la maison, il souhaite pour la première fois ne pas être marié. Il prend toutes sortes de précautions en racontant sa journée à sa femme et le soir, allongé à côté d'elle, il ne cesse de penser à une autre. Il adopte progressivement et subtilement un modèle de comportement pécheur, mais il n'y voit toujours rien de mal.

Il se passe pourtant quelque chose à l'intérieur de lui, le Saint-Esprit cherche à le convaincre. Il se sent mal à l'aise, un peu coupable. Il n'éprouve plus la même joie à retrouver sa femme après ses longues journées de travail. Il sait qu'il est beaucoup trop enthousiaste de partir travailler le matin et il critique de plus en plus sa femme, tout en ressentant une affinité particulière à l'endroit de l'autre. Il tente donc de se raisonner et de faire taire sa conscience. Sans s'en rendre compte, il répond à un modèle subtil de comportement pécheur par une attitude subtile d'incrédulité. Il se dit qu'il n'a rien fait de mal. Après tout, pense-t-il, la Bible n'interdit pas à un homme d'entretenir une amitié avec une femme, il est un mari fidèle et n'a pas commis l'adultère. Il se persuade que cette relation est bonne et qu'il devrait même en cultiver d'autres, semblables, dans son milieu de travail. Il a vécu dans son ghetto chrétien assez longtemps et en réalité, Dieu est heureux qu'il crée des liens avec une inconnue.

Il agit donc non seulement selon les mauvais désirs de son cœur, mais se dissocie graduellement de l'interprétation des Écritures qui font pourtant autorité en la matière. Il a cédé au modèle de comportement pécheur qui l'a conduit à l'incrédulité et malgré tout, le couple en difficulté continue à fréquenter assidument l'Église. Cependant, au fond de son cœur, l'homme a commencé à larguer ses amarres spirituelles. Sa foi d'enfant et son obéissance à la Parole lui servaient auparavant d'ancre morale. Il avait auparavant été sensible au ministère du Saint-Esprit, mais à présent, ayant rompu la chaîne le liant à cette ancre, il dérive dangereusement sans même le savoir.

Puisqu'il a rompu ses amarres spirituelles, il dérive encore davantage. Bientôt, lui et sa collègue de travail quittent le bureau à l'heure du midi et ne reviennent pas. Il se porte volontaire pour effectuer des voyages d'affaires lorsqu'il sait qu'elle sera présente. Leur relation devient de plus en plus physique. Le lien qui l'unissait à sa femme s'effrite graduellement, mais il s'en moque. D'ailleurs, il se demande pourquoi il l'a épousée. Il travaille souvent tard le soir et les fins de semaine. Par conséquent, il s'implique de moins en moins dans les activités de l'Église. Il a cessé de lire la Bible et de prier; en fait, il se sent pris au piège dans ce « truc de chrétiens ». Sa femme lui demande instamment de consulter un conseiller avec elle, mais cela ne l'intéresse pas.

Il lui arrive de plus en plus souvent de ne pas même rentrer dormir à la maison. Il raconte à sa femme mensonge sur mensonge. Son pasteur le rencontre et essaie de lui faire entendre raison, mais il reste indifférent, fermé au ministère du Saint-Esprit et rebelle à la Parole. Son cœur s'est endurci. Il n'est plus certain de croire encore à toute « cette histoire » et songe en fin de compte à quitter sa femme.

Péché → incrédulité → détournement → endurcissement du cœur. Quelle progression terrifiante! Vous vous demandez comment une telle chose peut se produire dans la vie d'un chrétien. Ce passage répond à la question en décrivant en détail ce qui s'est passé. Remarquez les mots employés en Hébreux 3.13 : « ... afin qu'aucun de vous ne s'endurcisse par la séduction du péché ». Ce verset nous indique pourquoi nous avons quotidiennement besoin du ministère des autres croyants.

L'auteur de la lettre aux Hébreux attire notre attention sur la doctrine du péché qui habite en nous. Sur la croix et par sa résurrection, Christ a brisé le *pouvoir* du péché sur nous (Romains 6.1-14), mais ce dernier demeure toujours *présent* en nous. Le péché est déraciné progressivement en nous et ce processus se poursuivra jusqu'à son élimination complète. Par contre, en attendant ce jour, nous devons nous rappeler que le péché est trompeur. Il aveugle – et devinez qui le premier se trouve frappé de cécité? Moi! Je n'ai aucune difficulté à voir les péchés de ma famille, mais je suis toujours étonné quand le Seigneur me montre le mien! Christ dépeint cette vérité en Matthieu 7 par une image saisissante. Il affirme que nous pouvons apercevoir une paille dans l'œil de notre voisin, mais ne voyons pas la poutre dans notre propre œil!

Puisque le péché habite encore en nous, notre vision spirituelle demeure partielle. Ce problème influence grandement notre ministère personnel[1]. L'organe de la vue physique n'est pas le plus important. Certains aveugles se débrouillent très bien dans la vie. Cependant, si nous sommes spirituellement aveugles, il nous sera impossible de vivre comme Dieu le demande. C'est pourquoi tant de prophéties de l'Ancien Testament déclarent que le Messie viendrait pour ouvrir les yeux des aveugles. Il est, par conséquent, appelé la Lumière. Les individus atteints de cécité ne peuvent jamais oublier leur déficience et passent beaucoup de temps à apprendre à vivre avec cette limite. La Bible toutefois affirme que nous pouvons être aveugles sur le plan spirituel, mais croire que nous voyons correctement. Nous nous irritons même quand le regard porté sur nous par autrui semble plus lucide que notre vision de nous-mêmes!

L'aveuglement spirituel est une réalité lourde de conséquences pour la communauté chrétienne. Le passage d'Hébreux enseigne expressément que notre perspicacité s'améliore par nos relations mutuelles. J'ai besoin de vous pour me voir et me connaître vraiment. Autrement, je m'appuierai sur mes propres raisonnements, je croirai mes mensonges et me nourrirai de mes illusions. L'image que j'ai de moi-même ressemble à celle que me renverrait un miroir déformant. Afin que je me voie distinctement, vous devez mettre sous mes yeux le miroir de la Parole de Dieu.

Observez de même que cette nécessité s'étend à tous. L'épître ne mentionne pas que certains ont atteint le but fixé, tandis que d'autres travaillent encore à y parvenir. L'auteur ne fait pas allusion à un groupe possédant la maturité spirituelle lui permettant d'exercer en exclusivité le ministère envers une communauté en difficulté. Ce passage enseigne que chacun a besoin du ministère de l'autre. Il nous exhorte à admettre notre propre besoin et à devenir des serviteurs de Dieu aidant notre prochain. J'aime me lever le matin en priant ainsi : « Seigneur, j'ai désespérément besoin d'aide aujourd'hui.

Je te prie de mettre sur mon chemin des gens qui me soutiendront et accorde-moi l'humilité nécessaire pour recevoir le secours que tu m'apporteras. » J'ajoute également : « Seigneur, dispose mon cœur à aider quelqu'un à se voir comme tu le vois. »

Étant donné que nous, chrétiens, ne possédons pas une vision spirituelle parfaite, il nous faut développer deux traits de caractère importants. D'abord, le *courage empreint d'amour de l'honnêteté*. Aimons les autres plus que nous-mêmes et, dotés d'un amour humble et patient, aidons-les à voir ce qui leur échappe. Ensuite, une *attitude d'humble reconnaissance*. Accueillons chaleureusement nos semblables, sans nous tenir sur la défensive, reconnaissants envers Dieu pour l'aide qu'il nous envoie et soyons prêts à la recevoir – chaque jour!

En résumé

Le ministère personnel s'appuie sur trois principes essentiels. D'abord, nous avons été créés avec le besoin de découvrir la vérité à l'extérieur de nous. Ce faisant, nous parvenons à vivre comme il convient. Ensuite, plusieurs voix interprètent le monde et entrent en compétition directe avec la Parole de Dieu dans le but d'accaparer notre attention. Enfin, la présence du péché persiste et nous aveugle, même si sa puissance a été anéantie. Par conséquent, il nous faut entretenir des relations humbles et honnêtes les uns avec les autres et intégrer le ministère personnel à notre mode de vie au quotidien.

Les gens ont-ils réellement besoin d'aide? Du point de vue de la création, de la chute et de la rédemption, la réponse est évidente : absolument! Chacun de nous a besoin d'aide et est appelé à la recevoir et à l'offrir. Dans le chapitre suivant, nous examinerons la signification de cette vérité pour notre vie ainsi que pour la vie et le ministère de l'Église.

4
Le cœur est la cible

J'ai grandi à Toledo en Ohio et notre famille prenait généralement ses vacances dans l'est du pays. Pourtant, l'été de mes seize ans, mon père a décidé d'entreprendre la grande aventure vers l'Ouest. Cette année-là, entassés dans la Ford Falcon, mon père, ma mère, mon frère Mark et moi avons pris une nouvelle direction. Nous devions visiter plusieurs sites touristiques (le parc Yellowstone, les Rocheuses, etc.), mais pour mon père, rien n'égalait l'arrivée au Grand Canyon. De son point de vue, tout le reste ne constituait qu'un prélude à cette expérience inoubliable.

Sachez toutefois que papa voyait les vacances comme un contrat établi entre lui et la famille. Sa partie de l'entente comprenait la planification et le financement du voyage. Quant à nous, nous devions nous amuser. Par conséquent, chaque fois qu'il nous demandait si nous étions heureux, la réponse prudente consistait en un « Bien sûr! » exprimé avec enthousiasme. Autrement, il se lançait dans un discours bien répété au sujet de l'argent et du temps investis dans ce voyage. Puis, il terminait en déclarant que s'il avait su que l'excursion ne nous plairait pas, nous serions tous restés à la maison où nous aurions pu nous amuser sans dépenser tout cet argent.

Le « Jour du Grand Canyon » est enfin arrivé. Mon père n'avait jamais paru aussi fébrile – une émotion que ma mère ne partageait pas, de toute évidence. Il nous a réveillés tôt et nous avons rapidement pris la route. Une fois parvenu à destination, il a refusé de s'arrêter là où « il est impossible de s'approcher à cause des clôtures et où les touristes se font prendre au piège ». Il a commencé à explorer. Nous avons descendu un chemin de terre pour finalement déboucher sur un genre de plateau à environ soixante mètres du bord.

Aussitôt la voiture arrêtée, Mark et moi avons couru aux abords du gouffre. Nous faisions semblant de nous pousser en bas, puis nous nous sommes assis les pieds pendants au-dessus de cette paroi d'une hauteur d'un kilomètre et demi. Nous avons lancé des dizaines et des dizaines de cailloux, sans nous soucier des touristes qui se promenaient ou campaient peut-être en contrebas. Nous ne nous lassions pas d'observer ces cailloux disparaître silencieusement dans le vide, sans jamais voir ou entendre ce qu'ils frappaient. Nous nous amusions comme des fous, sans peur et totalement inconscients du danger.

Pendant ce temps, ma mère demeurait dans la voiture. D'un pied, elle tâtait le terrain pour s'assurer de sa solidité. La vision du sol cédant sous nos pas, avec nous qui tombions au fond du Canyon écrasés par la voiture, la hantait.

Mon père, connaissant ses sentiments, restait près d'elle. Mais bientôt, elle s'écriait : « Bob, les garçons, les garçons! » et mon père accourait vers nous pour vérifier que tout allait bien. Ensuite, ma mère le rappelait parce qu'elle avait la nausée. En fait, je ne crois pas que mon père a vraiment admiré le Canyon ce jour-là. Il était trop occupé à courir de l'un à l'autre, s'assurant que nous nous amusions, conformément à ses attentes. Nous nous trouvions tous les quatre au même endroit, au même moment, réagissant au même phénomène naturel, mais chacun de nous a vécu une expérience très différente.

Je raconte cette histoire parce qu'elle illustre l'essence du ministère personnel. Un ministère personnel efficace applique la promesse d'un changement durable offert par le royaume à l'endroit où le besoin se fait véritablement sentir – le cœur. À travers le récit de cette journée de vacances, le cœur de chaque membre de la famille a été révélé par son comportement. Pourquoi avons-nous vécu l'expérience de manière si différente, bien que nous nous trouvions à la même place, en même temps? Pourquoi nos réactions semblaient-elles si opposées? La réponse se cache dans le cœur.

Mon père souhaitait que sa famille profite au maximum de cette visite. Son désir gouvernait tout ce qu'il disait et faisait. Ma mère souffrait de vertige et s'inquiétait pour ses fils. Ses peurs se reflétaient dans ses paroles et ses actions. Mark et moi avons vécu cette journée avec l'invincibilité, l'immaturité et l'audace propres aux adolescents qui veulent simplement s'amuser. Nos sentiments devant cette situation différaient, c'est pourquoi notre expérience et nos gestes ont divergé. Nos cœurs dictaient nos comportements.

Pourquoi les gens agissent-ils comme ils le font?

Si vous souhaitez prendre part à l'œuvre de Dieu dans la vie des autres, vous devez comprendre le fonctionnement de l'être humain tel que Dieu l'a conçu. Pourquoi *agissons*-nous comme nous le faisons?

Pourquoi votre jeune enfant se montre-t-il parfois si entêté? Pourquoi votre ami s'est-il emporté au milieu de la conversation? Pourquoi votre adolescent est-il rempli de colère? Pourquoi Annie n'arrive-t-elle pas à se sortir de son désespoir et de sa dépression? Pourquoi un homme prend-il le risque de détruire sa famille pour vingt minutes de plaisir sexuel? Pourquoi êtes-vous irrité dans les bouchons de circulation? Pourquoi ce couple qui s'aimait tendrement autrefois se livre-t-il aujourd'hui une guerre sans merci? Pourquoi Guillaume est-il devenu un accro du travail? Pourquoi Susanne critique-t-elle sans arrêt, et veut-elle toujours tout contrôler? Pourquoi Georges emploie-t-il des paroles méchantes et blessantes? Pourquoi votre fille se préoccupe-t-elle à ce point de l'opinion de ses amies? Pourquoi Pierre refuse-t-il de parler? Pourquoi les gens agissent-ils de cette manière? La réponse la plus simple et la plus biblique est le cœur.

Ce mot représente l'un des principaux thèmes de la Bible, mais il donne lieu à une grande confusion. Dans la culture occidentale, il est relégué au monde du romantisme (la Saint-Valentin) et du sport (il joue avec cœur). Pourtant, dans la Bible, il désigne une catégorie essentielle. Vous ne pouvez comprendre l'être humain sans comprendre le cœur. Que signifie alors ce terme?

La Bible emploie le mot « cœur » pour décrire notre être intérieur. Les Écritures divisent notre nature en deux parties : l'intérieure et l'extérieure. Cette dernière fait référence au corps physique et la première, au moi spirituel (Éphésiens 3.16). Le synonyme biblique le plus fréquent pour désigner notre être intérieur est le cœur. Il englobe tous les autres termes et fonctions traitant de notre intimité (esprit, âme, intelligence, émotions, volonté, etc.). Ces autres appellations ne représentent pas des réalités différentes du cœur. Elles en expriment plutôt les diverses facettes, les parties ou les fonctions de notre intérieur.

Le cœur est notre « véritable » moi, l'essence même de ce que nous sommes. Nous insistons énormément sur l'aspect extérieur de l'individu, mais nous reconnaissons pourtant que la vraie personne est celle qui se cache au-dedans. Par exemple, en disant que vous commencez à mieux connaître quelqu'un, vous ne faites pas référence à ses oreilles ou à son nez! Vous parlez de ce qui se trouve à l'intérieur de lui, son cœur. Vous savez ce qu'il pense ou désire, ce qui le rend heureux ou malheureux. Vous devinez ses sentiments en tout temps. Puisque la Bible déclare que votre cœur constitue l'essence même de votre personne, le ministère exercé en vue d'un changement doit viser le cœur. Plusieurs passages de l'Écriture expliquent ce point de vue.

Les fruits, les racines et le cœur

Jésus a révélé sa perspective sur notre manière de fonctionner en évoquant une des images les plus déterminantes du Nouveau Testament. Christ répondait alors à la question qui remonte à la nuit des temps : « Pourquoi les gens agissent-ils comme ils le font ? »

> Il n'y a pas de bon arbre qui produise du mauvais fruit, ni de mauvais arbre qui produise du bon fruit. Car chaque arbre se connaît à son propre fruit. On ne cueille pas des figues sur des épines, et l'on ne vendange pas des raisins sur des ronces. L'homme bon tire le bien du bon trésor de son cœur, et le mauvais tire le mal de son mauvais trésor, car c'est de l'abondance du cœur que la bouche parle.
>
> (Luc 6.43-45)

Christ se sert d'une réalité tangible et ordinaire pour expliquer des vérités peu connues. Dans cet exemple, il associe notre manière d'agir à un arbre. Si vous plantez des pépins de pommes et qu'ils s'enracinent pour former un arbre, vous ne vous attendez pas à y voir pousser des pêches ou des oranges. Vous comptez sur le fait que ces pépins deviennent des pommiers qui donneront des pommes. Il existe une relation organique entre les racines de la plante et les fruits produits. Christ affirme que la même vérité s'applique à chacun d'entre nous.

Dans la métaphore, les fruits correspondent à nos comportements. Ce passage traite d'un fruit (comportement) précis, à savoir nos paroles. Christ affirme que nos mots proviennent du débordement de nos cœurs. Les circonstances et les autres n'influencent pas ce que nous disons, bien que nous ayons tendance à leur jeter le blâme. (Il m'a mis dans une telle colère! Si vous aviez été présent, vous auriez répondu exactement la même chose! Ces enfants me rendent fou!) Le passage enseigne plutôt que nos cœurs détiennent le pouvoir sur nos paroles. Un arbre produit des fruits et nos cœurs produisent des comportements. Nous reconnaissons un arbre à ses fruits et ainsi, la Bible déclare que les gens se reconnaissent à leurs fruits.

Lorsque j'ai entrepris mon ministère pastoral, nous habitions une maison jumelée et notre propriétaire, une dame âgée, habitait la maison contiguë. Elle avait consenti à réduire le prix du loyer en échange de mes travaux d'entretien extérieur. La vie de famille et le ministère me gardaient passablement occupé et il m'était parfois difficile de trouver le temps de tondre la pelouse, ratisser les feuilles ou déblayer la neige, mais j'essayais d'exécuter mes tâches fidèlement et promptement. Pourtant, malgré tous mes efforts pour me montrer discipliné, je ne parvenais jamais à satisfaire aux exigences de notre propriétaire. Afin de m'inciter à travailler selon son horaire, elle sortait de chez elle et commençait à ratisser ou à pelleter, sachant très bien que je me précipiterais à l'extérieur pour compléter l'ouvrage. Je ne m'étais pas rendu compte à quel point son petit manège manipulateur m'irritait jusqu'à ce qu'un après-midi, j'entende un bruit de feuilles mortes qu'on ratissait dans la cour. Par la fenêtre, j'ai alors aperçu ma propriétaire ramassant des feuilles, vêtue d'un peignoir et de pantoufles. Dans ma colère, les mains sur les hanches, j'ai dit à voix haute : « Si elle pense que je vais me précipiter encore une fois pour prendre le râteau à sa place, elle est folle! Je ferai ce travail quand je veux, ou je ne le ferai pas du tout! »

Je n'avais pas remarqué qu'un de mes fils se tenait à mes côtés. Complètement horrifié, je l'ai vu s'élancer dehors comme un éclair et crier à ma propriétaire, avec les mains sur *ses* hanches : « Mon père a dit que si vous pensez qu'il va se précipiter dehors pour ratisser à votre place, vous êtes folle! » Je n'en croyais pas mes oreilles. J'étais au comble de la honte. J'aurais voulu retirer mes paroles et affirmer à ma propriétaire que je n'avais jamais rien dit de tel – ou tout au moins que mon fils avait mal compris. Pourtant, il a fallu me rendre à l'évidence : ces mots *étaient sortis* de moi, ils *exprimaient* exactement mes sentiments et provenaient directement de ma colère, colère que je gardais depuis déjà quelque temps. Il existait une relation fondamentale entre mes mots et mon cœur. Vous n'auriez pas résolu le problème de mon cœur en m'enlevant mon fils ou en m'apprenant à choisir mes mots avec plus de soin. (Vous m'auriez cependant évité beaucoup d'embarras!) Le problème lié à mes mots était directement associé à celui de mon cœur et la véritable solution devait être appliquée à cet endroit et pas ailleurs. Nous en arrivons ainsi à la seconde moitié de l'illustration de Christ.

Dans l'exemple énoncé par Christ, les racines de l'arbre correspondent au cœur. Elles vivent sous terre, sont donc invisibles et plus difficilement accessibles. Cependant, Jésus enseigne qu'un arbre donne le type de fruit qu'il donne à cause du type de racine qu'il possède. De même, nous parlons et agissons conformément à ce qui se trouve dans nos cœurs.

Il n'existe peut-être aucune déclaration plus importante que cette dernière concernant notre manière d'agir et pourtant, elle nous semble terriblement difficile à accepter. Nous nions plutôt cette évidence de plusieurs manières et jetons le blâme sur les gens et les situations pour nos paroles et nos actions. Dans son illustration, Christ nous appelle à assumer humblement la responsabilité de nos actes. Il nous encourage à admettre avec humilité que nos relations et les circonstances constituent simplement des occasions où nos cœurs se révèlent.

Si mon cœur s'avère la source de mon péché, tout changement durable doit alors inévitablement passer par lui. Il ne suffit pas d'adopter une nouvelle conduite ou de modifier les circonstances. Christ transforme des individus en changeant radicalement leurs cœurs. Quand le cœur reste le même, les paroles et le comportement d'une personne peuvent s'améliorer temporairement sous l'effet de pressions extérieures ou de mesures incitatives. Cependant, quand ces dernières disparaissent, tout redevient comme avant.

Christ a précisément accusé les pharisiens de ne pas comprendre cette vérité spirituelle dans Matthieu 23.25-26 :

> Malheur à vous, scribes et Pharisiens hypocrites! Parce que vous purifiez le dehors de la coupe et du plat, alors qu'en dedans ils sont pleins de rapine et d'intempérance. Pharisien aveugle! Purifie premièrement l'intérieur de la coupe et du plat, afin que l'extérieur aussi devienne pur.

Christ a considéré l'attitude extérieure des pharisiens et a affirmé : « Vous n'avez rien compris. Vous vous flattez d'agir correctement, mais vos cœurs sont dans un état désastreux! Commencez par renouveler vos cœurs et les bons comportements suivront. » Christ pousse son illustration jusqu'à la limite. Il déclare : « Purifie premièrement l'intérieur de la coupe afin que l'extérieur aussi devienne pur. » Vous ne pouvez pas laver la vaisselle de cette façon à la maison – en lavant l'intérieur d'un plat sale, l'extérieur ne devient pas automatiquement propre. Pourtant, c'est le conseil que Christ nous donne et le cœur possède vraiment ce pouvoir. Croyons-nous réellement ce que Christ enseigne dans ce passage?

Plusieurs de nos tentatives pour changer de comportement ne tiennent pas compte du cœur qui influence pourtant chaque action. Nous proférons des menaces : « Tu ne veux même pas penser à ce que je ferai si tu recommences! » Nous usons de manipulation : « Aimerais-tu posséder ta propre voiture? Il te suffit de... » Nous alimentons des sentiments de culpabilité : « Je travaille pour toi nuit et jour et c'est ainsi que tu me remercies? » Nous élevons le ton et trouvons une foule d'autres façons d'essayer de changer certains comportements, mais rien ne dure jamais longtemps. Aussitôt que la pression extérieure diminue, le naturel reprend le dessus. Le corps suit toujours là où le cœur le dirige.

Exercer un ministère personnel ou agrafer des fruits

L'illustration de Christ aide à définir l'orientation du ministère personnel, puisqu'elle montre comment le développer et où l'appliquer. Supposons qu'un pommier pousse dans ma cour[1]. Chaque année, il donne des pommes sèches, ridées, brunâtres, à la texture pâteuse. Après plusieurs années, ma femme me dit : « Cet arbre occupe beaucoup de place et il est parfaitement inutile, car nous ne pouvons jamais manger de ses fruits. Peux-tu trouver une solution? » Un jour, en regardant par la fenêtre, ma femme m'aperçoit dans la cour transportant un sécateur, une agrafeuse industrielle, une échelle et deux boisseaux de pommes.

Je grimpe dans l'échelle, coupe les pommes sèches et à l'aide de l'agrafeuse, je fixe sur les branches de belles pommes rouges et brillantes. De loin, notre arbre paraît en santé et prêt pour la récolte, mais si vous étiez ma femme, que penseriez-vous alors de moi?

Si un arbre produit de mauvaises pommes année après année, il est évident que son système racinaire souffre d'une maladie quelconque. Je ne résoudrai pas la difficulté en agrafant des pommes fraîches à ses branches. Elles pourriront également puisqu'elles ne sont pas attachées au tronc principal d'où provient la sève. Le même problème reviendra au printemps suivant. Je ne récolterai pas de belles pommes saines parce que je n'ai pas appliqué la solution à la racine du problème. Si les racines de l'arbre ne sont pas traitées, il ne produira jamais de bonnes pommes.

Par cette histoire, j'ai voulu mettre en lumière le fait qu'une grande partie du travail effectué pour stimuler la croissance et les transformations, autant en nous que chez les autres, s'apparente à un « agrafage de fruits ». Il cherche à remplacer des pommes par d'autres pommes, sans examen sérieux du cœur qui constitue pourtant la racine produisant nos comportements. C'est pour cette raison que Jésus a critiqué les pharisiens. Les réformes ne tenant aucun compte du cœur transforment très rarement la vie en profondeur. À première vue, on croit voir un changement permanent, mais à la longue, il s'avère superficiel et éphémère.

Nous nous retrouvons souvent dans cette situation en exerçant un ministère personnel. Il semble de prime abord que la personne ait réellement changé. Lorsque vous lui demandez de rendre des comptes, elle agit autrement et emploie un nouveau langage. Le mari paraît plus gentil et attentif envers sa femme. L'adolescent semble traiter ses parents avec davantage de respect. Vous voyez l'individu dépressif rempli d'énergie et vaquer à ses occupations. Une relation rompue semble être restaurée. Pourtant, l'apparente métamorphose ne dure pas et bientôt, après six semaines ou six mois, tout redevient comme avant. Pourquoi? Parce que la transformation n'ayant pas atteint le cœur, le changement de comportement était voué à l'échec et à la précarité.

Le précepte décrit plus haut s'applique entre autres au jeune qui traverse ses années d'adolescence sans trop de turbulence, entouré de l'amour, de l'instruction et de la surveillance de ses parents chrétiens. Puis, arrivé à l'université, il abandonne sa foi. Je crois sincèrement que la plupart du temps, il ne s'agit pas d'un abandon. En réalité, il avait plutôt adopté les croyances de ses parents en vivant à l'intérieur des limites imposées pendant ses années à la maison. En quittant le foyer pour fréquenter l'université, la levée des restrictions a mis au jour la vraie nature de son cœur. Il n'avait pas confessé une foi personnelle et n'avait pas remis sa vie à Christ afin qu'il la transforme en permanence. Il accomplissait ses « devoirs chrétiens » à la maison, comme le demandaient ses parents, mais ses actions ne provenaient pas d'un cœur d'adorateur.

En se retrouvant dans ce nouvel environnement, il a perdu ses points de repère et ses véritables motifs et pensées l'ont amené à se détourner de Dieu. L'université n'était pas la cause du problème. Ce nouveau milieu n'a servi qu'à révéler les dispositions de son cœur. Au fond, sa principale difficulté découlait de ce que la foi ne s'était jamais enracinée en lui. Par conséquent, ses paroles, ses choix et ses actions n'ont pas démontré qu'il appartenait à Dieu. Sa bonne conduite a perduré pendant quelque temps, mais elle s'est vite altérée parce qu'elle n'avait pas pris racine dans son cœur.

L'illustration de Christ donne trois principes guidant nos efforts en vue de servir les autres en devenant des instruments de changement entre les mains de Dieu.

1. Il existe un lien indéniable entre la racine et le fruit, il en va de même entre le cœur et les comportements. Les circonstances et les individus ne nous dictent pas notre conduite, ils nous procurent simplement l'occasion de révéler la vraie nature de notre cœur.

2. Tout changement durable doit nécessairement passer par le cœur. En soignant la racine, le fruit redevient sain. De la même manière, Christ dit dans Matthieu 23 : « Purifie premièrement l'intérieur de la coupe et du plat, afin que l'extérieur aussi devienne pur. » À cette fin, tout projet de changement doit se concentrer sur les pensées et les désirs du cœur.

3. Par conséquent, tout ministère ou développement personnel vise d'abord le cœur. Nous prions que Dieu y effectue des transformations et qu'il nous utilise ensuite pour produire ces mêmes changements chez les autres, qui auront pour résultats de nouvelles paroles, de nouveaux choix et de nouvelles actions.

Le cœur du problème

La Bible parle abondamment du cœur et pourtant, peu de livres chrétiens traitant du mariage, de la famille, de la communication, de résolution des conflits ou de formation de disciples se concentrent sur le sujet. Ces livres pratiques ne semblent pas comprendre la place centrale qu'occupe le cœur et son rôle dans nos vies. Nous ne pouvons supposer que les gens nous comprennent d'emblée quand nous abordons ce sujet, nous devons élaborer nos idées et nous montrer plus précis.

Pour ce faire, lisons un passage intéressant tiré de l'Ancien Testament.

> Quelques hommes parmi les anciens d'Israël vinrent vers moi et s'assirent devant moi, et la parole de l'Éternel me fut adressée en ces mots : Fils d'homme, ces hommes-là portent leurs idoles dans leur cœur, et la pierre d'achoppement, leur faute, ils la placent juste devant eux. Me laisserai-je consulter par eux? Eh bien! Parle-leur : Tu leur diras : Ainsi parle le Seigneur, l'Éternel : Tout homme de la maison d'Israël qui porte ses idoles dans son cœur et qui met la pierre d'achoppement, sa faute, juste devant lui – s'il vient s'adresser au prophète – c'est moi l'Éternel qui lui répondrai, quand il viendra, à cause de la multitude de ses idoles. Ainsi seront saisis dans leur propre cœur ceux de la maison d'Israël qui se sont éloignés de moi à cause de toutes leurs idoles.
>
> (Ezéchiel 14.1-5)

Les anciens d'Israël sont venus rendre visite au prophète Ézéchiel dans le but de poser à Dieu certaines questions. Ces leaders spirituels semblent en apparence se conduire comme il se doit. Cependant, Dieu discerne en eux une faute. Quelle est-elle?

Dieu dénonce leur idolâtrie et elle se révèle d'un genre particulier. *Leur cœur* est rempli d'idoles. Il s'agit d'une forme d'idolâtrie plus fondamentale et personnelle que les diverses pratiques religieuses ou culturelles. L'idole du cœur se définit comme *tout ce qui domine sur moi à l'exception de Dieu*. Par sa nature même, l'être humain adore toujours quelque chose ou quelqu'un. L'humanité ne se divise pas en deux catégories, soit les adorateurs et les non-adorateurs. Si Dieu ne règne pas sur mon cœur, quelqu'un ou quelque chose d'autre prendra sa place. Nous avons été créés de cette façon.

Le premier chapitre de l'Épître aux Romains s'avère utile à notre réflexion. Il présente probablement la meilleure analyse des Écritures sur la nature et les conséquences du péché. Paul décrit le point central de notre lutte comme « une substitution lourde de conséquences ».

> Ils sont donc inexcusables, puisque, ayant connu Dieu, ils ne l'ont pas glorifié comme Dieu et ne lui ont pas rendu grâces; mais ils se sont égarés dans de vains raisonnements, et leur cœur sans intelligence a été plongé dans les ténèbres. Se vantant d'être sages, ils sont devenus fous; et ils ont *remplacé* la gloire du Dieu incorruptible par des images représentant l'homme corruptible, des oiseaux, des quadrupèdes et des reptiles. C'est pourquoi Dieu les a livrés à l'impureté, selon les convoitises de leurs cœurs, en sorte qu'ils déshonorent eux-mêmes leurs propres corps; eux qui ont *remplacé* la vérité de Dieu par le mensonge et qui ont adoré et servi *la créature* au lieu du *Créateur*, qui est béni éternellement. Amen!
>
> (Romains 1.21-25)

Le péché est fondamentalement idolâtre. Je me conduis mal parce que mon cœur désire autre chose que le Seigneur. Le péché produit en nous une tendance naturelle à sombrer dans l'idolâtrie. Nous rejetons le service et l'adoration dus au Créateur pour servir et adorer la créature. Voilà la grande guerre spirituelle qui se livre derrière chaque lutte ayant trait à notre conduite – cette guerre vise la domination de notre cœur. Un hymne ancien *Come Thou Fount of Every Blessing* a bien saisi l'essence de cette bataille. Le troisième couplet se lit comme suit :

> Oh, combien je suis redevable à la grâce;
> Chaque jour, je suis forcé de le reconnaître!

> Puisse ta bonté, comme des fers
> Enchaîner à toi mon cœur errant
> Enclin à s'égarer, je le sens,
> Enclin à abandonner le Dieu que j'aime.
> Voici mon cœur, ô prends-le
> Et appose ton sceau sur lui, pour le tribunal céleste.

[Traduction libre]

Ce cantique évoque une vérité importante. Une personne ne déclare pas du jour au lendemain : « Je pense que je ne veux plus être croyant. Je pense que vais devenir athée. » Ce cantique montre la substitution qui s'effectue dans notre cœur alors que nous vaquons à nos activités quotidiennes. Le péché nous convainc que la vraie vie se trouve ailleurs qu'auprès du Créateur et ainsi, de façon subtile mais évidente, nous l'oublions et déifions la création. Le service et l'adoration dus au Seigneur ne dictent plus nos comportements. Ils sont plutôt régis par une envie maladive de quelque chose qui se trouve dans la création. Jean Calvin a décrit avec justesse nos cœurs en les qualifiant de « fabriques d'idoles ». Nos paroles et nos actions sont ainsi conditionnées par la recherche de ce que nos cœurs convoitent.

Pour couronner le tout, cette idolâtrie est cachée. Elle trompe et se dissimule. Il est possible d'effectuer cette substitution lourde de conséquences sans cesser de professer notre théologie ou sans délaisser l'observance machinale des devoirs prescrits par la foi. Ainsi, nous continuons à affirmer nos croyances, donnons la dîme, assistons fidèlement aux réunions de l'Église et participons de temps à autres aux activités du ministère. Pourtant, si nous examinons notre véritable raison de vivre, nous constatons avoir abandonné Dieu au profit d'autre chose. Ce cancer silencieux affaiblit l'Église, enlève aux croyants leur vitalité et leur dynamisme spirituel et entraîne toutes sortes de difficultés relationnelles et situationnelles.

Le péché est essentiellement un détournement moral. Il prend l'adoration qui revient de droit à Dieu et la donne à une autre personne ou à autre chose. Il vole à la Trinité pour soudoyer la création. D'une manière ou d'une autre, chaque pécheur est un voleur d'adoration.

De même, le péché constitue foncièrement un adultère spirituel. Il prend l'amour que Dieu seul mérite et l'offre à une chose ou une personne différente. Il nous pousse à satisfaire nos envies, au lieu de nous encourager à vivre une vie caractérisée par la fidélité et l'engagement sincères. En quelque sorte, chaque pécheur est un adultère spirituel.

Les questions les plus profondes de l'existence concernent l'adoration. Elle occupe une place prépondérante dans la nature humaine, surpassant même en importance la souffrance, les pressions ou les plaisirs liés à l'expérience. L'objet de notre adoration détermine nos réactions à l'égard de toutes nos expériences. Le péché représente bien plus qu'une conduite répréhensible. Il commence par un désir, une adoration et un service orientés dans la mauvaise direction. En quelque sorte, le péché comporte toujours cette substitution lourde de conséquences.

La réponse de Dieu

Le passage d'Ézéchiel donne ensuite la réponse de Dieu aux anciens. En raison de l'état de leurs cœurs, Dieu dit qu'il leur répondra lui-même « à cause de la multitude de leurs idoles ». Que signifie cette réponse? Dieu ne veut pas aborder d'autres sujets parce que leurs cœurs sont remplis d'idoles. Pourquoi? Ces hommes souhaitaient peut-être poser à Dieu des questions cruciales. Ils devaient possiblement prendre des décisions urgentes. Pourquoi Dieu a-t-il refusé de traiter des autres points de discussion pour s'en tenir uniquement à l'idolâtrie?

Une phrase importante explique la réponse de Dieu et révèle expressément la façon dont le cœur opère : « Ces hommes-là portent leurs idoles dans leur cœur, et *la pierre d'achoppement, leur faute, ils la placent juste devant eux.* »

Imaginez quelqu'un mettant la main devant son visage de manière à regarder le monde à travers ses doigts. De quelle manière ce geste influencera-t-il sa vision? Elle s'en trouve grandement obstruée et il ne pourra corriger la situation qu'en déplaçant sa main. De même, une idole implantée dans le cœur agit comme une pierre d'achoppement devant nous. Tant que l'idole demeure en place, elle déforme et obscurcit tous les aspects de la vie de l'individu. Nous donnons à ce principe le nom d'*influence inévitable : ce qui gouverne le cœur exerce inévitablement une influence sur notre vie et notre conduite.* Ce principe a des conséquences évidentes pour le développement et le ministère personnel.

J'ai déjà offert des services de counseling à un directeur d'entreprise prospère de New York. Je n'ai jamais rencontré un homme aussi dominateur que lui. Marié depuis trente ans, il prenait toutes les décisions se rapportant à la famille, tant sur le plan des finances, de l'éducation des enfants que de la décoration de la maison. Son obsession maladive de contrôle le poussait même à réorganiser les vêtements de sa femme dans le placard selon son système de classement personnel (les chemisiers, les jupes, les pantalons et les robes selon les tons gradués de chaque couleur)! Supposons, donc, que je ne connaisse pas ces détails lorsque je m'entretiens avec sa femme. Je ne penserai pas à ses tendances dominatrices en l'écoutant se plaindre qu'elle et son mari ne se parlent pas et que plusieurs différends ne se règlent jamais entre eux. Que se passerait-il si je retroussais mes manches de conseiller et donnais au mari un solide enseignement biblique sur la communication et la résolution des conflits? Ces instructions amèneraient-elles les changements fondamentaux indispensables à son mariage? Malheureusement non, puisqu'il se servirait de sa nouvelle compréhension des choses et de ses aptitudes récemment acquises pour obtenir ce que son cœur adore. Si mes conseils ne visent pas à combattre les idoles de son cœur, ils rendront ce mari encore plus dominateur. En effet, tant et aussi longtemps que le désir de dominer contrôlera son cœur, il utilisera les principes et les compétences qu'il apprend pour exercer une plus grande autorité sur sa famille.

Si nous négligeons d'examiner le cœur et d'en définir les différents aspects qui doivent changer, nos tentatives visant à exercer un ministère efficace finiront par engendrer des individus encore plus engagés envers leurs idoles, les servant même avec un succès inégalé. C'est pourquoi Dieu ne voulait aborder aucun autre sujet avec les anciens d'Israël. Si leur cœur ne subissait pas les transformations nécessaires, ils utiliseraient les réponses de Dieu pour mieux servir les idoles dominant leur cœur. Nous avons même recours aux principes de la Parole pour rendre un culte à nos idoles!

L'idolâtrie opère dans les sombres recoins de nos pensées et de nos motifs. Par conséquent, la plupart des idolâtres consacrés ignorent la portée de ce problème dans leur vie. Pourtant, ils en subissent malgré tout l'influence désastreuse.

L'idolâtrie cachée et manifeste

J'ai visité plusieurs fois le nord de l'Inde. Il y a peu d'endroits au monde où règnent des ténèbres spirituelles aussi profondes. Tous les domaines de la vie culturelle et individuelle sont imprégnés d'idolâtrie. Où que vous vous trouviez, vous apercevrez un autel érigé en hommage à l'un des nombreux dieux hindous. Un jour, je suis entré dans un temple et j'ai observé un jeune moine alors qu'il nourrissait, baignait et habillait une idole. J'ai vu son collègue allongé sur le sol, prosterné devant une statue de bois et d'or. Leur sincérité et leur dévotion m'ont renversé. Ces images inanimées exercent une emprise totale sur la vie de ces jeunes prêtres, bien qu'elles soient incapables de voir, de parler ou d'agir en faveur de leurs adorateurs. J'ai également observé des hordes de pèlerins pauvres se jeter dans le Gange après un long et périlleux voyage afin de purifier leurs âmes et d'obtenir une réponse favorable à leurs prières.

Un jour, j'ai aussi regardé des individus défiler les uns après les autres pour présenter leur hommage à une pierre noire, haute de quatre mètres et demi, en forme de phallus. Je me suis dit : « *Comme ces gens sont aveugles et bernés! À quel point Dieu, le Dieu vivant et véritable, doit-il trouver ces pratiques complètement dégoûtantes*! » Je suis littéralement sorti du temple en courant, bouleversé par tant de ténèbres et me consolant ainsi : « *Je suis heureux de ne pas leur ressembler*! » Pourtant, en me retournant pour jeter un dernier coup d'œil vers le temple, j'ai dû me rendre humblement à l'évidence : je suis comme eux. Je ne voue pas de culte aux images visibles de la religion polythéiste hindoue, mais mon cœur abrite plusieurs idoles cachées. D'une manière ou d'une autre, elles prennent la place de Dieu et il les considère comme aussi repoussantes que le rituel qui m'avait tant bouleversé ce jour-là. Elles commandent mon adoration quotidienne, déterminent ma vie de tous les jours et influencent ma façon de réagir aux circonstances, bien qu'elles ne possèdent absolument aucun pouvoir de délivrance. Il m'arrive parfois d'être aussi aveugle et dupe que ces jeunes moines dans le temple. L'idolâtrie pratiquée au grand jour nous enseigne plusieurs leçons précieuses sur la manière dont l'idolâtrie cachée gouverne nos vies.

Cette manière d'envisager nos motivations ne se retrouve que dans les Écritures. La Bible est seule à affirmer que les êtres humains sont par nature des adorateurs et que l'adoration influence nos paroles et nos actions. La Parole de Dieu insiste sur le fait que nous servons nécessairement Dieu ou un quelconque aspect de la création et ainsi, *ce qui gouverne le cœur exerce inévitablement une influence sur notre vie et notre conduite.*

L'idolâtrie cachée dans le cœur peut souiller même les moments les plus solennels. Par exemple, la prière constitue une intervention principalement centrée sur Dieu et pourtant, un cœur idolâtre peut la corrompre. Avez-vous déjà répété silencieusement une prière avant de la prononcer à voix haute? Vous voyez ce que je veux dire? « Notre bon Père céleste… non, non… Notre Père, toi qui es souverain et plein de bonté… non… Père céleste, nous sommes… » Pourquoi nous donner tant de mal? Cherchons-nous à trouver les mots justes pour le Seigneur? C'est inutile, puisqu'il assiste aussi à la répétition! N'essayons-nous pas plutôt d'utiliser la prière publique pour attirer le respect des gens autour de nous? Nos cœurs aspirent avec une telle passion à recevoir l'approbation des autres, si bien que nous avons recours à un acte d'adoration pour obtenir la gloire personnelle!

C'est pourquoi le principe contenu dans le passage d'Ézéchiel s'avère si important. La grâce transformatrice de Dieu vise le changement des cœurs. La bataille spirituelle se livre sur le terrain du cœur. Quand cette guerre est gagnée, la conduite des croyants plaît à leur Créateur. Dieu ne se contente jamais des miettes du changement superficiel. Il s'indigne plutôt contre une telle attitude : « Ainsi quand ce peuple s'approche de moi, il me glorifie de la bouche et des lèvres; mais son cœur est éloigné de moi » (Ésaïe 29.13).

Appliquons le principe

Mes faits et gestes au quotidien reflètent mes efforts visant à obtenir ce qui importe le plus pour moi dans les diverses situations et relations de ma vie. Mes choix et mes actions révèlent toujours les désirs qui contrôlent mon cœur. Je ne fais jamais preuve d'abnégation dans ce domaine. Ce principe constitue le problème le plus profond de l'expérience humaine et fournit une réponse déterminante à la question : « Pourquoi les gens agissent-ils comme ils le font? » Jacques l'a exprimé en ces termes : « Mais chacun est tenté, parce que sa propre convoitise l'attire et le séduit » (Jacques 1.14).

Ce précepte comporte plusieurs applications pour le développement personnel et le ministère.

1. Nos cœurs sont toujours dominés par quelqu'un ou quelque chose.
2. Pour établir un bon diagnostic sur le cœur, il faut d'abord poser cette question : « Qu'est-ce qui domine le cœur de cette personne dans la situation présente? »
3. Ce qui gouverne mon cœur gouvernera mes réactions à l'égard des gens et des circonstances.
4. Dieu nous transforme non seulement en nous apprenant à agir autrement, mais également en regagnant nos cœurs afin que nous le servions, lui seul.
5. La douleur et la souffrance ne constituent pas les sujets les plus difficiles et profonds de l'expérience humaine. L'adoration surpasse en importance ces deux thèmes, car ce qui gouverne nos cœurs influence notre manière d'aborder la souffrance et la bénédiction.

Là où est ton trésor

Ailleurs dans les Écritures, Christ a traité de ce qui contrôle nos cœurs en employant la métaphore du trésor :

> Ne vous amassez pas de trésors sur la terre, où les vers et la rouille détruisent et où les voleurs percent et dérobent, mais amassez des trésors dans le ciel, où ni les vers ni la rouille ne détruisent, et où les voleurs ne percent ni ne dérobent. Car là où est ton trésor, là aussi sera ton cœur. L'œil est la lampe du corps. Si ton œil est en bon état, tout ton corps sera illuminé, mais si ton œil est en mauvais état, tout ton corps sera dans les ténèbres. Si donc la lumière qui est en toi est ténèbres, combien seront grandes les ténèbres! Nul ne peut servir deux maîtres; car ou il haïra l'un et aimera l'autre, ou il s'attachera à l'un et méprisera l'autre. Vous ne pouvez servir Dieu et Mamon.
>
> (Matthieu 6.19-24)

Trois principes se dégagent de ce passage et éclairent nos considérations précédentes :

1. Chaque personne recherche une forme de trésor.
   (Christ fonde son enseignement sur cette idée principale.)
2. Votre trésor gouvernera votre cœur.
   (Car là où est ton trésor, là aussi sera ton cœur.)
3. Ce qui gouverne votre cœur prend le contrôle de votre conduite.
   (Nul ne peut servir deux maîtres.)

Il n'existe que deux types de trésor, l'un terrestre et l'autre céleste, et celui que nous choisissons devient notre maître. Il étend sa domination sur nous, car nous vivons pour l'accroître, le préserver et en profiter. Malheureusement, nous nous rendons rarement compte de notre état, tandis que nous le percevons clairement chez l'autre. La décision la plus tragique que puisse prendre un être humain consiste à se consacrer corps et âme à la recherche du mauvais trésor.

Luella occupe depuis toujours la fonction de capitaine des pompiers au sein de notre famille. Chaque fois que nous emménageons dans une nouvelle maison, elle explore les différentes issues de secours et nous présente un plan d'évacuation selon l'endroit où un incendie pourrait se déclarer. Ensuite, elle rassemble la famille, explique le plan et nous questionne jusqu'à ce qu'elle soit certaine que nous connaissons notre rôle en cas d'urgence.

Sa façon de procéder a toujours très bien fonctionné, sauf à l'occasion où je me suis procuré la guitare de mes rêves. Je m'étais rendu dans un magasin de musique pour acheter des cordes neuves quand j'ai aperçu une guitare à neuf cordes entièrement fabriquée à la main. Elle produisait un son unique, d'une pureté incroyable. J'ai mentionné la guitare à ma mère au téléphone et elle m'a dit qu'elle et mon père étaient prêts à me l'offrir. Un vrai miracle! Je ne m'y attendais pas du tout, mais une semaine plus tard, j'étais le fier propriétaire de cet instrument de choix. Chaque soir après le repas, je m'installais dans le salon pour jouer, me répétant que ce cadeau était trop beau pour être vrai.

Quelques jours plus tard, Luella révisait son plan d'évacuation en cas d'incendie, au cours du repas familial. Elle s'est tournée vers moi et m'a demandé : « Paul, si un incendie majeur se déclare au rez-de-chaussée de la maison, que feras-tu? » J'ai répondu spontanément : « Je cours jusqu'au salon, j'attrape ma guitare et je la sors de la maison! » Je n'oublierai jamais le regard des membres de ma famille, puis le silence qui m'a semblé durer une éternité et qu'un de mes enfants a finalement rompu : « Et nous, papa? » Mon embarras et ma honte n'ont fait qu'augmenter en voyant l'expression du visage de Luella qui posait la même question.

La guitare du magasin de musique s'était changée en rêve, ce rêve avait conduit à un achat et cet achat était devenu un trésor si précieux qu'il réorientait mes priorités de façon radicale. La situation évolue souvent ainsi. Nous disons rarement : « Je mettrai tout mon cœur à aimer cette chose et je la laisserai contrôler ma vie. » Pourtant, c'est exactement ce qui se produit.

Vous rencontrez quelqu'un et appréciez sa compagnie, mais bientôt, vous ne pouvez plus vivre sans ses marques d'approbation. Vous entreprenez un travail pour faire vivre votre famille, mais vous finissez par y puiser votre sentiment d'identité et de réussite et vous ne pouvez plus le quitter. La maison que vous avez bâtie pour procurer le confort nécessaire à votre famille devient un temple où s'entassent vos possessions matérielles. L'attention tout à fait justifiée que vous portez à vos besoins personnels se transforme en une existence entièrement centrée sur vous-mêmes. Le ministère est devenu l'occasion d'accroître votre pouvoir et l'estime des autres, plutôt qu'une occasion de servir Dieu. Nous ne réussissons jamais à garder le contrôle sur les trésors que nos cœurs estiment plus que tout. Au contraire, ils nous accaparent, nous dominent et nous asservissent. Tous les trésors terrestres comportent ce danger.

Chaque être humain est un adorateur et recherche activement quelque chose qui gouvernera son cœur. Cette adoration façonne nos actions, nos paroles, notre être et notre manière de vivre. C'est pourquoi le cœur est toujours la cible dans l'exercice d'un ministère personnel.

5

Comprendre les luttes du cœur

Ils recommençaient une fois de plus, leur vingt-septième fusillade verbale depuis le début de l'année. On ne pouvait en identifier la cause exacte et elle ne servait en fait qu'à préparer la prochaine escarmouche. J'ai attendu et écouté, sentant monter la colère en moi à l'idée de jouer le rôle d'arbitre pour la millième fois. Les remarques mesquines se succédaient. Ils s'affrontaient avec passion et adresse, se lançant les mots les plus blessants qu'ils puissent trouver. Je ne pouvais en supporter davantage. J'ai lancé mon livre et grimpé l'escalier à grands pas, furieux. Je leur ai dit ce que je pensais de leur petite guerre insignifiante et égocentrique. Ils ont répondu que je ne comprenais pas. J'ai répliqué que j'avais oublié plus qu'ils ne pourraient jamais comprendre. Ils se sont mis à s'accuser l'un l'autre, me reprochant même de ne pas être intervenu plus tôt! Tout à coup, je me suis surpris à écouter mes propres paroles. Je n'étais pas l'artisan de paix que j'avais souhaité être. J'étais devenu à mon tour un tireur d'élite. Le conflit, loin de s'apaiser par ma présence, s'était envenimé. J'ai réclamé un moment de silence et demandé pardon, puis j'ai exprimé mon désir de prier. Après quoi, nous avons repris nos places et avons discuté de la vie dans une maison habitée d'archers aux flèches aiguisées.

Vous arrive-t-il de vivre des conflits? Ressentez-vous parfois une vive irritation envers quelqu'un que vous aimez d'habitude?

Y a-t-il des individus qui vous font sortir de vos gonds plus rapidement que d'autres? Pouvez-vous nommer des choses qui vous impatientent vivement et trop souvent? Vous êtes-vous trouvé mêlé à des querelles au cours de la dernière année? Qu'en est-il du mois dernier? De la semaine dernière? Et que dire d'aujourd'hui? Si vous regardiez une vidéo montrant une semaine type de votre vie, vous pourriez observer un nombre étonnant de conflits se déroulant autour de vous, puisqu'ils constituent l'une des principales conséquences de la chute et qu'un rien les provoque.

Prenons, par exemple, l'utilisation de la salle de bain le matin. Vous vous pressez afin de ne pas être en retard au travail. Vous vous rendez au bout du corridor pour constater que la porte est fermée. Avez-vous déjà pensé : « Quelle joie! *Quelqu'un* dans la famille pourra partir à temps! » Pas du tout, vous criez en frappant à la porte : « Qui est là? » La réponse à cette question est toujours intéressante. Personne ne se nomme dans ce cas! On répond plutôt : « Il y a quelqu'un! » Vous ajoutez : « Si tu connais cette personne, dis-lui s'il te plaît qu'il me faut utiliser la salle de bain immédiatement! »

Le conflit peut être plus sérieux. Vous constatez notamment que votre mariage est entré dans un cycle interminable d'irritation qui déclenche des remarques désobligeantes et s'intensifie en mini-guerres. Il fut un temps où la personne qui partage votre vie était votre meilleure amie, mais aujourd'hui vous tâchez de ne pas occasionner de problèmes, sachant qu'ils apparaîtront tôt ou tard. Ou peut-être que des relations sont rompues au sein de votre famille élargie. Vous refusez de voir certains individus ou de leur parler, alors que vous partagez un lien de parenté étroit avec eux. Sitôt que vous pensez à eux, la colère et l'amertume remplissent votre cœur.

À moins qu'il s'agisse de l'homme qui travaille dans le même service que vous. Il critique toutes vos suggestions et entrave le cours de toutes vos tentatives. Vous faites de grands détours pour éviter de passer devant son bureau. Vous redoutez les rencontres d'équipe que vous aimiez pourtant auparavant. Vous êtes convaincu qu'il vous en veut, mais vous avez la ferme intention de lui résister.

Les conflits abondent autour de nous, allant des disputes sans gravité aux guerres ouvertes. Personne n'est à l'abri des conflits et en fait, ils font la lumière sur la véritable nature de nos cœurs. Jacques, dans son épître, les prend en exemple pour nous faire comprendre nos luttes intérieures quotidiennes.

> D'où viennent les luttes, et d'où viennent les querelles parmi vous, sinon de vos passions, qui guerroient dans vos membres? Vous convoitez et vous ne possédez pas; vous êtes meurtriers et envieux, sans rien pouvoir obtenir; vous avez des querelles et des luttes, et vous ne possédez pas, parce que vous ne demandez pas. Vous demandez et vous ne recevez pas, parce que vous demandez mal, afin de tout dépenser pour vos passions.
>
> Adultères! Ne savez-vous pas que l'amour du monde est inimitié contre Dieu? Celui donc qui veut être ami du monde se rend ennemi de Dieu. Croyez-vous que l'Écriture dise en vain : Dieu aime jusqu'à la jalousie l'Esprit qu'il a fait habiter en vous? Mais il donne une grâce supérieure, puisqu'elle dit :
>
> *Dieu résiste aux orgueilleux,*
>
> *Mais il donne sa grâce aux humbles.*
>
> Soumettez-vous donc à Dieu; résistez au diable, et il fuira loin de vous. Approchez-vous de Dieu, et il s'approchera de vous. Purifiez vos mains, pécheurs, et nettoyez vos cœurs, âmes partagées. Reconnaissez votre misère, menez le deuil, pleurez; que votre rire se change en deuil, et votre joie en tristesse. Humiliez-vous devant le Seigneur, et il vous élèvera.
>
> (Jacques 4.1-10)

Les conflits ne se trouvent pas là où vous pensez

Jacques capte notre attention non seulement parce qu'il traite d'une question nous concernant tous, mais parce qu'il en explique le *pourquoi*. Aimeriez-vous comprendre pourquoi certains individus vous irritent davantage? Pourquoi nos relations se dégradent-elles ou notre colère éclate-t-elle si rapidement? Pourquoi est-il si difficile d'oublier les mots qui nous ont blessés? Ne devrions-nous pas considérer pourquoi nous, pécheurs, excellons dans l'art de faire la guerre, mais réussissons rarement à faire la paix?

Jacques répond à la première question qu'il pose par plusieurs points d'interrogation nous obligeant à analyser nos réactions habituelles de façon complètement différente. La plupart des gens expliquent leur colère en rejetant le blâme sur quelque chose ou quelqu'un : « Elle m'irrite au plus haut point! Je ne peux plus supporter toute cette congestion routière! Lui seul est capable de me mettre dans un tel état! N'importe qui deviendrait fou à supporter le bruit dans cette maison! » Jacques déclare que nous ne comprendrons jamais nos excès de colère de cette manière. Il nous conseille, au contraire, d'en chercher la cause à l'intérieur de nous. La Bible établit donc un principe fondamental : nous expliquons notre colère en examinant nos propres cœurs. Selon Jésus, nos mots et nos réactions empreintes d'irritation proviennent du cœur (Luc 6.45). Ces mauvais sentiments, puis les paroles et les actions qui en découlent révèlent des vérités importantes à ce sujet.

En y réfléchissant sérieusement, vous vous rendrez compte que rien ni personne ne nous oblige à nous mettre en colère. D'une part, tel individu ou telle situation ne suscite pas l'irritation de *tous*. Je me trouvais dernièrement coincé dans un embouteillage, très contrarié à l'idée des rencontres importantes que j'allais rater, quand j'ai jeté un coup d'œil dans la voiture à côté de la mienne. La conductrice semblait plutôt détendue et même heureuse du contretemps. En effet, elle profitait de ces quelques instants de répit pour se maquiller! D'autre part, les gens ne produisent pas tous le même effet sur nous. La personne que vous ne pouvez plus supporter parce qu'elle ne cesse de parler peut paraître très intéressante à votre voisin. Il existe des circonstances et des relations que nous redoutons tous, mais la manière, le moment et l'endroit où éclatent nos colères sont suffisamment diversifiés pour suggérer qu'un autre facteur entre en ligne de compte. Il s'agit du cœur. Les différences sur ce plan expliquent pourquoi nous ne réagissons pas également aux gens et aux situations. Voilà pourquoi nous ne parviendrons à cerner la cause des conflits qu'en nous penchant d'abord sur l'état de notre cœur.

Vous remarquerez, en outre, que Jacques ne se concentre pas seulement sur le cœur, mais également sur ses *désirs*. Il établit un lien direct entre nos désirs et nos conflits, entre ce que nous voulons et ce qui nous met en colère. Une meilleure compréhension de ce lien ouvre la porte à des changements durables dans votre vie. Le rapport existant entre les désirs et les conflits est le fondement sur lequel Jacques développe l'enseignement pratique de ce passage. Que révèle sa deuxième question à propos de nos désirs?

Une armée de désirs dans un monde en guerre

Vous et moi sommes continuellement en train de vouloir quelque chose. Toutes nos actions sont précédées, motivées et caractérisées par des désirs. À cause d'eux, vous vous levez le matin et vous vous couchez le soir. Ils vous poussent à travailler dur pour obtenir une chose et à vous donner beaucoup de peine pour en éviter une autre. Les désirs façonnent chacune de nos relations. Ils constituent les lunettes avec lesquelles vous interprétez chaque situation. À la base de toute adoration, qu'elle soit véritable ou idolâtre, se trouve un cœur rempli de désirs.

Jacques nous encourage à analyser nos désirs, car c'est la seule manière de comprendre la colère. Les sentiments, paroles ou gestes teintés d'irritation puisent leur source dans un désir. J'ajouterai cependant quelques précisions à ce sujet, afin de bien saisir le conseil de Jacques. D'abord, il ne dit pas qu'il soit mal de désirer. Dieu ne manque certes pas de volonté et de désirs et étant créés à son image, nous reflétons ce trait de caractère. À cause de cet attribut, nous ressemblons davantage à Dieu qu'au reste de la création qui, elle, suit son instinct ou dépend de processus biochimiques. Il est impossible de cesser de désirer, car l'abolition des désirs signifie carrément la mort!

Notez également que Jacques ne qualifie pas ces « désirs » de « mauvais ». Il est entendu qu'un désir nous portant à vouloir quelque chose de mauvais peut susciter un conflit, mais Jacques traite d'une notion plus fondamentale encore. Il demande : « D'où viennent les luttes et d'où viennent les querelles parmi vous, sinon de vos passions qui *guerroient dans vos membres*? » Dans l'ombre de ces guerres interpersonnelles se livre une autre guerre plus profonde, qui ne fait jamais la une des journaux. Elle se déroule « à l'intérieur de vous » et constitue une attaque directe au royaume de Dieu « en vous ».

De façon générale, nous ne considérons pas nos désirs comme des antagonistes engagés dans une lutte. Nous les qualifions plutôt d'étonnants, puissants ou mauvais. Néanmoins, il est important de comprendre la métaphore employée par Jacques et empruntée au domaine de la guerre. Lorsqu'une guerre éclate entre deux pays, les enjeux concernent le contrôle géographique et politique d'une région. Le but des hostilités consiste à s'emparer du pouvoir. Il en va de même de nos désirs. Ils luttent pour prendre le contrôle, car ce qui gouverne nos cœurs exerce une influence inévitable sur nos vies et nos comportements.

Par cette expression « vos passions qui guerroient dans vos membres », Jacques nous donne un aperçu de la manière dont le cœur fonctionne. Le cœur de chacun ressemble à une source intarissable de désirs en compétition les uns contre les autres. Nos actions dépendent rarement d'une motivation unique. La plupart du temps, une bataille se livre à l'intérieur de nous. Par exemple, supposons que vous rentriez à la maison après une longue journée de travail. Vous avez hâte de revoir votre famille, mais vous souhaitez également profiter de quelques heures de détente. Vous voulez agir en parent responsable, mais vous avez envie d'aller jogger ou d'étudier votre leçon d'école du dimanche. Le désir qui remportera la victoire dictera votre conduite ce soir-là, à la maison.

Cependant, un combat plus profond fait rage en même temps, celui que se livrent notre attirance envers les choses de la création et Dieu lui-même. Chaque jour, la création mène une bataille acharnée contre le Créateur pour prendre le contrôle de nos cœurs. L'enjeu est crucial puisque ce qui domine notre cœur régit nos comportements. Jacques affirme que nos désirs sur le plan horizontal (possessions, personnes, reconnaissance, contrôle, acceptation, attention, vengeance, etc.) entrent en compétition avec le Seigneur pour gouverner nos cœurs.

La volonté d'établir notre propre royaume entre directement en conflit avec le Roi, venu régner sur nos cœurs. Cette guerre est à la source de toutes les autres. Qu'est-ce qui prendra le dessus dans la situation tendue vécue au travail – votre envie d'une hausse salariale ou la gloire de Dieu? Accorderez-vous la prédominance à Dieu ou à votre besoin de paix et de tranquillité au cours de cette conversation avec votre enfant? Votre soif de vengeance à la suite de plusieurs années de mauvais traitements l'emportera-t-elle sur votre relation avec votre père ou laisserez-vous Dieu régner dans ces conditions difficiles? Les assauts survenant dans nos cœurs représentent en fait des batailles au sein de la plus importante des guerres.

Le duel des royaumes et le chaos des relations

Quel lien existe-t-il entre le principe énoncé ci-dessus et les conflits? Il en révèle la cause. Jacques relie les conflits sur le plan horizontal à la guerre intérieure faisant rage entre le royaume de la création et le royaume de Dieu. Précisons davantage. Si mon cœur est dominé par un certain désir, il existe deux manières de réagir à votre égard. Si vous m'aidez à obtenir ce que je veux, tout va bien. Mais si vous contrecarrez mes plans, je deviens irrité, frustré et découragé quand je vous rencontre. Il m'arrivera même de vouloir que vous disparaissiez de ma vie.

Vous n'êtes pas la cause véritable de mon problème, pas plus que nos circonstances communes. Un désir légitime s'est emparé de mon cœur et y exerce maintenant un contrôle absolu. En fait, il détient un pouvoir tel qu'il n'est plus légitime. Il a pris des proportions démesurées, conduisant au péché, parce qu'il exerce une autorité souveraine sur mon cœur. Pourtant, cette autorité appartient à Dieu seul qui a envoyé son Fils pour y établir son royaume. L'argument principal que Jacques veut faire ressortir ne concerne pas les désirs malsains (vouloir de mauvaises choses), mais les démesurés (ces derniers, même légitimes, ne doivent jamais prendre le contrôle de mon cœur). Il n'est pas mauvais de vouloir se détendre à la fin d'une longue journée de travail. Par contre, il est mal de me laisser *dominer* par mon besoin de relaxation au point de m'irriter si on m'empêche de me reposer. Il n'y a rien de mal à souhaiter recevoir de l'affection de la part de votre mari. Cependant, vous péchez si vous laissez ce désir gouverner votre cœur. Son manque d'attention vous rend alors amère toute la journée tandis que le soir, vous vous livrez à des manœuvres manipulatrices pour l'obtenir.

Je vous propose un exemple humiliant de ce principe tiré de ma propre expérience. Un mercredi soir, je rentrais à la maison me sentant complètement épuisé. J'aime cuisiner, car cette activité me détend. J'ai donc décidé d'acheter les ingrédients nécessaires à la préparation d'un mets traditionnel cubain. J'entendais déjà la viande saisie dans la poêle et l'odeur du savoureux mélange de tomates, d'ail, de cumin et de citron me chatouillait les narines. J'ai quitté le magasin d'alimentation fatigué, mais satisfait, anticipant la joie que ce repas procurerait à ma femme qui est née et a grandi à Cuba. Je pensais à nos enfants qui aiment beaucoup les haricots noirs et le riz. Ils ne tariraient pas d'éloges à mon sujet : « Comme nous sommes bénis! Notre papa cuisine si bien! » La vision de notre famille heureuse et d'un papa détendu m'a fait sourire, tandis que je garais la voiture.

Cependant, je me trouvais encore derrière le volant quand ma fille, courant vers moi, m'a dit qu'elle devait se rendre d'urgence en ville (un trajet d'une heure aller-retour). Je n'en croyais pas mes oreilles! Réussissant à peine à contenir mes émotions et mes cris de protestation, j'ai conduit ma fille à destination, dans un silence irrité. Sur le chemin du retour, je me suis répété le discours classique : « Ces choses-là n'arrivent qu'à moi! » À quelques rues de la maison, j'ai reçu un appel de Luella qui devait rencontrer quelqu'un avant de rentrer du travail et me suggérait de ne pas l'attendre pour manger. Elle me demandait également de faire un saut à l'épicerie parce qu'il ne restait plus rien pour préparer le repas du lendemain midi de notre fils Darnay, étudiant au niveau secondaire à l'époque. Alors que mon délicieux repas cubain se décomposait dans le coffre de la voiture, je me suis rendu à un autre magasin d'alimentation. Néanmoins, je n'étais plus l'homme heureux qui souriait une heure auparavant! J'ai lancé quelques articles dans le panier et en arrivant à la caisse, j'ai ouvertement manifesté mon impatience à l'égard d'une femme âgée qui ne trouvait pas de stylo pour signer son chèque.

Je suis finalement revenu à la maison une heure et demie plus tard et j'y ai trouvé Darnay qui m'attendait à la porte. Il brandissait une feuille de papier énumérant les caractéristiques précises d'une calculatrice scientifique dont il avait besoin le lendemain pour son cours de mathématique. Il avait à peine terminé sa phrase que j'ai explosé : « Pour qui me prenez-vous? Le commissionnaire de l'univers? Sais-tu quelle sorte de journée j'ai passée? Comment se fait-il que tu n'apprennes pas vraiment les mathématiques, et que tu apprennes plutôt à utiliser une calculatrice qui fait le travail à ta place? Je paye tes frais de scolarité pour qu'on t'enseigne des choses importantes! » Je suis retourné à la voiture et il m'a suivi – très loin derrière.

Pendant que j'attendais à l'extérieur du magasin, j'ai réfléchi à mes espoirs déçus, souhaitant qu'on s'occupe un peu de moi et irrité contre ceux qui m'avaient empêché de réaliser mes projets. J'ai suggéré que nous achetions deux pizzas et nous avons poursuivi le trajet jusqu'à la maison sans dire un mot. En arrivant, j'ai rangé les ingrédients de mon mets cubain et me suis assis au salon pour bouder.

Je vous explique le but de mon histoire. *Les situations et les gens sur mon chemin n'ont pas déclenché ma colère.* Elle a été causée par un désir tout à fait légitime qui a fini par me gouverner. Après avoir acheté les ingrédients nécessaires à la préparation de mon repas cubain, je souhaitais passer une soirée relaxante et il était hors de question que j'y renonce. Cependant, Dieu en avait décidé autrement. Il m'offrait l'occasion de le servir en servant les miens. J'aurais pu recevoir une grande bénédiction, celle de donner ma vie avec joie pour les membres de ma famille. Pourtant, je n'ai rien vu, aveuglé par des désirs personnels dominant mon cœur. Au-delà de ce conflit se déroulait une guerre pour s'emparer du contrôle de mon cœur.

L'adultère spirituel et la colère

Jacques emploie le mot « adultère » pour désigner les gens à qui il s'adresse (Jacques 4.4). A-t-il brusquement changé de sujet? Pas du tout, car il parle d'adultère spirituel. Ce péché consiste à donner à quelqu'un l'amour que j'avais promis à une autre. Ainsi, je deviens un adultère spirituel quand je laisse quelque chose ou quelqu'un régner sur mon cœur à la place de Dieu. Le verset 4 énonce par conséquent le principe fondamental du passage : *les conflits humains prennent racine dans l'adultère spirituel*. Le péché des individus autour de moi et les circonstances difficiles ne constituent pas mon principal problème. Il provient plutôt du fait que j'accorde l'amour qui revient à Dieu à quelque chose ou quelqu'un d'autre.

Mon adultère spirituel provoque ma colère envers vous. Vous m'empêchez d'obtenir ce que je veux, alors j'explose. Cette lutte intérieure ne connaît jamais de répit. Nous avons tendance à adorer et à servir la créature au lieu du Créateur (voir Romains 1.25). Si vous souhaitez trouver la cause de votre colère, regardez votre propre cœur.

Jacques souligne le fait que cette vérité concernant nos rapports interpersonnels s'applique aussi à notre relation avec Dieu. Si mon cœur est dominé par un certain désir, ma relation avec Dieu en sera influencée de deux manières. Il y aura d'abord des répercussions sur ma façon de prier. Mon attitude ne sera plus celle d'une soumission respectueuse envers Dieu, et mes prières se concentreront plutôt sur moi et mes exigences – en supposant que je prie réellement. Il peut m'arriver de devenir absorbé par mes désirs au point d'en oublier Dieu. En outre, non seulement mon attitude touchant la prière subira-t-elle une influence néfaste, mais le genre de dieu que je rechercherai changera également. Je vous explique.

Quand mon cœur est dominé par un certain type de désirs, je ne souhaite pas voir Dieu comme un Père sage, bienveillant et souverain, qui me donne ce qu'il sait être le meilleur pour moi. Je cherche au contraire un serveur divin m'apportant ce que mon cœur réclame. Imaginez-vous dans un restaurant. Vous choisissez une entrecôte de premier choix de 450 grammes, cuite à point, avec une énorme pomme de terre au four noyée dans la crème sure et le beurre. Le serveur inscrit votre commande et disparaît dans la cuisine. Vingt minutes plus tard, vous le voyez réapparaître avec une salade insipide. Vous lui dites : « Ce n'est pas ce que j'ai demandé », mais il répond : « Hé bien, après avoir noté votre commande, je me suis mis à réfléchir à votre âge et à votre état de santé et j'ai cru que vous aviez pris une très mauvaise décision. J'ai donc demandé au chef de vous préparer une salade. » Remercierez-vous le serveur en mangeant votre salade avec joie? Pas du tout, car votre désir de manger un steak l'emporte sur les autres.

Quand un certain type de désirs gouverne nos cœurs, nous réduisons la prière à un menu de souhaits humains. Mais il y a pire encore. Nous reléguons Dieu à la fonction de serveur divin, exigeant qu'il nous donne ce que nous demandons, lui qui est pourtant le Père tout-puissant, infiniment bienveillant et sage. Toutefois, Dieu ne change pas, il demeure pour l'éternité notre Père et notre Roi, celui qui nous « comble de bonheur tout au long de [notre] existence; et [notre] jeunesse, comme l'aigle, prend un nouvel essor » (Psaume 103.5). Il sait ce qui est mieux et ne nous laissera jouir de la paix que lorsque son règne sera établi dans notre cœur. Lui, l'Éternel des armées, ne s'accordera aucun repos aussi longtemps que nous serons les captifs d'autres rois. Il combat *pour* nous, pour les pensées et les désirs de nos cœurs.

Une grâce jalouse

Vous sentez-vous découragé à l'idée de cette guerre continuelle qui se déroule en vous? Lisez alors les paroles d'encouragement que Jacques ajoute ensuite. Nous ne combattons pas seuls – Dieu combat pour nous! Il explique : « Dieu aime jusqu'à la jalousie l'Esprit qu'il a fait habiter en vous » (4.5b). Au milieu des luttes, vous ne devez pas oublier que Dieu est un Dieu jaloux. Il vous aime trop pour laisser d'autres amoureux prendre sa place. Il s'opposera à votre manière de vivre orgueilleuse et égocentrique non parce qu'il est contre vous, mais parce qu'il vous aime. Louons Dieu, car il ne vise rien de moins que la victoire complète. Notre espérance de vivre un jour de manière conforme à notre destinée est étroitement liée à son désir jaloux de posséder nos cœurs.

La jalousie de Dieu devrait nous encourager. Comment réagirait une femme si son mari lui disait en la prenant dans ses bras : « Chérie, de toutes les femmes que j'aime, je crois que ce soir, tu es celle que je préfère »? Ces paroles ne lui seraient d'*aucun* réconfort! Elles lui sembleraient au contraire scandaleuses! Un véritable amour est toujours jaloux.

Jacques ne s'arrête pas là. Notre Dieu jaloux nous accorde aussi sa grâce, l'arme la plus puissante dans la guerre pour le cœur. La grâce de Dieu nous donne la puissance pour renoncer à nos désirs les plus intenses. Elle nous rend capables de nous détourner de la création pour nous tourner vers le Créateur. Par elle, nous délaissons volontiers notre royaume et nous attachons au royaume de Dieu. Sa grâce pardonne, mais elle soumet également, elle attire et gagne. Elle est jalouse, axée sur Dieu et parfaitement efficace au moment de la tentation. Paul la décrit avec exactitude dans sa lettre à Tite :

> La grâce de Dieu, source de salut pour tous les hommes, a été manifestée. Elle nous enseigne à renoncer à l'impiété, aux désirs de ce monde, et à vivre dans le siècle présent d'une manière sensée, juste et pieuse, en attendant la bienheureuse espérance et la manifestation de la gloire de notre grand Dieu et Sauveur, le Christ-Jésus. Il s'est donné lui-même pour nous, afin de nous racheter de toute iniquité, et de se faire un peuple qui lui appartienne, purifié par lui et zélé pour les œuvres bonnes.
>
> Ainsi dois-tu parler, exhorter et reprendre avec une pleine autorité.
>
> (Tite 2.11-15)

Paul déclare : « Tite, ne te lasse pas d'évoquer la merveilleuse histoire de la rédemption. Elle ne traite pas seulement d'un Dieu prêt à aider des individus imparfaits à devenir meilleurs, ou du pardon offert à des pécheurs en raison du sacrifice de Christ. Le but de la grâce est la gloire de Dieu se manifestant par l'appel et la purification d'un peuple qui lui appartient entièrement. Quand les cœurs s'attachent à Dieu sans partage, ils deviennent zélés pour des œuvres bonnes et acceptables. » Paul veut que Tite enseigne la théologie de la grâce jalouse afin que ses auditeurs incorporent leur histoire personnelle au sein de l'histoire plus grande du royaume de Dieu, pour sa gloire.

La grâce jalouse ne s'intéresse pas seulement au pardon reçu autrefois et à l'espérance de l'éternité future. Elle nous donne d'emblée l'espoir de vaincre les difficultés, celles qui surviennent à la fin de la journée, après plusieurs années de mariage, dans la vie de l'Église ou dans les événements de l'histoire familiale. Elle nous rappelle que nous pouvons gagner la seule guerre qui *doit* être gagnée, la guerre du cœur. La jalousie de Dieu à son égard ne constitue pas une menace, mais notre seule véritable espérance. Il refusera éternellement de le partager avec qui que ce soit. Exprimons-lui toute notre reconnaissance!

La domination du cœur

Si vous avez bien suivi notre démarche jusqu'à maintenant, vous vous demandez peut-être comment nos désirs en viennent à gouverner nos cœurs. Comment délaissons-nous peu à peu le service du Seigneur pour nous mettre au service d'autres choses? Comment un désir légitime en soi devient-il un maître puissant? Ces questions nous amènent à étudier les différentes étapes de la guerre pour le cœur.

La plupart du temps, l'objet de nos désirs n'est pas mauvais. Le problème réside dans le fait qu'ils ont tendance à *prendre trop de place* et à exercer un contrôle sur notre cœur. Les désirs font partie de l'existence humaine, mais nous devons être prêts à les abandonner au Seigneur à tout moment, les soumettant à une volonté plus élevée, la volonté de Dieu pour son royaume. En ce sens, Christ a été notre précurseur dans le jardin de Gethsémané quand il a prié : « Toutefois, que ce ne soit pas ma volonté, mais la tienne, qui soit faite » (Luc 22.42).

Lorsque Luella et moi étions fiancés, je priais chaque matin avec une main tendue et ouverte devant le Seigneur. Mon geste se voulait une métaphore. Je tenais Luella dans ma main, mais gardait cette dernière grande ouverte. Je n'éprouvais pas de honte à vouloir l'épouser, mais je craignais que ce désir surpasse mon amour pour Dieu et sa volonté à mon égard. C'est pourquoi chaque matin je répétais cette prière, tout en gardant mes mains ouvertes : « Seigneur, j'aime Luella. Je crois que tu l'as conduite jusqu'à moi. Je te prie que tu nous unisses l'un à l'autre, mais je te redis encore une fois aujourd'hui : Que ta volonté soit faite et non la mienne. »

Un problème surgit bientôt du cœur pécheur : le désir se transforme en *exigence* (Il faut). Quand j'exige, je ferme la main et j'y enferme mon désir. Il est possible que je sois inconscient de ma façon d'agir, mais j'ai cessé de me soumettre à Dieu comme il convient. J'ai décidé de parvenir à mes fins et rien ne m'empêchera d'obtenir ce que je veux. La volonté de Dieu ne me réconforte plus, je la perçois plutôt comme une menace pouvant s'opposer à mes plans. La vie (ou le moment, la journée, la semaine, la situation, le lieu, la relation) me paraît complètement insipide sans la réalisation de ce désir. Cette transformation du désir en exigence change également mes rapports avec les autres. Chaque fois que je vous rencontre quelque part, mon cœur dissimule une demande silencieuse : *Vous devez m'aider à obtenir ce que je veux.* Si vous devenez un obstacle, je m'impatiente et me mets immédiatement en colère. Cependant, vous ignorez les règles du jeu. Je ne vous ai pas fait part de ma demande parce que je ne suis même pas conscient de l'emprise qu'elle exerce progressivement sur mon cœur.

L'accentuation du désir se poursuit et l'exigence se transforme rapidement en *besoin* (Je le veux). Je perçois alors l'objet de mon désir comme absolument essentiel. Cette étape entraîne des effets destructeurs si mon désir me conduit éventuellement à l'esclavage. L'exemple qui suit est un peu farfelu. Il est agréable de manger un morceau de gâteau à la fin d'un repas, mais ce n'est pas indispensable. En revanche, nous ne pouvons vivre sans respirer. Sans l'apport de sang oxygéné, je mourrai. Si je qualifie mes désirs de « besoins », je place le gâteau et la respiration sur le même pied d'égalité. Le gâteau perd son statut d'agréable, si l'on m'en sert à la fin du repas. J'exige maintenant d'en manger tous les jours, sinon je me mettrai en colère.

Si vous êtes parent, vous savez qu'un désir devient fréquemment et rapidement un besoin. Je n'ai jamais entendu mes enfants me dire : « Papa, je crois que j'aimerais avoir une nouvelle paire de chaussures, mais je te présente ce souhait en te laissant le libre choix. Tu sais ce qui est mieux pour moi et si tu as assez d'argent en ce moment. » Au contraire, ils déclarent : « Papa, j'ai absooooooooolument besoin d'une paire de chaussures, tout de suite! » Je baisse les yeux et regarde leurs pieds confortablement chaussés de cuir. Leurs chaussures me semblent en bon état. Cependant, la vue d'une paire de chaussures originales a éveillé en eux un désir et immédiatement, ils ont estimé ne plus pouvoir vivre sans elles.

Combien de fois pensons-nous avoir besoin de quelque chose qui s'avère en fin de compte complètement inutile? Comment ces pensées influencent-elles notre manière de nous voir, de percevoir les autres, notre vie et Dieu ? Ne ressentons-nous pas de l'envie, du découragement, de l'amertume et des doutes au sujet de Dieu quand nous estimons que nous sommes privés de la chose qui rendrait notre vie enfin heureuse, comme elle devrait l'être ? Cette guerre silencieuse (et souvent invisible) pour gouverner le cœur ne connaît aucune trêve.

Le mot *besoin*, employé souvent à mauvais escient, est possiblement le plus galvaudé de la langue. Jacques nous rappelle qu'il revient fréquemment dans nos relations. Quand un désir domine mon cœur, il influence forcément mes rapports avec vous. Un besoin produit inévitablement des *attentes* (Vous devriez). Si je suis persuadé qu'une chose m'est nécessaire et que vous prétendez m'aimer, il me semble évident que vous m'aiderez à l'obtenir. La dynamique des attentes engendrées par nos besoins (injustifiés) est la source de grands conflits qui demeurent généralement inexprimés.

Il me faudra éventuellement faire preuve de cohérence par rapport à mon besoin. Je trouverai trop pénible de vivre sans la chose que je désire. Je croirai qu'il est juste que je fasse tout ce qui se trouve en mon pouvoir pour l'obtenir. Je serai même en droit d'agir ainsi. L'intensité de mon attente déteindra non seulement sur ma relation avec vous, mais également sur ma communion avec Dieu. Ma vision de mes rapports interpersonnels se résumera alors ainsi : « Je vous aime et j'ai un plan merveilleux pour votre vie. » En réalité, mon plan a pour but que vous répondiez à mes besoins.

Nous ne sommes pas encore parvenus à la fin du processus. Vous ignorez que mes désirs sont devenus des besoins et que vous ne comblez pas mes attentes. Ces dernières conduisent pourtant rapidement à la *déception* (Vous n'avez rien fait!). La relation directe entre l'attente et la déception devient évidente pour quiconque consulte des brochures de centres de villégiature afin de planifier des vacances familiales. Quand nos enfants étaient jeunes, nous avons décidé d'aller à Disney World. Nous nous sommes assis avec eux et avons soigneusement étudié les flamboyantes brochures multicolores que seul Disney sait produire. Nous sommes entrés dans le parc en songeant au rêve enchanteur qui nous attendait. Cependant, personne ne nous avait informés qu'il nous faudrait attendre cinquante-cinq minutes avant de monter dans les manèges dont les tours duraient trente-trois secondes, sous une chaleur de 36 ° et une humidité frôlant les 100 %! Il existe un lien direct entre l'attente et la déception et la plupart du temps, nos relations nous déçoivent non parce que des gens nous ont causé du tort, mais parce qu'ils n'ont pas comblé nos besoins.

La déception mène enfin à une certaine forme de *punition* (Vous n'avez pas répondu comme je le voulais, alors je…). Nous nous sentons irrités et vexés parce que ceux qui affirment nous aimer semblent indifférents à nos besoins. Par conséquent, nous nous vengeons de toutes sortes de manières afin de les punir du mal commis contre nous. Les sanctions appliquées vont du mutisme (un genre de meurtre sans effusion de sang où je ne tue pas au sens propre, mais où j'agis comme si vous n'existiez pas) jusqu'à de terribles actes de violence et d'agression. Je suis en colère, car vous avez enfreint les lois de *mon* royaume. Celui-ci a supplanté le royaume de Dieu. L'amour de Dieu et des individus ne me motive plus, c'est pourquoi je ne me sers plus des bienfaits de ma vie pour exprimer mon amour. Au contraire, j'aime mes biens et je me sers des individus – et même du Seigneur – pour en obtenir davantage. Mon cœur a été pris au piège. Je déploie mon énergie au service de la créature et il ne peut en résulter que chaos et conflits interpersonnels.

L'humble purification du cœur

Quelle solution Jacques propose-t-il? En fait, le passage emprunte une avenue inattendue. Nous nous attendons à ce qu'il nous conseille d'abord de demander pardon à ceux que nous avons offensés en leur confessant nos manquements. Pourtant, Jacques nous exhorte en premier lieu à opérer un virage au plan *vertical* (par rapport à Dieu) et ensuite, au plan *horizontal* (par rapport aux autres). Il nous encourage à nous humilier d'abord devant le Seigneur. Cette recommandation claire s'en prend directement à l'idolâtrie (l'adultère spirituel) de nos cœurs. Puisque les conflits sociaux sont causés par l'adultère spirituel, tout changement d'attitude doit débuter par une humble repentance envers Dieu, en raison des idoles qui ont pris sa place dans nos cœurs.

Jacques nous appelle également à « nettoyer nos cœurs », car la purification précède toujours la réconciliation et le rétablissement de nos relations. Nos colères iniques et les conflits qui en découlent proviennent directement de nos cœurs idolâtres. Le raisonnement biblique est évident. Vous ne pouvez observer le deuxième plus grand commandement si vous n'obéissez pas d'abord au premier. Nous ne pouvons vivre en paix, remplis d'amour les uns pour les autres, sans nous humilier devant Dieu et nous soumettre à ses désirs. Tout processus de changement qui ne tient pas compte de ce lien de causalité se révèle temporaire et artificiel. Cependant, Dieu promet grâce et bénédiction à ceux qui s'humilient devant lui. Le terrain du cœur se trouve ainsi prêt à subir des transformations. Nos relations se fondent sur l'adoration, elles sont motivées par un zèle envers le Créateur ou envers la créature. Nos difficultés relationnelles s'enracinent dans nos problèmes d'adoration, c'est pourquoi le conseil de Jacques est si précis : « Dieu d'abord. »

Si Jacques jette une lumière utile sur les luttes du cœur, le message de Galates 5.13-26, quant à lui, nous propulse littéralement sur la scène en nous expliquant comment se déroule cette lutte :

> Frères, vous avez été appelés à la liberté; seulement ne faites pas de cette liberté un prétexte pour vivre selon la chair, mais par amour, soyez serviteurs

les uns des autres. Car toute la loi est accomplie dans une seule parole : *Tu aimeras ton prochain comme toi-même*. Mais si vous vous mordez et vous dévorez les uns les autres, prenez garde de ne pas être détruits les uns par les autres.

Je dis donc : Marchez par l'Esprit, et vous n'accomplirez point les désirs de la chair. Car la chair a des désirs contraires à l'Esprit, et l'Esprit en a de contraires à la chair; ils sont opposés l'un à l'autre, afin que vous ne fassiez pas ce que vous voudriez. Mais si vous êtes conduits par l'Esprit, vous n'êtes pas sous la loi.

Or, les œuvres de la chair sont évidentes, c'est-à-dire : inconduite, impureté, débauche, idolâtrie, magie, hostilités, discorde, jalousie, fureurs, rivalités, divisions, partis-pris, envie, ivrognerie, orgies, et choses semblables. Je vous préviens comme je l'ai déjà fait : ceux qui se livrent à de telles pratiques n'hériteront pas du royaume de Dieu.

Mais le fruit de l'Esprit est : amour, joie, paix, patience, bonté, bienveillance, fidélité, douceur, maîtrise de soi; la loi n'est pas contre de telles choses.

Ceux qui sont au Christ-Jésus ont crucifié la chair avec ses passions et ses désirs. Si nous vivons par l'Esprit, marchons aussi par l'Esprit. Ne devenons pas vaniteux en nous provoquant les uns les autres, en nous portant envie les uns aux autres.

Des passions puissantes et des désirs puissants

Ce passage ajoute une dimension nouvelle à notre compréhension des luttes du cœur. Le raisonnement de Paul, comme celui de Jacques, est fort simple. Il limite notre façon de vivre à deux styles fondamentaux. Soit nous cédons à notre nature pécheresse, soit nous témoignons un amour prêt au sacrifice. La volonté de Dieu à notre égard se résume à aimer notre prochain comme nous-mêmes. Cette affirmation est vraie, car seuls ceux qui aiment Dieu premièrement aiment leur prochain comme eux-mêmes. Au verset 15, Paul ajoute un avertissement sérieux au commandement, car nos actions et nos paroles revêtent une importance significative. Vous avez le pouvoir d'anéantir les espoirs d'une personne ou de parler et d'agir de manière à ébranler la foi d'un frère, d'une sœur. Si Dieu nous a destinés à être des instruments de changement, nous exerçons alors une influence indéniable sur les gens, pour le meilleur ou pour le pire.

Notez en particulier l'expression « accomplir les désirs de la chair » (verset 16). Elle décrit avec énergie la guerre faisant rage en nous, tandis que le reste du passage en expose la véritable nature (voir les versets 16-18). Paul et Jacques traitent de la même guerre, celle que se livrent la chair et l'Esprit pour obtenir le contrôle de notre cœur.

Que signifie « accomplir les désirs de la chair »? Quand vous cédez à un désir, vous le nourrissez et le suivez là où il vous mène. Comment l'expérimentez-vous au quotidien? Nous lisons au verset 24 : « Ceux qui sont au Christ-Jésus ont crucifié la chair avec ses passions et ses désirs. » La mention des mots « passions et désirs » s'avère très utile. Chaque jour, vous côtoyez des individus et chaque rencontre produit un flot d'émotions (passions) et de désirs. Il en est ainsi pour vous et moi, nos émotions et nos désirs exercent sur nous une forte influence.

J'aimerais vous donner un exemple banal de ce phénomène, puisque nos journées sont principalement composées d'une suite ininterrompue d'instants ordinaires qui nous enseignent des choses extraordinaires sur les luttes importantes de la vie.

Ma famille me considère comme un homme plutôt maladroit. En fait, ma réputation d'incompétent en matière de réparations domestiques me suit partout et est richement documentée. Un jour, au début de notre mariage, l'évier de la cuisine était bouché. J'ai entrepris de dévisser le tuyau en forme de U se trouvant sous tous les éviers du monde. Ce faisant, j'ai découvert qu'il était rempli d'eau. Allongé sous l'évier, tout en tenant le tuyau, il m'est venu une idée brillante. *Puisque l'évier se trouve juste au-dessus de ma tête, je vais m'étirer de façon à y vider le contenu du tuyau.* J'ai donc étendu le bras au maximum et vidé le tuyau. L'eau m'a copieusement éclaboussé le visage, puisque je tenais en main le tuyau censé contenir l'eau en question! Toujours allongé sous l'évier, la tête complètement trempée, je pouvais entendre ma femme rire aux larmes.

Vous ne serez donc pas surpris d'apprendre, après cette histoire, que j'appréhende absolument toutes formes de réparation. À une autre occasion, le mécanisme de fermeture de la porte-moustiquaire ne fonctionnait pas correctement. Nous habitions alors une vieille maison et les travaux les plus simples se transformaient inévitablement en véritable casse-tête. Néanmoins, je ne pouvais laisser la porte dans cet état et j'ai donc promis à Luella de la réparer.

Tôt le samedi matin, outils à la main et rempli d'espoir malgré mes piètres performances précédentes, j'ai examiné la porte brisée. J'ai mis toute la journée à effectuer la réparation qui, normalement, n'aurait pris que quelques minutes, mais j'ai réussi. J'ai achevé le travail et la porte s'ouvrait et se fermait parfaitement! J'étais rempli d'un sentiment de célébration et de profonde satisfaction. Le lundi, Luella avait oublié que la porte était réparée. Quand un de nos enfants l'a laissée ouverte, elle l'a fermée d'un coup sec comme elle avait l'habitude de le faire depuis des mois. Une seule poussée vigoureuse a suffi à endommager de nouveau ce qui avait exigé une journée complète d'efforts acharnés.

En rentrant à la maison, je me faisais une joie de dire à Luella : « N'est-ce pas merveilleux de ne plus entendre la porte claquer au vent? » Mais en atteignant le porche d'entrée, j'ai aperçu la porte se balançant de nouveau d'avant en arrière et mes efforts réduits à néant. En un instant, ma satisfaction personnelle s'est transformée en une intense colère. Je n'en croyais pas mes yeux! Il ne restait rien de mon dur labeur! Je voulais trouver le coupable, lui donner mes outils et crier : « Tu prendras le temps qu'il faudra, un jour ou mille ans si nécessaire, mais tu resteras sous ce porche jusqu'à ce que la porte soit remise en bon état! »

Le passage de Galates 5 traite de nos actions et réactions : où me conduiront les émotions et désirs puissants qui m'étreignent? En tant que fils et filles du grand Roi, nous laisserons-nous asservir volontairement par nos émotions? Nous soumettrons-nous à la domination de nos mauvais désirs? Ou saisirons-nous plutôt les promesses de l'évangile en prenant une nouvelle direction?

La guerre faisait rage ce lundi-là sous le porche de la maison. Mon cœur serait-il gouverné par le Seigneur et l'amour serviteur auquel il m'appelait ou serait-il dominé par la puissante motivation des passions et des désirs de la chair? Par la grâce de Dieu, je venais justement d'enseigner ces principes. J'étais profondément conscient de la tentation qui me guettait, c'est-à-dire celle de faire irruption dans la maison en déchaînant ma fureur. C'est pourquoi je suis si reconnaissant du privilège que je possède de réviser ces enseignements jour après jour, à longueur de semaine! J'ai donc regardé la porte une fois de plus et en la franchissant, j'ai prié que je puisse me souvenir de mon identité en Christ.

Non seulement ce passage décrit-il avec exactitude la nature des luttes de nos cœurs, mais il transpose l'évangile du domaine abstrait de la théologie à la vie de tous les jours. Malgré la force de mes émotions et de mes désirs, je dois croire qu'il est *possible* de les rejeter et de suivre une nouvelle direction à cause des ressources que Christ met à ma disposition. L'Éternel des armées habite en moi par son Esprit et combat contre ma chair (versets 16-18). Il vit dans mon cœur, glorieux et puissant. Je peux choisir de le suivre plutôt qu'obéir aux passions et aux désirs de ma nature pécheresse. De même, j'ai été crucifié avec Christ (verset 24). Quand Christ est mort, je suis mort. Quand Christ est ressuscité, je suis ressuscité à une vie nouvelle. Du fait que je suis uni à Christ dans sa mort et sa résurrection, le pouvoir du péché sur moi a été brisé. Je n'ai plus à soumettre les membres de mon corps à son emprise. Quand surviennent les difficultés, je peux dire et faire ce qui est bien.

Deux réalités

Galates 5 nous exhorte à nous rappeler constamment ces deux vérités. D'abord, la guerre pour l'obtention de notre cœur est bien réelle, elle fait rage entre le royaume de Dieu en nous et le royaume de la création. Je dois me rendre à l'évidence : le péché habite en moi et je suis prompt à courir après des dieux de remplacement. Dieu m'appelle à regarder mon hypocrisie et mon idolâtrie en face et à réaliser que la guerre qui se déroule en moi constitue la dynamique intérieure la plus significative de l'existence humaine. Le conflit bat son plein dans les moments de joie, comme dans les moments de souffrance. Ma réaction à l'égard du bonheur et du malheur est conditionnée par ce qui gouverne mon cœur. Bien que je sois fortement influencé par mes expériences et ma constitution biologique, je réagirai aux circonstances de la vie selon ce qui régit mon cœur.

Je dois en même temps m'attacher fermement à une deuxième réalité, soit mon identité en tant qu'enfant de Dieu et les ressources qu'il m'accorde en Christ. L'apôtre Paul semble regrouper ces ressources en deux thèmes fondamentaux. D'abord, *le Saint-Esprit habite en nous*, il est réel et à l'œuvre. Nous nous trouvons dans un tel état de perdition, que le pardon seul accordé par Dieu ne suffit pas. Il lui a fallu se frayer un chemin jusqu'à l'intérieur de nous, car autrement, nous serions demeurés dans l'impossibilité d'accomplir ce qu'il nous demandait. Ainsi, nous ne vivons plus sous la domination de la chair, mais selon la puissance de l'Esprit qui combat pour nous le péché et les désirs de la chair.

Ensuite, le second thème touche la réalité de notre *union avec Christ*. À la croix, Christ ne nous a pas simplement acquis la possibilité de recevoir le salut. Il a également attaché chacun de nos noms à la croix avec lui! Sa mort et sa résurrection agissent avec efficacité et atteindront l'objectif visé dans la vie de chaque enfant de Dieu. Notre union avec lui dans sa mort et sa résurrection signifie que nous n'avons plus à obéir à nos mauvais désirs. Nous pouvons y renoncer et changer de direction.

Au-delà de nos petites disputes quotidiennes se livre une autre guerre. D'une part, un Dieu jaloux répand sur nous une grâce possessive. Il ne s'accordera aucun répit tant que nos cœurs ne lui appartiendront pas sans partage. Il demeure fidèle à son alliance. D'autre part se tient un ennemi sournois qui nous séduit par les attraits de la création. Il connaît trop bien nos faiblesses. Il sait que nous sommes enclins à errer et à remplacer Dieu par autre chose. Il nous murmure à l'oreille le mensonge des mensonges, à savoir que nous pouvons trouver la vie ailleurs qu'en Dieu. Lorsque nous commençons à croire que le monde créé nous procure la vie, nous sommes pris dans son filet. Nous recherchons et servons la créature, ignorant généralement que nous sommes devenus idolâtres. Nous blâmons les gens et les circonstances pour le chaos et les conflits qui en résultent, alors que seule notre idolâtrie est en cause.

Nous devons avouer avec humilité notre état de pécheur tout en demeurant fermement attachés à l'espérance de notre union avec Christ. Certes nous souffrons, mais ce n'est pas tout. Nous souffrons en tant que pécheurs, des pécheurs ayant une forte tendance à remplacer Dieu par autre chose. Pourtant nous, croyants, souffrons également en tant qu'êtres unis à Christ et par conséquent, libérés du pouvoir du péché. Ces deux réalités influencent aussi nos bénédictions. Nous n'arriverons à mener la bataille dans nos propres cœurs et à devenir participants de l'œuvre de Dieu dans nos vies et dans celles des autres qu'en nous accrochant à ces deux vérités.

Cette perspective sur la vie est acceptée uniquement par ceux qui croient à la Parole de Dieu. Il s'agit de la clé de voûte de tout ministère personnel basé sur la Bible. Elle implique bien plus qu'une liste thématique de principes destinés à résoudre des problèmes, une série de règles de vie axées sur la moralité, une rencontre empreinte d'empathie ou une relation thérapeutique dynamique. Le ministère personnel biblique s'enracine dans l'histoire d'une guerre et d'un Roi Sauveur. En replaçant notre histoire personnelle dans l'extraordinaire histoire de l'amour et de la compassion de Christ, nous comprenons qui nous sommes et vivons comme il l'a voulu dès le commencement.

6

Suivre l'Admirable Conseiller

J'étais jeune pasteur et j'aimais beaucoup prêcher. Je travaillais dur à la préparation de mes sermons et planifiais les thèmes de mes prédications un an à l'avance. Je mettais des semaines à élaborer chaque message et j'imaginais un plan original pour en faire comprendre les points principaux. Je transportais avec moi les dossiers de mes sermons afin d'ajouter ou de supprimer des illustrations selon l'inspiration du moment. Je répétais chaque prédication jusqu'à la connaître presque par cœur de sorte que je me présentais devant l'Église avec seulement quelques notes comportant les grandes lignes. J'essayais de parler avec une passion qui reflétait le contenu de mon message. J'étais convaincu que notre assemblée recevait une nourriture spirituelle solide et bienfaisante grâce à mes prédications hebdomadaires.

Un jour, un des membres de l'Église a sollicité une rencontre privée. Je brûlais d'impatience! Je me disais que Dieu avait certainement œuvré dans le cœur de « Pierre » par mes prédications et qu'il souhaitait que nous en discutions. Pourtant, une fois assis dans mon bureau, Pierre m'a lancé sans ménagement : « Vous pensez probablement que je suis venu vous voir pour parler de moi, mais ce n'est pas le cas. Je veux vous parler de vos sermons. Nous ne pouvons plus en supporter davantage. Je croyais être le seul dans cette situation, mais j'ai découvert que plusieurs éprouvent le même sentiment. Vous nous rendez fous, j'ai donc décidé de venir vous dire la vérité. » Je lui ai demandé : « Est-ce le contenu qui vous dérange ou ma façon de procéder ? » Il m'a répondu : « Les deux, mais je vous propose une solution. » Il m'a tendu une série d'enregistrements produits par un prédicateur renommé : « Écoutez ces bandes et faites comme cet homme jusqu'à ce que vous ayez compris comment prêcher un bon sermon. » Je suis retourné à la maison, anéanti.

Je savais que notre conversation m'avait bouleversé, mais c'est en me présentant devant notre assemblée le dimanche suivant que j'ai compris à quel point j'étais perturbé. Personne ne semblait avoir changé, sauf Pierre. Sa tête avait pris les proportions d'un ballon dirigeable. J'avais l'impression de voir son visage réprobateur partout où je posais les regards. J'ai bégayé et buté sur mes mots tout au long du sermon, soulagé de prononcer le dernier amen.

Le dimanche suivant s'est déroulé exactement de la même manière. J'avais l'impression que Pierre et moi étions seuls dans la salle. La troisième semaine, j'étais décidé à obtenir son entière approbation. Je n'avais pas encore pris pleinement conscience du fait que je m'efforçais de préparer mes sermons selon ses désirs. Cependant, ils ne reflétaient plus ma personnalité et je m'exprimais avec beaucoup de difficultés.

La situation a duré environ deux mois, jusqu'à ce que la doyenne de notre assemblée s'approche de moi à la fin d'un culte. Elle m'a dit vouloir me parler de mes prédications. « *Oh non, pas encore!* » ai-je pensé. Elle a pointé vers moi un index accusateur et m'a déclaré : « Paul, j'ignore ce qui t'arrive ou ce qui a changé, mais tu ne jouis plus de la même liberté lorsque tu prêches. Tu veux peut-être plaire aux hommes ou tu es motivé par la crainte, mais quelque chose ne tourne pas rond. À partir de maintenant, tu dois te tenir debout, préparer le message que Dieu veut que tu prêches et nous le transmettre avec courage. Autrement, nous aurons tous de graves ennuis! » Sur ce, elle a tourné les talons.

Je suis resté seul, sachant qu'elle avait parfaitement raison. Je ne servais plus Dieu, mais je prêchais pour plaire à Pierre. J'évaluais le succès de mes efforts selon les réactions d'un seul homme, ce qui me rendait amer et esclave.

Vous voulez donc contribuer à changer des vies?

Nous connaissons tous des gens comme Pierre qui troublent la tranquillité de nos vies paisibles. Nous avons tous essayé un jour ou l'autre d'exercer un ministère qui s'est soldé par un échec cuisant. Nous avons tous été déchirés entre l'appel de Dieu et la crainte des hommes, la compassion et la colère, l'amour et l'amertume. En raison du gâchis qui se produit souvent quand des pécheurs veulent aider d'autres pécheurs, nous avons besoin d'un modèle. En tant qu'enfants de Dieu, nous ne cherchons pas au hasard. L'Admirable Conseiller constitue notre modèle suprême. Dans ce chapitre, nous examinerons les implications de son exemple pour nous qui désirons participer à son œuvre.

Je deviens un instrument de changement en suivant l'exemple de Christ et en me concentrant sur le cœur – le mien d'abord. Les attaques et les critiques de Pierre m'avaient conduit à craindre les hommes et à oublier que je dois premièrement demeurer fidèle à Dieu. L'état de mon cœur ébranlait mes connaissances et affaiblissait mes compétences, me rendant somme toute inefficace. J'ai vu en cela une démonstration claire de la façon dont mon cœur influence ma réaction lorsque Dieu me donne l'occasion d'exercer un ministère. Paul l'a exprimé ainsi à Timothée : « Veille sur toi-même et sur ton enseignement, avec persévérance. Car en agissant ainsi, tu sauveras et toi-même et ceux qui t'écoutent » (1 Timothée 4.16).

En commençant par votre cœur, vous réussissez à mieux comprendre l'appel de Dieu et à vous y soumettre, ce qui donne à votre vie et à vos relations une nouvelle orientation. Dieu nous a appelés à une œuvre grandiose, rien de moins que celle d'*incarner Christ* auprès de nos semblables. Je dois être enraciné dans la Parole et travailler activement à porter la Parole vivante – Christ – aux perdus, aux aveugles et aux affligés. Vous et moi sommes appelés à matérialiser Christ sous leurs yeux, révélant qui il est et ce qu'il a fait.

Comprenons notre appel en expliquant l'incarnation

La plupart considèrent l'incarnation comme un *événement* – le moment où Christ s'est fait homme et a vécu sur la terre comme l'un d'entre nous. Cependant, je ne pense pas que nous en saisissions pleinement le sens même s'il s'agit d'une réalité centrale de la foi chrétienne. Nous ne voyons pas que l'*événement* appelé incarnation constitue également un *dessein* et un *appel*. En découvrant les éléments qui font partie intégrante de ce dessein et de cet appel, nous comprendrons mieux la nature du ministère personnel et l'importance de commencer par nos propres cœurs.

Personne n'explique mieux que Jean le moment marquant de l'histoire où Christ est né dans ce monde déchu. Il le résume entre autres par deux déclarations fort utiles : « La Parole a été faite chair, et elle a habité parmi nous, pleine de grâce et de vérité; et nous avons contemplé sa gloire, une gloire comme celle du Fils unique venu du Père... Personne n'a jamais vu Dieu; Dieu le Fils unique, qui est dans le sein du Père, lui, l'a fait connaître » (Jean 1.14, 18).

Le compte-rendu de Jean mentionne une information aux conséquences incalculables. La puissance de l'incarnation réside dans le fait qu'elle rend visibles la présence et la gloire de Dieu. En prenant un corps humain, Christ a révélé le Dieu invisible. Pourquoi la Lumière doit-elle briller sur la terre? Parce que les gens marchent en tâtonnant dans les ténèbres. Pourquoi Dieu doit-il se révéler? Parce que les gens ne le voient pas. En venant sur la terre, Christ est mort pour les siens, mais il a également ouvert les yeux de ceux qui étaient aveugles depuis trop longtemps.

L'incarnation soulève un problème si profond, si global, si essentiellement humain qu'il nous est presque impossible de l'identifier. Le problème est que *nous ne pouvons pas voir Dieu*. D'une part, Dieu est Esprit et donc caché à nos yeux. D'autre part, nos péchés nous rendent moralement indignes de regarder Dieu. De plus, notre aveuglement spirituel en tant que pécheurs nous empêche de voir Dieu puisque nous ne distinguons pas la gloire de sa grâce et de sa puissance qui agit pourtant continuellement en nous, à travers nous et autour de nous.

Cependant, la Lumière a brillé au sein des ténèbres. Dieu a guéri notre cécité en envoyant son Fils unique dans le monde. En le voyant, vous voyez le Père. Si vous le connaissez, vous connaissez le Père. L'Ancien Testament rapporte des occasions où certains individus ont pu voir le Dieu invisible, mais l'apparition de Christ constitue l'événement culminant de ses manifestations.

Le vrai problème s'énonce donc comme suit : nous ne voyons pas Dieu bien qu'il soit présent et à l'œuvre. Nous adoptons une perspective de la vie où Dieu demeure tristement absent. Nous ne voyons pas la seule chose digne d'être contemplée, soit la gloire du Dieu omniprésent. Par conséquent, nous ne bâtissons pas notre vie sur le fondement de la gloire de Dieu. Pourtant, cette gloire devait donner à notre vie son point de départ et sa destination, nous fournir une raison valable de nous lever le matin et la force de continuer. Chaque aspect de mon existence était censé regorger de la gloire de Dieu. Par mes pensées, mes décisions et mes paroles, j'étais destiné à reconnaître humblement son droit sur ma vie. J'ai été créé pour vivre pour sa gloire.

Nous avons déjà noté que chaque être humain recherche une certaine forme de gloire, soit celle de Dieu ou une sorte de pseudo-gloire terrestre. Cette dernière peut emprunter l'apparence de l'argent et des biens matériels, celle de l'acceptation et du respect. Il peut s'agir de réalisations et de succès, de la promotion d'un intellect supérieur ou de la sagesse philosophique, du pouvoir et de la domination, de l'atteinte d'un meilleur niveau de vie ou du désir d'être aimé. Quoi qu'il en soit, la recherche d'une fausse gloire se trouve à la source d'un grand nombre de nos difficultés et de nos malheurs.

L'incarnation touche au cœur de cette lutte parce qu'elle nous oblige à considérer la seule chose pouvant produire un changement durable, soit la gloire de Dieu. Seule la révélation de Dieu dans sa gloire majestueuse met au jour le vide absolu de toutes les autres gloires auxquelles nous aspirons passionnément. En comprenant l'incarnation de cette façon, vous connaissez déjà mieux votre appel. Un ministère personnel ne consiste pas seulement à offrir aux gens des principes, des solutions et une bonne théologie. Il présente également un Dieu agissant et glorieux, revêtu de grâce et de vérité, et qui possède un droit légitime sur nos vies. À mesure que nos cœurs se laissent transformer par sa gloire, les principes des Écritures prennent leur véritable sens.

La grâce et la vérité

Jean ne se contente pas d'expliquer le but de l'incarnation, il en dévoile également la nature. Il déclare que la gloire révélée sur terre était pleine de « grâce et de vérité ». Jésus a incarné l'union parfaite de la grâce et de la vérité. En contemplant sa vie, sa mort et sa résurrection, nous parvenons à comprendre la grâce de Dieu. Il a envoyé son Fils unique, le deuxième Adam, pour qu'il soit soumis, dans ce monde déchu, à la gamme complète des tentations humaines. Ce faisant, il a accompli la loi à notre place, satisfaisant ainsi aux exigences de la vie requises par Dieu. Il s'est volontairement offert en sacrifice, l'Agneau parfait, afin que la dette du péché soit entièrement payée. Il est sorti du tombeau, procurant une vie nouvelle à tous ceux qui croient en lui.

Puisque Christ est le personnage central de la grande histoire des Écritures, la grâce en devient un des thèmes principaux. Par conséquent, elle doit prédominer dans l'exercice du ministère personnel, du counseling biblique et du travail de formation de disciples. Nous présentons aux gens un Dieu qui non seulement fixe les objectifs de leurs vies, mais les rend aussi capables d'accomplir ce qui leur semblait jusqu'alors irréalisable. Sa grâce a pour résultats la réconciliation, la restauration et la paix. Par elle, l'impossible devient possible, le pécheur devient saint.

Par sa grâce, les parents d'un adolescent rebelle peuvent continuer à lui témoigner un amour persévérant et patient. Par sa grâce, une femme peut pardonner complètement à son mari et renoncer à ses souvenirs amers. Par sa grâce, les prisonniers de la dépression, de l'angoisse et de la dépendance peuvent vivre pleins d'espoir et en toute liberté. Par sa grâce, les captifs asservis à la convoitise, à la cupidité, à la peur ou à la vengeance peuvent vivre une vie nouvelle, marquée par la pureté et le courage de la foi.

Il ne faut pas réduire le ministère biblique personnel à une série de principes à appliquer. Toute l'attention doit plutôt converger vers le Rédempteur qui sauve les individus de la puissance du péché, tout en faisant progressivement disparaître ce dernier de leurs vies. Nous servons simplement de moyen de transmission de la grâce. Notre but consiste à aider les autres à la saisir et à la suivre où elle les conduit, alors qu'ils attendent le retour de leur Rédempteur.

La gloire révélée par l'incarnation de Christ était également pleine de vérité. Nous abordons dès lors le second thème important de l'histoire des Écritures. Le péché ne nous rend pas seulement idolâtres, rebelles et impuissants, il fait de nous des insensés. Nous aimons le mensonge, nous nous berçons d'illusions et croyons fermement à nos raisonnements absurdes. Nous nous laissons prendre aux pièges et aux tentations de l'ennemi. Nous vivons pour ce qui dépérit déjà sans tenir aucun compte de ce qui dure éternellement. Nous avons tendance à dissimuler ou ignorer notre propre péché tout en étant complètement obsédés par celui des autres. Les paroles de Proverbes 14.12 s'appliquent bien à notre situation, car la voie qui nous paraît droite mène en fin de compte à la mort. Si la grâce s'intéresse aux conséquences morales de la chute (notre rébellion et notre incapacité), la vérité quant à elle vise à contrer les effets *noétiques* de la chute, soit l'impact du péché sur notre manière de penser et d'interpréter la vie.

En Christ, la vérité de Dieu a pris forme. Jésus est l'ultime démonstration de la façon dont Dieu veut que nous pensions et vivions. Sa vie et son enseignement confrontent notre folie à la véritable sagesse. Il nous appelle à un mode de vie opposé à la direction que suivent nos instincts pécheurs. Qui choisirait naturellement de vivre pour des réalités invisibles, de rendre le bien pour le mal ou de croire qu'il y a plus de joie à donner qu'à recevoir? Le fait que ces conceptions semblent radicales et paradoxales nous montre à quel point nous nous sommes éloignés de la vérité. Le ministère personnel doit révéler aux gens une vérité qui détruit leurs anciennes manières de penser concernant leurs propres personnes, les relations, les circonstances, la souffrance et Dieu. Les gestes insensés que nous posons sont ancrés dans une vision du monde rimant avec folie. Les pensées qui font naître nos mauvais comportements et entraînent leurs conséquences font également partie du problème de la nature humaine.

Nous offrons aux gens la possibilité de trouver un nouveau sens à la vie – une vision du monde où Dieu occupe la place centrale, où les réalités invisibles sont estimées au plus haut point et où l'éternité donne au moment présent sa véritable signification. En exposant les gens à la vérité, nous les plaçons face à face avec Christ. Cette déclaration radicale affirme en fait que la vérité n'est pas, de par sa nature même, un système, une théologie ou une philosophie, mais une *personne* appelée Jésus. Une vie de piété se caractérise par la confiance en lui, le désir de le suivre et de vivre comme lui. Le ministère personnel tisse les fils de la grâce et de la vérité à travers tous les domaines de l'existence. En ce sens, il relève vraiment de l'incarnation puisque la grâce et la vérité conduisent toujours à Christ.

Un nouveau dessein

L'incarnation ne constitue pas seulement un événement, elle élabore un *dessein*, un ensemble de plans destinés à accomplir un but. Dieu a formé le dessein que l'Église vive sur terre une vie communautaire axée sur l'incarnation de manière à révéler, par sa présence même, la grâce de Jésus et sa gloire pleine de vérité.

Avant son arrestation, Christ a prié pour ses disciples et ceux qui croiraient à cause de leur ministère (nous tous). Au milieu de sa prière, Jésus demande :

> Ce n'est pas pour eux seulement que je prie, mais encore pour ceux qui croiront en moi par leur parole, afin que tous soient un; comme toi, Père, tu es en moi, et moi en toi, qu'eux aussi soient un en nous, afin que le monde croie que tu m'as envoyé. Et moi, je leur ai donné la gloire que tu m'as donnée, afin qu'ils soient un comme nous sommes un – moi en eux, et toi en moi – afin qu'ils soient parfaitement un, et que le monde connaisse que tu m'as envoyé et que tu les as aimés, comme tu m'as aimé.
>
> (Jean 17.20-23)

L'intention visée par cette prière sublime consiste à encourager une unité qui ne se trouve qu'au sein de la Trinité. Jésus demande que ses disciples se démarquent par un amour profond, de sorte que les croyants soient unis de la même manière que le sont le Père et lui. Sa prière dévoile également l'objectif de cette unité. Les relations entre les croyants ont pour but de révéler la personne et l'œuvre de Christ au monde qui les regarde. Leur unité surpasse celle d'une belle amitié. Elle a pour but que le monde voie et connaisse Christ.

Christ fixe la barre très haute! Nous sommes appelés à atteindre une unité semblable à celle qu'il partage avec son Père. Ne vous découragez pas, cependant, mais pensez un instant à Christ et à ses disciples. Assis dans un coin de la salle, se trouve Matthieu, le collecteur d'impôts. Ce juif prélevait l'impôt romain auprès de ses compatriotes. Celui qui exerçait cette fonction était méprisé et considéré comme un traître et un sympathisant romain.

Dans le coin opposé, se tient Simon le zélote. Les zélotes formaient les extrémistes conservateurs de leur temps, s'apparentant aux terroristes et aux milices radicales d'aujourd'hui. Persuadés que seule la violence parviendrait à renverser le gouvernement romain, ils n'hésitaient pas à y recourir pour arriver à leurs fins. Les zélotes détestaient les collecteurs d'impôts plus que n'importe qui au monde.

Christ voulait que la relation entre Matthieu et Simon soit caractérisée par un lien d'unité et d'amour tel que les gens autour le remarquent – et qu'ainsi ils voient Christ. Pensez-vous que le but de Jésus soit totalement irréaliste? N'était-il pas suffisant que ces deux hommes soient assis dans la même salle sans se battre? Pour Christ, cela ne suffisait pas. Dans sa prière, il déclare avoir donné à son peuple ce qui lui est nécessaire pour être véritablement un. Sa déclaration porte sur la rédemption puisqu'il dit : « Père, je leur ai donné la gloire que tu m'as donnée, afin qu'ils soient un comme nous sommes un » (Jean 17.22). Entendez-vous l'écho des paroles du premier chapitre de Jean ? Jésus prie : « Père, tu te rappelles certainement la gloire que j'ai révélée sur la terre lorsque j'ai été fait homme. J'ai placé cette même gloire sur tes enfants afin qu'ils puissent continuer à la révéler à ce monde. »

Le dessein de Dieu consiste à recevoir et à donner la gloire afin qu'elle continue d'être incarnée sur la terre. Dans cette optique, l'incarnation peut être décrite comme un événement toujours en cours : Dieu se fait connaître non plus par la présence visible de Christ, mais par la gloire de son œuvre à travers les croyants, lorsque nous vivons nous-mêmes l'incarnation.

L'incarnation nous aide à comprendre le but et la nature du ministère personnel. Les gens sont transformés lorsqu'ils considèrent Christ autrement, c'est-à-dire en considérant l'échec de leurs propres projets et le vide rattaché aux vaines gloires qu'ils recherchent. Leur rencontre avec Jésus-Christ s'avère beaucoup plus importante que leur entretien avec un conseiller. Notre travail consiste à susciter cette rencontre. En voyant Jésus et en étant convaincus de la futilité de leurs propres voies, ils commencent à espérer qu'un changement se produise. Dieu a mis sur nous sa gloire afin que nos vies et nos ministères le révèlent au monde. Dans ce sens, l'incarnation devient pour nous un projet de vie.

Un appel précis

L'incarnation est également un *appel*. Paul le définit pour nous dans 2 Corinthiens 5.14-6.2.

> Car l'amour du Christ nous étreint, nous qui avons discerné ceci : un seul est mort pour tous, donc tous sont morts; il est mort pour tous, afin que les vivants ne vivent plus pour eux-mêmes, mais pour celui qui est mort et ressuscité pour eux. Ainsi, dès maintenant, nous ne connaissons personne selon la chair; même si nous avons connu Christ selon la chair, maintenant nous ne

le connaissons plus de cette manière. Si quelqu'un est en Christ, il est une nouvelle créature. Les choses anciennes sont passées; voici : toutes choses sont devenues nouvelles. Et tout cela vient de Dieu, qui nous a réconciliés avec lui par Christ, et qui nous a donné le service de la réconciliation. Car Dieu était en Christ, réconciliant le monde avec lui-même, sans tenir compte aux hommes de leurs fautes, et il a mis en nous la parole de la réconciliation. Nous sommes donc ambassadeurs pour Christ, comme si Dieu exhortait par nous; nous vous en supplions au nom de Christ : Soyez réconciliés avec Dieu! Celui qui n'a pas connu le péché, il l'a fait devenir péché pour nous, afin que nous devenions en lui justice de Dieu. Puisque nous travaillons ensemble, nous vous exhortons à ne pas recevoir la grâce de Dieu en vain. Car il dit : *Au temps favorable je t'ai exaucé, au jour du salut je t'ai secouru.*

Voici maintenant le temps vraiment favorable, voici maintenant le jour du salut.

Que devons-nous faire pour participer à l'œuvre de Dieu dans la vie des autres? Paul emploie le mot *ambassadeur* pour expliquer la signification d'une vie vécue conformément à l'incarnation.

Le travail d'un ambassadeur consiste à représenter quelqu'un ou quelque chose. Il agit et parle consciemment et en tout temps au nom d'un leader qui n'est pas physiquement présent. Son appel ne se limite pas à travailler quarante heures par semaine, à assister à certains événements publics ou à résoudre des crises internationales. Il agit continuellement comme le représentant du roi (ou du gouvernement de son pays), il le remplace partout où il se trouve et quoi qu'il fasse. Ses relations ne servent pas d'abord et avant tout à satisfaire ses désirs personnels. Il décide de ses déplacements et de ses activités en fonction de ce qui lui permettra de représenter fidèlement le roi. Par conséquent, le travail d'un ambassadeur suppose une certaine incarnation. Ses actions, son caractère et ses paroles incarnent ou personnifient le roi absent.

Paul déclare que Dieu nous a appelés à le servir en assumant la fonction d'ambassadeur. Nous ne travaillons plus à nos propres réalisations, puisque nos vies ne nous appartiennent pas. La question primordiale dans ces conditions s'énonce ainsi : « Quelle est la meilleure manière de représenter le Roi ici même, aux yeux de cette personne? » Notre appel ne se vit pas comme un emploi à temps partiel, il devient un mode de vie. Quand un ambassadeur entre en service, sa vie ne lui appartient plus. Tout ce qu'il dit et fait revêt une importance significative à cause du roi qu'il remplace. S'il n'en tient pas compte, il outrage le roi et renie son appel de représentant.

En quoi consiste l'appel de Dieu pour votre mariage? Être un ambassadeur. En quoi consiste l'appel de Dieu concernant votre rôle de parents? Être un ambassadeur. En quoi consiste l'appel de Dieu à l'égard de vos amis et voisins? Être un ambassadeur. En quoi consiste l'appel de Dieu au travail et dans vos moments de loisir? Être un ambassadeur. Nous représentons les desseins de Dieu auprès des individus qu'il met sur notre route. Il s'agit d'une responsabilité beaucoup plus vaste qu'un engagement à exercer un ministère officiel pendant quelques heures chaque semaine. Cette façon d'agir déclare que nos vies appartiennent au Roi.

Toutefois, c'est précisément de cette manière que commencent nos ennuis. Nous ne souhaitons pas réellement vivre en ambassadeurs. Nous préférons mener une existence de petit roi. Nous savons ce que nous aimons et qui nous voulons fréquenter. Nous avons trouvé la maison idéale et la voiture de nos rêves. Sans même nous en rendre compte, nous glissons vers un style de vie où dominent « mes désirs, ma volonté et ma façon de faire ». Nos paroles et nos actions sont motivées par les envies de nos propres cœurs. En toute honnêteté, nous devons confesser que la prière fondamentale de nos cœurs est : « que mon règne vienne ».

Imaginez la direction qu'emprunte un mariage lorsque deux petits rois doivent partager le même espace, en même temps. Derrière leurs vœux se dissimulent deux individus animés par leurs aspirations et leurs attentes personnelles. Ils désirent uniquement que l'autre contribue à leur bonheur et tant et aussi longtemps qu'il en est ainsi, ils demeurent fidèles. Imaginez maintenant que ces deux petits rois deviennent parents. En réalité, ils aspirent à avoir des enfants déjà éduqués et sanctifiés. Ils considèrent les sacrifices et le service quotidien exigés des parents pieux comme un fardeau très lourd à porter. C'est pourquoi Christ a dit que celui qui veut le suivre doit mourir à lui-même. Personne ne peut servir deux maîtres. L'ambassadeur doit renoncer à son royaume personnel s'il veut représenter convenablement le seul vrai Roi.

Il est si facile de reprendre possession du royaume dont la règle est que « ma volonté soit faite ». Je m'absente de la maison environ quarante-cinq fins de semaine par année. Je prends généralement l'avion le vendredi matin et reviens tôt le samedi soir. Pour cette raison, j'attends avec impatience les congés où j'ai l'occasion de me réveiller dans mon propre lit. Au cours d'un de ces précieux samedis après-midi, j'étais seul à la maison. J'ai donc décidé de faire quelque chose que je fais très rarement : regarder un match de football universitaire. Je me suis versé un grand verre de cola diète froid, j'ai attrapé un sac de croustilles et suis descendu dans la salle de séjour. J'ai trouvé la télécommande et je m'apprêtais à m'assoir lorsque mon garçon, âgé de seize ans à l'époque, est sorti de la salle de bain – avec les cheveux verts fluo!

Il avait appliqué dans ses cheveux une teinture connue sous le nom de « Manic Panic » et ceux-ci ressemblaient à des morceaux de cellophane vert déchiquetés. On aurait dit qu'il portait sur la tête un de ces arbres de Noël de plastique, laid et bon marché, qui orne parfois le dessus des tables. En sortant de la salle de bain, il m'a vu et s'est écrié : « Eh bien! Qu'en penses-tu, papa? » Ce que j'en pense? Ce que j'en pense!!! En fait, je me suis dit : *sors les décorations, jeune homme, puisque tu es déguisé en sapin de Noël*! En un instant, j'ai senti monter la tension. Les pensées s'agitaient en foule au-dedans de moi tandis qu'il se tenait là, debout, la tête inclinée. « Alors, tu ne dis rien ? » me lança-t-il. Je ne pouvais m'arrêter de fixer ses cheveux et plus je les regardais, plus je me sentais personnellement visé.

Croyez-le ou non, j'étais à la maison ce jour-là parce que je devais m'adresser à une Église des environs le lendemain. Ses membres terminaient une série d'études bibliques sur la famille et on m'avait demandé de conclure l'enseignement en compagnie de *toute ma famille*. J'imaginais la scène. On nous ferait assoir dans la première rangée – Luella, moi, nos trois autres enfants et notre garçon déguisé en arbre de Noël ! « *Qui me prendra au sérieux ?* » me suis-je dit. J'avais envie de crier : « Ne sais-tu pas quel genre de travail je fais ? As-tu oublié pourquoi je suis à la maison cette fin de semaine ? Passes-tu ton temps à te demander ce que tu pourrais faire pour me rendre fou ? » Une guerre terrible se livrait dans mon cœur. Ma réaction, mon attitude et mes paroles allaient être dictées par le roi que je choisirais alors de suivre.

Tout compte fait, mon fils ne me visait *pas* personnellement. Il n'avait pas planifié son geste en se disant : *Papa est à la maison samedi. Je sais ce que je vais faire. Je teindrai mes cheveux d'un vert complètement ridicule, je me cacherai dans la salle de bain et je ferai irruption dans la salle de séjour juste au moment où il s'assoira pour se reposer. Quel plan génial !* J'avais l'impression que tout avait été prévu de la sorte parce que son aspect extérieur dérangeait mon programme. Pourtant, nous ne nous trouvions pas dans la même pièce, en même temps, par hasard. Notre rencontre avait été orchestrée par le Roi. Il voulait que je le représente auprès de mon fils cet après-midi-là. Malgré la lutte qui faisait rage à l'intérieur de moi, je lui ai demandé de s'assoir et nous avons discuté. En cherchant à comprendre les motivations secrètes derrière ses cheveux verts, je me suis vite rendu compte que cet acte ne me concernait pas et qu'il ne s'agissait pas d'une rébellion de la part de mon adolescent. Il n'avait tout simplement pas réfléchi aux conséquences de ce geste qui lui paraissait purement amusant. En fait, en se regardant dans le miroir le lendemain matin, il s'est écrié : « Oh non, qu'est-ce que j'ai fait? » Il s'est immédiatement rasé les cheveux, ce qui a mis en évidence son crâne également vert!

Pourquoi nous mettons-nous si souvent en colère au lieu de saisir l'occasion d'exercer un ministère? Pourquoi sommes-nous passés maîtres dans l'art de nous approprier ce qui ne nous regarde pas? Pourquoi considérons-nous les gens, les choses et les circonstances comme des obstacles sur notre chemin? Pourquoi se passe-t-il rarement une journée sans conflit dans notre vie? La réponse à ces questions se résume ainsi : nous estimons que nos vies nous appartiennent et nous servons les intérêts de notre propre royaume en reléguant ceux de Dieu au second plan. Sachons reconnaître que les contrariétés sont envoyées par un Roi sage et souverain. Il ne se trompe jamais d'adresse et choisit toujours le moment opportun pour mettre nos cœurs à nu afin de les conformer au sien.

Le travail d'un ambassadeur

Le mode de vie d'un représentant se résume en trois grandes priorités. En tant qu'ambassadeur, j'incarne :

1. Le *message* du Roi. À titre d'ambassadeur, je me pose continuellement ces questions : « Qu'est-ce que mon Seigneur veut communiquer à cette personne dans les circonstances présentes? Quelles vérités ma réponse devrait-elle contenir? Quels sont les objectifs qui doivent me motiver à agir? »

2. Les *méthodes* du Roi. Les questions pertinentes à ce sujet sont les suivantes : « Comment le Seigneur s'y prend-il pour effectuer des changements en moi et chez les autres?

Comment s'est-il comporté avec les gens lorsqu'il était sur terre ? Quelles réactions s'accordent le mieux avec les buts et les ressources de l'évangile ? »

3. Le *caractère* du Roi. Enfin, je me demande : « Pourquoi le Seigneur fait-il ce qu'il fait ? Comment puis-je représenter fidèlement les qualités qui l'ont poussé à accomplir son œuvre rédemptrice ? Quelles motivations présentes dans mon cœur pourraient empêcher le Seigneur d'agir comme il le veut dans ce cas particulier ? »

Comment ces trois priorités changent-elles votre manière de réagir à l'égard de vos amis, votre famille et vos collègues de travail ? Nous avons été envoyés par le Roi. Nous devons renoncer à nos vies claustrophobes, vécues à l'intérieur des limites imposées par nos petits royaumes, pour nous ouvrir à la grandeur du Royaume de Dieu et à la gloire qui consiste à le représenter.

Le message, les méthodes et le caractère du Roi imprègnent chaque page des Écritures. En lisant la Bible, nous entendons continuellement son message (voir Matthieu 5-7 ou Luc 15-18). Nous comprenons de mieux en mieux ses méthodes (voir Jean 3.1-21 ; 4.1-26 ; Luc 9.18-27 ; 10.25-37). De même, la beauté de son caractère nous confond (voir Philippiens 2.1-12 ; Éphésiens 4.29-5.2 ; 1 Pierre 2.23). Nous sommes ambassadeurs si nous suivons, par nos paroles et nos actes, l'exemple de l'Admirable Conseiller partout où nous nous trouvons et quelle que soit la personne que nous côtoyons.

Un appel pour le cœur

Notre appel à exercer les fonctions d'ambassadeurs se précise davantage dans 2 Corinthiens 5. Paul y écrit au verset 20 : « Nous sommes donc ambassadeurs pour Christ, comme si Dieu exhortait par nous. » Une exhortation équivaut à un plaidoyer ou à un appel. Dieu se sert de vous pour appeler quelqu'un. Bien qu'il soit certainement question de l'évangile dans ce passage, souvenons-nous que Paul s'adresse à des chrétiens et leur dit : « Soyez réconciliés avec Dieu. » Par conséquent, ce passage évoque plus que l'idée d'évangélisation.

Relisons le verset 15 : « Il est mort pour tous, afin que les vivants ne vivent plus pour eux-mêmes, mais pour celui qui est mort et ressuscité. » Quelle est la raison d'être de la croix ? Paul répondrait qu'elle ne sert pas uniquement à assurer la vie éternelle au ciel, mais à reprendre possession des cœurs afin qu'ils servent Dieu seul. À cause du péché, nous sommes devenus terriblement égocentriques et idolâtres, adorant notre propre personne. Christ est mort pour réduire à néant l'emprise qu'exerce sur nous l'égocentrisme idolâtre.

Nous sommes esclaves de nous-mêmes et l'œuvre de Christ vise principalement à nous délivrer de cet esclavage ! Cette forme d'idolâtrie, à l'origine de toutes les autres, s'avère la plus subtile. En outre, lorsque Paul nous exhorte à être « réconciliés avec Dieu », il fait écho aux paroles de Jacques : « Approchez-vous de Dieu. » Pourquoi des croyants ont-ils besoin d'être réconciliés avec Dieu ? Parce qu'aussi longtemps que le péché habitera en nous, nous aurons tendance à nous éloigner de l'adoration due au Seigneur pour nous servir nous-mêmes.

Je le répète, Dieu est résolu à posséder exclusivement nos cœurs. Il ne se contente pas de nos connaissances théologiques ou de notre participation aux activités de l'Église. Rien d'autre ne lui donnera satisfaction que votre être entier et profond, votre vraie personnalité. Il veut que nos vies soient de plus en plus influencées par l'adoration et le service divin. Il nous a envoyés comme ambassadeurs pour réclamer en son nom le cœur de nos semblables.

Aimer, connaître, parler, agir

Le reste du présent livre explique comment remplir notre rôle d'ambassadeur. Nous analyserons quatre aptitudes à développer pour devenir des instruments de changement entre les mains de Dieu, dans la vie des autres.

Supposons que Dieu vous rende conscient de mauvais fruits qu'un de vos amis porte dans sa vie. Il peut s'agir d'un problème de couple, d'une relation rompue, de craintes constantes et démesurées ou d'un découragement profond. Il vous confie ses difficultés et demande votre aide. Quelle que soit la situation, vous voulez que Dieu se serve de vous pour produire de bons fruits dans la vie de votre ami, même si les circonstances et les individus autour de lui ne changent pas.

Toutefois, vous découvrez rapidement que la plupart de ceux qui aspirent au changement songent rarement à leur cœur. Ils veulent modifier les circonstances, leurs émotions ou les attitudes d'un autre. Ils pensent que si les « choses » changent, tout s'arrangera. Pourtant, lorsque les efforts déployés portent seulement sur les manifestations extérieures, les solutions appliquées s'avèrent souvent temporaires et superficielles. De toute évidence, certaines conditions d'une situation difficile doivent changer, mais vous devez aller plus loin. Votre but est d'amener votre ami à développer une vision plus profonde et plus globale du changement. Vous voulez l'aider à examiner son cœur et à voir l'importance d'une transformation sur ce plan.

Ainsi, tout en cherchant à l'aider, vous gardez en tête deux principes importants. D'abord, tout ce que vous faites vise un changement du cœur. Ensuite, vous devez en tout temps imiter l'exemple de notre Admirable Conseiller. Je vous propose donc un modèle à suivre pour l'exercice d'un ministère personnel qui tient résolument compte de ces deux principes. Il s'inspire de la manière dont Christ apporte des changements dans nos vies et évolue dans la direction prescrite par l'appel biblique à transformer nos cœurs. Les quatre mots **aimer, connaître, parler** et **agir** représentent quatre aspects d'une relation de ministère personnel, quatre façons de servir en tant qu'ambassadeur auprès d'une personne (voir la figure 6.1).

Figure 6.1

Servir d'instrument de changement

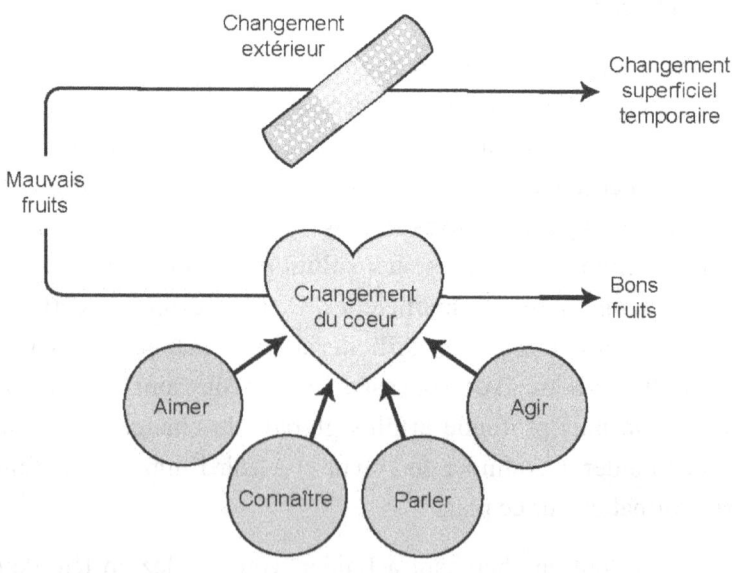

Être un instrument

Ces mots ne désignent pas les quatre étapes d'un processus. Ils ne décrivent pas les phases d'un ministère personnel, comme si vous commenciez par **aimer** pour en arriver progressivement à **agir**. Ils constituent simplement quatre éléments importants du ministère biblique. L'ordre des termes obéit à une certaine logique, bien entendu, mais vous les appliquez simultanément tout en cherchant à remplir votre rôle d'ambassadeur du Seigneur. Examinons chacun des éléments en particulier.

Aimer

L'**amour** met en évidence l'importance des relations dans le processus du changement. Les théologiens le désignent par l'expression : modèle de changement basé sur l'alliance. Dieu vient à nous et scelle une alliance. Il s'engage à être notre Dieu et à faire de nous son peuple. Dans le contexte de cette relation, il accomplit son œuvre qui consiste à nous façonner à son image. En comprenant mieux la façon dont Dieu travaille dans nos propres vies, nous prenons conscience du fait que nos rapports avec lui sont absolument nécessaires. C'est dans ce cadre, en effet, que s'effectue le processus du changement qui dure la vie entière. De la même manière, nous sommes appelés à bâtir des relations solides avec les autres. Dieu compte s'en servir comme d'ateliers pour faire progresser en nous son œuvre de transformation.

Connaître

Ce terme porte sur nos efforts à connaître en profondeur les gens que Dieu met sur notre route. Lorsque vous croyez connaître une personne, vous ne lui posez pas les questions cruciales que vous devriez aborder pour voir au-delà des apparences. Nous pensons connaître quelqu'un parce que nous sommes en mesure d'énoncer certains faits à son sujet (le nom de ses enfants, de sa femme ou de son mari, son lieu de travail, ses préférences, etc.), mais nous ne *le* connaissons pas réellement.

Vous connaissez une personne quand vous savez percer les secrets de son cœur et non en comprenant mieux le fonctionnement de sa rotule! Vous avez une meilleure idée de ses croyances et ses buts, ses espoirs et ses rêves, ses valeurs et ses désirs. En apprenant à connaître un ami, vous êtes en mesure de deviner ses pensées et ses états d'âme selon les circonstances. L'amitié se caractérise par un lien étroit unissant deux cœurs.

Le passage d'Hébreux 4.14-16 nous enseigne que Christ est venu dans le monde et y a vécu pendant trente-trois ans. Il a partagé exactement les mêmes expériences que nous afin que nous sachions qu'il comprend nos luttes. C'est pourquoi **connaître** revêt une importance capitale, qu'il s'agisse des questions pertinentes à poser dans le cadre d'une amitié ou en recueillant des informations lors d'une séance de counseling plus formelle. Votre but consiste à pénétrer sous la surface. Ainsi, vous aidez votre ami à mieux se connaître et à désirer le changement de cœur profond visé par Dieu.

Parler

En **parlant**, vous apportez la vérité de Dieu adaptée à la situation particulière d'une personne. Vous vous demandez entre autres : « Qu'est-ce que Dieu voudrait que cette personne voie, mais qui demeure encore caché à ses yeux? Comment puis-je l'aider à voir? » Les Évangiles regorgent d'exemples fort habiles de la façon dont Christ s'y prenait pour aider les gens à discerner la vérité. Par des histoires et des questions, il dissipait leurs ténèbres spirituelles et les amenait à reconnaître qui ils étaient et la gloire de l'œuvre qu'il était en mesure d'accomplir pour eux.

Pour dire la vérité avec amour, il n'est pas nécessaire de faire des déclarations fracassantes. Il s'agit plutôt de guider votre ami pour qu'il perçoive plus clairement l'état de sa vie. Les changements durables surviennent lorsque nous nous regardons dans le miroir de la Parole de Dieu. Il faut aussi contempler Dieu et prendre conscience des ressources qu'il nous a données en Christ.

Agir

Enfin, vous devez aider votre ami à **agir** conformément à ce qu'il a appris – appliquer les principes que Dieu lui a montrés à sa vie et ses relations. Le simple fait d'améliorer notre compréhension des choses ne nous incite pas au changement, ce n'est que le début du processus. Les nouvelles notions ayant trait à notre personne, à Dieu et aux ressources qu'il nous offre en Christ doivent être appliquées aux réalités concrètes et précises de la vie. Dieu appelle votre ami à mettre en pratique la Parole et à ne pas se borner à l'écouter. En tant qu'ambassadeur de Christ, vous êtes appelé à l'aider à répondre personnellement à cet appel.

J'ajouterai une dernière remarque concernant le modèle de ministère personnel fondé sur le modèle **aimer-connaître-parler-agir**. Il ne s'agit pas simplement d'un autre aspect du ministère officiel exercé par l'Église locale, mais un mode de vie que Dieu nous appelle tous à mettre en pratique. Cette manière d'être s'avère d'un grand intérêt dans les séances de counseling professionnelles, mais également dans les conversations informelles avec un ami chrétien qui éprouve des difficultés. Ce modèle s'adapte facilement aux différentes occasions où Dieu vous donne d'agir comme l'un de ses ambassadeurs, en vue de susciter un changement durable.

▶ **AIMER**
　CONNAÎTRE
　PARLER
　AGIR

7

Bâtir des relations en entrant dans l'univers des autres

Il se présente parfois pour un professeur des occasions uniques et inespérées. Je donnais un cours de counseling obligatoire à une classe de troisième année d'étudiants au séminaire. Ces jeunes hommes se destinaient au pastorat et plusieurs estimaient qu'il serait inutile d'exercer un ministère individuel auprès des membres de leur assemblée s'ils s'appliquaient à prêcher des sermons peaufinés avec soin. Ils considéraient mon cours comme étant superflu, s'ajoutant simplement à leur horaire déjà surchargé. Leur attitude créait une atmosphère très peu propice à un apprentissage actif et dynamique.

La première fois que j'ai donné ce cours, j'ai tout de suite abordé la matière sans essayer d'en démontrer l'importance. Ce trimestre a été long et ardu. L'année suivante, j'ai décidé que j'amorcerais chaque cours par le récit de véritables histoires d'horreur tirées de mon expérience pastorale jusqu'à ce que la classe en entier me crie : « Pitié! » Mes histoires de nuits sans sommeil à résoudre des crises et de graves problèmes relationnels se succédaient. J'ai continué à ce rythme tant et aussi longtemps que les étudiants n'ont pas été absolument convaincus de la nécessité d'entendre ce que j'étais sur le point de leur enseigner.

Un jour, il s'est passé quelque chose que je n'oublierai jamais. Pendant que je rapportais l'une de mes anecdotes personnelles, un des futurs pasteurs a levé la main et a lancé sur un ton exaspéré : « Ça va, nous avons compris. Nous savons que nous aurons à faire face à ce type de *cas* dans nos Églises. Expliquez-nous simplement comment nous en occuper pour que nous puissions retourner ensuite au travail du ministère! » Un silence gêné s'est abattu sur la salle. Par sa frustration, cet homme avait exprimé tout haut le sentiment ressenti par plusieurs pasteurs à propos de l'univers biblique du counseling, du suivi de disciples et du ministère personnel. Je savais qu'une occasion en or m'était offerte d'enseigner une vérité profonde et je ne voulais pas la rater. Je lui ai demandé de répéter le terme qu'il avait employé pour désigner les gens en difficulté. Son embarras était palpable et il a marmonné avec hésitation : « cas », tandis que les autres étudiants étouffaient un petit rire nerveux.

Ce jeune homme n'avait pas développé une juste perspective du ministère pastoral, mais son erreur la plus grave était qu'il était dépourvu d'amour. Il ne désirait aucunement incarner l'amour de Christ caractérisé par le don de soi. Il considérait les gens perdus et en difficulté comme des obstacles à son appel, et la nécessité de les aider lui causait un fâcheux contretemps. Sa vision était axée sur des sermons prêchés avec soin et des activités courues, permettant à l'Église de grandir et de prospérer. Il voyait l'Église comme une organisation bien structurée, dont la direction brillante était couronnée de succès. Pourtant, quand je regarde l'Église, je vois un hôpital rempli d'individus se trouvant à différents stades de la maladie du péché dans leurs vies.

Imaginez un médecin sortant de son bureau et lançant à sa secrétaire : « Des malades, des malades, encore des malades! Je ne vois tout le temps que des malades! Pourquoi les gens en bonne santé ne viennent-ils jamais me rendre visite? » L'Église est remplie d'individus qui combattent les effets du péché et ne sont pas encore transformés parfaitement à l'image de Jésus-Christ. Elle compte une foule de gens qui ont perdu leur chemin et ne le savent même pas, qui n'ont toujours pas établi la connexion entre leurs problèmes quotidiens et la grâce transformatrice de Christ. Vous voyez partout des couples réussissant difficilement à s'aimer, des parents qui ont désespérément besoin de patience, des enfants attirés par la tentation et des amis essayant de surmonter les déceptions d'une relation imparfaite. Cent pour cent des membres de l'Église se situent dans l'une ou l'autre de ces catégories!

L'Église n'est pas une classe de théologie. Elle ressemble plutôt à un centre de conversion, de confession, de repentance, de réconciliation, de pardon et de sanctification où des gens imparfaits placent leur confiance en Christ. Ils se rassemblent pour mieux le connaître et l'aimer, puis apprennent à s'aimer de la manière dont Dieu l'a voulu. L'Église se distingue par une confusion et une inefficacité notoire, mais Dieu la tient dans sa main et il en fait un lieu où il transforme radicalement les cœurs et les vies.

Cet après-midi-là, je me suis demandé comment cet étudiant avait pu commettre une telle erreur. Toutefois, en rentrant à la maison le soir même, je me suis aperçu que plus je m'en approchais, plus je me sentais tendu. Une pensée m'a alors traversé l'esprit : *« Comme il serait agréable pour une fois de me retrouver à la maison sans cette foule de problèmes à régler! »* Tout à coup, en exprimant ainsi ma frustration, j'ai compris que je ressemblais en tout point à mon étudiant! Je voulais que mes enfants vivent sans ressentir les effets de la chute et possèdent la capacité innée de prendre les bonnes décisions. J'attendais des cultes en famille et de quelques leçons de morale pertinentes qu'ils produisent des enfants capables de se tirer d'affaire tout seuls. Il me manquait à moi aussi l'amour prêt au sacrifice et qui s'avère essentiel dans une famille composée de pécheurs. Mes sentiments s'apparentaient à ceux de mon étudiant puisque je percevais mes enfants comme des obstacles à la réalisation de mes projets, alors qu'ils en constituent l'objectif.

L'amour fondamental

Je suis profondément convaincu que le fondement d'un ministère qui transforme des vies repose sur l'amour et non sur une saine théologie. Sans lui, notre théologie ressemble à une embarcation sans rames. L'amour de Dieu l'a poussé à envoyer et à sacrifier son Fils. L'amour de Christ l'a conduit à s'exposer à ce monde pécheur et à subir les horreurs de la croix. L'amour le motive à chercher et à sauver les perdus et à poursuivre son œuvre jusqu'à ce que chacun de ses enfants soit complètement transformé à son image. Dans son amour, il persévérera aussi longtemps que ses enfants ne seront pas tous avec lui dans la gloire. L'espérance du pécheur ne réside pas dans des réponses théologiques justes, mais dans l'amour de Christ pour les siens. Sans lui, il n'existe aucun espoir pour nos relations et notre vie personnelle et éternelle.

Cet amour ne se contente pas de mettre un pansement sur un monde rongé par le cancer. Il agit avec efficacité et persévérance. Jaloux, il désire nous posséder sans partage. Il nous voit tels que nous sommes, évalue le besoin de changement et se met simplement au travail. L'amour du Seigneur Jésus-Christ nous donne l'espoir de pouvoir affronter nos problèmes – ceux de nos propres cœurs et ceux du monde rempli de ténèbres et de corruption. Écoutez les paroles de l'apôtre Paul :

> Que dirons-nous donc à ce sujet? Si Dieu est pour nous, qui sera contre nous? Lui qui n'a pas épargné son propre Fils, mais qui l'a livré pour nous tous, comment ne nous donnera-t-il pas aussi tout avec lui, par grâce? Qui accusera les élus de Dieu? Dieu est celui qui justifie! Qui les condamnera? Le Christ-Jésus est celui qui est mort; bien plus, il est ressuscité, il est à la droite de Dieu, et il intercède pour nous! Qui nous séparera de l'amour de Christ? La tribulation, ou l'angoisse, ou la persécution, ou la faim, ou le dénuement, ou le péril, ou l'épée? Selon qu'il est écrit : à cause de toi, l'on nous met à mort tout le jour. On nous considère comme des brebis qu'on égorge.

> Mais dans toutes ces choses, nous sommes plus que vainqueurs par celui qui nous a aimés. Car je suis persuadé que ni la mort, ni la vie, ni les anges, ni les dominations, ni le présent, ni l'avenir, ni les puissances, ni les êtres d'en-haut, ni ceux d'en-bas, ni aucune autre créature ne pourra nous séparer de l'amour de Dieu en Christ-Jésus notre Seigneur.
>
> (Romains 8.31-39)

Paul affirme : « Vous êtes l'objet de l'amour de Christ et rien ne peut vous séparer de cet amour. » Cet amour offre de l'espoir à tous ceux qui acceptent de confesser leurs péchés et demandent de l'aide pour être transformés.

Cet encouragement si précieux comporte cependant un problème majeur. Nous ne voulons pas exercer un ministère qui exige un amour aussi contraignant. Nous n'avons pas envie de servir si notre service demande de tels sacrifices personnels. Nous préférons lancer aux gens des grenades de vérité plutôt que de donner notre vie pour eux. Pourtant, c'est exactement ce que Christ a fait pour nous. Pouvons-nous nous attendre à un appel moins exigeant? Écoutons de nouveau le discours que Paul adresse aux Corinthiens :

> Quand je parlerais les langues des hommes et des anges, si je n'ai pas l'amour, je suis du bronze qui résonne ou une cymbale qui retentit. Et quand j'aurais le don de prophétie, la science de tous les mystères et toute la connaissance, quand j'aurais même toute la foi jusqu'à transporter des montagnes, si je n'ai pas l'amour, je ne suis rien. Et quand je distribuerais tous mes biens pour la nourriture des pauvres, quand je livrerais même mon corps pour être brûlé, si je n'ai pas l'amour, cela ne me sert de rien.
>
> L'amour est patient, l'amour est serviable, il n'est pas envieux; l'amour ne se vante pas, il ne s'enfle pas d'orgueil, il ne fait rien de malhonnête, il ne cherche pas son intérêt, il ne s'irrite pas, il ne médite pas le mal, il ne se réjouit pas de l'injustice, mais il se réjouit de la vérité; il pardonne tout, il croit tout, il espère tout, il supporte tout.

> L'amour ne succombe jamais. Que ce soient les prophéties, elles seront abolies; les langues, elles cesseront; la connaissance, elle sera abolie. Car c'est partiellement que nous connaissons; c'est partiellement que nous prophétisons; mais quand ce qui est parfait sera venu, ce qui est partiel sera aboli. Lorsque j'étais enfant, je parlais comme un enfant, je pensais comme un enfant, je raisonnais comme un enfant; lorsque je suis devenu homme, j'ai aboli ce qui était de l'enfant. Aujourd'hui nous voyons au moyen d'un miroir, d'une manière confuse, mais alors, nous verrons face à face; aujourd'hui je connais partiellement, mais alors, je connaîtrai comme j'ai été connu.
>
> Maintenant donc, ces trois choses demeurent : la foi, l'espérance, l'amour; mais la plus grande, c'est l'amour.
>
> (1 Corinthiens 13.1-13)

L'amour de Christ ne représente pas seulement le fondement de notre espérance personnelle. En effet, notre seul espoir d'exercer un ministère efficace pour Christ consiste à incarner son amour auprès des autres. Malheureusement, plusieurs parmi nous ont oublié cette vérité et nous résonnons à la manière du bronze au milieu de relations rappelant les cymbales retentissantes. Beaucoup de bruit, peu de changement! Je savais en rentrant de l'école ce jour-là que je serais appelé à aimer ma famille plus que moi-même. Je savais qu'il me faudrait incarner l'amour de Christ. Personnellement, je désirais manger un bon repas, me détendre en lisant le journal, parler tranquillement avec ma femme, puis poursuivre la lecture de mon livre au lit avant de m'endormir. Je savais également que les membres de ma famille dérangeraient certainement mes plans!

Nous ne pouvons prendre part à l'œuvre de Christ qui consiste à communiquer la vie, sans être prêts à offrir la nôtre. C'est la raison pour laquelle Jésus a dit : « Si quelqu'un vient à moi, et s'il ne hait pas son père, sa mère, sa femme, ses enfants, ses frères et ses sœurs, et même sa propre vie, il ne peut être mon disciple. Et quiconque ne porte pas sa croix et ne me suit pas, ne peut être mon disciple » (Luc 14.26-27). Christ ne nous appelle pas à développer des relations basées sur la haine. Au contraire, le verset 27 nous demande de toute évidence de mourir à nos propres projets égoïstes de manière à participer au sien, sans quoi nous entraverons le travail du Seigneur au lieu de l'aider.

Dans quelle mesure les gens de votre entourage représentent-ils une source de frustration personnelle? Vous arrive-t-il souvent de souffrir de stress, de sorte que vos actions n'honorent pas Christ ou ne personnifient pas son caractère? Percevez-vous davantage les gens comme des obstacles à l'exercice du ministère ou comme des individus qui ont besoin d'aide? Y a-t-il une personne de qui vous dites : « C'est sans espoir »? Nous avons été aimés par Christ et appelés à incarner son amour prêt au sacrifice partout où il nous envoie. Les gens ressentent-ils cet amour en vous?

Des relations rédemptrices

Quand nous oublions notre appel à incarner l'amour de Christ, nous estimons que nos relations nous appartiennent. Elles se retrouvent bientôt dominées par nos propres désirs de plaisir, de confort et de bien-être. Nous nous irritons contre ceux qui contrarient notre bonheur, et notre colère est causée en grande partie par le fait que nous sommes des voleurs de relations. Les gens ne nous appartiennent pas; ils appartiennent à Dieu! Les relations n'ont pas pour but premier de nous combler. Au contraire, les relations qui se nouent entre pécheurs sont compliquées, difficiles, et exigent beaucoup de travail. Malgré tout, elles sont conçues pour la gloire de Dieu de même que pour notre bien puisqu'elles conduisent à l'adoration et que nos cœurs sont transformés. Un ministère personnel efficace commence par une confession, nous avons confisqué à Dieu des relations qui lui appartenaient et nous les avons utilisées à des fins égoïstes.

Après la confession et la repentance, nous sommes prêts à nous interroger sur le rôle que jouent nos relations dans l'œuvre que Christ veut accomplir? Puisque les rapports humains que Dieu nous confie ne constituent pas de simples accessoires pour agrémenter notre bonheur, à quel but les destine-t-il? La réponse nous permet de comprendre la fonction qu'exerce l'**amour** dans le ministère personnel. La relation que Dieu entretient avec nous se caractérise par l'amour et la rédemption et il veut que nos liens mutuels reflètent ces qualités. Cela signifie au moins trois choses :

1. Il poursuit, à l'égard de nos relations, un but plus élevé que notre simple bonheur individuel.

2. Il désire que nos relations deviennent le lieu où il opère des changements en nous et à travers nous.

3. Nous devons bâtir des relations favorisant son œuvre de transformation.

Nous comprenons mieux ces préceptes en nous rappelant la manière dont Christ travaille dans nos propres vies. Les Écritures emploient trois termes décrivant son œuvre : la *justification*, l'*adoption* et la *sanctification*. (Voir la figure 7.1)

Figure 7.1

**Le fondement des relations du ministère :
notre modèle est le salut**

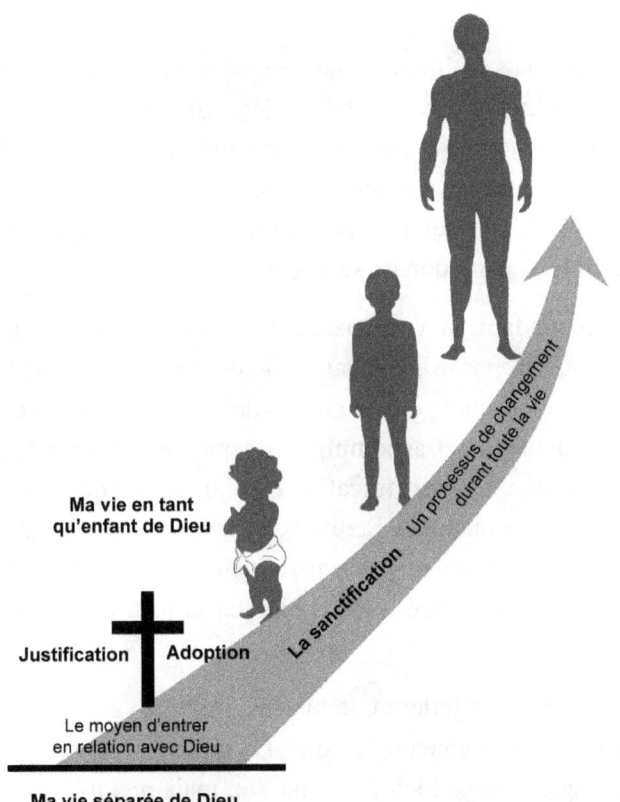

La justification et l'adoption expliquent comment nous entrons en relation avec Dieu. Au moyen de la justification par la foi, Dieu me déclare juste sur la base de la vie, de la mort et de la résurrection parfaite de Jésus-Christ. Par la *justification*, la justice de Christ est légalement portée à mon compte. La justification enlève le péché me séparant de Dieu et me donne la justice de Christ. Elle me rend acceptable aux yeux de Dieu et je peux dès lors développer une relation avec lui.

L'*adoption* touche également ma relation avec Dieu. Non seulement Dieu me justifie-t-il, mais il m'adopte. Il m'accueille dans sa famille et m'accorde les droits et privilèges d'un fils. La justification et l'adoption me confèrent une relation pleine et entière avec Dieu.

Tous mes problèmes sont-ils résolus parce que je suis justifié et adopté? Cette question cache un piège. Si vous parlez de ma *position* devant Dieu et de ma relation avec lui, la réponse est affirmative. Nous n'avons pas besoin d'ajouter quoi que ce soit à l'œuvre de Jésus, ni de faire autre chose pour obtenir l'acceptation de Dieu. Elle constitue un don de sa grâce.

Cependant, si vous parlez de ma *condition* en tant qu'être humain, la réponse est négative. Je lutte encore chaque jour contre le péché et un changement radical doit encore s'opérer en moi pour que je devienne et accomplisse ce que Dieu a décrété pour moi. Contrairement à la justification et à l'adoption qui constituent des événements ponctuels, l'œuvre de transformation est un processus appelé *sanctification*, par lequel Dieu réalise en pratique dans ma vie ce qu'il a déclaré à mon sujet par la justification, c'est-à-dire la sainteté.

Ces notions jettent une lumière nouvelle sur le ministère que Dieu a donné à chacun de nous. Dieu me justifie et m'adopte non parce que tout va bien dans ma vie, mais précisément parce que *rien* ne va. Il sait que les changements durables s'opèrent en moi seulement quand j'entretiens une relation personnelle avec lui. Cette relation devient réalité grâce à son grand amour. Seuls ceux qui sont réconciliés avec Dieu par la justification et l'adoption prennent part au processus de changement radical également appelé la sanctification progressive. Sans cette relation, aucune transformation personnelle ne se produit. Elle représente le début de notre salut et non la fin, une nécessité et non un luxe.

En tant qu'ambassadeurs de Christ, nous devons également établir des relations fondées sur l'amour, la grâce et la confiance. Nous avons déjà traité de cet aspect du changement basé sur l'alliance. Les liens que nous développons avec les autres créent un contexte favorable au travail de transformation continuelle que Dieu effectue, à l'exemple de la relation qu'il entretient avec nous par Jésus-Christ.

En prenant conscience que l'œuvre de Dieu *en* nous sert de modèle à notre travail *pour* lui, nous en dégageons trois principes pratiques :

1. L'action rédemptrice de Dieu s'inscrit toujours dans le cadre de nos relations.
2. Dieu rétablit d'abord la relation entre lui et nous, puis il effectue dans nos cœurs les changements nécessaires.
3. Nos relations s'avèrent essentielles au travail que Dieu accomplit autant en nous que chez les autres.

C'est la raison pour laquelle nos relations ne nous appartiennent pas. Elles appartiennent à Dieu et elles sont saintes. Dieu s'en sert pour façonner son peuple. Nos relations ordinaires jouent un rôle majeur dans le plan de transformation personnelle décrété par Dieu avant la fondation du monde. Dieu nous fournit chaque jour des occasions de servir des gens troublés, irrités, découragés, malheureux, désorientés ou aveugles. Il travaille ainsi et appelle chacun de ses enfants à participer à son œuvre.

Cette façon de percevoir nos relations doit modifier nos réactions. Une discussion tendue entre un mari et sa femme au sujet des déceptions qu'ils éprouvent dans leur vie de couple représente plus qu'un épisode d'honnêteté cinglante. Dieu est à l'œuvre et dévoile leurs cœurs. Il emploie leur relation pour les transformer tous les deux. Si le mari et la femme se souviennent de ce principe, leurs répliques seront complètement différentes du modèle habituel. Par contre, s'ils sont guidés par leur seul bonheur individuel, chacun tiendra à peu près ce discours : « Je veux qu'il – ou elle – voie à quel point je suis misérable et qu'il – ou elle – fasse plus d'efforts pour me satisfaire. » S'ils maintiennent un tel but, la conversation ne sera rien d'autre qu'une guerre égocentrique où chacun défend ses propres intérêts. Ils peuvent affirmer haut et fort s'aimer l'un l'autre, mais en scrutant les désirs de leurs cœurs, le mari et la femme verront qu'ils recherchent uniquement à obtenir de l'autre ce qu'ils peuvent en tirer.

Par contre, si la même conversation se déroule entre deux individus désirant participer à l'œuvre transformatrice de Dieu (la sanctification), tout devient nettement différent. D'abord, leur *attitude* change. S'ils ne considèrent que la dimension horizontale de leur relation, ils se sentiront découragés, désespérés et cyniques. Après tout, ils ont fait tout ce qui était en leur pouvoir pour changer l'autre, mais n'ont obtenu aucun résultat. Cependant, lorsqu'ils prennent conscience de la présence de Dieu et de ses objectifs rédempteurs, tous les espoirs sont permis. Ils ont certes épuisé leurs propres ressources, mais le Rédempteur glorieux et tout-puissant est à l'œuvre. Il n'a jamais cessé d'opérer des changements en eux et continuera son œuvre en ce sens. Ils ont toutes les raisons de croire que Dieu agit en vue du bien de leur couple, malgré les difficultés.

S'ils envisagent ce moment selon le plan rédempteur de Dieu, leur *position* changera également. Humainement parlant, ils se considèrent comme des adversaires, des ennemis ayant des intentions opposées. Ils luttent pour assurer la suprématie de *leur* volonté. En revanche, du point de vue de la rédemption, le mari et la femme se retrouvent dans le même camp. Ils veulent, en définitive, que la volonté de Dieu s'accomplisse dans leur mariage. Ils ne se sentent pas menacés par la présence d'un ennemi (l'autre), mais savent plutôt qu'ils sont membres d'une même famille. Leur Père a en vue leur bien ultime. Il n'abandonnera pas l'un au profit de l'autre. Pour cette raison, il ne leur est plus nécessaire d'entrer en compétition et de chercher à gagner. Ils peuvent aborder leur relation en toute honnêteté, avec douceur et sérénité, puisqu'ils ont délaissé leurs propres plans pour adopter ceux du Seigneur.

Cette approche vous semble-t-elle irréaliste ? Avons-nous dévié si loin des voies de Dieu que nous sommes incapables de concevoir nos relations de cette manière ? Il s'agit pourtant du modèle préconisé par le Nouveau Testament, si on étudie ce qu'il enseigne à ce propos. Par exemple, quel est l'objectif de Dieu au sujet de votre rôle parental ? Il surpasse de beaucoup une chambre bien rangée, les bonnes manières, les vêtements appropriés, la meilleure université, une carrière satisfaisante et un mariage réussi. En tenant compte de tous ces objectifs, Dieu appelle les parents à poursuivre un but plus profond et plus durable. Paul en résume l'essentiel lorsqu'il exhorte les parents à élever leurs enfants : « ... en les corrigeant et en les avertissant selon le Seigneur ». Dans ces conditions, l'intention des parents change radicalement. La dimension horizontale n'occupe plus toute la place. L'appel consiste à prendre part au travail de transformation des cœurs entrepris par Dieu – aider l'enfant à délaisser son état de pécheur centré sur lui-même et lui apprendre à aimer Dieu de tout son cœur. Le modèle proposé par Paul se base assurément sur la rédemption, mais lorsque les parents oublient que les périodes de difficulté servent à ce noble but, ils font obstacle à l'œuvre du Seigneur.

Transposons ce modèle à une séance de counseling officielle. Une personne vous demande un rendez-vous pour discuter d'une situation compliquée. De toute évidence, elle se sent vraiment découragée – presque paralysée. Quel devrait être votre objectif ? Il est merveilleux d'offrir de sages conseils qui mettent fin à la confusion et aident à supporter la situation. Le fait de lui offrir compréhension, encouragement et espoir constitue une grâce. Il est bon de défendre sa cause, selon le cas. Pourtant, tout au long de cette séance de counseling, il faut garder à l'esprit un objectif plus profond.

Dieu poursuit son œuvre transformatrice dans le cœur et la vie de cette personne. Il l'a menée au bout de ses ressources, lui montrant les conséquences de ses décisions et de son comportement. Il s'apprête à lui révéler l'état de son cœur. Il veut qu'elle soit transformée à l'image de son Fils, qu'elle s'éloigne de l'esclavage de la créature et qu'elle se rapproche de la liberté qu'offre l'adoration du Créateur. Il désire être continuellement maître de ses pensées et de ses motivations et souhaite qu'elle s'enracine de plus en plus dans son identité en lui, plutôt que dans le sol aride des réalisations personnelles et de l'acceptation sociale. La timidité et le cynisme céderont alors leur place au courage et à l'espoir fondés sur la présence, la puissance, l'amour et la grâce de Dieu. L'objectif de Dieu est plus profond qu'un changement de sentiments et de situation. Il ne désire rien de moins qu'une transformation personnelle.

À quoi ressemble une relation basée sur la rédemption?

Quels conseils pratiques aideront un couple querelleur à vivre une intimité basée sur la rédemption? Comment un conseiller parvient-il à bâtir une relation favorisant le travail de Dieu dans le cœur d'une femme découragée et écrasée par les difficultés? Comment des parents peuvent-ils établir ce type de relation avec leurs enfants? Comment des pasteurs peuvent-ils l'appliquer à leur ministère? À quoi ressemble une relation qui conduit au changement personnel? Quand les Écritures nous appellent à aimer un individu de manière à voir Dieu opérer en lui des transformations, elles soulignent quatre principes importants. Chaque aspect de l'**amour** nous incite à cultiver des relations où les objectifs de Dieu demeurent au premier plan. (Voir la figure 7.2)

1. *Entrez* dans l'univers de la personne.
2. *Incarnez* l'amour de Christ.
3. *Identifiez*-vous à ses souffrances.
4. *Acceptez* en proposant un plan d'action.

Figure 7.2

Les quatre composantes d'une relation basée sur l'amour dans l'exercice du ministère

Une relation basée sur l'amour

1.	Entrer	dans l'univers de la personne.
2.	Incarner	l'amour de Christ.
3.	S'identifier	aux souffrances.
4.	Accepter	en proposant un plan d'action.

Dans ce chapitre et le suivant, nous examinerons ces quatre composantes de l'amour présentes dans une relation fondée sur la rédemption.

▶ Première composante de l'amour :
Entrer dans l'univers de la personne

Notre monde compte une multitude de besoins. Cependant, nous ratons souvent les occasions que Dieu nous donne. Comment les utiliser de manière profitable? Nous commençons par déterminer les *accès*, ou *ouvertures*, que Dieu nous offre, les moyens de passer d'un lien amical à une relation où s'opèrent des changements durables. Comment les reconnaître?

Il est utile de comprendre ce qu'une ouverture n'est pas. D'abord, il ne s'agit pas du *problème* dont la personne veut discuter. Il est possible de se concentrer tellement sur la difficulté que nous n'arrivons plus à voir l'individu qui y fait face. Le ministère biblique personnel comporte certes la résolution de problèmes, mais il est fondamentalement tourné vers les gens. Bien entendu, Dieu s'intéresse au changement dans les situations et les relations, mais son but principal consiste à transformer les personnes de manière radicale.

Ensuite, les *situations* ou les *circonstances* particulières de la vie d'une personne ne constituent pas l'accès. Dieu se penche sur les luttes plus profondes du cœur, dissimulées sous la surface. Enfin, l'ouverture n'est pas non plus une *autre personne* ou une *relation conflictuelle*. Renversons plutôt la tendance à nous concentrer entièrement sur les problèmes dans l'exercice de notre ministère. En accordant trop d'importance aux difficultés que les gens nous partagent, nous ressemblons à un individu devant le stand de tir d'une fête foraine. Nous tirons sur les problèmes comme s'il s'agissait de canards de plastique flottant dans un bassin et notre seul but consiste à les abattre. Nous attendons le mot décrivant une faille (adultère, doute, peur, convoitise, vol, cupidité, envie, conflit) et nous répliquons en exposant tout ce que nous savons et ce que la Bible enseigne sur le sujet. Cette pratique va non seulement à l'encontre de la manière dont Dieu veut que nous utilisions sa Parole, mais elle ne tient aucunement compte des luttes dans le cœur de la personne qui vit ces problèmes.

Pour cette raison, il devient primordial de reconnaître l'accès que Dieu vous donne. Elle se définit comme la manière dont quelqu'un rapporte son *expérience* de la situation, du problème ou de la relation. Vous n'y parviendrez pas en demandant : « Quelles sont les difficultés dans la vie de cet individu? », mais plutôt : « Quelles luttes cette situation *occasionnent*-elles? » Ou encore : « Qu'est-ce qui exerce une emprise sur la vie de cette personne en ce moment? » Le problème que vous *pensez* avoir défini ne constitue pas votre accès auprès de votre interlocuteur. En effet, il vous avouera lui-même ses luttes ainsi que la manière dont il les vit, et ce partage créera entre vous un lien indispensable qui ouvrira la porte à l'exercice d'un ministère plus profond.

Si cette stratégie vous paraît encore quelque peu obscure, permettez-moi de vous en donner un exemple concret. Supposons qu'une femme de votre Église vous téléphone. Elle est mariée depuis quinze ans et elle a trois enfants. Un matin en s'éveillant, elle constate que son mari est parti. Elle se tourne pour allumer la lampe de chevet et aperçoit une note sur la table. Son mari lui annonce qu'il la quitte, car il est tombé amoureux d'une autre femme. Il a emporté ses effets personnels, vidé le compte en banque et engagé un avocat. Votre amie vous téléphone sitôt qu'elle a terminé sa lecture. Demandez-vous : « Quelle émotion l'étreint en ce moment? En quoi consistent ses luttes? Quel sentiment a envahi son cœur? Quelle réalité est suffisamment puissante pour la paralyser et lui enlever tout espoir? »

La réponse est évidente, il s'agit de la peur. Des questions terrifiantes se bousculent dans sa tête : « Qu'adviendra-t-il de ma maison? Comment réussirai-je à pourvoir à nos besoins? Voudra-t-il avoir les enfants? Que pensera ma famille? Que dirai-je aux enfants? Combien d'argent reste-t-il dans le compte en banque? À qui mon mari a-t-il parlé de cette histoire et qu'a-t-il dit au juste? Comment pourrais-je affronter les autres? Qu'est-ce que cette autre femme a de plus que moi? » La question qui l'effraie peut-être le plus est : « Comment Dieu a-t-il pu laisser une telle chose m'arriver? » La peur qu'elle éprouve constitue son principal problème à ce moment précis. C'est sur ce terrain de son cœur que se livre la bataille et c'est là que débute votre ministère. Vous n'aiderez pas cette femme en revoyant avec elle tous les versets bibliques traitant du mariage et du divorce. Si vous n'avez rien de mieux à lui offrir, vous perdrez probablement l'occasion d'exercer dans l'avenir un ministère envers elle.

Par contre, en l'aidant à affronter ses peurs, vous profitez d'une possibilité en or de lui témoigner de l'amour et d'établir une relation favorisant l'exercice d'un ministère. Quand nous leur parlons de leurs véritables luttes, les gens réagissent favorablement. *Il m'écoute vraiment et il me comprend. Je veux recevoir davantage de ce type d'aide.* Une relation empreinte d'amour possède un tel pouvoir. Par conséquent, le problème objectif évoqué par un individu ne constitue pas votre accès privilégié auprès de lui, mais vous devez plutôt rechercher sa réaction, l'effet produit par la difficulté en cause (peur, colère, culpabilité, anxiété, désespoir, isolement, envie, découragement, désir de vengeance, etc.).

Reconnaître les ouvertures

Comment pouvez-vous reconnaître les ouvertures que Dieu vous donne? Écoutez intelligemment et dans un but précis. Concentrez-vous sur l'*individu* aux prises avec les problèmes. Son récit apparaîtra comme un mélange complexe de présent, de passé, d'émotions et d'interprétations personnelles. Exercez-vous à rechercher quatre types de commentaires qui dévoilent les luttes intérieures d'une personne.

1. Tentez de discerner les mots chargés d'*émotions* : « Je suis irrité. » « J'ai peur. » « Je pleure sans arrêt. »

2. Tentez de discerner les expressions qui suggèrent une *interprétation* : « Ces choses-là ne devraient pas arriver. » « J'imagine que j'ai ce que je mérite. » « Je me demande parfois s'il vaut la peine que je me lève le matin. »

3. Tentez de discerner le *discours axé sur soi* : « Je ne vaux rien. » « Ces choses-là n'arrivent qu'à moi. » « Je suis incapable de faire face à la situation. »

4. Tentez de discerner le *discours axé sur Dieu* : « Je croyais que je faisais la volonté de Dieu. » « Il n'entend tout simplement pas mes prières. » « Comment Dieu a-t-il pu permettre qu'une telle chose m'arrive? »

Souvenez-vous de vous concentrer sur la personne et sur ce qu'elle vit à ce moment précis. Tout en essayant de déceler les quatre types de discours décrits plus haut, cherchez un thème récurrent (la colère, la peur, la culpabilité, le désespoir). Ensuite, retenez et exploitez ce thème, parlez à votre interlocuteur de cette lutte précise et incarnez le Seigneur d'amour qu'il ne voit peut-être pas. Nous savons que Dieu ne l'a pas laissé tomber, il n'a pas pris la fuite et il n'est pas occupé ailleurs, mais les ténèbres entourant certaines situations peuvent nous empêcher de voir Dieu, pourtant présent et à l'œuvre. Dieu constitue son seul espoir de se sortir de ses circonstances incontrôlables. Au milieu de ses nombreuses questions (plusieurs ne recevront jamais de réponse), cette personne n'a besoin que d'une chose : le repos qui se trouve uniquement auprès du Seigneur, lui le seul « secours qui ne manque jamais dans la détresse », lui qui ne l'abandonnera et ne la délaissera jamais. Au cours de ces premiers instants de ministère, une occasion unique s'offre à moi, celle de révéler Dieu à quelqu'un qui ne le voit pas clairement. Il est ici! Il comprend! Il est en mesure d'aider! Il s'apprête à accomplir une œuvre salutaire!

Vous est-il déjà arrivé de vouloir partager à quelqu'un une expérience frustrante? Peut-être aviez-vous manqué un rendez-vous important en restant coincé dans un embouteillage. Qu'auriez-vous ressenti si pour toute réponse, votre ami vous avait fait la leçon, expliquant que vous aviez emprunté la mauvaise route et qu'il savait depuis longtemps déjà qu'il existe un bien meilleur moyen de se rendre là où vous vouliez aller. Qu'auriez-vous ressenti s'il avait interrompu votre récit pour raconter une de ses histoires personnelles ne comportant aucun lien avec ce qui vous troublait?

Votre ami n'a pas cherché à *vous* écouter à travers votre récit. Ses réponses comportaient probablement des liens logiques avec les faits que vous partagiez, mais elles étaient inutiles puisqu'elles ne tenaient pas compte de l'impact de la situation sur votre cœur et votre vie. En examinant les circonstances, votre ami n'a vu que l'embouteillage, il ne vous a pas vu, vous. Vos coups d'œil répétés et nerveux en direction de votre montre lui ont échappé. Il n'a pas compris votre détresse à la suite de nombreux appels téléphoniques infructueux. Il n'a pas remarqué que vos doigts tambourinaient sur le volant. Il n'a vu que la congestion et quand il vous a répondu, il a abordé le problème de l'embouteillage et non celui de votre cœur. Nous avons tous ressenti de telles frustrations dans nos vies de tous les jours. Imaginez cependant la douleur de celui qui, plongé dans une énorme difficulté, a l'impression que personne ne l'écoute vraiment, personne ne parle des véritables luttes engendrées par la crise.

Dieu n'agit pas de cette façon. Nous pouvons offrir un amour personnel, visant un but précis, au lieu d'un amour vain et insipide. Suivons en cela le modèle du Merveilleux Conseiller, le Bon Berger qui se porte au secours de sa brebis perdue là où elle se trouve, la prend dans ses bras et la transporte à l'abri, en toute sécurité. En imitant l'exemple du Seigneur, nous communiquerons différentes vérités à celui ou celle qui souffre :

Démontrez à cette personne que vous avez perçu ses luttes. À mesure que le thème principal fait surface, vous devez le reformuler pour elle, en utilisant autant que possible ses propres mots. Ainsi, vous lui communiquez la vérité suivante : « Dieu a mis sur votre chemin quelqu'un qui vous écoute vraiment et qui commence à comprendre la situation que vous devez traverser. » Donnez-lui l'assurance que vous vous intéressez à elle en tant que personne et non seulement à ses problèmes.

Démontrez à cette personne que Dieu est présent et qu'il comprend ses luttes. Pour ce faire, ne vous lancez pas dans un long exposé théologique. Lisez plutôt quelques passages des Écritures traitant précisément de ce qui exerce une emprise sur elle à ce moment précis. Vous atteindrez ainsi deux objectifs. D'abord, vous l'aiderez à comprendre que les Écritures répondent aux questions fondamentales de l'expérience humaine. Ensuite, vous lui permettrez de voir que Dieu se tient puissamment près de son peuple au cours des expériences où ils craignent le plus son absence.

Les Psaumes s'avèrent particulièrement utiles dans de telles situations. Je crois qu'ils ont été écrits afin que nous demeurions honnêtes. Ils nous rappellent qu'il n'est pas facile de vivre par la foi. La vie du croyant est une guerre quotidienne qui se déroule dans son cœur et les différentes batailles sont dépeintes avec éclat dans les Psaumes. À maintes reprises, ils m'ont permis de traduire en mots les luttes vécues par les gens que Dieu avait mis sur mon chemin. Pourtant, le livre des Psaumes accomplit davantage. Non seulement ces derniers dépeignent-ils les difficultés humaines, mais ils sont également empreints de la présence du Seigneur. Ils nous rappellent continuellement qu'il y a de l'espoir non pas en raison de nos capacités et de notre sagesse personnelles ou parce que la vie est facile, mais parce que Dieu est notre Père.

Démontrez à cette personne que vous demeurerez à ses côtés. Revenons à l'exemple de l'ami qui a tenté de vous éclairer de ses conseils après l'embouteillage. Sa réponse vous a donné l'impression que vous n'aviez qu'à reconnaître votre erreur et le fait que vous en subissiez les conséquences. Il a estimé avoir fait son travail et a oublié l'incident. Cependant, il ne *vous* a offert aucune aide, il s'est seulement attaqué au problème. Il n'a pas vu ce qui vous avait bouleversé en raison de la congestion. Rien d'étonnant, dans ces conditions, qu'il se soit satisfait d'une solution rapide, ne manifestant aucun intérêt envers les pensées et désirs de votre cœur. Il croyait vous être utile, mais ce n'était pas le cas. Il a vu juste en déclarant que vous aviez emprunté une mauvaise route, mais il a oublié que ce faisant, *vous aviez manqué un rendez-vous*! Les conséquences de *cette* réalité continuaient à vous troubler. Je crains que plusieurs d'entre nous offrent des soins qui n'apportent pas de véritable guérison, car dès le départ, nous nous concentrons tellement sur le problème, que nous ne voyons pas l'individu et ses luttes intérieures.

Un sentiment de solitude envahit souvent celui qui traverse une crise. Pour cette raison, le découragement gagne en intensité quand les gens lancent des réponses évasives et poursuivent leur chemin. Vous avez alors l'impression qu'ils vous abandonnent et retournent à leur routine quotidienne. C'est pourquoi il s'avère si important d'incarner dès le début les promesses de Dieu qui déclare : « Je serai avec toi ». De cette manière, nous dénonçons le mensonge théologique voulant que Dieu soit absent de nos souffrances. Nos gestes concrets rendent ainsi la présence du Seigneur bien réelle. Nous combattons également l'ennemi qui murmure à l'oreille du croyant : « Où se trouve ton Dieu maintenant que tu as besoin de lui ? » Communiquez clairement à votre interlocuteur que non seulement vous l'aiderez à résoudre ses problèmes, mais que vous vous intéressez également à *lui* et demeurerez à ses côtés.

Le commencement des changements

En cherchant à exercer un tel ministère auprès des gens, leurs cœurs répondent de trois manières, ouvrant ainsi la voie à un counseling plus profond – et à d'autres changements – par la suite.

1. *Une confiance sur le plan horizontal.* Généralement, les gens en difficulté n'ouvrent pas facilement leurs cœurs. Ils craignent de nouvelles blessures et n'ont pas envie de se confier. Par conséquent, si je saisis le véritable sens de l'expérience traumatisante vécue par mon interlocuteur, il s'établit un climat de confiance propice. Il se dit : « *Il a vraiment écouté ce que j'ai dit. Il comprend mes luttes. Il me semble que je peux lui faire confiance.* » Le désir de se confier s'avère crucial pour développer une relation où Dieu peut réaliser son œuvre. En cherchant à servir cette personne, vous lui demandez de placer entre vos mains les « trésors fragiles » de sa vie. Vous l'inciterez à vous parler des sujets les plus importants et les plus délicats de son histoire. Elle ne le fera que si elle a confiance en vous. La plupart de nos conversations empruntent un ton impersonnel et prudent. Nous parlons beaucoup, mais sans profondeur. Nous confions nos secrets à ceux qui obtiennent notre confiance. Cette dernière est essentielle à une relation qui vise la transformation du cœur.

2. *Un espoir sur le plan vertical.* Ce n'est pas uniquement au moyen de sa grâce que Dieu surprend les gens qui souffrent. Il les appelle aussi à poser des gestes inattendus et difficiles, allant à l'encontre même de leur instinct naturel. Dieu leur dira : « Écoute-moi. Fais-moi confiance. Suis-moi ». Si quelqu'un décide de suivre le Seigneur, il faut que sa vision de Dieu suscite en lui l'espérance. Cependant, celui qui vit une terrible épreuve voit rarement de l'espoir en se tournant vers le Seigneur. C'est pourquoi, dès les premiers instants, nous aiderons notre interlocuteur à voir le Seigneur, à prendre conscience qu'il comprend ses luttes secrètes, qu'il est présent avec lui et lui offre la seule aide véritable. Nous l'encouragerons à s'approcher du Seigneur au lieu de s'en éloigner. Alors qu'elle est tentée de se cacher, de se dérober, de nier, d'accuser, de douter, de fuir ou d'abandonner, nous voulons plutôt aider cette personne à se mettre à la recherche de Dieu, avant même

de chercher des solutions. Ce principe est très important, puisque celui qui reçoit du counseling doit d'abord chercher Dieu.

3. *Un engagement à accomplir une démarche.* Il est rare qu'une personne vienne à vous en déclarant : « Je sais que Dieu veut opérer des changements extraordinaires dans mon cœur. Je me demandais si vous seriez prêt à m'aider. » Certains ne cherchent pas nécessairement d'aide, seulement une oreille attentive pour se décharger de leurs soucis en racontant leur histoire. D'autres veulent obtenir un allié ou la validation de leurs faits et gestes et de leurs interprétations. Ceux qui prennent rendez-vous avec moi ne désirent pas tous changer ou recevoir de l'aide.

Cependant, si vous avez sympathisé avec les difficultés d'un individu et lui avez offert l'espérance fondée sur Dieu, il voudra aller plus loin. J'enseigne toujours à mes étudiants à ne pas viser trop haut au début. Ils ne devraient pas essayer de résoudre une grande quantité de problèmes en quelques minutes. Si leur interlocuteur désire les revoir à la fin de leur première conversation, ils ont réussi. La première rencontre ne lui servira peut-être qu'à se vider le cœur, mais en prenant un second rendez-vous, il s'engage d'une manière ou d'une autre à accepter le processus de changement établi par Dieu. Mon but est d'encourager mon interlocuteur à se confier en Dieu.

Exemples de questions pertinentes

En apprenant à poser des questions pertinentes, vous parviendrez à trouver l'ouverture vous permettant d'accéder au cœur de votre interlocuteur. Je vous suggère quelques exemples de questions à poser à la femme dont le mari vient de la quitter (de toute évidence, vous ne les poserez pas toutes à la fois, surtout lors de la première intervention.)

- Que vous est-il venu à l'esprit en lisant la note?
- Quels sont vos pires combats ou difficultés en ce moment?
- Quels aspects de la situation actuelle pensiez-vous n'avoir jamais à vivre?
- Que ressentez-vous?
- Qu'est-ce qui vous effraie en ce moment?
- Éprouvez-vous de la colère? S'agit-il de votre pire combat?
- Décrivez-moi comment vous voyez Dieu en ce moment. Que fait-il à votre avis?
- Vous sentez-vous envahie par le désespoir? Avez-vous l'impression que Dieu vous demande l'impossible?
- Quelles questions souhaitez-vous poser à votre mari?
- Quelles questions souhaitez-vous poser à Dieu?
- Quelles pensées vous gardent éveillée la nuit?
- Quel aspect de cette situation vous bouleverse le plus?
- Quels sont vos plus vifs regrets?

Tout en posant des questions pertinentes, écoutez pour discerner les thèmes qui vous permettront de découvrir sur quel front se livre la guerre dans le cœur de cette femme. Votre but consiste à susciter la confiance sur le plan horizontal, l'espérance sur le plan vertical et l'engagement à poursuivre une démarche, dans le but d'établir un climat favorable où Dieu opérera son œuvre transformatrice.

Pourtant, il ne s'agit que d'une première étape dans ma quête pour aimer l'autre. Examinons maintenant la deuxième étape.

> ▶ **Deuxième composante de l'amour :**
> **Incarner l'amour de Christ**

Si l'on vous interrogeait sur la manière dont Dieu se sert de nous pour changer les autres, que répondriez-vous? Emploie-t-il surtout nos paroles? Notre rôle consiste-t-il à exhorter les gens à obéir après qu'ils ont vu la vérité en face? Le ministère personnel n'est-il qu'une forme biblique de thérapie de la communication? Dieu nous utilise-t-il également d'autres manières pour transformer les gens?

Pensez aux individus placés par Dieu sur votre route. Ont-ils produit un impact dans votre vie seulement par leurs paroles? Dieu a sans doute employé ces dernières puissamment à certains moments. Leurs conseils et leurs exhortations, de même que leur perspicacité et leur honnêteté vous ont certainement été profitables. Pourtant, Dieu ne s'est-il pas servi de ces relations pour vous inciter à changer en préconisant d'autres moyens? Par exemple, leur capacité à vous pardonner vous a appris davantage sur le vrai sens du pardon que toute conversation sur le sujet. Vous avez appris à compter sur les ressources de Christ en observant leur persévérance au milieu des épreuves. Vous avez peut-être commencé à comprendre la puissance de l'amour biblique en les regardant aimer quelqu'un de franchement désagréable. Vous avez peut-être constaté que les promesses de Dieu sont vraies, car elles ont été honorées dans leur vie. Vous avez sans doute eu la force de continuer parce qu'ils ne vous ont jamais abandonné. En vous arrêtant pour réfléchir à ces personnes, vous reconnaîtrez qu'elles ont employé bien plus que des mots dans le ministère qu'elles ont exercé envers vous.

Puisque nous sommes les ambassadeurs de Christ, Dieu nous utilise pour encourager les autres à changer, et ce, non seulement par nos paroles, mais également par nos actions et notre personnalité. Durant son ministère sur la terre, Jésus a déclaré : « Si vous avez du mal à croire ce que je dis, regardez les œuvres que je fais. N'apparaissent-elles pas comme une évidence indiscutable? » (Paraphrase de l'auteur de passages tels que Jean 14.11 et d'autres.) Christ nous appelle en tant qu'ambassadeurs à dire la vérité, mais nous devons aussi en fournir une illustration vivante, véritable, de chair et d'os. Nous n'agissons pas uniquement en qualité de porte-parole de Dieu, nous sommes des exemples. Nous ne remplissons pas simplement le rôle de messagers de Dieu, nous faisons office de preuve. Nos vies témoignent de la puissance de sa grâce pour transformer les cœurs. Ce témoignage est confirmé quand nous manifestons envers les autres l'amour que Dieu a manifesté envers nous.

Les vêtements de travail appropriés

Le passage de Colossiens 3.12-17 décrit exactement ce que signifie incarner l'amour de Christ dans le ministère.

> Ainsi donc, comme des élus de Dieu, saints et bien-aimés, revêtez-vous d'ardente compassion, de bonté, d'humilité, de douceur, de patience. Supportez-vous les uns les autres et faites-vous grâce réciproquement; si quelqu'un a à se plaindre d'un autre, comme le Christ vous a fait grâce, vous aussi, faites de même. Mais par-dessus tout, revêtez-vous de l'amour qui est le lien de la perfection. Que la paix du Christ, à laquelle vous avez été appelés pour former un seul corps, règne dans vos cœurs. Soyez reconnaissants.
>
> Que la parole du Christ habite en vous avec sa richesse, instruisez-vous et avertissez-vous réciproquement, en toute sagesse, par des psaumes, des hymnes, des cantiques spirituels; sous l'inspiration de la grâce, chantez à Dieu de tout votre cœur. Quoi que vous fassiez, en parole ou en œuvre, faites tout au nom du Seigneur Jésus, en rendant grâces par lui à Dieu le Père.

Les versets 15 à 17 contiennent l'un des appels les plus clairs du Nouveau Testament à exercer un ministère personnel. De façon remarquable, Paul nous exhorte à réaliser des activités qui nous semblent ordinairement réservées à la pratique d'un ministère officiel. Il veut que les Écritures soient profondément enracinées en nous de sorte qu'elles nous rendent sages et reconnaissants et que nous soyons ainsi toujours prêts à nous instruire et à nous avertir (exhorter) les uns les autres. Paul nous appelle à garder les Écritures présentes à nos pensées de manière à saisir les occasions que Dieu nous donne d'exercer un ministère, tout en étant transformés nous-mêmes par le ministère des autres. Ce passage résume à merveille le sujet de ce livre, mais pour le comprendre vraiment, vous devez commencer au verset 12.

Paul emploie la métaphore du vêtement – ce qui nous couvre, nous identifie et représente notre fonction. Il nous rappelle que nos « habits » (c'est-à-dire les qualités ou l'image que nous arborons) dans la pratique du ministère sont aussi importants que nos paroles. La liste des traits de caractère qu'il énumère résume l'esprit de Christ lui-même. Paul écrit en substance : « Si vous désirez prendre part à l'œuvre de Dieu dans la vie des autres, portez les vêtements qui conviennent à l'emploi ! »

Paul considère que le changement comprend à la fois un processus et un contenu. Il inclut une manière de faire et un message. Il présuppose que j'enseigne par ma vie autant que par mes paroles. En incarnant les traits de caractère du Seigneur, j'exhorte les gens à l'obéissance et à la confiance. L'essence du message de Paul se lit comme suit : « Si vous souhaitez vous instruire et vous avertir les uns les autres, vous devez d'abord revêtir Christ. » Dieu nous transforme non seulement par la vérité énoncée en paroles, mais également par la vérité qui s'accompagne de compassion, de bienveillance, d'humilité, de douceur, de patience et d'amour. Ainsi, nous devenons une preuve tangible des vérités que nous présentons. Ce n'est plus uniquement la vérité que nous incarnons, mais Christ lui-même.

À en juger par leur apparence, ils donnaient l'impression de former un jeune couple bien assorti. Elle m'avait téléphoné pour demander un rendez-vous. Nous avons pris place et l'atmosphère de la pièce a immédiatement changé. Elle s'est mise à pleurer avant même que j'aie prié ou posé ma première question. Plus elle pleurait, plus il se tortillait sur sa chaise, visiblement irrité et embarrassé. Elle commençait à peine à raconter son histoire quand il s'est levé d'un bond, le visage rouge de colère en criant : « Non, c'est impossible! Je ne peux pas parler de ma vie privée à un psy [ce que je ne suis pas] qui ne comprendrait rien de toute façon et qui ne me connaît pas du tout! » Regardant sa femme, il a ajouté : « Si tu es assez stupide pour te prêter à ce petit jeu alors, amuse-toi bien. Moi, je m'en vais! » Puis, il est sorti en vociférant. J'ai prié pour eux, rapidement et à voix haute, puis j'ai informé la femme que je sortais pour tenter de parler à son mari. Je l'ai trouvé dans le parc de stationnement, prêt à monter dans sa voiture. Il m'a jeté un regard furieux en disant : « Pourriez-vous, s'il vous plaît, me laisser tranquille? » J'ai répondu que je comprenais sa colère et ses craintes, car il est difficile de partager ses problèmes personnels à un inconnu. J'ai ajouté que j'essaierais de faire preuve de patience et que je ferais tout ce qui était en mon pouvoir pour l'aider à surmonter le sentiment d'inconfort qui accompagne souvent les premiers moments de counseling. J'ai ajouté quelques mots et j'ai terminé en disant que j'allais rejoindre sa femme.

En traversant de nouveau le corridor, j'ai réalisé qu'il me suivait. Il a déclaré : « Je ne peux pas fuir... je ne peux tout simplement pas. » Nous avons alors commencé à parler à cœur ouvert. Plusieurs mois plus tard, nous avons évoqué notre première rencontre et il a dit ne pas se souvenir exactement de mes paroles dans le parc de stationnement, mais il savait que Dieu avait utilisé mon geste d'ouverture envers lui pour attendrir son cœur. Mes actions bien plus que mes mots avaient permis, par la grâce de Dieu, de sauver un homme en voie de détruire sa vie.

Il existe quatre raisons principales pour lesquelles nous devrions incarner Christ dans les relations que Dieu nous donne.

1. Vous vous protégez vous-même. Dans l'exercice d'un ministère personnel, le péché de la personne que vous aidez se manifestera tôt ou tard dans cette relation. S'il s'agit de la colère, elle se tournera un jour contre vous. Quelqu'un qui accorde difficilement sa confiance finira par se méfier de vous. Si vous vous trouvez en présence d'un manipulateur, il cherchera à vous manipuler. Celui qui souffre de dépression vous dira qu'il a tenté de mettre en pratique toutes vos suggestions, mais que rien n'a changé. Vous ne pouvez demeurer longtemps près d'une flaque de boue sans être éclaboussé.

Nous lisons dans Galates 6.1 : « Frères, si un homme vient à être surpris en quelque faute, vous qui êtes spirituels, redressez-le avec un esprit de douceur. Prends garde à toi-même, de peur que toi aussi, tu ne sois tenté. » Dans le ministère axé sur la relation, le cœur de mon interlocuteur est dévoilé peu à peu et le mien l'est également. Je découvre que je peux aussi pécher par la colère, l'orgueil, le sentiment de supériorité, les querelles, la méchanceté, l'impatience et le refus de pardonner. Quand cela se produit, je fais obstacle au travail du Seigneur. J'ai alors besoin de Jésus-Christ, celui-là même que je m'efforce de présenter à l'autre. En fait, il est réconfortant de réaliser qu'il œuvre en même temps dans nos deux cœurs.

Nous devons rester à l'affut de nos réactions à l'égard de ceux que nous servons. Ils commettront contre nous les mêmes fautes que celles qu'ils ont commises envers d'autres. Dans ces conditions, nous agirons avec amour en nous soumettant en toute humilité à un examen personnel : comment réagissons-nous quand quelqu'un pèche contre nous? Lorsque les péchés de l'autre deviennent partie intégrante de notre expérience, donnons-nous des preuves de la puissance de la grâce de Christ? Parvenons-nous à incarner Christ quand nous nous trouvons en face du péché? Il nous arrivera parfois de nous montrer à la hauteur de notre appel d'ambassadeurs de Christ, mais d'autres fois nous échouerons lamentablement. Il est possible, même en constatant nos échecs, de continuer à exercer un ministère efficace. Il nous faudra appliquer l'évangile à nos propres vies en confessant nos péchés, en demandant pardon à Dieu (et à l'autre si nécessaire) et en nous appropriant la force que Dieu donne pour persévérer fidèlement dans notre service.

2. Vous offrez un exemple vivant. Nous n'avons pas à réfléchir longuement à des définitions originales des qualités de caractère que Dieu veut voir chez ses enfants. Il nous demande plutôt de les personnifier. Si nous suivons l'exemple de Christ, celui ou celle que nous nous efforçons d'aider devrait reconnaître en nous l'amour, la compassion, la douceur, le pardon, la patience, la bienveillance et l'humilité véritables, bien que nous soyons également pécheurs. Dans ces conditions, les séances de ministère personnel ne ressemblent pas à un cours théorique, mais elles deviennent littéralement un laboratoire! La vie représente plus qu'un simple sujet de conversation, on l'expérimente! La personne qui exerce le ministère – et qui dépend entièrement de Christ – devrait vivre de manière à montrer au grand jour les effets de l'appel de Dieu, autant par ses actions que par ses attitudes.

3. Vous confirmez ce que le Seigneur peut faire. Les objectifs que nous proposons aux gens peuvent sembler irréalistes. Il leur est difficile d'imaginer comment parvenir aux buts fixés étant donné leur situation actuelle. En raison de leurs échecs personnels répétés, toujours présents à leur esprit, les nouvelles manières de procéder venant de Dieu paraissent irréalisables. Notre ministère personnel offre une occasion favorable d'apaiser les doutes et les craintes non seulement par nos paroles, mais par notre vie même.

Si je suis l'exemple de Christ et que j'assume mon rôle d'ambassadeur, ma vie sera la preuve de la véracité des paroles du Seigneur. Il nous a donné tout ce dont nous avons besoin pour répondre efficacement à son appel. Il nous soutient dans les difficultés. Il pourvoit à nos besoins au moment opportun. Sa grâce nous suffit dans la faiblesse. Il donne la sagesse en toutes circonstances. Quand j'aime une personne dépourvue d'amour, que je réponds avec douceur au milieu d'une violente querelle, que je fais preuve de patience devant les échecs, que je m'adresse au méchant avec douceur et que je demande pardon pour mes péchés, je démontre que l'appel de Dieu est possible. Non en raison de ma sagesse et de ma force ou parce que je vis une situation idéale, mais parce que *Dieu est avec nous* par la puissance de sa gloire, de sa bonté et de sa grâce.

4. Vous vous assurez que Christ est au centre de la relation. L'espoir que nous offrons représente bien plus que l'élaboration de stratégies. Christ est notre espérance! Les gens perdus, troublés, blessés, découragés et en colère trouveront en lui seul leur identité et la volonté de Dieu pour leurs vies. Nous ne sommes pas des gourous, simplement des instruments entre les mains d'un Rédempteur puissant. L'aide et l'espoir que nous apportons mettent toujours l'accent sur lui. Nos rencontres avec les gens s'avèrent bien moins importantes que leur rencontre avec Christ. Notre travail consiste à susciter cette rencontre, afin que Dieu les aide à trouver en lui le pardon, la consolation, la restauration, la force et la sagesse.

Il serait insensé d'entamer un ministère personnel sans en évaluer le coût. Un ambassadeur ne transmet pas seulement le message du Roi, il l'incarne également. Il représente le Roi en son absence. Tout comme le ministère de Christ envers les pécheurs impliquait la souffrance et le sacrifice, il en sera de même pour nous (dans une moindre mesure, bien entendu). Puisque la souffrance est inévitable, nous devons réfléchir à notre manière d'affronter l'épreuve. Représentons-nous convenablement le Roi? Sommes-nous disposés à mourir à nous-mêmes afin de voir jaillir la vie dans une autre personne? Acceptons-nous de subir de mauvais traitements pour la cause de l'évangile? Souhaitons-nous participer à certaines activités que nous fuirions en d'autres circonstances afin que Christ ait l'occasion de transformer la vie de quelqu'un par notre intermédiaire? Sommes-nous prêts à être éclaboussés de boue parce que nous trouvons notre joie à servir Christ, même quand nous constatons que nous nous sommes salis au cours du processus?

Puisse Christ nous fortifier afin que nous aimions comme il nous a aimés et que nous participions à son œuvre de transformation dans la vie des autres. Que cet amour dirige nos vies entières et non seulement nos paroles. Puissions-nous être l'exemple, la preuve et l'incarnation de notre grand Rédempteur.

▶ **AIMER**
CONNAÎTRE
PARLER
AGIR

8

Bâtir des relations en nous identifiant à la souffrance

Elle a plié sa canne blanche et je l'ai guidée jusqu'à mon bureau. Elle était non seulement aveugle, mais elle boitait également. Je trouvais tout à fait étonnant que Dieu la place ainsi sur ma route puisque durant mes années d'études au séminaire, j'avais travaillé dans une école pour aveugles. Je connaissais donc leur mode de vie et les difficultés associées à la cécité, mais rien ne m'avait préparé à entendre son histoire.

Elle était enfant unique. Pendant quinze ans, sa mère avait désiré tomber enceinte, mais avait plutôt fait des fausses couches à répétition. Finalement, à quarante ans, son rêve est devenu réalité. Sa mère s'est sentie particulièrement bénie, comme si sa vie prenait un nouvel essor. Elle a choisi un très beau nom, Grâce, et a attendu avec impatience le terme de la grossesse. Au bout de vingt longues heures d'un accouchement douloureux, Grâce est née. Bientôt, cependant, le rêve s'est transformé en cauchemar. Grâce était un bébé accaparant, maladif et grognon. Elle pleurait pratiquement sans arrêt. Elle éprouvait des problèmes à respirer et à digérer et contractait toutes les maladies infantiles. Elle n'a jamais dormi une nuit entière au cours de sa petite enfance. La mère pouvait rarement sortir avec sa fille.

La mère de Grâce a cru que le sort s'acharnait contre elle. Elle avait attendu si longtemps la venue d'un enfant et aujourd'hui, elle se voyait forcée de s'occuper d'une petite qui parvenait difficilement à survivre. Les sollicitations, les pleurs et le travail continuel attisaient sa colère. Elle se demandait pourquoi elle avait tant désiré un enfant. Elle se remémorait l'existence facile qu'elle avait vécue auparavant. De façon subtile, elle a commencé à se décharger de sa colère sur Grâce : un petit coup d'abord, puis une gifle. Cependant, son irritation s'est finalement transformée en rage incontrôlée. Quand elle regardait sa fille, elle n'apercevait que celle qui avait gâché sa vie. Grâce a commencé à guetter les pas de sa mère dans le couloir afin de se cacher sous le lit ou dans le placard. Obligée de chercher la fillette, la mère s'irritait davantage. Lors d'un de ces accès de violente colère, Grâce a subi des blessures permanentes à la jambe.

À huit ans, en raison de coups répétés à la tête, Grâce a commencé à perdre la vue. Elle ne voyait plus suffisamment pour lire, mais craignait de confier à quiconque l'état déplorable de sa vision. Elle croyait pouvoir tromper tout le monde autour d'elle, mais ses tentatives ont échoué. Un jour, Grâce s'est rendue à l'école comme d'habitude. On lui a bientôt demandé de quitter la classe et de se rendre au bureau où une inconnue l'attendait, une valise remplie de ses vêtements à la main. Elle n'a pas pu dire au revoir à sa mère ou à ses amis. Elle a été transférée dans un établissement spécialisé pour aveugles où elle a demeuré jusqu'à l'obtention de son diplôme d'études secondaires. Grâce n'est jamais retournée vivre à la maison. Des larmes de rage coulaient sur ses joues tandis qu'elle me racontait son histoire. Grâce était seule. En proie à une colère teintée de jugements et de peurs, elle avait ruiné toutes ses relations. Elle était persuadée que le monde entier la traitait avec méchanceté, comme sa mère l'avait fait par le passé. Son désir même de me rencontrer était motivé par un désespoir empreint de colère. Pendant ses années d'études à l'école pour aveugles, Grâce avait suivi un cours de religion. Son excellent professeur lui avait partagé l'évangile. Elle avait cherché mon adresse, car elle souhaitait parler à un chrétien, convaincue qu'il s'agissait du seul moyen d'entendre la vérité. Néanmoins, elle n'avait aucune envie d'une leçon comportant une série de platitudes bibliques.

Je l'ai écoutée en pleurant et en priant, pleinement conscient que j'étais appelé à incarner le Seigneur dans la vie difficile de cette femme blessée.

Que répondriez-vous à Grâce? Qu'a-t-elle besoin d'entendre, selon vous? Que dit la Bible aux femmes du monde qui lui ressemblent? De quelle manière Grâce devrait-elle envisager son passé, son présent et son avenir? Quels moyens prendriez-vous pour bâtir avec elle une relation à travers laquelle s'accomplira l'œuvre du Royaume de Dieu?

Un monde habitué à la souffrance

Nous n'aimons pas penser que nous vivons dans un monde où la souffrance fait partie du quotidien. Pourtant, nous ne devrions pas nous en étonner, car ce monde déchu est peuplé de pécheurs. Au contraire, nous devrions être surpris de ne pas souffrir davantage. L'intensité des douleurs varie, allant de blessures temporaires infligées par des paroles méchantes jusqu'à d'horribles expériences de mauvais traitements et de violence physique. Nous sommes des pécheurs marqués par la souffrance. Puisque nous partageons ce trait en commun avec nos semblables, il devient la base unificatrice du ministère personnel.

Pourtant, il est rare que nous percevions la réalité de cette façon. L'histoire de Grâce nous bouleverse et nous espérons qu'aucun événement tragique ne surviendra dans nos vies. En outre, nous ignorons comment nous comporter avec ceux qui souffrent. Nous réduisons trop souvent notre ministère personnel à des généralités bibliques et à un engagement à prier, créant une sorte de vaste zone tampon autour de ceux qui souffrent intensément. Bien sûr, nous ne manquons pas d'envoyer un mot d'encouragement, d'effectuer une visite, de prier et de lire quelques versets, mais notre profond malaise nous incite à vouloir prendre nos distances. Cependant, notre tour viendra tôt ou tard. Seule l'intensité de la souffrance varie. Dans ces conditions, il n'est pas surprenant que la Bible parle autant de la souffrance personnelle.

1. *La Bible affirme clairement que la souveraineté de Dieu s'étend à toutes choses – même à la souffrance.* Plusieurs croient à tort que Dieu se dissocie complètement des événements tragiques et malheureux survenant dans le monde. Au contraire, les Écritures nous entraînent dans une tout autre direction. Notre espoir s'enracine dans la vérité biblique affirmant que Dieu, sans être l'auteur de nos souffrances, nous accompagne dans les moments difficiles (Exode 4.11; 1 Samuel 2.2-7; Daniel 4.33-34; Proverbes 16.9; Psaumes 60.3; Ésaïe 45.7; Lamentations 3.28; Amos 3.6; Actes 4.27-28; Éphésiens 1.11).

2. *La Bible affirme clairement que Dieu est bon.* Il est faux de prétendre qu'un Dieu réellement bon ne permettrait jamais à quelqu'un de souffrir ou que si Dieu vous aimait vraiment, il ne laisserait pas ce genre de choses vous arriver. La Bible déclare que le Dieu infiniment bon reste présent au cœur de nos épreuves les plus pénibles (Psaumes 25.8-10; 34.9-11; 33.5; 100.5; 136; 145.4-9).

3. *La Bible affirme clairement que Dieu poursuit un but précis en permettant la souffrance.* La Bible ne considère pas la souffrance comme un obstacle à la rédemption, mais comme un instrument utilisé par Dieu pour effectuer son œuvre rédemptrice en nous (Romains 8.17; 2 Corinthiens 1.3-6; Philippiens 2.5-9; Jacques 1.2-8; 5.10-11; 1 Pierre).

4. *La Bible explique les causes premières pour lesquelles nous souffrons.*

- Nous souffrons parce que nous vivons dans un monde déchu, assailli par la maladie, les désastres naturels, les animaux dangereux, les bris de toutes sortes, etc.

- Nous souffrons du fait de notre nature. Nous sommes très souvent les auteurs de nos propres douleurs. Nous prenons des décisions qui rendent nos vies pénibles et difficiles.

- Nous souffrons en raison des péchés commis contre nous. Nous nous sommes tous retrouvés victimes de préjugés subtils ou d'attaques en règle de la part de quelqu'un.

- Nous souffrons à cause du diable. Notre ennemi vit bel et bien dans le monde. Il trompe et il ment, il divise, détruit et dévore. Il nous séduit par de belles promesses qui semblent procurer la vraie vie, alors qu'elles ne sèment que la ruine et le deuil.

- Nous souffrons en raison des desseins bienveillants de Dieu. Il appelle ses enfants à souffrir pour sa gloire et pour accomplir en eux leur bien suprême, la rédemption.

5. *La Bible affirme clairement que la souveraineté de Dieu sur la souffrance :*

- N'implique jamais que la douleur n'est pas réelle (2 Corinthiens 1.3-9; 4.1-16).

- N'excuse jamais le méchant (Habaquq; Ac 2.22-24; 3.14-23).

Lorsque quelqu'un nous raconte ses expériences douloureuses, nous voulons répondre par des réflexions remplies de compassion et fondées sur la Parole de Dieu[1].

La souffrance et le ministère personnel

Nous en arrivons ainsi à la troisième composante de l'**amour** qui favorise l'œuvre de Dieu dans la vie d'un individu. Ici encore, Christ nous sert de modèle.

> ▶ Troisième composante de l'amour :
> S'identifier à la souffrance

Avez-vous déjà traversé une période difficile en vous sentant terriblement seul? Avez-vous déjà eu l'impression de posséder une double personnalité – celle qui souffre en silence et celle que les gens autour de vous « connaissent »? Avez-vous déjà voulu raconter votre histoire tout en craignant les réactions qu'elle provoquerait? Avez-vous déjà souhaité changer de vie et emprunter celle d'un autre? Avez-vous déjà souffert à un point tel que vous en ayez perdu le goût de prier Dieu, de recevoir l'enseignement de la Parole ou de communier avec les autres croyants? Avez-vous déjà souhaité ne pas avoir à vous lever le matin à cause des difficultés que vous aviez à surmonter? Avez-vous déjà essayé de confier votre douleur à quelqu'un, mais n'avez pu rassembler assez de courage? Vous êtes-vous déjà senti démoralisé à la suite de suggestions expéditives, d'une mauvaise compréhension du problème ou de platitudes bibliques? Considérant la dure réalité de la vie, avez-vous déjà imploré de l'aide (silencieusement ou à voix haute)?

En lisant ces questions, vous avez sûrement reconnu certaines de vos expériences de vie. Vous avez souffert et Dieu vous appelle à exercer un ministère envers ceux qui souffrent. En effet, la souffrance ne représente pas seulement notre trait commun à tous, elle s'avère également l'atelier de travail le plus efficace exploité par Dieu. À titre d'ambassadeurs de Christ, il nous faut apprendre à nous identifier à ceux qui souffrent. Nous y parvenons en nous inspirant de l'exemple de notre Admirable Conseiller, dans des passages tels Hébreux 2.10-12 :

> Il convenait en effet à celui par qui et pour qui tout existe, et qui a conduit beaucoup de fils à la gloire, d'élever à la perfection, par la souffrance, l'auteur de leur salut. Car celui qui sanctifie et ceux qui sont sanctifiés sont tous issus d'un seul. C'est la raison pour laquelle il n'a pas honte de les appeler frères, lorsqu'il dit : J'annoncerai ton nom à mes frères, je te louerai au milieu de l'assemblée.

Ce passage décrit la façon dont Christ, « l'auteur de notre salut », s'identifie à nous. Il nous apprend que nous faisons partie de la même famille que Christ. Cette dernière diffère quelque peu de notre famille humaine. L'auteur de l'Épître aux Hébreux mentionne une identification très particulière. Nous appartenons avec Christ à la famille de ceux qui souffrent. Nous devons nous rappeler que nous servons un Sauveur habitué à la souffrance. Nous trouvons une aide précieuse auprès d'une personne qui partage notre vécu. Jésus est plein de compassion et compréhensif. Il peut nous aider parce qu'il nous ressemble. Il a enduré les épreuves que nous traversons aujourd'hui. Il nous connaît et nos expériences lui sont familières, puisque nous faisons partie de la même famille, la famille de ceux qui ont souffert.

Pourtant, le passage va plus loin. Il affirme que Christ n'éprouve pas de honte à nous appeler ses « frères ». Ce titre de « frères » souligne une position particulière dans la famille, une relation fraternelle d'égal à égal. Christ n'aurait pas pu choisir un terme plus puissant pour s'identifier à nous. Trois aspects de cette identification ressortent clairement :

1. Nous faisons partie de la même famille.
2. Nous occupons une position analogue dans la famille.
3. Nous partageons des expériences de vie similaires à cause de cette position.

Nous percevons dans ces affirmations quelle doit être l'humilité rattachée à la pratique du ministère personnel. Nous ne servons personne en adoptant l'attitude suivante : « Je me trouve au-dessus de vous, car moi, j'ai atteint le but ». Il se caractérise plutôt par l'humble reconnaissance du fait que nous partageons une identité commune avec ceux que nous aidons. Dieu n'a pas terminé son travail en moi. Nous sommes, frères et sœurs, associés au même processus de changement enclenché par Dieu et qui durera toute notre vie. Je ne suis le gourou de personne. Aucun changement ne se produira simplement parce qu'un individu se trouve exposé à ma sagesse et à mon expérience. Nous partageons une même identité, un vécu semblable et nous appartenons à la même famille.

Cette attitude s'avère essentielle pour honorer Dieu dans mon ministère personnel. D'abord, elle me permet de reconnaître que Dieu place des gens sur ma route non seulement pour les aider à changer, mais également pour produire des changements en moi. L'Admirable Conseiller est à l'œuvre dans chacune des personnes participant aux rencontres. Dieu se sert continuellement des difficultés inhérentes à la pratique du ministère et de la révélation de sa gloire rédemptrice pour mettre ma foi à l'épreuve, l'approfondir et la fortifier. Je me trouve assis aux premières loges quand il s'agit de témoigner de l'œuvre transformatrice effectuée par Dieu, c'est pourquoi j'exerce mon ministère avec beaucoup d'attente, d'espoir et de courage. En outre, je redouble de courage et d'espoir quand je considère ma propre vie. Il ne fait aucun doute : je suis celui qui a le plus bénéficié de mon ministère au fil des années!

Ensuite, notre identité et notre position communes nous protègent d'une dépendance malsaine qui peut faire déraper le counseling, la formation de disciples et le ministère personnel. Nous ne sommes pas ceux que les gens recherchent vraiment. Notre objectif consiste à les mettre en contact avec Christ, le Rédempteur vivant et agissant. *Il* leur donne tout ce qui est nécessaire à l'exercice de leur ministère respectif au milieu des difficultés de la vie. Je ne suis rien de plus qu'un frère. Je vous accompagne et vous encourage à tourner continuellement vos regards vers le Père. Je reste à vos côtés et je vous raconte l'histoire de son amour merveilleux et de ses soins attentionnés. Je vous partage ce que j'ai appris de lui, en sa présence et à genoux. Je vous prends la main et nous marchons ensemble jusqu'à lui. En étant frères et sœurs, nous nous concentrons sur l'essentiel – notre Père tout-puissant, sage et omniprésent. Il nous faut davantage que des stratégies pratiques et une acceptation mutuelle pour changer. Nous avons besoin du pardon, de la délivrance et de la puissance que seule la grâce de Dieu nous procure.

Enfin, en m'identifiant humblement à mes frères et sœurs, ma vie devient un exemple. Il arrive parfois que les gens nous élèvent sur un piédestal, ce qui atténue considérablement l'impact de nos histoires. Ils écoutent, mais oublient que nous sommes pécheurs comme eux. Ils perdent de vue le fait que nous sommes soumis aux mêmes contraintes au travail et dans nos relations et que nous devons également maîtriser nos pensées et mettre un frein à nos désirs. Ainsi, en entendant les histoires qui devraient les encourager, ils se disent : « *Évidemment, tout est facile pour vous. Votre vie ne ressemble en rien au lot de douleurs qui caractérise mon existence. Vos conseils semblent fort utiles, mais ils ne s'appliquent pas à moi.* » Plus nous nous montrerons tels que nous sommes, honnêtes envers les gens, égaux et non supérieurs à eux, plus nos vies leur offriront l'espoir dont ils ont tant besoin.

Souffrir dans un but précis

Revenons au deuxième chapitre de l'Épître aux Hébreux. La souffrance constitue le fondement du lien familial nous unissant à Christ et aux autres, mais quelle est la raison d'être de nos souffrances communes?

Le verset 10 souligne un fait intéressant (et quelque peu déroutant) au sujet de Christ. Il nous est rapporté que Christ a été *élevé à la perfection* par ses souffrances. L'auteur établit une connexion entre la vie de Christ et la nôtre. Si nous en saisissons mieux la portée, nous comprendrons davantage comment il nous a appelés à exercer un ministère envers les autres.

Comment les souffrances de Christ l'ont-elles élevé à la perfection? N'était-il pas déjà parfait? Comment ses souffrances sur terre (et nous vivons chaque jour des expériences similaires) ont-elles pu ajouter à sa perfection?

Les Écritures enseignent que de toute éternité, Christ est le Fils de Dieu parfait. Pourtant, une chose devait se produire avant qu'il puisse, en tant que Fils de l'homme, aller à la croix comme l'Agneau parfait du sacrifice. Il devait vivre sur la terre en qualité de second Adam, subissant la gamme complète des expériences, épreuves et tentations caractérisant la vie dans un monde déchu. Le premier Adam ayant échoué, il fallait que Christ affronte le péché et la souffrance tout au long de sa vie, sans lui-même pécher. Par conséquent, comment Christ a-t-il été élevé à la perfection? Non seulement en étant le Fils de Dieu parfait, mais en se révélant le Fils de l'homme parfait. Sa perfection lui a permis de passer avec succès le test de la souffrance.

L'auteur de l'Épître aux Hébreux suggère une analogie frappante entre la vie de Christ et la nôtre. À l'instar de Christ qui a été déclaré parfait de toute éternité, nous sommes déclarés parfaits en Christ (justification). Et de même que les souffrances de Christ ont mis en évidence sa justice sur la terre, nous devenons saints au moyen des différentes épreuves de la vie (sanctification). Nous sommes rendus parfaits par le même processus que celui suivi par Christ! (Voir figure 8.1)

C'est également l'identité que nous partageons avec ceux que nous cherchons à aimer et à aider. Même dans nos interactions avec les incroyants, ce lien commun constitue notre objectif. Nous marchons côte à côte. Nous sommes égaux. Nous expérimentons la souffrance de manière similaire et l'objectif est toujours le même, soit la sainteté. Examinons l'impact de notre identité sur le ministère personnel.

Elle nous donne l'occasion de rendre la vérité concrète. Les vérités que nous partageons sont souvent dépourvues de puissance parce que les gens sont incapables d'en voir le côté pratique. Cependant, puisqu'une identité commune nous unit à ceux que nous aidons, nous sommes en mesure de présenter des vérités qui touchent les réalités concrètes de la vie. Nous devons incarner les vérités que nous exposons, les dépouiller de leur enveloppe abstraite et les appliquer aux situations réelles du quotidien.

Elle encourage les gens à dépendre de Christ et non de nous. Il faut dresser un portrait fidèle de nous-mêmes, nous présenter comme des individus ayant besoin de Christ à chaque instant de chaque jour. Nous ne sommes jamais plus que ses ambassadeurs, ses instruments de changement.

Elle exhorte à l'humilité et à l'honnêteté. Le ministère biblique accorde une grande importance au partage de nos histoires et de nos difficultés personnelles. Il se distingue en cela des thérapies séculières. Christ veut que je témoigne concrètement de son travail puissant. Lorsque je fais preuve d'humilité et d'honnêteté, le Rédempteur se sert de mon histoire pour redonner espoir à mon interlocuteur.

Elle se sert de mon histoire. Dieu m'a conduit à travers les souffrances et le péché non seulement pour me transformer, mais également pour me rendre capable d'exercer un ministère envers les autres. Mon histoire représente un court chapitre dans la grande histoire de la rédemption et Christ en demeure le personnage principal. En effet, mon vécu parle beaucoup plus de lui que de moi. Dans ces conditions, même mes échecs contribuent à lui rendre gloire. Dans ma faiblesse, ma folie et mon incompétence, j'ai appris que ses promesses sont dignes de confiance et sa présence, réelle. Par le fait même, mon histoire devient un instrument de changement dans la vie des autres.

Elle fait de ma vie une fenêtre ouverte sur la gloire de Christ. Il arrive souvent qu'en nous regardant, les gens veuillent nous ressembler. Nous avons peut-être acquis une certaine maturité spirituelle ou une sagesse plus profonde, mais nous ne différons pas tellement de ceux que nous désirons aider. Ainsi, en insistant sur le fait que nous sommes frères et sœurs, on ne nous considère plus comme le modèle idéal. Nos vies deviennent semblables à une fenêtre par laquelle les gens peuvent voir la présence, l'amour, la puissance et la grâce de Christ. Elles forment le cadre où se reflète la beauté de son œuvre.

Elle mène à l'adoration de Christ. Après avoir contemplé un Monet pendant quinze minutes, vous vous réjouissez que cet homme ait eu des pinceaux à sa disposition, mais vous ne vous extasiez pas pour autant devant son matériel d'artiste. Vous admirez Monet et son immense talent. Le lien fraternel qui nous unit nous permet de présenter Christ comme l'Artiste rédempteur par excellence. Nous ne sommes que des pinceaux entre ses doigts. Les glorieux changements qu'il peint dans les cœurs ne sont pas produits par la qualité des pinceaux, mais par l'habileté du Peintre.

Quand nous ramenons constamment les gens à Christ, il devient le centre de l'attention et reçoit la louange qui lui est due.

Un véritable ministère biblique inspire toujours une adoration de plus en plus mature.

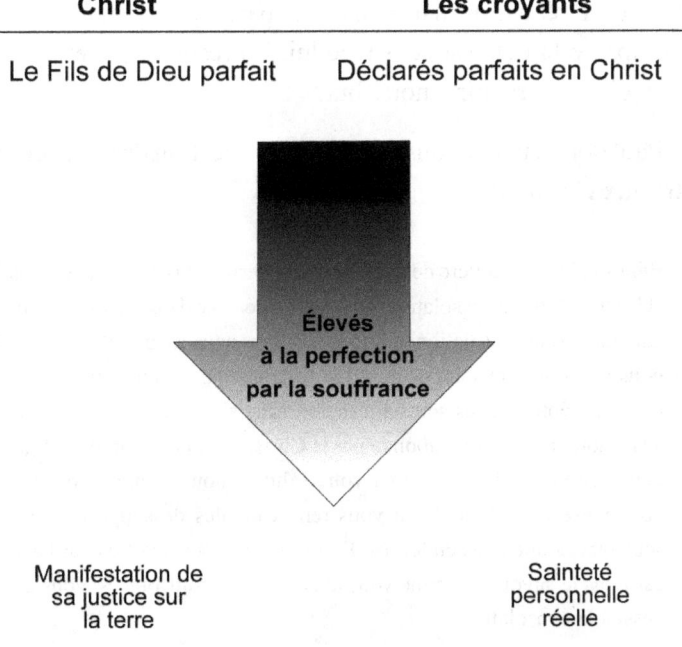

Figure 8.1

Nous souffrons avec Christ (Hébreux 2.10-11)

La consolation, la compassion et votre histoire

Comment parvenir à réconforter ceux qui souffrent? Comment les accompagner en leur témoignant de la compassion? Trop souvent, nous ne trouvons pas les mots justes. Nous ignorons comment consoler quelqu'un qui a perdu un être cher ou qui traîne des expériences passées douloureuses dont les répercussions se font sentir encore aujourd'hui. Nous ne voulons pas énoncer des vérités importantes sur un ton banal et insouciant. Nous voulons plutôt que la vérité s'enracine dans le cœur de notre interlocuteur au sein même de ses difficultés, qu'il sache que nous comprenons l'intensité de ses souffrances, mais que les vérités que nous lui exposons sont suffisamment solides pour vaincre son épreuve. Nous souhaitons surtout qu'il réalise qu'il n'est pas seul parce que Christ, son secours au temps de la détresse, est avec lui. En résumé, comment éviter les écueils et parvenir à notre but?

Paul donne une réponse utile à cette question dans sa deuxième lettre aux Corinthiens :

> Béni soit le Dieu et Père de notre Seigneur Jésus-Christ, le Père compatissant et le Dieu de toute consolation, lui qui nous console dans toutes nos afflictions, afin que, par la consolation que nous recevons nous-mêmes de la part de Dieu, nous puissions consoler ceux qui se trouvent dans toute sorte d'afflictions! Car, de même que les souffrances de Christ abondent pour nous, de même aussi notre consolation abonde par le Christ. Si nous sommes affligés, c'est pour votre consolation et pour votre salut; si nous sommes consolés, c'est pour votre consolation, qui vous rend capables de supporter les mêmes souffrances que nous endurons. Et notre espérance à votre égard est ferme, car nous le savons : comme vous avez part aux souffrances, vous avez part aussi à la consolation.
>
> Nous ne voulons pas, en effet, vous laisser ignorer, frères, au sujet de la tribulation qui nous est survenue en Asie, que nous avons été accablés à l'extrême, au-delà de nos forces, de telle sorte que nous désespérions même de conserver la vie. Mais nous, en nous-mêmes, nous avions accepté notre arrêt de mort, afin de ne pas placer notre confiance en nous-mêmes, mais en Dieu qui ressuscite les morts. C'est lui qui nous a délivrés et nous délivrera d'une telle mort. Oui, nous espérons qu'il nous délivrera encore, vous-mêmes aussi nous assistant par la prière; ainsi plusieurs personnes auront obtenu pour nous cette grâce, et plusieurs en rendront grâces à notre sujet.

(2 Corinthiens 1.3-11)

Ce passage résume l'essence même de la compassion chrétienne et la démarche à suivre pour la communiquer aux autres. Il peut facilement se diviser en deux parties : un modèle, ou paradigme (versets 3 à 7) et un processus, ou méthodologie (versets 8 à 11).

Le modèle : la souffrance et la consolation mises en lumière par la rédemption

Si vous dressiez la liste de tout ce que vous savez sur la souffrance et la consolation, quels thèmes principaux s'en dégageraient? Vous est-il difficile d'inscrire l'amour de Dieu en parallèle avec son appel à souffrir? Ces deux notions vous paraissent-elles contradictoires? Dans une culture où nous célébrons la nécessité du bien-être et considérons la souffrance comme une intruse indésirable, nous avons besoin d'un modèle de pensée biblique concernant ces réalités de la vie. Paul nous offre un tel modèle dans le passage cité plus haut.

Dieu est la source de la véritable compassion. La vraie consolation ne consiste pas simplement à analyser correctement la situation dans les moments de détresse. Elle présuppose que mon identité repose sur quelque chose de plus profond que mes relations, mes biens, mes réussites, mes richesses, ma santé ou mon aptitude à régler les problèmes. Je suis pleinement rassuré quand je sais avec certitude que Celui qui a tout créé et règne sur l'univers me tient au creux de sa main. L'amour de Dieu représente ce que j'ai de plus précieux et rien ne peut m'en séparer. Lorsque mon identité est enracinée en lui, je ne suis pas emporté par les tempêtes de la vie.

Nous offrons aux gens un tel réconfort. Nous ne tentons pas de les rassurer en affirmant que tout va s'arranger, car nous ne connaissons pas l'avenir. Leurs difficultés pourraient s'aplanir, mais les circonstances pourraient également demeurer les mêmes. La Bible nous répète à plusieurs reprises que le monde passe et sera détruit. Seuls Dieu et son amour demeurent, tandis que les sociétés et les royaumes prospèrent puis déclinent. Nous trouvons le réconfort en plongeant nos racines dans la réalité invisible de l'amour éternellement fidèle de Dieu.

Pourtant, Paul va plus loin. Il affirme que sans Dieu, la compassion demeurerait un concept inconnu sur la terre. Il est la source de toute compassion. Cette déclaration est importante, car si tel est le cas, il est inadmissible que ses enfants soient indifférents à la souffrance. En étant membres de sa famille, participants de la nature divine et transformés de plus en plus à son image, notre marque distinctive devrait être la compassion et non notre empressement à fournir des réponses théologiques toutes faites. En raison de notre relation avec le Père, nous pouvons apporter la consolation à ce monde où la souffrance est une réalité constante. En pleurant avec ceux qui pleurent et en partageant l'affliction des affligés, nous incarnons réellement Celui qui est l'essence de la compassion.

La consolation reçue du Seigneur vise à nous équiper pour le ministère. Dieu m'a choisi non seulement pour que je bénéficie de sa grâce, mais pour que je la transmette à d'autres. Je ne dois pas accumuler mes consolations comme s'il s'agissait d'un héritage spirituel. Je suis appelé à partager ce que j'ai reçu. Le soutien que nous offrons ne provient pas d'une théologie abstraite, mais de notre expérience même, car nous avons reçu du Seigneur le secours opportun dans les épreuves. Nous désirons que ceux qui souffrent autour de nous reçoivent également le réconfort que le Seigneur nous a donné.

Dieu veut que nous prenions part aux souffrances de Christ. Le raisonnement de 2 Corinthiens s'avère fort simple. Vous avez été appelé à souffrir de sorte que vous puissiez goûter aux consolations provenant de Dieu. Le soutien de Dieu vous permet de consoler vos semblables. À leur tour, ceux qui reçoivent par votre intermédiaire le réconfort de Dieu, peuvent apaiser la douleur des autres. Nos souffrances ne constituent pas une faille dans l'amour que Dieu nous porte, comme si le diable s'immisçait dans nos vies alors que le Seigneur a le dos tourné.

Pierre l'a exprimé par ces mots : « Bien-aimés, ne soyez pas surpris de la fournaise qui sévit parmi vous pour vous éprouver, comme s'il vous arrivait quelque chose d'étrange. Au contraire, réjouissez-vous de participer aux souffrances du Christ, afin de vous réjouir aussi avec allégresse, lors de la révélation de sa gloire » (1 Pierre 4.12-13). La souffrance ne signifie pas que le plan de Dieu a échoué. Elle fait plutôt *partie* du plan. Elle prouve que nous sommes membres de la famille de Christ et soldats de l'armée du royaume. Nous souffrons parce que nous portons son nom. Nous souffrons afin d'apprendre à mieux le connaître et à aimer sa grâce de tout cœur. Nous souffrons afin de contribuer au bien qu'il accomplit dans la vie des autres.

Nos souffrances appartiennent au Seigneur et non pas à nous. Il est probablement plus facile d'admettre que nos bénédictions appartiennent au Seigneur que de reconnaître qu'il possède aussi nos souffrances. En observant quelqu'un qui souffre, vous verrez que nous sommes enclins à traiter la douleur comme si elle nous appartenait et que nous pouvions y réagir à notre gré. Nous avons tendance à nous replier sur nous-mêmes. Notre monde se restreint aux dimensions de notre souffrance. Nous désirons seulement être soulagés et devenons souvent irritables et exigeants.

Vous apprenez rapidement que la souffrance vous confère du pouvoir. Vous n'avez qu'à crier de douleur et vos proches accourent aussitôt. Ils vous offrent des marques d'affection et des mots d'encouragement, tout en vous déchargeant de vos responsabilités. Un jour, j'ai vu un petit garçon tomber de sa bicyclette à une certaine distance de sa maison. Il s'est mis à pleurer, mais ses larmes n'ont pas coulé longtemps. Il a ramassé son vélo et a marché en silence jusque chez lui. En franchissant le porche, il s'est mis à gémir de douleur. De toute évidence, il s'était rendu compte qu'il ne valait pas la peine de se mettre à pleurer à près d'un pâté de maisons de chez lui. Quand sa mère a ouvert la porte, il lui a raconté en pleurant une histoire bien plus dramatique que l'incident auquel j'avais assisté. Il lui a montré une égratignure sans importance en hurlant comme s'il s'agissait d'une blessure majeure. Je me suis dit : « Ce garçon prend un réel plaisir à toute cette histoire! »

Une foule de tentations égocentriques nous guettent lorsque nous considérons que nos souffrances nous appartiennent. Ce passage nous rappelle qu'elles appartiennent au Seigneur. Elles servent d'instruments pour accomplir ses desseins en nous et dans la vie des autres. Christ doit occuper la première place quand nous supportons des épreuves. Nos déceptions et nos craintes appartiennent au Rédempteur. Nos douleurs physiques et spirituelles lui appartiennent. Nos expériences passées et pénibles lui appartiennent. Nos rejets et notre solitude lui appartiennent. Nos attentes et nos rêves déçus lui appartiennent. Toutes ces choses lui appartiennent afin d'accomplir ses desseins. Quand la mort nous semble la seule issue, il nous appelle à une mort plus grande. Il nous appelle à mourir à nos souffrances de manière à vivre pour lui.

Je ne parle pas de vivre une forme de stoïcisme chrétien repoussant. Il s'agit d'un appel à confier à Christ la gamme complète de nos souffrances. Nous pleurons de désespoir et répandons nos cœurs devant lui, sachant que nous trouverons à ses pieds le seul vrai réconfort. Nous devons remettre nos gémissements entre ses mains, afin qu'il les utilise pour ses desseins dans nos vies et celles des autres. Et cette promesse de consolation nous vient du Père qui est la source de toute consolation.

Le but rédempteur que Dieu poursuit consiste à redonner espoir à un monde déchu. Dieu veut susciter un peuple rempli d'espoir. Ma véritable espérance ne provient pas de mes réalisations ou de mes atouts personnels, mais de la certitude que je suis un enfant du Roi. Il m'aime et rien ne peut me séparer de son amour. Il m'a accordé sa grâce et j'y puise force et pardon. Il me transforme de jour en jour et je gagne en maturité. Il a promis de me donner tout ce dont j'ai besoin pour affronter les diverses circonstances de la vie. Il a également promis que je vivrai avec lui pour toujours, dans un endroit sans souffrance, sans tristesse et sans péché. Ces promesses signifient que même dans les moments les plus difficiles, rien de ce qui est permanent ou précieux ne se trouve en danger puisque ma vraie raison de vivre demeure à l'abri, en sécurité. Je ne sais pas ce que me réserve demain, mais je sais que je suis membre de la famille de Dieu, aimé de toute éternité et entouré des soins de mon Père céleste. Voilà la véritable espérance.

Le modèle de la pensée biblique s'énonce donc comme suit : la souffrance a un but, elle donne lieu à la consolation de Dieu qui, elle, nous rend capables de réconforter les autres et le résultat final forme une communauté de croyants remplis d'espérance. En acceptant le fait que Dieu est présent dans nos souffrances, nous devons garder à l'esprit la perspective du modèle de Paul : *souffrance → consolation → consolation → espérance.*

Le paradigme suscite en outre diverses questions : « Quelles souffrances Dieu m'a-t-il appelé à vivre? De quelle manière s'est-il servi des autres pour m'apporter sa consolation? Qu'ont-ils fait et dit? Comment puis-je employer mon expérience pour consoler les autres? Comment puis-je raconter mon histoire de façon à transmettre l'espérance, en insistant sur la présence réelle et l'amour véritable de Christ? » Heureusement, Paul a fait plus que proposer un modèle, il a également développé une méthodologie.

Raconter des histoires centrées sur christ

Dans le premier chapitre de sa deuxième lettre aux Corinthiens, Paul tient à informer ses lecteurs de la gravité de ses souffrances en Asie. Il veut que son histoire augmente leur espérance, fortifie leur foi et ravive leur adoration collective. Les expériences de Paul rendent les promesses de Dieu vivantes et concrètes. Par elles, nous voyons Dieu en action, accomplissant exactement ce qu'il a promis à ses enfants. En observant l'intervention de Dieu dans l'histoire de Paul, ils sont en mesure de le voir également à l'œuvre dans leur vie et d'être consolés. Il s'agit de la méthode la plus personnelle et la plus puissante pour offrir une véritable consolation. Elle transpose les réalités profondément théologiques aux situations courantes de la vie dans un monde déchu. Nos histoires appliquent la vérité divine aux luttes quotidiennes et fournissent de bonnes raisons de ne pas abandonner.

Si Dieu veut se servir de vos souffrances et de sa consolation pour encourager d'autres personnes, comment pourriez-vous raconter votre histoire de manière à atteindre cet objectif? L'exemple de Paul nous fournit quelques indications utiles, aux versets 8 à 11.

Racontez votre histoire de façon à réfuter l'idée que vous êtes fondamentalement différent de la personne que vous aidez. Vous êtes-vous déjà trouvé dans une classe d'école du dimanche où quelqu'un a levé la main en disant : « C'est sûrement une question stupide, mais je me demandais... »? Vous vous êtes alors senti soulagé parce que la même question *vous* était venue à l'esprit, mais vous n'osiez pas l'exprimer. Ce genre de situation se présente également dans nos relations. Les gens pensent qu'ils sont les seuls à devoir affronter tel ou tel problème particulier, ils croient que personne ne pourra les comprendre ou les aider. Pourtant, Dieu veut nous rappeler que nous leur ressemblons en tous points – des êtres humains imparfaits, éprouvant des difficultés similaires. La vérité rédemptrice prend vie lorsque ceux qui ont vécu des expériences pénibles acceptent de partager comment ils les ont traversées.

Racontez toujours une histoire qui est terminée. Votre histoire devrait comporter trois éléments : (1) une situation difficile, (2) les combats qu'elle a suscités en vous et (3) comment Dieu vous a aidé. Ne cherchez pas un récit où les interlocuteurs se complaisent dans leurs malheurs réciproques. N'entrez pas en compétition afin de savoir qui a vécu la plus grande épreuve. Relatez des événements survenus il y a un certain temps, de sorte que vous avez eu l'occasion de réfléchir sur la façon dont Dieu vous a consolé et comment il s'est servi de personnes pour le faire.

Décrivez honnêtement vos combats et vos échecs. Votre histoire doit mettre en valeur la grâce de Dieu dans vos faiblesses et non votre foi héroïque. N'hésitez pas à avouer humblement votre péché afin que la gloire rédemptrice du Seigneur trouve un écho dans le cœur de votre auditeur. Notez ce que Paul affirme à son sujet, lui un homme à la foi exemplaire : « Nous avons été accablés à l'extrême, au-delà de nos forces... nous désespérions même de conserver la vie... en nous-mêmes, nous avions accepté notre arrêt de mort. » Paul, était-il accablé au-delà de ses forces? Désespéré au plus haut point? Il ne craint pas de nuire à sa réputation en vous conduisant à travers le dédale de ses luttes personnelles.

Usez de paroles sages servant l'objectif. Évitez les détails « choquants ». Vous ne voulez pas mettre l'accent sur les circonstances tragiques, mais sur le Dieu qui vous a soutenu dans les pires moments. Remarquez que Paul donne très peu de détails, mais nous sentons tout de même la gravité et le sérieux de la situation.

Racontez toujours votre histoire de manière à ce que Dieu ressorte comme le personnage principal du récit. Il arrive trop souvent que la narration d'épreuves vécues par des chrétiens soit complètement centrée sur l'homme. Nous tombons parfois dans ce piège en redisant les histoires fascinantes dont recèlent les Écritures, insistant sur les gestes héroïques de Moïse, David et Daniel au lieu de louer le Seigneur qui les a secourus. Ces histoires extraordinaires se transforment alors en fables moralisatrices et la seule application qui reste pour nos vies se réduit à cette conclusion : « Imitez-les! » Pourtant, ces récits ne forment que des chapitres au sein de la grande histoire des Écritures. Dieu en *est* l'Acteur principal. Il s'agit de *son* histoire. N'oublions pas que, de la même façon, notre vécu s'inscrit simplement dans la vaste histoire de la Rédemption. Nos histoires lui appartiennent et dirigent l'attention sur lui.

Racontez votre histoire avec humilité, reconnaissant votre perpétuel besoin de la grâce. En relatant les faits, nous nous donnons parfois le rôle du bon élève qui a appris sa leçon, laissant croire que nous sommes « parvenus » au but plutôt que toujours dépendants du Seigneur. Nous devons sans cesse nous remémorer que nous sommes impuissants sans les ressources provenant de Christ seul. Vous pouvez même, selon le cas, suggérer à votre interlocuteur de prier pour vous. Quand je demande aux gens s'ils veulent me partager des requêtes de prière, ils me retournent souvent la question.

Montrez clairement que Dieu seul peut satisfaire ses besoins – et non pas vous. Au mieux, vous vous présentez comme un instrument entre les mains de Dieu, un ambassadeur ayant lui aussi besoin de grâce et de miséricorde chaque jour. Le récit de votre histoire personnelle s'avère un bon moyen de combattre le penchant de votre auditeur à développer une dépendance malsaine à votre égard. En la racontant de façon appropriée, elle encouragera les gens à se confier de plus en plus en Christ.

Le but de votre histoire doit toujours être l'adoration. L'espérance et la consolation véritables prennent racine dans la gratitude envers Dieu, son caractère et son secours. Nous redonnons espoir en aidant une personne à voir le Seigneur. La souffrance accapare l'attention et voile notre vision, il devient ainsi facile d'oublier ce qui soutient notre foi. Les problèmes ont le pouvoir de semer la confusion et de nous plonger dans l'obscurité. C'est donc une grâce de bénéficier de l'aide d'une personne qui nous accompagne et nous oriente vers Jésus-Christ, le rocher, la forteresse, le refuge, l'abri et le bouclier. Nous avons tous besoin d'un ami qui nous rappelle que l'existence ne se définit pas en fonction de nos souffrances, mais de notre union avec Christ.

Pour redonner espoir à une personne, il me faut plus que la convaincre que tout ira bien ou l'aider à prendre de bonnes décisions. Je lui présente une Personne. Il s'avère profitable à celui qui traverse une terrible épreuve de voir la vie du point de vue de la gloire et de la grâce de Dieu, et dans la perspective de son identité en tant qu'enfant de Dieu. En racontant votre histoire personnelle, vous aidez les autres à réaliser que malgré les apparences, les souffrances n'embrouillent pas la théologie, mais la mettent au grand jour. La gloire de la grâce et de l'amour du Rédempteur brille de tous ses feux au sein des nuits les plus sombres. L'espérance nous fait tourner les regards vers la Lumière.

Non seulement cette méthode devrait-elle susciter l'espoir, mais inspirer également une profonde gratitude. En effet, la souffrance constitue probablement une des plus importantes sources de louange qui soient. Les épreuves révèlent des choses fondamentales à notre sujet et des choses merveilleuses sur Dieu. Nous découvrons ainsi la force au milieu de la faiblesse, l'amour au cœur du rejet, la sagesse devant la folie et une présence au plus profond de la solitude. Il s'ensuit naturellement une adoration sincère quand on a goûté à la bonté de Dieu. Nous visons ce but ultime en racontant notre histoire personnelle.

Puisque la souffrance fait partie de l'expérience humaine générale, il est crucial de nous identifier à la douleur des autres dans l'exercice du ministère personnel. Nous ne devrions pas craindre ces précieux moments, car ils nous offrent des occasions uniques. En nous présentant à ceux qui souffrent comme participant également aux mêmes souffrances et en les conduisant à un Sauveur habitué à la souffrance, ils sortiront de l'épreuve munis d'une foi plus forte et d'une appréciation plus sincère de la personne du Seigneur. La souffrance fournit à ceux qui sont complètement désemparés à la suite d'un événement tragique l'occasion de s'arrêter, de réfléchir et d'écouter. Leurs circonstances difficiles peuvent les aider à repousser les frontières de leur monde égocentrique pour explorer un univers infini où Dieu occupe la place centrale et où l'espérance s'enracine dans des réalités invisibles[2].

Pour bâtir une relation où Dieu accomplira son œuvre, vous devez chercher les ouvertures, les accès privilégiés au cœur des gens que Dieu met sur votre route. Vous devez incarner l'amour de Christ et être disposés à divulguer votre histoire personnelle. Il reste une dernière composante à examiner concernant l'**amour** dans l'exercice du ministère personnel.

▶ Quatrième composante :
Accepter dans un but précis

Nous nous basons une fois de plus sur l'exemple de l'amour de Christ envers nous. J'ai été adopté dans sa famille par grâce et la grâce ne prouve pas que je sois une bonne personne. En fait, la Bible affirme clairement que Dieu m'a fait grâce justement *parce que* je ne suis pas quelqu'un de bien. En entrant dans la famille de Dieu, nous avons radicalement besoin de changer. Lorsqu'il nous accepte en sa présence, Dieu ne nous appelle pas à la nonchalance, mais au travail. Paul traite de ce sujet dans sa lettre à Tite : « La grâce de Dieu, source de salut pour tous les hommes, a été manifestée. Elle nous enseigne à renoncer à l'impiété, aux désirs de ce monde, et à vivre dans le siècle présent d'une manière sensée, juste et pieuse » (2.11-12). La grâce que Dieu déverse sur nous incite toujours à changer. Son acceptation ne constitue pas la fin de son travail, mais son début! Nous ne devons jamais dissocier la justification de la sanctification, car elles forment les deux principes fondamentaux de l'œuvre de la rédemption.

Par conséquent, vous avez tort si vous approchez un frère ou une sœur qui souffre avec un esprit moraliste ou en le condamnant. Vous devenez alors un obstacle à l'œuvre que le Seigneur veut accomplir dans leur vie. Vous devez plutôt les traiter avec grâce et amour puisque le Seigneur vous a traité de cette manière. En revanche, vous ne voulez pas que la grâce soit mal comprise. *La grâce de Dieu nous conduit toujours au changement.* Puisque Dieu se propose que nous devenions « participants de la nature divine » (2 Pierre 1.4), le changement fait partie de son dessein. Tout en témoignant aux gens un amour plein de patience, d'humilité, de douceur, de bienveillance et de pardon, nous ne leur laissons jamais croire qu'ils peuvent demeurer dans l'état où ils se trouvent. Tant et aussi longtemps qu'il subsiste en nous la moindre trace de péché, Dieu nous appelle à changer. Tout compromis à ce sujet dans nos relations entrave le travail du Seigneur et nous empêche d'agir comme des ambassadeurs.

Ainsi, tout en rejetant fermement la condamnation, nous refusons de tolérer l'inadmissible. Nous acceptons les gens en nous appropriant la grâce de Dieu qui seule permet de participer à son œuvre de transformation dans les cœurs. Tout autre objectif dénigre la grâce et nie le sérieux de nos besoins.

    Nous nous efforçons d'aider les gens en nous identifiant à leurs combats et en cherchant des moyens d'incarner la présence et le caractère de Christ. Nous les accompagnons comme des frères et des sœurs appartenant à la même famille et engagés dans le même processus. En consentant à raconter notre histoire personnelle, nous qui souffrons également, leur ouvrons une fenêtre sur l'espérance et la gloire de Dieu. Enfin, nous acceptons les autres comme Dieu nous a acceptés. La grâce ne se mérite pas, mais elle nous appelle à travailler sans relâche, ce que nous ferons jusqu'à ce que nous soyons devenus conformes à l'image de Christ. En bâtissant nos relations sur ces principes, nous verrons l'œuvre de Dieu prospérer. Ces relations deviennent des ateliers de travail où les cœurs sont renouvelés, restaurés, relevés et purifiés. Dieu occupe alors la place centrale et reçoit la gloire qui lui est due.

AIMER
► **CONNAÎTRE**
PARLER
AGIR

9

Apprendre à connaître les gens

Tout le monde pensait connaître Élisabeth et Christian. Ils jouaient un rôle essentiel dans la vie de l'Église, au point où leur absence donnait à nos rencontres une allure informelle. J'avais assisté à d'innombrables réunions en compagnie de Christian. Il m'avait toujours impressionné par son esprit calme et pratique. Nos deux familles avaient pique-niqué ensemble, lui et moi avions partagé plusieurs repas et travaillé à la planification de projets pour l'école chrétienne. Nous connaissions bien leurs enfants et les membres de leur parenté.

Un soir d'automne, il se faisait déjà tard quand Christian m'a téléphoné, m'invitant à sortir prendre un café. Au ton de sa voix, il était très évident que cet entretien était urgent. Je me suis donc habillé et nous nous sommes rencontrés dans un restaurant du quartier. Je suis arrivé le premier et quand je l'ai vu entrer, j'ai tout de suite su que le problème était sérieux.

Christian s'est assis et a ouvert son cœur : « Je ne sais par où commencer. J'imagine que j'aurais dû en parler depuis longtemps, mais j'espérais toujours que nous réussirions à régler le problème. En ce moment, notre situation est un vrai désastre et je ne sais plus que faire. » Il semblait découragé et rempli de colère. « J'endure son caractère de chien depuis des années », a-t-il déclaré. « Tous les jours, il y a de nouvelles exigences à satisfaire et si je ne fais pas ce qu'elle me demande, je le paie très cher ! Il ne se passe jamais une journée sans qu'elle ait quelque chose à me reprocher. Elle m'a traité de tous les noms devant les enfants. Elle menace de me quitter au moins une fois par mois. Depuis une semaine, elle est tellement déprimée qu'elle ne se lève que pour manger un biscuit ou aller à la salle de bain. Les enfants me demandent constamment si maman est malade et j'ai inventé des tas d'histoires pour l'excuser auprès de nos amis. »

Cependant, le pire était encore à venir. Christian a poursuivi : « Il y a quelques années, Élisabeth préparait le repas du soir et elle était furieuse de ce que je ne pouvais pas l'aider à travailler à l'un de ses projets. Au milieu de la dispute, elle m'a lancé le couvercle d'une casserole. Je me suis baissé, il m'a frôlé en passant et a fracassé la fenêtre de la cuisine. Quand j'ai entendu le carreau se casser, je crois que j'ai perdu la tête. Je me suis précipité sur elle et je l'ai giflée. Elle a répondu en me frappant aux testicules et ce fut notre premier échange de coups, qui a été suivi de plusieurs autres. Nous nous battons violemment depuis ce jour. Nous avons brisé presque toutes les lampes et les pièces de poterie de la maison et il y a des trous partout dans les murs. J'ai déjà frappé Élisabeth si fort qu'elle a dû rester cachée pendant une semaine avant que les marques disparaissent. Tu pensais que mes blessures résultaient de mes fausses manœuvres en effectuant des réparations à la maison. Eh bien non! Elles m'ont été infligées par Élisabeth. »

« Cette situation perturbe beaucoup les enfants », a-t-il continué. « Nos trois garçons alternent constamment entre les plaintes et les exigences ou la crainte et la timidité. Ils se cachent aussitôt qu'ils sentent que la tension monte. Ils disparaissent presque chaque fois que je dois rentrer à la maison. Depuis quelque temps, au cours de nos nombreuses disputes, notre garçon de sept ans s'élance sur nous en nous frappant et en criant : "Je vous déteste! Je vous déteste! Je vous déteste!" D'une part, Élisabeth n'arrête pas de me dire que je détruis la vie des enfants et d'autre part, elle souligne tout ce que je fais de mal. Je suis ici ce soir parce que je ne sais pas où se trouve Élisabeth. Nous nous sommes battus comme jamais auparavant. La maison ressemble à une zone sinistrée. Nous nous sommes pourchassés d'une pièce à l'autre en proférant des atrocités cruelles et méchantes et en nous lançant tout ce qui se trouvait à portée de mains. Elle était folle de rage en quittant les lieux. Elle a apporté les cartes de crédit et de débit, ainsi qu'une grosse bouteille de vin. »

Il m'était terriblement difficile de demeurer concentré, car l'histoire de Christian me désorientait complètement. Je connaissais cet homme depuis des années et pourtant, je ne me doutais de *rien*. Je n'ai pu m'empêcher de penser aux nombreuses heures passées en compagnie de sa famille. Persuadé de bien les connaître, je n'avais jamais posé de questions qui leur auraient donné l'occasion de décrire l'état réel de leurs vies personnelles. Je me suis demandé comment cette situation avait pu durer si longtemps sans que personne ne le remarque. J'ai également pris conscience ce soir-là que nos secrets les plus intimes et les plus importants ne sont pas détectés par le radar des relations courantes au sein du Corps de Christ. Notre emploi du temps est chargé et nos conversations se résument à de brefs échanges effectués dans le cadre d'activités auxquelles nous nous adonnons avec nos amis. Je me trouvais donc assis devant un ami que je ne connaissais pas.

Approfondir nos amitiés

Vous est-il déjà arrivé de penser bien connaître une personne pour découvrir un jour des détails substantiels que vous ignoriez complètement? Avez-vous déjà partagé une expérience de votre vie personnelle et entendu ce genre de commentaire lancé à la hâte : « Je sais exactement ce que tu veux dire! » – alors qu'il n'en était rien? Pensez à une personne que vous croyez bien connaître. Essayez de combler les lacunes ou les manques dans votre compréhension de son histoire. Que savez-vous de sa famille d'origine? Pouvez-vous énoncer les difficultés qu'elle éprouve dans sa relation avec Dieu ou dans sa compréhension des Écritures? Sauriez-vous décrire la qualité de sa vie conjugale ou les désaccords au sein de son couple? Si elle est célibataire, savez-vous ce qu'elle fait lorsqu'elle est seule? S'il s'agit d'une maman, a-t-elle l'impression d'avoir échoué ou d'être incompétente? Pensez-vous qu'elle lutte pour maintenir des relations qui se dégradent au travail ou qu'elle vive depuis longtemps des problèmes avec ses proches? Son cœur est peut-être attisé par la convoitise ou rempli d'amertume. Nourrit-elle de profonds regrets à cause d'une décision antérieure ou de la jalousie en raison du succès d'une amie? Sa situation financière s'avère-t-elle précaire ou la maladie la ronge-t-elle?

Nous entretenons ordinairement des relations superficielles ne conduisant jamais à une intimité profonde. Les faits que nous pouvons énumérer *au sujet* des autres nous font croire que nous connaissons véritablement l'être humain se cachant derrière ces détails. Par conséquent, nous omettons de poser des questions pertinentes. Cette situation ouvre la porte à toutes sortes de malentendus. Notre travail d'ambassadeur ne donne pas les résultats escomptés parce que nous ne connaissons pas suffisamment les autres pour discerner les domaines de leur vie où les changements sont nécessaires et dans lesquels Dieu est activement à l'œuvre.

Réfléchissez un instant. La plupart de vos conversations aujourd'hui portaient sur la routine quotidienne et se sont déroulées sur un ton défensif. Nous passons beaucoup de temps à discuter de choses qui ne portent pas à conséquences – la température, la politique, les sports et les divertissements. Ces sujets de conversation sont inoffensifs en soi, sauf qu'ils nous permettent de cacher qui nous sommes véritablement. Une personne peut se sentir terriblement bouleversée au sujet de sa vie de couple et pourtant, si on lui demande comment elle va, elle répond brièvement : « Bien, et toi ? » Celui qui pose la question ne démontre pas un réel intérêt et celle qui répond ne désire pas se dévoiler. Les interlocuteurs signent ainsi une sorte d'accord tacite pour garder leur relation superficielle. Que ce soit à l'église, lors d'activités à l'école ou au téléphone, nous sommes tous passés maîtres dans l'art de donner des nouvelles en protégeant notre vie privée.

Nos relations se limitent à des échanges superficiels pour plusieurs raisons. D'abord, notre emploi du temps est tellement chargé qu'il est pratiquement impossible de partager l'intensité réelle de nos circonstances en cinq brèves minutes d'entretien. Il nous arrive parfois d'avoir *envie* de raconter notre histoire, mais l'occasion ne se présente pas. Nous savons tous également qu'il existe un écart entre notre réputation extérieure et nos luttes intérieures. Nous nous demandons ce que penseraient les autres s'ils nous connaissaient vraiment.

Nous échangeons également des propos anodins, car nous croyons être uniques et seuls à vivre les problèmes qui nous affligent : quel mensonge! Nous nous laissons berner par le jeu du personnage public se tenant devant nous et oublions que derrière ces apparences, se trouve un individu vivant comme nous dans un monde réel. Nous oublions que pour chacun de nous, la vie est pleine de déceptions et de difficultés, de souffrances et de luttes, d'épreuves et de tentations. Personne ne provient d'une famille parfaite, personne n'occupe l'emploi parfait, personne n'entretient de relations parfaites et personne ne réussit à toujours faire ce qui est bien. Pourtant, nous hésitons à reconnaître nos propres faiblesses et encore moins les avouer à d'autres. Nous ne voulons pas voir ce que nos difficultés révèlent à propos du véritable état de nos cœurs.

La Bible enseigne que les gens préfèrent les ténèbres à la lumière parce que leurs œuvres sont mauvaises. Nous sommes tous quelque peu intimidés par la lumière pénétrante d'une amitié sincère, car elle nous oblige à dévoiler notre jardin sombre et secret pour évoluer dans une atmosphère d'intérêt réciproque et marqué par un amour honnête. Vous viviez telle une enveloppe scellée, mais devenez désormais une lettre ouverte. Les relations les plus enrichissantes se fondent sur la confiance mutuelle et le partage de la vérité.

De même, nous n'engageons pas de conversations profondes parce que nous ne voyons pas. La Bible nous rappelle souvent à quel point nous sommes aveugles. Le péché nous trompe et nous fait voir les autres avec beaucoup plus de netteté que nous ne voyons nos propres cœurs. Nous sommes enclins à croire nos propres raisonnements et à nous justifier. Ainsi, de façon générale, nous ne réalisons pas à quel point nous avons besoin d'aide. Nous ne pouvons dévoiler ce que nous ne voyons pas. Nous nous estimons acceptables, tout en nous demandant pourquoi notre voisin ne voit pas son péché. Non seulement cette attitude fausse-t-elle notre opinion de nous-mêmes, mais elle dicte également la manière de raconter notre histoire aux autres. Elle peut même nous amener à remettre en question le besoin d'ouvrir nos cœurs.

La raison la plus simple pour expliquer notre manque de transparence est peut-être que personne ne pose de questions. Le rythme effréné de la vie moderne nous empêche d'approfondir nos expériences et nos relations. Il nous paraît indiscret d'inciter l'autre à confier certaines informations intimes. Cependant, nous aspirons tous d'une certaine manière à cultiver des relations de qualité, car le Rédempteur les utilise pour accomplir son œuvre en nous.

Ne nous laissons pas attirer par des relations superficielles où le ministère se limite à l'énumération de principes généraux pouvant s'appliquer à n'importe qui. La beauté du ministère personnel est justement qu'il est *personnel*. Il réussit à saisir les grands thèmes de l'histoire de la rédemption et à les appliquer en tenant compte des circonstances particulières d'un individu. Le ministère personnel ne consiste pas à prêcher à une très petite assemblée de croyants. Nous l'exerçons plutôt en appliquant le baume de Jésus-Christ et de sa Parole à un cœur souffrant et mis à nu par les questions délicates et pertinentes d'un ami fidèle. Un ministère personnel efficace, qui honore Dieu et transforme les cœurs, s'appuie sur la richesse d'informations personnelles et essentielles. Vous ne pouvez exercer un ministère efficace envers quelqu'un que vous ne connaissez pas.

Christ, le cueilleur de données

Il semble que nous repoussions les limites à l'extrême en considérant Jésus comme le modèle pour recueillir des données, mais c'est exactement ce qu'il a fait lorsqu'il a vécu parmi nous. Le passage d'Hébreux 4.14-16 en dresse un portrait saisissant :

> Puisque nous avons un grand souverain sacrificateur qui a traversé les cieux, Jésus le Fils de Dieu, tenons fermement la confession de notre foi. Car nous n'avons pas un souverain sacrificateur incapable de compatir à nos faiblesses; mais il a été tenté comme nous à tous égards, sans commettre de péché. Approchons-nous donc avec assurance du trône de la grâce, afin d'obtenir miséricorde et de trouver grâce, en vue d'un secours opportun.

Ces versets nous encouragent à nous approcher de l'Admirable Conseiller en lui soumettant l'éventail complet de nos expériences et les faiblesses qu'elles révèlent. Nous nous approchons sachant que nous obtiendrons la grâce et la miséricorde nécessaires pour combler les besoins du moment. Cette promesse renferme l'idée d'une aide personnalisée. Christ peut compatir à nos faiblesses. Le mot grec traduit par « compatir » signifie plus qu'une compassion momentanée ou un élan de pitié. Lorsque nous compatissons à la douleur de quelqu'un, nous ressentons généralement de la tristesse pour lui puis du soulagement de ne pas nous trouver dans la même situation. Dans le contexte, compatir veut dire *être ému par ce qui touche l'autre*. La compassion de Christ est si forte que nos problèmes deviennent les siens. Elle ne peut se comparer à la tristesse que nous éprouvons envers celui qui vit une situation difficile. Elle se met à notre place, comprend nos circonstances et désire faire tout ce qui est en son pouvoir pour aider.

La double négation contenue dans le passage : « Nous n'avons pas... incapable » nous assure sans l'ombre d'un doute que l'Admirable Conseiller agit ainsi envers nous dans nos luttes quotidiennes. Quel réconfort de savoir que Celui vers qui nous nous tournons n'a pas besoin de longues explications! Il comprend parfaitement ce que nous vivons et tout en lui le pousse à nous offrir l'aide appropriée. Les gens qui souffrent ne désirent-ils pas justement recevoir une telle assistance? La pitié, une petite tape dans le dos ou les mots d'encouragement ne suffisent pas. Vous voulez quelqu'un qui soit capable de s'identifier à ce que vous partagez et qui fasse preuve d'un intérêt tel qu'il vous aidera à trouver une solution. Quand nous réalisons que Christ vient à nous de cette façon, nous sommes comblés d'une grâce paisible. Non seulement représente-t-il notre aide suprême, mais il constitue également notre modèle. En lui seulement nous apprenons à agir correctement avec les gens qui se trouvent dans le besoin.

En outre, le mot grec traduit par « faiblesses » dans le passage revêt également une signification puissante. On pourrait le rendre par la « condition humaine ». L'auteur de l'Épître aux Hébreux affirme que Jésus comprend vraiment les implications pratiques de la vie dans un monde déchu. Il connaît la multitude de tentations auxquelles nous sommes exposés. Il sait que les relations interpersonnelles sont difficiles et compliquées. Il a vécu le rejet, la trahison, la souffrance physique et la solitude. Jésus comprend la nature humaine. Il *nous* connaît!

Vous vous dites peut-être : « *Oui, mais Jésus était parfait!* » Bien sûr, Jésus était parfait, mais cela ne veut pas dire qu'il n'a pas subi les contraintes auxquelles nous faisons face. Nous nous méprenons si nous pensons de la sorte. Considérez l'illustration suivante. Imaginez un homme fort qui présente un spectacle dans une fête foraine. Il plie des barres d'acier à mains nues. La première barre mesure un peu plus d'un centimètre de diamètre. Il la courbe à un angle de 90° et elle se brise en deux. Il saisit ensuite une deuxième barre de 2,5 cm d'épaisseur. Il la plie jusqu'à ce que les deux extrémités se touchent, mais n'arrive pas à la casser. Laquelle des barres a subi la plus grande pression? La seconde, bien entendu, puisqu'elle a absorbé toute la force de l'homme sans se briser. Jésus, sur la terre, était comme cette deuxième barre. Il n'a jamais cédé à la tentation, ne l'a jamais fuie, n'a jamais emprunté le chemin qu'elle lui suggérait, mais il est demeuré ferme jusqu'à ce qu'elle soit passée. Il en a subi toute la puissance. Christ a supporté le stress, la douleur, la souffrance et les sacrifices à un degré d'intensité que nous ne pouvons imaginer ou endurer parce qu'il n'a pas plié, cédé ou abandonné. Il a tenu ferme contre le péché, pour nous. Il a affronté toutes les attaques que le monde pouvait lancer contre lui.

Quel est le lien entre les paragraphes précédents et la collecte de données? Revenons au texte d'Hébreux 4.15 : « ... il a été tenté comme nous à tous égards, sans commettre de péché. » Jésus nous comprend parce qu'il est venu dans notre monde. Il a vécu parmi nous pendant trente-trois ans et, sans perdre un seul instant, a recueilli des données portant sur la nature de nos expériences. Non seulement a-t-il passé le test qu'Adam avait échoué, mais il s'est familiarisé à tous égards avec notre environnement, l'endroit où nous vivons et où nous aurons à souffrir jusqu'à son retour. Ses années d'expérience, vécues entre l'étable de Bethléem et le mont Golgotha, ont fait de lui un souverain sacrificateur qui peut compatir profondément à nos faiblesses. Il est venu dans ce monde et en a acquis une compréhension personnelle et complète.

Puisque Christ est notre modèle dans l'exercice du ministère, nous désirons également comprendre les autres afin de le servir dans leur vie. Nous devons nous engager à entrer dans leur univers. Un premier pas dans cette direction consiste à prendre le temps de poser des questions pertinentes et d'écouter attentivement. Nous espérons ainsi que d'autres viennent à nous et nous partagent leurs luttes afin qu'à travers nous, ils trouvent le Seigneur lui-même. En apprenant à connaître l'univers d'une personne, il est possible d'appliquer les vérités de l'évangile à sa vie et à sa situation particulière.

Le problème des suppositions

Pourquoi ne posons-nous pas davantage de questions importantes et ne prenons-nous pas plus souvent le temps d'écouter vraiment? Pourquoi n'encourageons-nous pas les gens à apporter des précisions sur ce qu'ils ont fait ou dit? Pourquoi ne pas leur demander de définir les termes qu'ils utilisent ou d'expliquer leur raisonnement? Pourquoi ne pas creuser davantage pour connaître le fond de leurs pensées et leurs véritables sentiments? Pourquoi ne pas les inciter à fournir plus de détails sur les objectifs et les désirs qui ont motivé leurs décisions? Il existe plusieurs réponses à ces questions, mais l'une d'elles semble particulièrement faire obstacle à notre appel à agir comme ambassadeurs du Seigneur. Il s'agit du problème des suppositions.

Quand vous supposez, vous ne posez pas de questions. En ne posant pas de questions, vous ouvrez la porte à une multitude de conclusions hâtives et sans fondement, ainsi qu'aux malentendus. Vous pouvez essayer d'être un instrument entre les mains de Dieu, mais vous n'y parviendrez pas, car à vos yeux, deux et deux font cinq – et vous n'en êtes même pas conscient. À cause de vos hypothèses erronées, la personne que vous *pensez* aider n'existe peut-être que dans votre imagination.

Deux raisons expliquent pourquoi nous nous appuyons trop souvent sur des suppositions. L'une est théologique, l'autre provient de l'expérience. Examinons d'abord la raison théologique.

Nous ne venons pas les mains vides dans l'exercice du ministère personnel, mais imprégnés de la théologie des Écritures. La théologie de la Parole ne décrit pas seulement le plan de rédemption de Dieu, mais également les gens. La Bible nous connaît, elle sait tout de nos motivations et pensées secrètes. Elle décrit de façon spectaculaire nos joies et nos souffrances, démontrant la complexité des relations humaines. Elle dépeint l'humain qui ressent, qui connaît et qui communique. Si vous lisez la Bible, vous connaîtrez et comprendrez les gens.

Cette révélation biblique constitue un don précieux, mais elle nous occasionne également des ennuis. En effet, nous ne devons pas confondre la connaissance de réalités fondamentales générales au sujet des autres et la connaissance précise de l'individu unique placé par Dieu sur notre route. Notre riche fondement théologique ne doit pas nous rendre apathiques lorsqu'il s'agit de recueillir des données. Ainsi, en tenant pour acquis que nous connaissons notre interlocuteur, nous négligeons de lui poser les questions appropriées.

N'oublions pas que Dieu, qui a créé tous les êtres humains et révèle notre véritable nature dans les Écritures, règne également sur chacun des événements de nos vies. En raison de la souveraineté de Dieu, personne n'a vécu exactement la même histoire. Les gens sont à la fois semblables *et* tout à fait différents. Pensons au nez, par exemple. Tout le monde en possède un, mais il n'en existe pas deux exactement identiques. Les talents artistiques de notre Dieu sont infinis. De même, les gens se ressemblent, mais plus vous les examinerez avec soin, plus leurs différences vous impressionneront.

La grande variété des caractéristiques physiques sert de métaphore pour représenter nos nombreuses différences intérieures. Songez à la diversité quasi infinie des personnalités ou aux ressources complexes et étonnantes de l'esprit humain. Certains sont manuels, tandis que d'autres (comme moi) n'arrivent pas à comprendre le fonctionnement des choses ou à effectuer la moindre réparation. Certains font montre d'une logique rationnelle et froide, alors que d'autres vivent une vie basée sur les sentiments. Imaginez combien les expériences d'un homme de grande taille diffèrent de celles d'un homme de petite taille, combien l'existence d'une personne obèse ne ressemble en rien à celle d'une personne chétive. Considérez les grandes différences existant entre les expériences d'un homme et d'une femme, d'un penseur et d'un pragmatique. L'étendue de la créativité divine est très vaste.

Non seulement Dieu a-t-il créé chacun de nous unique, mais il écrit et dirige souverainement chacune de nos histoires. Certains éléments communs se recoupent, mais chaque histoire individuelle se compose d'un enchevêtrement de détails qui la rend foncièrement différente des autres. Pour cette raison, vous ne pouvez me connaître uniquement par ce que les Écritures enseignent à mon sujet. Vous apprendrez des données merveilleusement utiles sur moi en tant qu'être humain, mais vous ne saurez pas comment ces vérités se manifestent dans ma vie *si vous ne me posez aucune question*. Nous devons chercher à nous connaître l'un l'autre en nous rappelant que Dieu est autant notre Créateur (vérités humaines universelles) que notre Seigneur souverain (détails individuels uniques). De cette manière, nous serons non seulement reconnaissants de posséder les armes de la vérité des Écritures, mais nous essaierons par tous les moyens d'apprendre à connaître la personne que Dieu place précisément sur notre route.

La deuxième raison pour laquelle nous nous appuyons à l'excès sur nos hypothèses provient de l'expérience. Nous parlons la même langue, partageons le même vécu, vivons dans le même quartier et souvent fréquentons la même Église. Il devient facile, dans ces conditions, de supposer que nous nous connaissons bien et n'avons plus rien à apprendre. En fait, un danger plus grave nous guette, celui de confondre expériences *similaires* et expériences *identiques*. Par exemple, il est tout à fait normal de penser que vous faites partie d'une famille. Cependant, quand je vous entends prononcer le mot « famille », je ne devrais *pas* la décrire selon mon expérience, mais selon la vôtre. Quand nous supposons que nos pensées, nos désirs et notre cheminement correspondent parfaitement, nous ne posons pas les questions pertinentes qui nous rendent utiles entre les mains de Dieu. Nous élaborons des hypothèses sans fondement et nous offrons une aide qui ne comble pas véritablement les besoins.

Le principe à la base d'un ministère personnel efficace est simple : ne vous fiez pas à vos suppositions, posez des questions. Ce précepte s'applique de la même façon au bon conseiller et au professeur, à l'ancien, à la femme ou au mari, aux parents et à l'ami qui veulent agir sagement. En pensant que vous connaissez déjà ce que vous devriez savoir, vous formulez des hypothèses et provoquez presque toujours des malentendus qui affaiblissent et réduisent à néant les efforts du ministère personnel. Si vous croyez détenir certaines informations, posez tout de même la question. Vous serez alors certain que l'aide proposée s'appliquera véritablement à la situation et aux relations de votre interlocuteur.

Assurez-vous de tirer les bonnes conclusions

Tout en gardant présentes à l'esprit les deux réalités que sont le partage d'expériences communes et la tendance à se fier aux suppositions, il est important de prendre l'habitude de recueillir trois types d'informations fondamentales. Cette manière de procéder vous semblera peut-être embarrassante au début, mais en apprenant à la mettre en pratique de façon naturelle, vous reconnaîtrez rapidement les avantages à éviter les fausses hypothèses.

Demandez toujours aux gens de définir les termes qu'ils utilisent (Quoi?). Le langage humain porte à confusion. Plus un mot est employé souvent, plus il comporte de nuances sémantiques. Les individus en général se servent de termes familiers, mais en leur donnant des définitions fonctionnelles très différentes. Par exemple, quand une femme affirme qu'elle et son mari ont eu une violente querelle la veille, vous ne devez pas supposer que vous comprenez ce qu'elle veut dire. Si vous ne lui demandez pas de définir « violente querelle », vous puiserez simplement dans votre expérience personnelle pour trouver la signification du concept. Ce faisant, vous pourriez créer une source de malentendus subtile, mais importante qui finira par causer du tort à votre travail de conseiller. La querelle en question peut ressembler à vos conversations de couple habituelles ou s'apparenter à une version domestique de la guerre nucléaire. Je répète fréquemment aux gens : « Je ne veux pas appliquer ma propre définition à vos paroles, c'est pourquoi je vous demanderai souvent de définir vous-même les termes que vous utilisez. »

Demandez toujours aux gens de clarifier leurs définitions par des exemples concrets tirés de leur vie quotidienne (Comment?). Le point précédent portait sur la définition intégrée dans le dictionnaire personnel de votre interlocuteur. Par la suite, vous voulez voir la vidéo de l'événement. Les mots que les gens emploient représentent la transcription verbale des situations déterminantes qu'ils ont vécues. Je veux que la femme me raconte étape par étape ce qui s'est passé au cours de la « violente querelle » de la veille avec son mari. En écoutant son récit, je serai en mesure de comprendre de façon tangible et personnalisée et de mieux ressentir le drame et les émotions du moment.

Demandez toujours aux gens d'expliquer les motifs qui les ont poussés à réagir comme ils l'ont fait dans les exemples qu'ils donnent (Pourquoi?). Vous possédez désormais une définition des termes et une situation concrète. Maintenant, le cœur se dévoile un peu plus à travers les comportements de la personne. Demandez-lui de partager ses raisons, ses valeurs, ses objectifs et ses désirs. Vous l'invitez en fait à prendre un certain recul et à évaluer ce que dissimulaient les mots qu'elle a prononcés et ce qui a motivé ses choix et ses gestes. Ainsi, vous détournez la caméra de la scène et vous la fixez sur la personne elle-même.

En prenant soin de demander aux gens de définir, clarifier et expliquer, vous évitez de tomber dans le piège des malentendus et des fausses hypothèses qui réduisent considérablement l'efficacité du ministère personnel. N'oubliez pas : vous ne cherchez pas à réciter les principes généraux de la Parole. Au contraire, profitez de ce moment d'intimité pour appliquer la Parole à des besoins spécifiques. Pénétrez dans son univers, efforcez-vous de découvrir ce qu'elle vit et aidez-la à comprendre les ressources que Christ lui offre pour faire face à sa situation particulière. Puisque vous désirez replacer l'évangile dans le contexte de vie de cette personne, vous lui demanderez à plusieurs reprises de définir, clarifier et expliquer, afin d'éviter tout malentendu subtil et d'intégrer la vérité de façon pratique à son quotidien.

L'importance de poser des questions pertinentes

Nous pensons souvent que les individus à l'esprit vif possèdent les réponses adéquates et, dans une certaine mesure, cette affirmation est juste. Cependant, il est également vrai de dire que vous n'arrivez pas aux réponses pertinentes sans d'abord poser les questions pertinentes. L'ingénieur qui développe une technologie avancée parvient à son but parce qu'il s'est arrêté et a soulevé des interrogations auxquelles personne d'autre n'avait songé. Nos pensées prennent un nouvel essor grâce aux questions. Les penseurs judicieux aiment explorer à fond un sujet précis et l'examiner sous tous les angles possibles. Ils aiment poser à la fois de nouvelles questions et des questions familières, mais de façon différente. Les bons penseurs n'avancent pas d'hypothèses a priori et ne surestiment pas leurs connaissances, mais les évaluent avec justesse.

Si vous voulez aider les gens à voir des vérités nouvelles (et à voir autrement des vérités immuables), vous devez adopter les habitudes du penseur éclairé. L'une des plus importantes consiste à poser des questions pertinentes. Je constate régulièrement que les gens se laissent prendre au piège de leurs propres questions, elles se referment sur eux et ils se retrouvent dans un cul-de-sac abstrait et théorique. Par exemple, j'ai souvent entendu l'interrogation suivante : « Pourquoi Dieu n'agit-il pas dans ma vie? » Ce n'est pas une bonne question. Elle se base sur de fausses suppositions ne menant qu'à une confusion théologique et un découragement certain.

Quelles sont les réponses typiques à la question erronée de notre ami? Plusieurs en déduisent que Dieu ne les aime pas ou qu'il n'est pas fidèle à ses promesses. Selon leur raisonnement, Dieu a des préférés, il est absent lors des moments difficiles ou alors la Parole de Dieu n'est pas vraie – ou du moins, elle ne semble pas tellement pratique. Rappelez-vous que nous avons été créés par Dieu pour interpréter et nous avons recours à des questions (parfois même inconsciemment) pour tenter de donner un sens à notre existence. Les réponses que nous donnons influencent profondément la direction de notre vie. Il est donc primordial de bien comprendre ce principe puisqu'en soumettant des questions formulées avec soin, créatives et inspirées de la Bible, vous apprenez non seulement à connaître une personne et à dévoiler les aspects de sa vie qui ont besoin de changer, mais vous exercez un ministère envers elle.

En soulevant des questions qui ne vous ont jamais traversé l'esprit, je vous enseigne à vous regarder à travers des lunettes bibliques. Dieu peut alors se servir de mes paroles pour opérer des changements fondamentaux en vous. Mes questions vous permettront peut-être de vous voir tel que vous êtes. Ce faisant, j'incarne le Messie venu rendre la vue aux aveugles. Mes questions vous permettront peut-être de constater à quel point les Écritures expliquent les réalités de votre vie. Ainsi, j'incarne le Messie qui est venu et a enseigné comme jamais personne auparavant. Mes questions pénétrantes dévoileront peut-être votre cœur et vous inciteront de nouveau à la repentance. De cette manière, j'incarne le Messie qui a envoyé son Esprit afin de nous convaincre de péché. Mes questions vous permettront peut-être de voir que la Bible traite des sujets les plus profonds de votre expérience et ainsi, vous aurez davantage faim et soif de la Parole. J'incarne alors le Messie qui est le Pain descendu du ciel et qui nourrit son peuple. Dans ces conditions, nous remplissons notre fonction d'ambassadeurs du Messie et nous l'incarnons auprès de nos semblables.

En posant des questions pertinentes, nous *travaillons* à l'œuvre de transformation. Grâce à elles, nous redonnons la vue aux aveugles et la connaissance aux esprits ignorants, nous attendrissons les cœurs durs, encourageons les âmes défaillantes et attisons une faim que seule la vérité peut combler. Non seulement donnons-nous ainsi au Messie une occasion unique d'œuvrer à travers nous, mais il s'agit en fait de l'*œuvre* elle-même!

Un jour, mon frère Tedd et moi revenions d'un colloque portant sur la relation d'aide dans le contexte de la famille et du mariage. Tedd a toujours joué auprès de moi le rôle d'un mentor. Nous roulions à près de 100 kilomètres-heure sur l'autoroute quand il m'a dit : « Tu sais, Paul, nous devrions probablement appliquer à nos vies de couple respectives les principes que nous avons appris pendant ce séminaire. Je suggère que tu commences! » Il a poursuivi en me posant une série de questions concernant ma relation avec Luella. Je ne me souviens d'aucune question en particulier, mais je me rappelle l'impact profond qu'elles ont eu sur moi. J'avais l'impression que Dieu n'en finissait plus de déchirer le voile épais qui s'interposait entre moi et une juste compréhension de ma vie conjugale. Je me suis vu clairement et je n'ai pas aimé ce que j'ai vu ! À l'aide de ces questions, j'ai pu m'observer en train de faire et dire des choses incroyables. Elles m'ont également aidé à comprendre ce que vivait Luella, ainsi que ses frustrations. J'ai réalisé à quel point je me tenais sur la défensive et étais satisfait de moi-même. Je me suis rendu compte que je devais changer pour l'amour et la gloire du Seigneur et pour le bien de mon mariage. Ces questions ont littéralement changé ma vie.

Alors que Tedd continuait à m'interroger, je me suis rappelé une réplique que j'avais adressée à Luella au cours d'une de nos disputes : « Quatre-vingt-quinze pour cent des femmes de notre Église aimeraient être mariés à un homme comme moi ! » (Elle avait gentiment répondu qu'elle devait faire partie des cinq pour cent minoritaires !) Les questions de Tedd m'ont montré à quel point je me tenais constamment sur la défensive, analysant ses propos et détournant l'attention vers elle. Je me suis également aperçu qu'un sentiment d'autosuffisance et de colère avait envahi mon cœur sans que je m'en rende vraiment compte. J'ai réalisé avec une clarté désolante que j'avais échoué quant aux exigences de Dieu à l'égard du mari.

Ce soir-là, je suis rentré tard à la maison, mais j'ai demandé à Luella si nous pouvions avoir une conversation. Au ton de ma voix, elle a tout de suite su qu'il se passait quelque chose d'important. Nous nous sommes assis et je lui ai dit que je savais depuis longtemps que Dieu tentait de m'enseigner par sa bouche des vérités sur moi-même, mais j'avais refusé d'écouter. J'ai ajouté que pour la première fois peut-être, j'étais prêt à entendre ce qu'elle avait à me dire. Elle a fondu en larmes, m'a assuré qu'elle m'aimait et m'a parlé pendant environ deux heures. Ses paroles ont poursuivi l'œuvre de transformation entreprise par les questions de Tedd quelques heures auparavant. Je me demande parfois à quoi ressemblerait mon mariage si Tedd n'avait pas abordé ces questions que je ne me serais jamais adressées à moi-même.

Des exemples de questions pertinentes

Puisque le principal moyen d'apprendre à connaître une personne consiste à mener à bien un processus de questions et réponses, il est important de savoir ce qui distingue une question judicieuse d'une question inopportune. Je vous propose de garder à l'esprit les quatre principes suivants.

1. Posez toujours des questions ouvertes nécessitant davantage qu'un « oui » ou « non ». Les oui et les non ne fournissent pas beaucoup d'informations. Les questions fermées (celles auxquelles nous répondons par oui ou non) peuvent conduire à des malentendus, car elles vous obligent à vous rabattre sur vos propres suppositions et à deviner pourquoi cette personne a répondu ainsi. Par exemple, si vous demandez à une personne si elle est satisfaite de sa relation conjugale et qu'elle répond « oui », qu'avez-vous appris de plus? Peu de choses, car vous ne connaissez pas sa définition d'un mariage satisfaisant. En revanche, une question ouverte ne laisse pas le choix à l'interlocuteur, il doit dévoiler le fond de sa pensée, ses désirs et ses actions. Je vous suggère quelques exemples de questions ouvertes se rapportant au mariage.

- Quelles caractéristiques précises vous ont incité à vouloir marier cette personne?

- Au cours de vos fiançailles, quels objectifs vouliez-vous atteindre pour votre mariage?

- Qu'est-ce qui vous rend triste en pensant à votre mariage?

- Qu'est-ce qui vous rend heureux en pensant à votre mariage?

- Si vous pouviez appuyer sur un bouton et effectuer des modifications à votre relation, que changeriez-vous?

- Selon vous, de quelle manière Dieu est-il honoré par votre mariage?

- Comment qualifieriez-vous la communication avec votre mari – votre femme?

- Décrivez comment vous et votre mari – votre femme – parvenez à prendre des décisions.

- Décrivez comment vous réglez les conflits en tant que couple.

- À quoi ressemble votre vie spirituelle en tant que couple.

- Certains couples de votre entourage vous inspirent-ils par leur exemple? Qu'admirez-vous particulièrement dans leur relation de couple?

- Selon vous, pourquoi votre couple éprouve-t-il des difficultés?

- D'après vous, quelles sont les forces de votre mariage?

- D'après vous, quelles sont les faiblesses de votre mariage?

- Selon vous, que devez-vous faire pour que votre relation de couple s'améliore, en tenant compte de son état actuel?
- Décrivez le mariage de vos rêves.
- Que pourrait faire votre mari – votre femme – pour changer sensiblement votre mariage?
- Quels sont les problèmes pour lesquels vous assumez l'entière responsabilité?
- Quelles sont les raisons précises qui vous portent à croire que votre couple a besoin d'aide?
- Selon vous, comment Dieu intervient-il dans votre mariage en ce moment?
- Selon vous, qu'est-ce qui vous empêche de régler ensemble vos problèmes conjugaux?
- Décrivez la façon dont votre couple a changé au cours des années.
- Que faites-vous lorsque vous êtes blessé ou irrité contre votre mari – votre femme?
- Comment exprimez-vous votre insatisfaction à votre mari – votre femme?
- Choisissez un aspect précis de votre vie conjugale qui pose problème. Décrivez les difficultés en cause et ce que chacun de vous a fait pour les résoudre.
- De quelle manière avez-vous essayé de communiquer votre amour et votre appréciation à votre mari – votre femme?
- Quels sont les sujets brûlants dans votre mariage?

La liste pourrait encore s'allonger. Il est important de poser des questions qui exigent que l'individu s'examine lui-même et réponde en faisant preuve de transparence.

2. Posez à la fois des questions générales et des questions précises. Ces deux types de démarche sont utiles et chacune révèle des informations distinctes. Nous ne voulons pas présumer que le problème décrit par notre interlocuteur ne touche qu'un aspect de sa vie, par conséquent nous posons des questions qui donnent *une vue d'ensemble*. Nous désirons également traiter les problèmes jusqu'à leur source, soit le cœur, c'est pourquoi nous l'interrogeons dans le but *d'approfondir*. Rappelez-vous, nous souhaitons aller au-delà du superficiel et éviter les hypothèses erronées afin d'aider quelqu'un que nous connaissons vraiment.

Les *questions générales* survolent les différents aspects de la vie d'une personne pour nous donner une vue d'ensemble. Ce qui paraît sans lien à première vue peut en réalité se regrouper sous un même thème qui lui, domine la pensée, les motivations ou les comportements. Vous souhaitez découvrir le sujet de ce thème. Par exemple, Joël vivait pour obtenir le respect des autres. À la maison, il exerçait une tyrannie brutale pour parvenir à ses fins (même si sa famille le craignait plus qu'elle ne le respectait). En dehors du foyer, Joël avait la réputation d'être un véritable serviteur, d'une générosité inégalée. Les membres de l'Église que fréquentaient Joël et Sara ont eu du mal à croire ce que Sara avait raconté au sujet de son mari et de ce qu'il leur faisait vivre. Ce n'est que lorsque les policiers ont dû intervenir que Sara a enfin obtenu l'aide dont elle avait besoin depuis si longtemps. En fin de compte, en public comme en privé, le comportement de Joël était motivé par la même soif de gagner le respect.

Les questions générales servent à mettre au jour les *thèmes* et les *modèles* récurrents dans la vie d'un individu. Les problèmes d'un couple peuvent être liés à un thème plus vaste, par exemple des relations marquées par le péché. Un manque de maîtrise de soi dans le domaine de la sexualité peut expliquer pourquoi un tel a contracté une dette énorme. Un homme qui perd son emploi parce qu'il n'arrive pas à contrôler ses paroles peut éprouver des problèmes de communication avec son adolescent pour les mêmes raisons. Il se pourrait que la peur qui paralyse cette jeune fille quand elle considère un aspect particulier de sa vie s'étende subtilement à d'autres domaines. Couvrez un grand champ de vision, ne tenez pas pour acquis que le problème avoué soit dissocié des autres. Demandez-vous comment des situations en apparence différentes pourraient en fait représenter divers aspects d'un même thème.

Les *questions précises* servent à scruter avec attention un aspect particulier de la vie de l'individu. Dans le cas de Joël, il faudrait creuser pour comprendre la raison de son zèle à servir les autres, tout en cherchant à connaître le cœur qui le pousse à l'action. Son attitude est-elle motivée par un amour pour Dieu qui s'exprime par un don de soi, ou le cœur de Joël est-il dominé par autre chose? Le but des questions précises consiste à dévoiler *les racines* et *les causes*.

Ces deux types de questions s'avèrent utiles et nécessaires pour apprendre à bien connaître quelqu'un. Je vous suggère une illustration pour vous aider à comprendre mon propos. Imaginez-vous au bout du corridor d'un motel. Ce corridor avec ses portes distantes de quelques mètres représente la vie d'un individu. Les pièces derrière ces portes représentent les différents aspects de sa vie (travail, mariage, famille, éducation des enfants, vie spirituelle, relation avec le Corps de Christ et avec les voisins, finances, sexualité, communication, résolution de problèmes, buts, motivations, désirs, etc.). Tout ce que vous avez besoin de savoir sur cet individu se trouve dans le corridor et à l'intérieur des pièces. Dans le but d'apprendre à le connaître, vous marchez le long du couloir et jetez un coup d'œil dans chaque pièce (*questions générales*). Vous remarquez bientôt certains thèmes qui reviennent (chaque pièce contient un lit, un bureau, une carpette et une chaise). Quand quelque chose de particulier retient votre attention, vous décidez d'entrer dans l'une ou l'autre des pièces (*questions précises*) pour en examiner le contenu en détail. La sagesse vous enseignera le meilleur moment pour poser chaque type de question.

3. Rappelez-vous que vous obtiendrez certaines informations en posant les questions correspondantes. Pour compléter votre connaissance au sujet d'une personne, vous devez constamment vous demander ce qui manque à vos acquis. Par exemple, je suis peut-être au courant de ce qu'il a fait, mais j'ignore la manière dont il s'y est pris. Ou alors, j'ai compris comment il a agi, mais je n'ai pris aucun renseignement sur l'endroit et le moment. Ou encore, j'ai une bonne idée de la situation, mais je n'ai pas demandé pourquoi il s'est comporté de la sorte. Ainsi, pour dresser un portrait complet, nous devons nous demander : « Qu'ai-je besoin de savoir sur cette personne afin de pouvoir l'aider? Quel type de questions me révèlera cette information? »

Il existe essentiellement cinq catégories de questions :

- *Quoi*? Ces questions jettent les bases et donnent des informations générales : « Qu'avez-vous fait? » « J'ai parlé à ma femme. »

- *Comment*? Ces questions décrivent la manière dont les choses se sont passées : « Comment lui avez-vous parlé? » « Je lui ai crié par la tête pendant quinze minutes! » Vous remarquez que la situation se précise déjà, par le simple ajout de cette clarification.

- *Pourquoi*? Ces questions mettent en lumière les objectifs, les désirs, les buts ou les motivations : « Pourquoi avez-vous crié pendant si longtemps? » « Je voulais qu'elle sache à quel point ce qu'elle avait fait me mettait en colère. » Grâce à ces réponses, nous passons à un autre niveau, du comportement au cœur qui le motive.

- *À quelle fréquence*? Et *où*? Ces questions dévoilent les thèmes et les modèles récurrents dans la vie d'une personne : « Où l'incident s'est-il produit? » « À la table, lors du repas du soir. Ces moments sont particulièrement pénibles. Nous sommes fatigués tous les deux. Nous avons de jeunes enfants. Les repas n'ont rien de reposant! Le soir, surtout, l'atmosphère semble toujours tendue entre nous. »

- *Quand*? Ces questions permettent de retrouver le fil des événements : « Dites-moi à quel moment exactement vous avez commencé à crier pendant le repas. » « Au milieu du chaos général, ma femme m'a demandé : "Alors, comment s'est passée *ta* journée?" Elle était visiblement contrariée que je ne me sois pas soucié de la sienne. Je lui ai dit : "Est-ce que ça t'intéresse vraiment ou tu veux seulement me narguer?" Elle a répondu : "De toute manière, tu es le seul ici à avoir une vie importante et intéressante, n'est-ce pas?" À ce moment-là, j'ai explosé. »

Chaque catégorie dévoile des informations nouvelles, c'est pourquoi elles doivent être posées l'une à la suite de l'autre. Vous obtiendrez ainsi une compréhension plus vaste et plus profonde de ce qui s'est passé (la situation), de la manière dont la personne a réagi (les pensées et les motivations du cœur) et sa réaction en tant que telle (le comportement). Servez-vous de ces questions pour recueillir des informations générales ou précises concernant la vie d'un individu.

Ces questions se sont avérées très utiles lorsque Jérôme m'a téléphoné parce qu'il s'inquiétait de sa relation avec sa femme, Brigitte. Je vous avoue franchement que ce genre d'appel n'arrive pas souvent. D'habitude, ce sont les femmes qui les premières expriment leur insatisfaction. Jérôme a donc éveillé ma curiosité et j'ai accepté de les rencontrer. Il était un homme d'affaires prospère. Brigitte et lui travaillaient ensemble dans son entreprise, vraisemblablement en parfaite harmonie. En apparence, tout semblait aller à merveille. Leur mode de vie témoignait de leur réussite, ils étaient impliqués dans leur Église locale et possédaient plusieurs amis intimes, également chrétiens.

En décrivant comment il avait consacré plusieurs années de sa vie à étudier les doctrines de la Parole de Dieu afin de bien les maîtriser, Jérôme employait un langage théologique choisi. Brigitte était nouvelle chrétienne et vivait sa foi de façon beaucoup plus intuitive et personnelle. Jérôme a poursuivi en partageant que sa femme et lui ne vivaient pas le genre de mariage présenté dans la Bible et il en éprouvait un vif chagrin. Il a ajouté qu'il avait beaucoup prié à ce sujet et avait cherché les conseils de plusieurs, mais en vain. Il avait fait tout ce qui était en son pouvoir pour créer une intimité plus profonde avec Brigitte, mais ses efforts se heurtaient sans cesse à un rejet. Il a conclu en disant qu'il se moquait de ses succès professionnels puisque son mariage était malheureux et terne.

Son histoire était convaincante, mais le regard rempli de colère et de douleur qu'affichait Brigitte me déconcentrait. Je savais que je devais fouiller davantage, et j'ai donc adressé à Jérôme et Brigitte les questions appropriées. D'abord, « quoi » suivi de « comment, quand, pourquoi et où ». J'ai alors commencé à mieux saisir la situation. Certes, Jérôme possédait de bonnes connaissances théologiques, mais le travail dominait entièrement sa vie – et par conséquent, celle de Brigitte. Tôt le matin jusque tard le soir, leur horaire quotidien était organisé en fonction du travail. Brigitte a avoué qu'elle ne se sentait estimée qu'en raison de son travail d'employée dévouée (et pratiquement sans rémunération). En revenant à la maison, elle n'avait plus la force de s'investir dans sa vie de couple.

J'ai demandé à Jérôme de décrire sa manière d'approcher Brigitte quand il lui parlait de ses inquiétudes au sujet du mariage. Il a répété certaines de leurs conversations, de toute évidence sans se rendre compte des critiques et des insultes qu'il proférait. Brigitte n'en pouvait plus qu'il lui parle en criant, lui reproche son immaturité spirituelle et sa vie amoureuse médiocre. Elle était fatiguée de travailler dur sans aucune gratification et de vivre avec quelqu'un qui affirmait marcher avec Dieu tout en n'exprimant jamais de reconnaissance. Elle était sur le point de s'effondrer, mais n'osait pas l'avouer à Jérôme puisque ses confidences n'auraient fait que justifier l'attitude négative de son mari. Elle préférait plutôt prendre ses distances, espérant ainsi éviter les conversations pénibles et désagréables, les accusations et l'isolement émotionnel.

Les questions ont permis de tracer un portrait tout à fait différent de la situation. Elles ont corrigé l'impression première du mari pieux et de la femme froide à l'esprit critique. Elles ont servi à révéler la véritable ambition et l'attitude accusatrice de cet homme ainsi que l'épuisement de la femme qui vivait constamment en mode protection. L'aide que je leur ai apportée s'est avérée totalement différente de celle que j'aurais pu leur offrir si je n'avais pas compris la véritable situation en posant des questions pertinentes.

4. Posez les questions l'une à la suite de l'autre de façon progressive, chaque nouvelle intervention de votre part se basant sur les informations recueillies grâce aux réponses précédentes. L'enchaînement des questions doit montrer un ordre logique puisque vous cherchez à combler un manque de connaissance concernant ce qui a déjà été dévoilé. Vous parvenez à formuler des interrogations logiques en vous demandant continuellement : « Qu'est-ce que j'ignore encore au sujet de ce que je viens d'entendre? » De cette manière, vous vous réévaluez sans cesse afin de ne pas vous baser sur des suppositions et vous ne vous contentez pas d'informations incomplètes.

L'importance des questions pertinentes en vue de la rédemption

La discussion précédente est cruciale si nous voulons servir d'instruments de changement entre les mains du Seigneur. Les questions pertinentes posées au moment opportun sont absolument nécessaires pour aider les gens à réaliser qui ils sont vraiment et ce qu'ils font réellement.

Nous, pécheurs, avons tendance à remanier notre histoire afin de servir notre propre cause. Nous nous cachons derrière les difficultés et la pression des circonstances ou les échecs des autres. Nous cherchons des facteurs extérieurs pour expliquer la réalité, sans nous soucier de l'intérieur. Nous sommes plus impressionnés par notre justice que nous ne sommes horrifiés par notre péché.

Pour cette raison, nous avons tous besoin de personnes qui nous aiment suffisamment pour poser des questions et écouter. Et qui, après avoir écouté, posent de nouvelles questions. Il ne s'agit nullement d'indiscrétion. Il s'agit plutôt d'aider des aveugles à voir leur besoin de Jésus-Christ, d'accompagner des individus afin qu'ils reconnaissent les voies insensées où ils ont marché, cherchant leur propre gloire, et les moyens subtils qu'ils ont déployés pour remplacer l'adoration et le service dus au Créateur par le service et l'adoration de la créature.

La grâce de Christ empreinte de pardon et de puissance est destinée au pécheur – le coupable et le faible, le perdu et celui qui souffre. Ceux qui ne savent pas qu'ils ont besoin du Sauveur ne cherchent pas son aide. C'est pourquoi entre les mains du Messie, nos questions peuvent devenir la clé qui ouvrira les prisons et permettra à des individus de s'appuyer sur Christ de façon nouvelle et plus profonde.

Christ se sert de nos questions pour transformer le cœur des gens. Ceux qui sont abattus retrouvent l'espoir et la force de continuer. Les voleurs de gloire commencent à vivre pour la gloire du Seigneur. Les individus égocentriques sont libérés d'eux-mêmes et aiment Dieu et leur prochain. Alors que le Saint-Esprit œuvre dans les cœurs, nos questions peuvent servir d'amorce au travail de transformation radicale accompli par Dieu. Elles deviennent partie intégrante de ce que signifie incarner Christ auprès de ceux qui nous entourent.

AIMER
► **CONNAÎTRE**
PARLER
AGIR

10

Découvrir les domaines où le changement s'impose

Michel et Maude avaient demandé un rendez-vous parce que « tout allait très mal ». Ils semblaient complètement épuisés, je n'ai donc pas tardé à planifier une rencontre. J'étais accompagné d'un homme que je formais en vue du ministère personnel. Quand je leur ai demandé ce qui se passait, Michel a commencé à me raconter l'histoire familiale la plus déroutante qu'il m'ait été donné d'entendre. Ils avaient été mariés auparavant et tentaient de reconstituer deux familles de quatre enfants chacune. Maude ajoutait parfois des précisions qui ne parvenaient en fait qu'à me désorienter encore davantage. Je crois que j'ai pris plus de notes cet après-midi-là que durant tous mes cours de théologie au séminaire! Leur histoire était remplie de manigances et d'intrigues secondaires. Toutes leurs tentatives pour résoudre les problèmes n'avaient réussi qu'à empirer la situation. Leurs enfants semblaient également avoir pris plusieurs mauvaises décisions. *Tout* allait mal!

Au bout d'une heure, Michel a conclu en disant : « Vous voyez, Paul, nous avons désespérément besoin d'aide ». C'était le moins qu'on puisse dire. Incapable de parler, mon regard allait de ma pile de notes aux deux visages devant moi. Leur profond désespoir les avait conduits à demander de l'aide. Totalement déconcerté, je ne trouvais rien d'intelligent à dire. Je suis probablement resté silencieux quelques secondes, mais elles m'ont paru des heures.

Enfin, je leur ai dit que je devais réfléchir à leur histoire et prier avant de planifier un prochain entretien.

Après leur départ, mon compagnon s'est exclamé : « Eh bien! Quelle rencontre encourageante! Je peux aisément exercer un ministère personnel! Il s'agit de demander aux gens de raconter leur histoire tout en leur promettant d'y réfléchir et de prier. Je pensais que ce serait beaucoup plus difficile! »

J'ai souvent repensé à cette première rencontre avec Michel et Maude. Je ne leur ai pas donné beaucoup d'espoir auquel s'accrocher et j'ai été pratiquement incapable de saisir la portée de leurs luttes. Pourtant, compte tenu de la multitude de détails embrouillés, je crois avoir pris la bonne décision. En exerçant un ministère personnel, vous côtoyez des gens perdus dans le dédale chaotique de la vie et dont l'existence est devenue compliquée à la suite de décisions irréfléchies ou à cause du péché d'un autre. Vous entendez souvent des individus vous raconter comment ils ont essayé pendant des années de trouver des solutions, mais la situation n'a fait que s'aggraver. Vous êtes témoin du travail de l'Ennemi qui cherche à tromper, diviser et dévorer, ainsi que des conséquences désastreuses produites par des raisonnements absurdes et de mauvais conseils.

Cependant, le ministère personnel vous permet également de voir Dieu à l'œuvre, conduisant les gens au-delà de leurs forces et de leur sagesse. Vous assistez à la réalisation de son plan de rédemption au milieu des circonstances particulières de la vie. Vous avez le privilège de faire connaître aux gens les ressources que donne Christ, et qui représentent le véritable moyen de transformer les cœurs et les vies. Vous agissez comme des ambassadeurs du Seigneur Jésus, cherchant à incarner son amour. Vous voulez connaître et comprendre l'univers de votre interlocuteur, vous vous identifiez à ses souffrances et lui offrez l'espérance de l'évangile. Vous devenez ainsi participants de l'œuvre magistrale du royaume de Dieu.

Il peut arriver, dans l'exercice du ministère personnel, que nous soyons à court de paroles, ne sachant que dire. Nous ne pourrons réparer tout ce qui est brisé. Le ministère personnel sert à établir une connexion entre Christ et les gens afin qu'ils apprennent à penser comme il le veut, à désirer ce qu'il affirme être le meilleur et à agir conformément à son appel, même si la situation ne se « règle » jamais. Nous présentons la gloire de Dieu à des individus blessés, perdus et déstabilisés de manière à ce qu'ils délaissent la poursuite de leur propre gloire et vivent pour celle du Dieu saint. Nous implantons si profondément l'histoire de chacun d'eux dans la grande histoire de la rédemption, qu'ils envisagent les diverses circonstances de la vie et leurs relations en croyant fermement que Dieu est à l'œuvre. Nous ne pouvons que nous émerveiller d'être appelés à participer de cette manière au travail du Seigneur!

Mes réflexions et mes prières au sujet de Michel et Maude ont bientôt porté des fruits. D'abord, j'ai vu Dieu à l'œuvre au milieu de leur chaos et il me tardait de les aider à le voir également. Ensuite, leur histoire est devenue plus claire et j'ai commencé à assembler les différentes pièces du puzzle. D'autres questions ont surgi dans mon esprit, mais je savais ce que je leur dirais. J'avais découvert comment les orienter selon les principes bibliques et j'avais hâte de les revoir.

Interpréter les données

Le ministère personnel ne consiste pas simplement à recueillir des informations utiles, il exige que nous les analysions en accord avec la Bible. Au chapitre trois, nous avons noté que les gens vivent leurs vies en basant leur interprétation sur leurs expériences et non pas seulement sur des faits bruts. Il en va de même pour le ministère personnel. Dieu nous a créés pour interpréter. Ainsi, en entendant le récit d'une histoire de vie, nous essayons d'instinct de lui donner un sens. Nos réponses, exprimées en mots ou en actions, ne se fondent pas seulement sur ce qui a été dit, mais sur notre interprétation des faits.

Un ministère personnel basé sur la Bible se doit d'être effectivement *biblique*. Par conséquent, nous envisageons la vie des gens selon un point de vue biblique. Nous prenons en considération la gloire de Dieu, la nature pécheresse de l'homme, le monde déchu, l'existence du diable, la grâce de l'évangile et la réalité de l'éternité. La pratique de ce ministère s'intéresse davantage à la *perspective*, à l'*identité* et à l'*appel* qu'à la recherche de solutions pour tous les problèmes.

Prenons l'exemple du mariage. De quoi les couples en difficulté ont-ils réellement besoin? Trouveront-ils l'aide nécessaire en développant de nouvelles techniques de communication ou en discutant honnêtement de sexualité? Devraient-ils se mettre d'accord sur la manière d'élever les enfants et de gérer les finances, tout en réglant sainement leurs conflits? Bien sûr! Pourtant, quelque chose d'important manque à cette liste. Ils ont besoin de vivre en s'appuyant sur une meilleure compréhension de leur identité, de la nature de Dieu et de l'œuvre qu'il accomplit dans leur union. Paul nous rappelle dans 2 Corinthiens 11.1-3 que notre vie *présente* sert d'école de formation en vue de notre mariage *à venir*. Nous sommes l'Épouse de Christ. Dieu nous prépare en vue d'un mariage parfait et futur. Par conséquent, la question la plus importante concernant nos relations *présentes* n'est pas de savoir si nous sommes heureux ou non, mais de savoir si nous donnons ou non à l'Époux l'amour exclusif qui lui est dû et réservé.

Vous ne pouvez donner un autre sens que celui-là aux relations humaines, particulièrement au mariage. En effet, pourquoi Dieu a-t-il placé la relation humaine la plus importante, la plus exigeante et la plus difficile (le mariage) au beau milieu d'un processus crucial et de la plus haute importance (la sanctification)? S'il a agi ainsi afin que chacun réalise ses rêves personnels, il aurait mieux valu les sanctifier parfaitement avant d'affronter les épreuves du mariage. Pourtant, Dieu n'a pas commis d'erreur. Il œuvre à concrétiser un rêve beaucoup plus grand, c'est pourquoi il nous fait passer par la détresse et les tourments. Nos rêves s'écroulent et ainsi, en apprenant à nous aimer les uns les autres, nous l'aimons lui de mieux en mieux et de plus en plus.

Quand vous envisagez le mariage de cette manière, vous n'exigez plus que votre tendre moitié incarne vos rêves. Vous connaissez votre véritable identité (fiancé à Christ) et l'œuvre que Dieu accomplit (il vous prépare pour le mariage ultime). En supportant le stress lié au rôle de parents, à la communication, à la sexualité et aux finances, vous ne pensiez jamais pouvoir ressentir une si grande joie au sein d'un mariage qui est pourtant loin d'être parfait. En adoptant ce point de vue, les principes bibliques qui ont trait aux couples prennent alors tout leur sens. En effet, ils représentent des applications pratiques de ce que signifie le mariage dans la vie *présente* dans la perspective du mariage *à venir*.

Les mêmes préceptes s'appliquent bien entendu aux célibataires. Dieu vous prépare à devenir l'Épouse de Christ à travers vos relations et les expériences vécues dans votre famille, avec vos voisins, vos collègues de travail et les membres de votre Église. Vous n'êtes peut-être pas marié dans la vie *présente*, mais le Seigneur travaille en vous aussi consciencieusement que chez les couples mariés afin que vous soyez prêts pour votre mariage *à venir*. Vous avez également besoin d'une identité, d'une perspective et d'un appel biblique, et Dieu est déterminé à vous aider à les acquérir.

Si vous n'aidez pas les gens à voir leur histoire selon un point de vue résolument biblique et centré sur Christ, votre ministère ne dépassera pas le stade des généralités et des principes théologiques. Les cœurs demeureront exactement les mêmes et les changements de comportement s'avéreront temporaires. Non seulement la guerre se poursuivra-t-elle entre eux, mais ils entreront également en guerre contre Dieu qui n'abandonne jamais ses revendications exclusives sur les cœurs.

Un ministère biblique personnel connaît le succès lorsqu'une bonne exégèse des Écritures conduit à une juste analyse de la vie d'un individu. Les deux aspects de ce processus interprétatif rendent le ministère biblique unique. Nous ne pouvons comprendre les gens correctement sans procéder à une exégèse exacte des Écritures. De même, nous ne pouvons appliquer les Écritures sans analyser les gens avec discernement. La Bible enseigne que nos cœurs exercent une influence certaine sur nos vies. C'est pourquoi nous nous efforçons toujours de trouver de quelle façon les décisions, les paroles et les actions des gens révèlent les pensées et les désirs de leurs cœurs. La convergence de ces deux aspects du processus interprétatif permet la transformation durable des cœurs et des vies.

Classer les informations en se basant sur la Bible

Nous ne pouvons nous permettre de donner des conseils à quelqu'un sous l'impulsion du moment, sans nous y préparer. Si nous ne prenons pas le temps de réfléchir au sens biblique des propos qui nous sont confiés, nous ressemblons à des aveugles conduisant d'autres aveugles. Demandons-nous, par exemple : « Quels sont les thèmes, les points de vue, les promesses et les commandements de la Parole de Dieu s'appliquant directement à cette personne et à sa situation ? » Nous ne serons en mesure de prodiguer des conseils fondés sur la Bible qu'en filtrant ce que nous avons entendu à travers une saine évaluation biblique.

N'oublions pas qu'il ne s'écoule jamais une journée sans que nous n'échangions des conseils. Une femme donne un avis à son mari avant qu'il ne parte au travail. Un parent enseigne à son enfant à régler un problème à l'école. Un frère aide sa sœur à résoudre pacifiquement le différend qui l'oppose à ses amies. Un employeur se voit obligé de reprendre un employé. Chaque jour, nous partageons nos interprétations de la vie avec les autres, façonnant leur compréhension de leur propre existence. La question consiste à savoir si notre ministère réciproque s'appuie sur la Bible. Pour chacune de nos interventions, nous demandons-nous ce que les Écritures disent à ce sujet?

Apprendre à connaître une personne s'apparente à une tournée de la maison pour ramasser le linge sale. En peu de temps, vous vous retrouvez avec une pile de vêtements de différentes couleurs et il vaut mieux les trier avant de les déposer dans la machine à laver. Autrement, vous risquez de ne plus aimer la couleur de vos chaussettes! C'est un peu la même chose quand on apprend à connaître quelqu'un. Personne ne dit : « Attention! Je vais maintenant vous partager un événement important de mon passé. » Personne ne s'arrête pour déclarer : « Écoutez attentivement, car je m'apprête à vous révéler les motivations de mon cœur. » Au contraire, nous entremêlons l'histoire ancienne et les circonstances présentes, les émotions et les raisonnements logiques. Nous expliquons le comportement des autres, tout en parlant de nous. Nous mentionnons Dieu en décrivant certaines situations. Les faits isolés s'entassent pêle-mêle et notre tâche consiste à les organiser et les interpréter.

La première étape à franchir pour donner un sens aux faits isolés qui nous sont confiés consiste à regrouper les informations sous quelques catégories bibliques simples. Cette étape ressemble au triage des vêtements ou à l'assemblage d'un puzzle. Après avoir effectué cette tâche, nous sommes en mesure de prendre du recul et de nous demander : « Selon la Bible, quels changements s'avèrent nécessaires chez cette personne, dans la situation présente? »

Exerçons-nous à classer des données selon un modèle biblique. Supposons que Gabrielle, une femme de votre Église, prenne rendez-vous pour discuter. Elle est inquiète, car son mari, Julien, s'emporte de plus en plus souvent et rapidement. Il lui crie par la tête, et agit de même envers les enfants. Il critique sans cesse et devient très exigeant. Il reste tard au travail et à la maison, il passe le plus clair de son temps devant l'ordinateur. Quand elle lui demande si quelque chose ne va pas, il répond que la vie est pénible. Gabrielle ajoute que le père de Julien était un homme aux pensées négatives qui croyait que le monde entier lui en voulait. Julien n'avait pas ce genre d'attitude lorsqu'elle l'a épousé, mais Gabrielle craint que son mari commence à ressembler à son père. Quand Gabrielle s'informe auprès de Julien sur la manière dont elle pourrait l'aider, il répond invariablement : « Laisse-moi tranquille, j'ai besoin de respirer. »

La figure 10.1 présente un outil simple pour vous aider à compiler les données et à regrouper les informations à mesure que vous apprenez à connaître une personne. En classant ainsi les renseignements révélés par Gabrielle, il sera plus facile de prendre du recul et de réfléchir dans le but de dresser un portrait global de la situation, selon une perspective biblique. (Dans l'exemple précédent, les informations recueillies jusqu'à maintenant sont évidemment insuffisantes. Pour offrir une aide valable à Julien et Gabrielle, il vous faudrait leur poser davantage de bonnes questions.)

Figure 10.1
Connaître en se basant sur la Bible

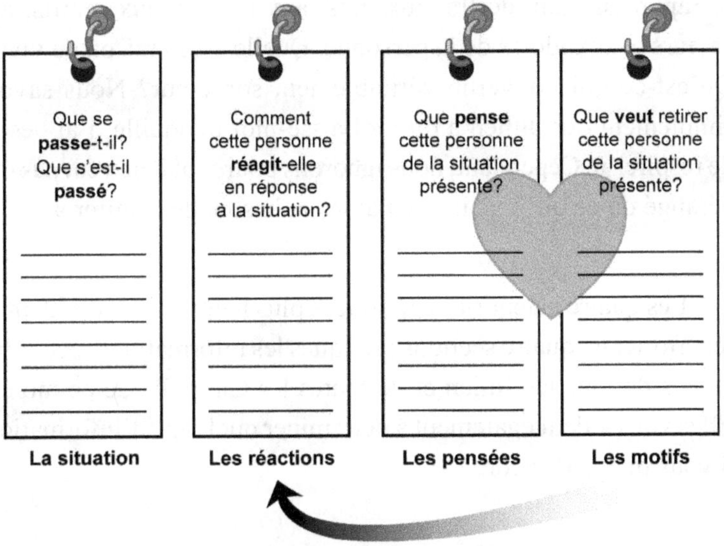

La situation	Les réactions	Les pensées	Les motifs
Que se **passe**-t-il? Que s'est-il **passé**?	Comment cette personne **réagit**-elle en réponse à la situation?	Que **pense** cette personne de la situation présente?	Que **veut** retirer cette personne de la situation présente?

La situation. (Que se passe-t-il?) Nous inscrivons dans cette section les informations décrivant l'univers de la personne (les circonstances), le passé et le présent. Nous avons appris au sujet de Julien qu'il a été élevé par un père cynique, aux pensées négatives (le passé). Aujourd'hui, il devient un mari de plus en plus critique, distant et coléreux.

Les réactions. (Comment cette personne réagit-elle en réponse à la situation?) Nous inscrivons dans cette section une liste de comportements précis. Nous savons que Julien s'adresse à sa famille en criant à tue-tête, il passe de plus en plus de temps au travail et il reste assis devant son ordinateur à la maison.

Les pensées. (Que pense cette personne de la situation présente?) Nous inscrivons dans cette section les informations concernant l'interprétation que donne la personne de son univers. Tout ce que nous savons à ce propos provient des paroles mêmes de Julien : « La vie est pénible ».

Les motifs. (Que désire cette personne ou que veut-elle retirer de la situation?) Nous inscrivons dans cette section les informations se rapportant aux désirs, aux buts, aux trésors, aux motifs, aux valeurs et aux idoles de la personne. Quelle est sa raison de vivre? Qu'est-ce qui gouverne véritablement son cœur? Nous savons simplement que Julien a dit : « Laisse-moi tranquille, j'ai besoin de respirer ». Cependant, nous ignorons pourquoi il ne veut pas être dérangé ou ce qu'il veut dire par « j'ai besoin de respirer ».

Les quatre catégories expliquées plus haut vous permettent de répertorier en quatre sections pratiques les informations recueillies auprès de tous les Julien et de toutes les Gabrielle de ce monde. Elles vous aident également à déterminer quel type d'informations il vous manque encore.

Comprendre et utiliser les catégories

J'aimerais vous donner un autre exemple pour vous démontrer que la répartition des données en quatre catégories simplifie grandement le processus de collecte des informations. Nous emploierons cet outil pour classer les renseignements recueillis auprès d'un autre couple.

Sylvie est venue me parler un dimanche, après le culte. Elle m'a affirmé que son mariage courait à la catastrophe et elle voulait en discuter le plus vite possible. Nous avons fixé un rendez-vous et je lui ai suggéré d'inviter son mari, Édouard, à se joindre à nous. Cependant, elle s'est présentée seule à la rencontre et m'a raconté son histoire dans les moindres détails, avec beaucoup d'émotion. Édouard avait refusé de venir, la menaçant de « plier bagage » si elle ne « faisait pas une femme d'elle-même ».

Sylvie a avoué que leur relation devenait de plus en plus marquée par la violence. Elle et Édouard ne dormaient plus dans la même chambre et ne sortaient jamais ensemble. Ils avaient ouvert des comptes bancaires séparés et avaient convenu depuis peu qu'il était préférable de ne plus prendre leur repas du soir ensemble. Leurs deux jeunes enfants mangeaient alternativement avec l'un ou l'autre.

Leurs problèmes de communication dataient en fait d'avant le mariage. Édouard avait toujours eu l'impression que Sylvie essayait de contrôler sa vie. Sylvie sentait qu'Édouard ne s'intéressait pas à son point de vue à moins qu'il ne soit « parfaitement clair ». Pourtant, Édouard déclarait que Sylvie était la plus belle femme au monde et elle disait que sa rencontre avec Édouard représentait l'événement le plus heureux de sa vie.

Édouard était extrêmement dynamique, à la tête d'une compagnie d'importation en plein essor. Sylvie préférait se retrouver avec des gens qui « comptaient vraiment ». Elle avait vécu chez des familles d'accueil toute sa vie et ne connaissait pas ses parents biologiques. Édouard avait été élevé dans un quartier urbain où résidait principalement la classe ouvrière. Depuis des années, Édouard accusait Sylvie de lui faire perdre peu à peu sa virilité. Sylvie a avoué avoir eu deux aventures extraconjugales. Édouard bouillait de colère et Sylvie semblait éprouver des sentiments similaires.

Pendant la conversation, Sylvie s'est montrée catégorique : « Je ne suis pas ici pour qu'on s'occupe de moi, car je ne vois aucun problème de mon côté. Je suis ici parce que ma vie conjugale est au bord du gouffre. Pensez-vous que vous pourriez réussir à parler à mon mari? C'est lui qui a besoin d'aide! »

Reprenons nos quatre catégories – la situation, les réactions, les pensées et les motifs – et classons ce que nous avons appris au sujet de Sylvie et d'Édouard.

La situation

Pour exercer un ministère personnel efficace, je dois comprendre à quoi ressemble le monde de Sylvie. Quelles sont les pressions, les circonstances, les responsabilités et les tentations qu'elle affronte au quotidien? Qui sont les gens importants de sa vie et que font-ils? Qu'est-ce que je connais de son passé? Tout en repassant les faits, je garde en tête une question : « *Que se passe-t-il?* » Ou « *Que s'est-il passé?* » J'inscris dans cette section les informations touchant à la situation.

Je vous suggère deux séries de questions à poser dans le but de démêler le passé et le présent de votre interlocuteur. Ces listes sont loin d'être complètes, mais elles vous aideront à amorcer le travail et vous donneront une idée du type d'informations à rechercher et à demander.

Le passé

- La famille d'origine. Qu'est-ce que je connais de l'enfance de cette personne?

- Les événements tragiques. Quels événements particuliers ont marqué la vie de cette personne (un décès dans la famille, un divorce, un accident avec séquelles graves, etc.)?

- Les relations importantes. En dehors du foyer, qui a exercé une influence déterminante dans la vie de cette personne (un mentor, un parent, un ami, un professeur, un pasteur)? Comment ces influences ont-elles contribué à façonner son image d'elle-même et de son monde?

- Les expériences importantes. Elles diffèrent des événements tragiques. Nous cherchons les expériences qui ont eu un effet à long terme et ont fait de cette personne ce qu'elle est aujourd'hui (un déménagement marquant pour la famille, l'inscription à l'université, la conversion à Christ, etc.). Quel impact réel se répercute encore aujourd'hui à la suite de ces expériences?

Souvenez-vous que cette liste n'est pas exhaustive. Elle suggère simplement des pistes de réflexion afin de connaître et de comprendre le passé de cette personne.

Le présent

- Le contexte. Quelles sont les situations et les relations auxquelles la personne doit faire face jour après jour (les contraintes, les circonstances, les responsabilités, les tentations)?
- Les relations importantes. Qui sont les personnes d'influence dans sa vie? Quel impact exercent-elles?
- La famille actuelle. Qu'est-ce que je connais de la famille où elle vit en ce moment?
- L'exposition du problème. De quelle manière la personne décrit-elle ses luttes? Selon elle, qu'est-ce qui ne fonctionne pas?

Mon but est d'apprendre à connaître Sylvie au cœur de son monde. Il me faut entrer dans les détails, car je suis appelé à bâtir un pont, à établir un lien pratique et concret entre la Parole de Dieu et les différents aspects de sa vie, afin que Sylvie comprenne les promesses de Dieu pour elle et ce qu'il l'appelle à faire. Commençons à trier les informations que Sylvie nous a fournies.

La situation de Sylvie

- Un mariage en péril
- Un mari refusant de chercher de l'aide
- Une relation empreinte de violence
- Des comptes bancaires séparés
- Des problèmes de communication
- Un mari dynamique, à la tête d'une compagnie en plein essor
- Un mari en colère – qui lui ordonne de changer sans quoi il partira
- Une enfance marquée par les transferts d'un foyer d'accueil à un autre – elle n'a jamais connu ses parents biologiques.

Les réactions

Dans cette section, je me concentre sur les comportements de Sylvie. Je recueille les données décrivant ses réactions à l'égard de la situation. Je recherche des *thèmes* et des *modèles*. De façon générale, de quelle manière réagit-elle aux situations et aux gens? Les thèmes et les modèles me donneront une idée de ce qui se passe dans son cœur. J'inscris toute information dépeignant le comportement de Sylvie sous la question : « *Comment la personne réagit-elle en réponse à la situation?* »

Les réactions de Sylvie

- Elle est venue chercher de l'aide (pour Édouard)
- Elle ne dort plus avec Édouard

- Elle a ouvert son propre compte bancaire
- Elle ne mange plus avec Édouard, les enfants mangent tantôt avec le père, tantôt avec la mère
- Elle a eu deux aventures extraconjugales
- Elle a avoué ses deux aventures
- Elle vous demande de faire parler Édouard
- Elle n'a pas quitté son foyer
- Elle continue de fréquenter l'Église
- Elle vous fait comprendre très clairement ce qu'elle veut (ainsi qu'à Édouard)

En regardant la liste des réactions de Sylvie, essayez de trouver les thèmes et les modèles qui l'amènent à régler ses problèmes comme elle le fait.

Les pensées

Cette section s'intéresse au « cœur » qui dicte le comportement de Sylvie. Je sais qu'en tant qu'être humain, Sylvie interprète et essaie constamment de trouver un sens à sa vie et aux événements. Elle ne réagit pas seulement aux situations, mais à l'interprétation qu'elle en dégage. Si ses interprétations ne s'appuient pas sur la Bible, ses réponses ne le seront pas davantage.

Si j'entretiens une vision déformée du passé, du présent, de Dieu, de l'avenir et de moi-même, je ne pourrai en aucun cas réagir correctement à ce que Dieu permet qu'il m'arrive. Il s'agit manifestement d'un des problèmes les plus sérieux dans la vie de Sylvie. En essayant d'aider les gens comme elle, nous devons rechercher les comportements malsains engendrés par des pensées tordues et non bibliques. Nous distinguons d'abord les faits qui décrivent sa manière d'envisager la vie et nous les inscrivons dans la section : « *Que pense cette personne de la situation présente?* »

Les pensées de Sylvie

- Mon mariage est en péril
- Édouard ne s'intéresse pas à mon point de vue
- Édouard représente l'événement le plus heureux de ma vie
- Je préfère me retrouver avec des gens qui comptent vraiment
- Je n'ai aucun problème
- Édouard a réellement besoin d'aide

Les motifs

Quelqu'un ou quelque chose exerce invariablement sa domination sur notre cœur et de ce fait, dicte nos comportements. Dans cette catégorie, nous recueillons les informations décrivant ce que Sylvie veut vraiment, les désirs dominant son cœur et les idoles qui la gardent sous leur emprise. Nous savons que par ses actions, Sylvie essaie d'obtenir ce qu'elle veut des gens et des circonstances. C'est pourquoi nous devons définir ses motifs et nous inscrivons cette information dans la section : « *Que désire cette personne ou que veut-elle retirer de la situation?* »

Les motifs de Sylvie

- Elle veut tout de suite parler de mariage
- Elle veut établir une certaine distance entre elle et Édouard
- Elle ne veut pas être dominée
- Elle aime fréquenter des gens qui comptent à ses yeux
- Elle veut qu'Édouard change
- Elle veut que vous sachiez qu'elle n'a pas de problème
- Elle veut que vous sachiez qu'Édouard a besoin d'aide

Qu'avons-nous accompli jusqu'à présent? Au lieu de donner à Sylvie une réponse expéditive après son partage chaotique de faits divers, nous avons tenté de les classer dans des catégories bibliques. Ces précieuses informations s'avèrent très utiles pour notre compréhension de la situation et nous aident à trouver les questions pertinentes à poser à Sylvie et Édouard lors d'une prochaine rencontre. Il faut particulièrement clarifier la section des motifs et comprendre davantage pourquoi Sylvie veut ce qu'elle veut. Néanmoins, même si la relation d'aide ne fait que débuter, les catégories nous permettent d'assembler le puzzle et de commencer à voir où doivent s'opérer les changements dans la vie de Sylvie et dans sa vie conjugale.

Qu'en est-il des émotions?

Vous avez peut-être remarqué que les émotions n'apparaissent pas dans la classification des informations par catégories. Comment devrions-nous envisager le rôle joué par les émotions dans nos vies?

La Bible dépeint les émotions humaines avec une palette de couleurs riches et profondes. Elle saisit toute la gamme des expériences humaines, décrivant les conflits familiaux et les intrigues politiques, la vie en milieu rural et en milieu urbain, les temps de paix nationale et le déclenchement de guerres internationales, les amitiés loyales et les rejets et trahisons, l'abondance et la richesse, la sécheresse et la pauvreté, les beautés d'un jardin et les horreurs des désastres naturels, la liberté, le repos et l'esclavage cruel, l'adoration de Dieu en toute pureté et l'idolâtrie sous toutes ses formes. La Bible contient une grande variété d'histoires auxquelles nous nous identifions, ainsi que des personnages qui nous ressemblent. Mises à part les différences historiques et culturelles, le monde biblique ressemble au nôtre par sa symphonie d'expériences quotidiennes.

De même, la Bible se révèle résolument honnête. Elle présente les gens et les circonstances avec une telle franchise, que si nous en avions été l'auteur, nous en aurions probablement adoucit les propos. Elle refuse de passer sous silence l'impact du péché sur nos vies et notre monde. Sa grande honnêteté atteint cependant un autre but : la Bible démontre que la sagesse du Seigneur et la grâce transformatrice de Christ sont suffisamment puissantes pour régler les problèmes les plus profonds de l'expérience humaine. En lisant soigneusement les Écritures, vous n'arrivez jamais à la conclusion que l'œuvre de Christ est destinée à des gens équilibrés et épanouis qui n'ont besoin que d'un petit coup de pouce pour parvenir au salut. Aucun dilemme fondamental ou condition de l'humanité ne se vit en dehors des limites de l'évangile. La rédemption n'est rien de moins que la libération d'individus complètement impuissants se trouvant en face d'une éternité de tourments loin de l'amour de Dieu.

Quel lien existe-t-il entre ces propos et les émotions? Un lien étroit! En consignant les expériences réelles de la vie, les Écritures dépeignent la gamme complète des émotions humaines. Elles comprennent bien la violente jalousie de Caïn, les larmes amères d'Anne et la peur des enfants d'Israël quand leurs maîtres égyptiens les rejoignent sur les rives de la mer Rouge. Elles évoquent la joie des victoires du peuple, le plaisir d'une adoration pure et le terrible chagrin de David à l'annonce de la mort de son méchant fils Absalom. Elles décrivent le découragement profond d'Élie qui souhaite mourir, la dureté de cœur des pharisiens et les supplications désespérées du mendiant criant au secours. Elles ne cachent pas la colère de Christ devant la profanation du temple, sa douleur et son angoisse à l'idée d'être séparé du Père et sa tendresse lorsqu'il va à la rencontre de ses disciples ébranlés et craintifs après sa résurrection. Elles montrent Zacharie célébrant la naissance de son fils, ainsi que Marthe et Marie pleurant amèrement la mort de leur frère. Les émotions humaines sont décrites dans les Écritures avec une telle intensité et une telle diversité, que nous pouvons affirmer que Celui qui les a ainsi dépeintes connaît parfaitement les cœurs.

Puisque les émotions teintent chaque domaine de la vie, nous ne les plaçons pas dans une catégorie à part en classant les informations recueillies sur une personne. Les émotions représentent un aspect important des quatre catégories. Tous les faits rapportés par un individu sont imprégnés d'émotions. Elles sont tissées dans chaque situation, réaction, pensée et motif. Les émotions sont présentes dans les relations et les circonstances à la manière des conditions météorologiques. Nous vivons au sein de la tempête provoquée par la colère de l'un ou sous la chaleur de la convoitise de l'autre. La nuit froide et sombre du chagrin nous enveloppe ou nous profitons du doux été de la vie, de la santé et de la paix. Les émotions constituent une part essentielle de chaque relation et de chaque circonstance que le Dieu souverain nous envoie.

Les actions, les pensées et les paroles comportent également leur part d'émotions. Si nous voulons comprendre adéquatement les thèmes et les modèles de comportement chez quelqu'un, il convient de reconnaître les émotions qui se dégagent de ses gestes et de ses propos. De même, les pensées ne résident pas dans une sorte de vide dépourvu de sentiments. Si nous nous persuadons qu'une tâche est irréalisable, nous l'abordons avec frustration et découragement. Si nous saisissons de tout cœur la bonté, la grâce et la gloire du Seigneur, nous vivons dans la joie et l'espérance. Vous ne pouvez comprendre entièrement la pensée des gens à moins de savoir ce qu'ils ressentent également. Les réactions que suscitent nos interprétations s'expriment par des émotions – puis, le processus se poursuit par l'interprétation de nos émotions.

Il en va de même pour les motifs. Les émotions constituent l'un des moyens par lesquels mon cœur exprime ce que je désire vraiment, ce que j'aime par-dessus tout et ce que je sers. Si je vis pour recevoir vos marques d'affection, mais que vous me rejetez, je ressens de la tristesse et de la colère. Si la réussite personnelle importe plus que tout à mes yeux et que je l'atteins, je serai heureux, mais je n'éprouverai peut-être pas une joie profonde et mon bonheur pourrait être passager. Nous devons apprendre à connaître la vie émotionnelle des autres pour comprendre réellement ce qu'ils veulent.

Mon bonheur dépend de l'obtention de ce que mon cœur désire plus que tout. Le découragement constitue la réponse de mon cœur quand je n'obtiens pas l'objet de mes désirs. Je suis rempli de craintes quand je perds subitement ce qui me semblait indispensable. En résumé, nos émotions sont le reflet de ce que nous adorons. Elles révèlent ce qui exerce une emprise sur nos cœurs. Dieu nous a donné des émotions en nous créant à son image, elles ont pour but de nous aider à vivre en communion avec lui. Elles constituent un guide, car elles nous permettent d'évaluer si nous vivons joyeusement une relation avec Dieu basée sur l'alliance ou si nous servons la créature.

Notre modèle de classement des informations (Situation, réactions, pensées et motifs) tient compte des émotions. Il reconnaît qu'elles sont présentes partout, dans chacune des quatre catégories.

Aimer suffisamment Dieu et notre prochain pour prendre le temps

Si vous comprenez l'histoire de la rédemption, vous savez que Dieu ne semble pas éprouver ce sentiment de hâte fébrile qui caractérise trop souvent notre désir d'aider les autres. En suivant son exemple, nous prendrons le temps de poser des questions, d'écouter, de réfléchir, d'interpréter et de prier. Nous ne devons pas prétendre savoir plus au sujet des gens que nous ne les connaissons en réalité. La façon d'agir de Dieu nous incite à prendre le temps de poser des questions basées sur les Écritures, car elles permettent à notre interlocuteur d'examiner en profondeur son cœur et sa vie. Nous éclaircissons ensuite ses réponses en enchaînant avec d'autres questions, tout en l'assurant que nous désirons mieux le comprendre. Nous classons par la suite les informations de manière à pouvoir les analyser selon une perspective biblique. Nous voulons par ce moyen que les gens *tels qu'ils sont* saisissent la grâce transformatrice de Christ, au milieu des *situations réelles de leurs vies présentes*.

Les deux grands commandements résumés par Jésus dans Matthieu 22.37-40 constituent un puissant encouragement à fournir les efforts nécessaires afin de mieux connaître les gens :

> Jésus lui répondit : Tu aimeras le Seigneur, ton Dieu, de tout ton cœur, de toute ton âme et de toute ta pensée. C'est le premier et le grand commandement. Et voici le second, qui lui est semblable : Tu aimeras ton prochain comme toi-même. De ces deux commandements dépendent toute la loi et les prophètes.

Parce que j'aime Dieu, je veux révéler la vérité de sa Parole avec exactitude, justesse, précision et clarté. Je veux établir un lien pratique et concret entre la sagesse de la Parole et les aspects particuliers de la vie de mon interlocuteur. De plus, en raison de mon amour pour les gens, je ne me contente pas de leur jeter à la figure une liste de vérités générales. Au contraire, par des questions pertinentes, une écoute engagée et une interprétation rigoureuse, j'apprends à connaître leur univers et ma compréhension me permet de leur apporter l'aide de Jésus-Christ là où ils en ont réellement besoin. Par conséquent, mon travail de collecte d'informations qui semble superficiel à première vue peut être empreint d'amour et devenir une occasion d'incarner la présence et la grâce de notre Dieu d'amour.

AIMER
CONNAÎTRE
▶ **PARLER**
AGIR

11

Dans quels buts dire la vérité avec amour?

En la voyant entrer dans mon bureau, j'ai tout de suite su que Susanne se préparait à un affrontement. Elle a parcouru la pièce du regard puis, d'une voix tendue, a parlé de la pluie et du beau temps jusqu'à ce que je prie. J'étais directeur de l'école chrétienne que fréquentait leur fille et je lui avais demandé de venir me rencontrer avec son mari pour discuter des difficultés qu'éprouvait cette élève. Je souhaitais qu'ils me considèrent comme un allié et un ami. En fait, j'aimais beaucoup leur fille et il me semblait que, malgré tous nos efforts, nous n'arrivions pas à l'aider efficacement.

J'ai entamé la conversation, m'efforçant d'employer un ton chaleureux et convaincu pour décrire la situation difficile. À ma grande surprise, Susanne m'a répondu en criant, m'accusant de ne pas aimer sa fille et de vouloir seulement me débarrasser des « problèmes » de cet établissement. J'ai fait une nouvelle tentative, partageant calmement mon amour et mes inquiétudes. Cette fois encore, Susanne s'est mise à me crier par la tête. Assise au bord de sa chaise, elle se rapprochait de plus en plus de mon bureau. J'ai repris la parole une troisième fois, essayant de lui faire comprendre que je ne portais aucune accusation contre sa fille (ou contre elle), mais que je partageais mes inquiétudes dans le seul but de trouver une solution. Elle haussait le ton de nouveau quand son mari a posé la main sur son genou en disant : « Chérie, il ne cherche pas à se quereller. »

Susanne m'a regardé pendant un moment, complètement stupéfaite, puis elle a marmonné : « Je suis désolée. Je déteste ce genre de rencontre. J'étais persuadée que vous alliez nous dire que nous sommes de mauvais parents. » J'ai l'impression que Susanne n'est pas unique. Il se peut que plusieurs d'entre nous voient venir de tels moments de vérité avec crainte et angoisse. Pour la plupart d'entre nous, des mots tels que *confrontation* et *réprimande* évoquent des images qui ne ressemblent en rien à l'amour. De toute évidence, Susanne avait été blessée lors de confrontations antérieures et cette fois, elle était prête à se défendre.

Bien que le verbe *réprimander* soit utilisé dans les Écritures pour désigner le fait d'exposer la vérité dans le but de susciter un changement nécessaire, peu de gens réagissent positivement en l'entendant. Par exemple, supposons que je vous appelle un soir pour fixer un rendez-vous le matin suivant afin de vous reprendre, quelle serait votre réaction? Iriez-vous trouver un ami pour lui faire part de la bonne nouvelle : « Quelque chose de merveilleux est sur le point de m'arriver! Paul vient me visiter demain pour me réprimander! Je l'attends avec impatience! Il y a longtemps que je n'ai pas été repris par quelqu'un. » Je ne crois pas que mon appel susciterait une telle réaction de votre part. La plupart d'entre nous préféreraient subir sans anesthésie la fraise du dentiste. Quand nous pensons à la réprimande, nous imaginons des paroles dures, des visages rouges, des ultimatums et des menaces. Nous ne considérons pas cette idée comme un geste d'amour patient et déterminé. C'est pourquoi il est important de comprendre à quoi ressemble un modèle de réprimande biblique. Il s'intègre au ministère personnel sous la rubrique **parler** et nous devons apprendre ce que signifie « dire la vérité avec amour ».

Les versets suivants du Lévitique (19.15-18) énoncent les intentions de Dieu concernant cet aspect de nos relations et du ministère personnel :

> Vous ne commettrez pas d'injustice dans les jugements; tu n'auras pas égard à la personne du pauvre et tu n'auras pas de considération pour la personne du grand, mais tu jugeras ton compatriote selon la justice. Tu n'iras pas calomnier ceux de ton peuple. Tu ne réclameras pas injustement la mort de ton prochain. Je suis l'Éternel. Tu ne haïras pas ton frère dans ton cœur; tu auras soin de reprendre ton compatriote, mais tu ne te chargeras pas d'un péché à cause de lui. Tu ne te vengeras pas, et tu ne garderas pas de rancune envers les fils de ton peuple. Tu aimeras ton prochain comme toi-même. Je suis l'Éternel.

Les principes inclus dans ce passage nous fournissent un point de départ intéressant pour comprendre la confrontation exercée de manière biblique.

La confrontation s'enracine dans l'obéissance au premier grand commandement qui s'énonce comme suit : « Tu aimeras le Seigneur, ton Dieu, de tout ton cœur, de toute ton âme et de toute ta pensée » (Matthieu 22.37). L'expression « Je suis l'Éternel » se retrouve à deux reprises dans ce passage du Lévitique. Dieu veut que la confrontation traduise l'expression de notre soumission envers lui dans nos relations avec les autres. Du point de vue de Dieu, le seul motif qui doit nous pousser à nous reprendre mutuellement est notre amour pour le Seigneur et notre désir de lui obéir. Si tel n'est pas le cas, il faut regarder en face la cause de nos échecs dans ce domaine, soit notre tendance naturelle à courir après des dieux de remplacement. Nous engageons des confrontations qui ne sont pas bibliques (ou les évitons carrément) parce que nous aimons certaines choses plus que Dieu. Nous tenons peut-être une relation en si haute estime que nous ne voulons pas risquer de la perdre. Nous savons également qu'une confrontation entraînera des sacrifices personnels et des complications et nous ne sommes pas prêts à renoncer à notre confort. Ou alors nous préférons de loin la paix, le respect et l'estime. Le principe s'énonce ainsi : nous perdons notre principale raison de nous reprendre l'un l'autre dans la mesure où nous accordons notre amour à une chose ou à une personne autre que Dieu. Par contre, si nous aimons Dieu par-dessus tout, la confrontation devient un prolongement et une expression de cet amour.

La Première Épître de Jean enseigne que l'un des indices les plus fiables de notre amour pour Dieu est la qualité de notre amour pour le prochain (3.11-20; 4.7-21). Le premier commandement sert de fondement au second – vous ne pouvez aimer votre prochain comme vous-même si vous n'aimez pas Dieu par-dessus tout. La médisance, la colère et la falsification de la vérité révèlent une réalité plus profonde qu'un simple manque d'amour pour les autres. Ces péchés mettent en évidence un manque d'amour pour Dieu. Nous n'agissons plus comme ses ambassadeurs au sein de nos relations, mais nous nous servons de ces dernières à des fins personnelles. Elles deviennent des moyens pour combler nos propres besoins. Dans ces conditions, craignant de perdre notre source de satisfaction, nous demeurons silencieux quand notre prochain s'éloigne des limites fixées par Dieu.

Le seul fondement sûr pour exercer un ministère fondé sur la vérité est l'amour pour Dieu. Toute autre motivation fausse le processus. Nous ne pouvons nous présenter devant quelqu'un avec un esprit de vengeance, remplis de colère ou de frustration. Nous allons vers lui parce que nous aimons Dieu. Nous parlons de sa part à l'un de ses enfants qui semble s'éloigner. La confrontation a très peu à voir avec nous. Elle concerne plutôt le Seigneur et est motivée par un désir de ramener les gens à une communion étroite avec lui, basée sur l'amour et l'obéissance.

La confrontation s'enracine dans le deuxième grand commandement qui s'énonce comme suit : « Tu aimeras ton prochain comme toi-même » (Matthieu 22.39). Il est intéressant de remarquer que dans l'Ancien Testament, l'appel à aimer notre prochain comme nous-mêmes est étroitement lié à celui de nous reprendre les uns les autres en toute honnêteté. Une correction exempte de toute colère inique témoigne d'un véritable amour biblique. Cependant, je crains que nous ayons remplacé l'amour véritable par la « gentillesse ». Se montrer gentil ne correspond pas à agir avec amour. Notre culture accorde beaucoup de valeur à la politesse et à la tolérance. Nous cherchons à éviter les situations embarrassantes. Nous remarquons des injustices, mais demeurons silencieux. Nous allons même jusqu'à nous convaincre que nous ne parlons pas *parce que* nous aimons l'autre alors qu'en réalité, nous ne parlons pas *parce que* nous ne l'aimons pas.

Comprenez-moi bien. L'amour véritable n'a rien d'impoli, d'envahissant ou de désobligeant. Toutefois, la Bible rejette l'idée de cacher le péché derrière un mur de silence. Elle enseigne plutôt que celui qui aime ouvre la bouche, même si ses paroles suscitent une tension et un sentiment de déplaisir. Si nous aimons les gens et souhaitons, tel que Dieu l'a voulu, ce qu'il y a de meilleur pour eux, comment pouvons-nous rester inactifs lorsqu'ils s'éloignent? Comment accepter qu'ils se trompent eux-mêmes par leurs raisonnements, leurs excuses et leur déni? Comment pouvons-nous les regarder s'enfoncer de plus en plus profondément dans les plaisirs éphémères et asservissants du péché? Comment pouvons-nous laisser un ami qui souffre accroître ses souffrances par sa manière de réagir à sa propre expérience? L'amour véritable ne connaît ni paresse, ni timidité. Il est actif et centré sur les autres.

À vrai dire, nous évitons la confrontation non pas parce que nous aimons trop les autres, mais parce que *nous nous* aimons trop nous-mêmes. Nous craignons l'incompréhension ou la colère des autres. Nous avons peur de ce qu'ils penseront. Nous ne voulons pas vivre avec les conséquences parfois difficiles qui suivent un moment d'honnêteté, car nous nous aimons davantage que notre prochain. Pourtant, nous savons que la profondeur de l'amour dans une relation se mesure à son degré d'honnêteté. Le deuxième commandement nous incite à reprendre l'autre en nous appuyant sur la Bible.

La confrontation se présente comme une responsabilité morale inhérente à toutes relations. Le passage nous commande de reprendre nos *compatriotes*. Cet appel dépasse les frontières du counseling officiel, du suivi de disciples et des relations développées dans l'exercice du ministère. Il s'applique à notre entourage et non pas à ceux avec qui nous n'entretenons aucune relation lorsque ces derniers traversent une période de crise. La Bible présente la confrontation comme l'un des éléments essentiels d'une relation solide. Elle fait partie des interactions normales entre deux personnes et donne à la relation sa couleur particulière.

Trop souvent, en entendant les mots *réprimande* et *confrontation*, les gens pensent à la minute de vérité, à une longue liste d'accusations graves portées contre un individu foncièrement rebelle ou qui ne suit plus les voies de Dieu. Cependant, le modèle présenté dans les Écritures décrit une relation constante empreinte d'une honnêteté constante. Il ne dépeint pas un moment critique où a lieu une confrontation majeure, mais plusieurs interventions plus modestes. Le modèle biblique reconnaît qu'en vivant et en travaillant avec d'autres, le voile se lève peu à peu sur les cœurs. Il nous demande de traiter les vérités que Dieu révèle *à mesure* qu'il les expose au grand jour. Chaque fois que nous disons la vérité avec amour, le péché régresse et la croissance spirituelle est encouragée. Le paradigme présenté dans le livre du Lévitique s'harmonise parfaitement au modèle de sanctification progressive du croyant et du ministère proposé par le Nouveau Testament. Selon ce modèle, les problèmes doivent aussi être abordés sans attendre, afin d'éviter les conséquences tragiques plus tard.

Le passage du Lévitique poursuit ainsi : « ... mais tu ne te chargeras pas d'un péché à cause de lui ». Cette déclaration réaffirme clairement notre responsabilité morale. Toutes nos relations doivent être vécues en parfaite soumission à la volonté du Seigneur et en suivant ses voies. Nous avons été appelés à servir en qualité d'ambassadeurs de Celui qui est Seigneur de chaque relation. Nous ne devons jamais nous ériger en petits rois, fixant nos propres règles et poursuivant nos propres desseins.

La réprimande ne suggère pas que notre amour est conditionnel. Néanmoins, l'amour prêt au sacrifice décrit dans ce passage se tient au carrefour de la grâce patiente et de l'intolérance à l'égard du péché. Il déclare que je vous aime et que je ne fuirai pas au premier signe de faiblesse ou de péché. Je ferai preuve de grâce envers vous, car Dieu m'a fait grâce. Cependant, mon amour ne me permet pas de fermer les yeux sur vos méfaits. Il ne reste pas silencieux devant une faute qui prend de l'ampleur. Je suis appelé à témoigner un amour identique à celui de la croix de Christ, qui se dresse au croisement de la grâce de Dieu et de son intolérance absolue à l'égard du péché. Même s'il ne peut supporter le péché, Dieu ne fuit pas loin de moi, il vient *vers* moi rempli d'un amour rédempteur afin qu'un jour, je me tienne devant lui sans péché. Nous sommes appelés à incarner une telle attitude dans nos relations. En nous dérobant à cet appel, nous devenons les complices moraux du péché.

Combien de sermons avez-vous entendus traitant de l'immoralité d'un silence égocentrique? Vous arrive-t-il de considérer votre hésitation à reprendre une personne comme un acte de rébellion en soi? Avez-vous déjà compté le nombre de fois où vous avez décidé de garder le silence, alors que Dieu vous demandait de participer à son œuvre de salut? Nous sommes appelés à accepter la responsabilité morale qui accompagne les vérités que Dieu nous révèle au sujet des autres. En refusant de parler, nous nous rebellons contre le Seigneur que nous affirmons aimer et servir.

Il va sans dire que ce passage ne vous donne pas la permission d'agir à titre de conscience de votre prochain. Il ne vous accorde pas le droit d'user de présomption et de le juger avec arrogance. Ce passage rejette toutes ces choses. Il s'adresse à des « compatriotes ». Il ne décrit pas deux catégories de personnes : celles qui réprimandent et celles qui sont réprimandées, car nous faisons tantôt partie du premier groupe, tantôt du second. J'ai désespérément besoin des limites que Dieu, dans son amour, m'impose à travers mon prochain, et en tant que prochain, je suis également appelé à servir les autres de la même manière. Aussi longtemps que le péché demeure en nous, nous avons tous besoin d'aide et devons tous aider les autres. C'est ainsi que des pécheurs exercent un ministère envers d'autres pécheurs, avec l'aide de Dieu.

La confrontation s'apparente davantage à un mode de vie qu'à un évènement ponctuel. Il s'avère difficile de réprimander lorsque la confrontation n'est pas intégrée à notre expérience. Nous la pratiquons si rarement qu'il nous manque la compréhension, les attentes et les compétences nécessaires. Nous hésitons, nous échouons, de sorte que notre interlocuteur redoute la prochaine rencontre, tout comme Susanne. Pourtant, selon la perspective biblique, j'améliore sans cesse ma capacité à reconnaître, à reprendre et à appliquer la vérité à l'intérieur d'une relation saine. Chaque fois que nous disons la vérité, nous comprenons davantage notre appel et devenons plus habiles à le mettre en pratique.

Il arrive souvent que les parents entretiennent si peu de conversations franches avec leurs adolescents, que les moments de confrontation deviennent extrêmement pénibles. Il y a quelques années dans notre famille, certains événements sont survenus et nous ont obligés à avoir de bonnes discussions avec notre fille. Nous avons donc convenu de fixer avec elle un rendez-vous hebdomadaire pour discuter ensemble. La première rencontre s'est avérée très éprouvante, mais au fil du temps, les échanges sont devenus plus faciles. Nos progrès se sont bientôt répercutés jusque dans nos conversations les plus banales. Nos interactions sont alors devenues très harmonieuses et honnêtes. Ce passage décrit un modèle de « conversation continue » où les interventions quotidiennes ayant pour but de corriger font partie intégrante des relations.

Le suivi de disciples et le counseling tirent également avantage du modèle biblique. En effet, celui qui a appris à reprendre son prochain au quotidien (et à se laisser reprendre) avec une attitude humble, honnête et remplie d'amour sera moins embarrassé et plus cohérent quand il reprendra quelqu'un lors d'un entretien officiel. Notre capacité à exercer un ministère et à faire preuve de leadership dans nos familles nous équipe également pour aider l'Église de Christ. Il se peut que nos tentatives infructueuses – ou notre inaction – dans ce domaine proviennent du fait que nous n'avons pas cultivé dans nos familles une mentalité axée sur le ministère ou la communication efficace. Si nous avons évité les confrontations à la maison ou laissé éclater notre colère au lieu d'être constructifs, comment serons-nous en mesure de servir Dieu quand il nous donnera des occasions de le faire dans l'Église?

Nous ne reprenons pas les autres avec amour parce que nous avons subtilement basculé vers une forme de haine passive. Ce passage établit implicitement un contraste entre l'amour et la haine. Permettez-moi de l'illustrer de cette manière. Au centre apparaît un plateau d'amour élevé, fondé sur une volonté de reprendre en toute honnêteté. De chaque côté se trouve une sombre vallée de haine. L'une des vallées symbolise une haine passive, l'autre une haine active. Elles représentent toutes deux des tentations et sont mauvaises! Le Lévitique au chapitre 19 enseigne clairement que nous devons trouver le moyen de confronter le péché avec amour lorsque nous le voyons chez l'autre. Si nous nous abstenons de le faire, nous ne pouvons nous consoler en disant : « Je n'aime peut-être pas cette personne comme Dieu me le demande, mais au moins je n'éprouve pas de haine pour elle! » Il n'existe aucun terrain neutre entre l'amour et la haine. Notre réaction à l'égard du péché des autres est motivée soit par le deuxième commandement, soit par une quelconque forme de haine.

Le favoritisme, par exemple, représente une forme de haine subtile. Nous accordons notre faveur à certains, mais la refusons à d'autres en raison de critères établis par nous-mêmes. Ainsi, notre évaluation se base sur la situation financière, l'apparence physique, la race ou l'ethnie, les différences doctrinales, un sentiment de supériorité spirituelle, un dégoût devant certains péchés ou toute autre chose. Des individus vivent à l'extérieur de notre groupe de prédilection (et ne peuvent donc bénéficier de notre ministère) simplement à cause de leur personnalité. On rencontre cette situation même dans les familles. Je crains que la haine soit beaucoup plus présente au sein des familles et de l'Église que nous ne le pensons.

Une seconde forme de haine passive se manifeste par la rancune. Nous gardons en mémoire une action ou une parole méchante dirigée contre nous. Nous la repassons sans arrêt dans notre esprit. La colère s'accroît un peu plus chaque jour et nous donne des raisons additionnelles de mépriser celui qui a commis l'offense. L'incident a beau être chose du passé, notre irritation grandissante devient la grille d'interprétation selon laquelle nous évaluons tous les gestes de l'offenseur. Quoi qu'il fasse, il n'est jamais sans reproche. Notre opinion s'en trouve déformée, car nous le considérons du point de vue de la colère et de l'amertume, éliminant ainsi toute possibilité de régler le péché conformément aux exigences de Dieu.

Le passage du Lévitique ne traite pas en profondeur de la haine passive, mais il met en garde contre le mythe voulant qu'il existe un « terrain neutre » et il donne des pistes de réflexion pour nous aider à la comprendre. Chaque jour, nous nous retrouvons aux prises avec le péché des autres, mais l'inverse est également vrai. Il s'agit dès lors d'examiner ce qui motive nos réactions, soit l'amour biblique, soit une haine imprégnée de rancune, de préjugés et de présomption.

Nous ne reprenons pas les autres parce que nous avons cédé à une forme de haine plus active. En plus d'agir comme juge, nous devenons dans un tel cas geôliers et bourreaux. Le passage affirme que la haine active transparaît de trois manières : par l'injustice, la calomnie et la vengeance. Nous avons tous connu les effets de ces péchés à différentes périodes de nos vies et nous savons qu'ils détruisent ou du moins déforment le ministère biblique de la confrontation. Dieu nous a ordonné de nous reprendre les uns les autres dans le but de réfréner le péché jusqu'à l'accomplissement de notre rédemption. Deux choix s'offrent à nous en réponse au commandement : soit nous participons à l'œuvre de Dieu, soit nous lui faisons obstacle.

L'injustice corrompt le système de restrictions instauré par Dieu. Elle ne protège pas le pécheur, ne le corrige pas et ne le limite en rien, mais elle le blesse et le maltraite.

La calomnie ne conduit personne à avouer humblement son péché à Dieu ou aux autres. Quand je colporte des commérages, je confesse le péché d'un autre à une tierce personne qui n'est nullement concernée par le problème. Cette manière d'agir ne freine pas le péché, elle l'accentue. Elle ne construit pas le caractère, elle détruit la réputation. Elle ne guide pas vers une réflexion humble et profonde, elle produit la colère et nous place sur la défensive.

La vengeance s'oppose carrément au ministère. L'exercice du ministère est motivé par la recherche du bien de l'autre, alors que la vengeance cherche son malheur. Nous rejetons ainsi notre appel à conduire cette personne au Seigneur afin qu'elle se voie telle qu'elle est et décidons plutôt de régler nos comptes.

Ces réflexions s'avèrent terriblement sérieuses, car nous avons été appelés à incarner la gloire de l'amour de Christ sur la terre – à aimer comme il nous a aimés afin que le monde sache que nous sommes ses disciples. Le plaidoyer ultime et final en faveur de la réalité de l'évangile est l'unité du Corps de Christ, une unité si déterminée, si profonde et pleine d'affection que seule l'unité de la Trinité peut l'égaler (Jean 13-17). Nous sommes appelés à nous réjouir de nos relations, non parce que les gens comblent nos attentes, mais parce que nous sommes heureux de pouvoir révéler l'amour de Dieu à un monde sans espoir.

Lorsque les offenses causées par le péché des autres ne représentent plus un prétexte servant à nous venger, mais permettent plutôt à Dieu de se manifester, la différence est remarquable! Au lieu de prendre la place du juge qui revient à Dieu, nous cherchons les moyens d'incarner son amour auprès des gens qui nous ont blessés. Nous oublions trop souvent qu'il n'y a rien de plus merveilleux que le fait d'agir en qualité d'ambassadeurs de Christ. Nous participons à l'œuvre la plus importante de l'univers.

Nous parvenons à accomplir ce travail parce que nous ne sommes plus esclaves du péché, mais unis à Christ dans sa mort, sa résurrection et sa vie (Romains 6.1-14), tandis que le Saint-Esprit qui habite en nous combat pour nous contre la chair (Galates 5.16-26; Romains 8.1-11). À cause de cette réalité, nous pouvons refuser de céder aux émotions négatives (passions) et aux désirs irrésistibles (Galates 5.24) et changer de direction. Nous n'avons plus à livrer nos membres à des péchés tels le favoritisme, la rancune, la calomnie, l'injustice et la vengeance. Au contraire, nous pouvons offrir nos corps à Dieu pour son service. Non seulement la croix de Christ nous apporte-t-elle la rédemption, mais elle nous donne aussi les ressources nécessaires pour participer à son œuvre.

La confrontation prend sa source dans la reconnaissance de notre identité en tant qu'enfants de Dieu. Le passage répète à deux reprises : « Je suis l'Éternel. » Cette affirmation nous rappelle qu'il nous a choisis et que nos vies ne nous appartiennent plus. Ce que nous sommes et ce que nous possédons lui appartient et nos relations nous apportent une joie incomparable quand nous prenons conscience qu'elles lui appartiennent également. Nous sommes au Seigneur. Nos relations sont au Seigneur. Les circonstances présentes sont au Seigneur. Nous parvenons à réprimander avec amour quand nous réalisons que Dieu est notre Père. Nous désirons alors contribuer activement à accomplir ses desseins pour nous. Si le but que nous poursuivons est différent, nous avons oublié qui nous sommes.

Une saine confrontation biblique n'est jamais motivée par l'impatience, la frustration, les blessures ou la colère, mais elle représente un moyen par lequel Dieu empêche ces maux de détruire nos relations. Si nous ne reprenons pas notre prochain avec amour, nous donnons accès au diable. J'ai rencontré de nombreux couples qui avaient perdu toute tendresse et toute gratitude, dénués de patience, de respect, de sensibilité et de romantisme. Ces précieuses denrées avaient été minées par l'absence de confrontation biblique. Leur vie conjugale se résumait à un cycle interminable d'accusations, de récriminations et de vengeance. L'amertume et la colère avaient drainé toute vie de leur amour et ces couples pouvaient à peine se rappeler pourquoi ils s'étaient mariés. Ils n'avaient pas prévu que les choses se passent ainsi, mais leur refus de reprendre le péché comme Dieu le prescrit et leur penchant naturel les incitant à se dévorer l'un l'autre avaient saccagé leur relation. Le gentil couple plein d'espoir du début avait cédé la place à deux individus isolés, remplis de colère et sans espoir, cherchant le moyen de mettre un terme à leur union.

En adoptant un mode de vie où nous pratiquons humblement et honnêtement la confrontation, nous nous protégeons contre nous-mêmes. Nous avons besoin d'un procédé qui ralentit la progression du péché dans nos relations puisque nous sommes des pécheurs vivant avec d'autres pécheurs. Au début de notre mariage, Luella et moi avons résolu de ne jamais laisser le soleil se coucher sur notre colère (Éphésiens 4.26). Nous nous sommes promis de ne jamais nous endormir en étant en colère. Les premiers mois, nous restions allongés côte à côte, les yeux grands ouverts, attendant que l'autre demande pardon afin de nous épargner la honte de confesser le premier. Puis, le temps a passé et nous avons réalisé à quel point ce principe réfrénait notre péché, fortifiait notre relation, protégeait notre amour et nous aidait tous les deux à grandir. Nous sommes mariés depuis plus de trente ans et nous péchons encore, mais nous nous aimons plus que jamais et nous ne traînons pas les problèmes de la veille en commençant une nouvelle journée. En célébrant chaque anniversaire, nous remercions toujours le Seigneur de ce qu'il nous sauve de nous-mêmes.

La confrontation ne vous met pas directement en cause, mais place votre interlocuteur devant le Seigneur lui-même. La rencontre la plus importante lors d'une confrontation n'est pas celle qui se déroule entre vous et votre interlocuteur, mais entre lui et Christ. La réprimande ne contraint pas une personne à subir votre jugement, mais lui fournit plutôt l'occasion de régler certaines difficultés avec Dieu. Vous désirez qu'elle reçoive la grâce qui convainc de péché et conduit à la confession, au pardon et à la repentance – qu'elle expérimente la grâce que vous avez également reçue. La confrontation ne sert pas à appliquer la loi, mais à déployer envers celui qui s'est détourné de Christ la grâce qui restaure, pardonne et freine le péché. Elle n'est pas animée par le désir de punir, mais par l'espoir que le Seigneur délivrera cet individu de la prison de son propre péché, afin qu'il connaisse la liberté et marche en communion avec son Dieu.

La confrontation biblique commence par votre propre cœur

Puisque le ministère biblique personnel inclut le développement de relations favorisant et encourageant l'œuvre de Dieu dans les cœurs, il est impossible de servir les autres sans être atteint par leurs péchés et leurs luttes. Si quelqu'un est en colère, il s'irritera contre vous. Si un autre est méfiant, il remettra en question votre crédibilité. Une personne découragée recevra probablement vos meilleurs conseils avec cynisme et incrédulité. Puisqu'il importe d'incarner la présence de Christ dans l'exercice du ministère personnel, nous voulons réagir correctement aux différentes situations survenant dans nos relations.

Dans le but de demeurer fidèles à Christ en toutes circonstances, nous devons commencer en examinant nos propres cœurs. Discernons-nous des pensées, des motifs ou des attitudes pouvant faire obstacle à l'œuvre de Dieu (suffisance, colère, amertume, esprit de condamnation, vengeance)? Certes, nous servons d'instruments pour répandre la grâce de Christ, mais nous sommes aussi pleinement conscients de notre grand besoin de cette grâce. Nous comptons sur Dieu afin qu'il nous donne l'amour, le courage, la compassion et la sagesse nécessaires pour le représenter convenablement.

Malheureusement, nous négligeons souvent cette importante étape préparatoire. Pour cette raison, nous réprimandons en vain, non seulement parce que le cœur de notre interlocuteur est endurci, mais également parce que l'ambassadeur n'est pas préparé adéquatement. Si je ne commence pas en m'occupant de mon propre cœur, mes tendances naturelles reprendront facilement le dessus :

Je transformerai une occasion de ministère en accès de colère. Si je ne comprends pas pourquoi mon interlocuteur me met en colère, mes paroles refléteront mon irritation et ne produiront pas le bien que Dieu désire accomplir à travers moi.

Je me sentirai inutilement visé. Si je ne règle pas les problèmes de mon cœur, les attaques dirigées contre moi (sur le plan horizontal) prendront plus d'importance que la relation de mon interlocuteur avec Dieu (sur le plan vertical). Je deviendrai de plus en plus sensible à la manière dont il me traite. Bientôt, je m'offusquerai de paroles blessantes qui ne me concernent pas, mais qui indiquent simplement quels aspects de son cœur ont besoin de changer.

Je me présenterai comme un adversaire. Il s'agit de la conséquence logique du point précédent. Plus je serai blessé et tarderai à corriger le problème, plus j'assumerai le rôle « d'adversaire » au lieu « d'accompagnateur » chaque fois que je rencontrerai celui qui m'a fait du mal. Cette constatation est tragique, mais vraie : nous *devenons* parfois les ennemis de ceux que nous sommes appelés à aider. Cette opposition se vit entre amis, mari et femme, parents et enfants, pasteurs et assemblées. Dans ces conditions, nous nuisons grandement à l'œuvre que l'Admirable Conseiller cherche à accomplir.

Je confondrai mon opinion et la volonté de Dieu. Mon opinion sur la situation est la dernière chose dont une personne a besoin lors d'une confrontation. Il doit plutôt se voir selon une perspective biblique et recevoir un appel. (Qu'est-ce que Dieu l'appelle à faire en réponse à ce qui se produit à l'intérieur et autour de lui?) Mon travail consiste à lui tendre le miroir de la Parole de Dieu afin qu'il s'y voie le plus clairement possible. Cependant, si je ne prends pas soin de mon cœur, mes propos refléteront mes propres sentiments, mes désirs et mes opinions. En examinant d'abord mon cœur, je m'assure que mes plans concordent avec ceux du Seigneur.

Je trouverai des solutions rapides qui ne régleront pas les vrais problèmes du cœur. Si je ne confesse pas mes mauvaises attitudes, mon ministère sera de moins en moins fondé sur un amour semblable à celui de Christ, et de plus en plus sur mes réactions personnelles. Je ne penserai plus avec autant d'enthousiasme à ce que Dieu peut faire (et au privilège qui consiste à participer à son œuvre), et je me sentirai pressé de mettre fin à la relation. Je n'aurai plus envie de persévérer jusqu'à ce que Dieu ait accompli ses desseins. L'autre deviendra une source d'irritation, car notre relation me semblera lourde. Je serai tenté de trouver des solutions rapides et superficielles qui me permettront de passer à autre chose. Par conséquent, je ne peux plus être motivé par l'amour pour Dieu et pour l'autre si je n'aime que moi.

Examinez soigneusement votre cœur. Ces tendances se manifestent *vraiment* dans la vie d'individus pratiquant un ministère. Elles influencent la communion au sein du Corps de Christ et corrompent le bien que Dieu cherche à accomplir dans nos familles. Êtes-vous conscient de mauvaises attitudes qui n'ont pas encore été corrigées et font obstacle au ministère que Dieu vous a confié? Vous, parents, usez-vous chaque jour de la patience de Christ envers vos enfants? Vous, conseillers, réussissez-vous à incarner le caractère du Seigneur? Vous, pasteurs, vous arrive-t-il d'abandonner tout espoir quand vous pensez à certains membres de votre assemblée? Vous, frères et sœurs, avez-vous rompu des relations ou vivez-vous des tensions avec des amis? Vous, maris et femmes, votre vie de couple se réduit-elle à des conversations superficielles et à la planification de la bonne marche du foyer? Il m'est impossible de dire la vérité avec amour si je ne m'occupe pas des pensées, des sentiments, des désirs et des attitudes me barrant la route.

Souvenez-vous que Dieu a décrété que cette personne difficile ferait partie de votre vie. Cette situation ne procède pas d'un moment d'inattention de sa part, au contraire, Dieu prend soin de vous selon les dispositions de son alliance. Reconnaissez humblement que l'Admirable Conseiller travaille dans le cœur des deux parties en cause et utilise l'autre pour dévoiler des aspects de votre vie qui doivent changer. Acceptez que Dieu puisse transformer le cœur de votre interlocuteur sans pour autant négliger le vôtre! Mais par-dessus tout, célébrez! Vous faites l'expérience de sa grâce et de sa gloire jalouse. Par votre intermédiaire, il livre un combat pour remporter le cœur de cette autre personne et à travers elle, il tient fermement le vôtre entre ses mains. Il ne vous abandonnera pas et ne renoncera jamais au travail qu'il a commencé en chacun de vous. Rappelez-vous, il est impossible de célébrer l'œuvre de transformation de Dieu sans confesser votre propre besoin de changement. Personne n'est aussi prêt à communiquer la grâce de Dieu aux autres que celui qui a compris à quel point il en a lui-même besoin.

La confrontation biblique commence par la poursuite d'objectifs appropriés

Après avoir préparé nos cœurs, nous sommes en mesure de réfléchir à ce que Dieu désire accomplir quand nous reprenons quelqu'un.

Qu'est-ce que Dieu cherche à accomplir au moyen de paroles honnêtes, humbles et aimantes? La meilleure réponse à cette question se trouve en fait dans une autre question : « Pourquoi les gens ont-ils besoin d'être réprimandés? » Les réponses suivantes nous guideront vers la découverte des principaux objectifs de la confrontation.

Nous avons tous besoin d'être réprimandés avec amour et honnêteté pour différentes raisons.

Le péché est trompeur. Le péché rend aveugle. Que notre cœur soit en entier ou en partie dans les ténèbres spirituelles, aussi longtemps que le péché habite en nous, nous avons besoin les uns des autres pour nous voir tels que nous sommes, avec exactitude.

Notre façon de penser est parfois mauvaise et non fondée sur la Bible (Nombres 11; Psaume 73). Aucun de nous ne réussit en tout temps à penser conformément à la vérité biblique. Notre point de vue sur Dieu, les autres et nous-mêmes est déformé et a tendance à nous avantager ou à nous justifier. Nous ne comprenons pas parfaitement les événements du passé, ni notre situation présente. Bref, cette condition dicte nos comportements.

Notre façon de penser est influencée par nos émotions. Il est difficile de penser clairement et adéquatement au milieu des souffrances, des épreuves et de la détresse. Quand les émotions se bousculent au-dedans de nous, les pensées s'embrouillent. Lorsque le malheur frappe, nous oublions ce que nous avons appris au sujet de Dieu *et* sur nous-mêmes. Quelle grâce, dans ces conditions, qu'une personne nous accompagne et nous rappelle l'essentiel!

Ma vision de la vie (Dieu, moi, les autres et la solution) a tendance à être fondée sur mes expériences. Puisque j'interprète moi-même mes expériences, chaque nouvelle situation confirme mes conclusions précédentes. J'analyse les circonstances nouvelles de manière à me convaincre de la validité de mes interprétations, sans me rendre compte de l'influence exercée par mon aveuglement spirituel, mes mauvais désirs et mes faux raisonnements. J'ai besoin de l'intervention de quelqu'un qui m'aime, qui me dira la vérité, me reprendra et corrigera ma vision erronée de la vie.

Nos réprimandes honnêtes, exprimées avec amour, ne répondront à ces défis que si nous visons deux objectifs précis. D'abord, nous voulons que Dieu se serve de nous comme *instruments pour ouvrir les yeux*. Je n'essaie pas de donner mon opinion. Je veux aider les gens à se voir dans le miroir de la Parole de Dieu. Je veux les aider à voir ce que Dieu voit.

Ensuite, nous voulons que Dieu nous utilise comme *agents de la repentance*. La Bible définit la repentance comme une transformation du cœur nous amenant à changer complètement la direction de notre vie. Le prophète Joël (2.12-13) en donne une belle illustration. Il nous exhorte à déchirer nos cœurs (un remord sincère vis-à-vis du péché, accompagné d'un désir de changer), au lieu de déchirer nos vêtements (le signe extérieur du remord au temps de l'Ancien Testament). Notre but n'est pas d'user de persuasion auprès des gens afin qu'ils changent de comportement, mais de les encourager à rechercher un véritable changement de cœur qui influencera toute leur vie. La repentance signifie une volte-face. Ce changement de direction doit d'abord débuter dans le cœur.

Je suis animé d'une intention précise. Je prie que Dieu transforme le cœur de mon interlocuteur à travers ce que je dis (le message), la manière dont je le dis (la méthode) et l'attitude que j'exprime (mon caractère). Réfléchissez un instant à ce qui suit. Dieu vous met en relation avec des gens dans le but d'achever son œuvre de transformation dans leurs vies! Vous êtes appelé à être davantage qu'un mari, une femme, un parent, un conseiller, un voisin ou un ami. En réalité, votre véritable identité est celle d'un *ouvrier du royaume*. Vous avez été choisi pour développer des relations où la *rédemption* joue un rôle prédominant. Vous vous trouvez aux premières loges et avez le privilège de voir Dieu transformer miraculeusement les gens. Que cet appel vous incite à vous consacrer à l'œuvre du royaume! Cherchez des moyens d'amener les gens à se repentir sincèrement et devenez témoin de la moisson que le Seigneur produira.

N'oubliez pas l'évangile

En cherchant à conduire un individu à la repentance, nous commettons souvent l'erreur d'accentuer la loi au détriment de l'évangile. Pourtant, Paul affirme que c'est la bonté de Dieu qui nous pousse à la repentance (Romains 2.4). Ailleurs, il déclare que l'amour de Christ nous presse et nous exhorte à ne plus vivre pour nous-mêmes, mais pour lui (2 Corinthiens 5.14). La grâce de l'évangile transforme nos cœurs, car elle contient la merveilleuse promesse du pardon en Christ. Par l'évangile, nous passons des ténèbres à la lumière de la vérité et c'est alors que s'opèrent la confession et la repentance véritables.

En réprimandant, nous ne devons jamais mettre sous les yeux d'une personne ses échecs et son péché sans lui parler en même temps de l'évangile. Ne l'oublions surtout pas! Nous lui rappelons son identité en Christ (2 Pierre 1.3-9; 1 Jean 3.1-3), les extraordinaires promesses de pardon formulées par Dieu (1 Jean 1.5-10) et le don incomparable du Saint-Esprit qui habite en nous et donne la force d'obéir. Ces vérités procurent aux croyants le courage d'examiner leur cœur, de confesser leur péché et de se tourner vers Christ. Si nous parlons comme des agents de la repentance, la loi ne suffit pas. Nous devons également présenter l'évangile.

Dans sa lettre aux Romains (8.1-17), Paul dépeint l'évangile comme un *appel* et un *réconfort*.

Il n'y a donc maintenant aucune condamnation pour ceux qui sont en Christ-Jésus, qui marchent non selon la chair, mais selon l'Esprit.

En effet, la loi de l'Esprit de vie en Christ-Jésus m'a libéré de la loi du péché et de la mort. Car – chose impossible à la loi, parce que la chair la rendait sans force – Dieu, en envoyant à cause du péché son propre Fils dans une chair semblable à celle du péché, a condamné le péché dans la chair; et cela, pour que la justice prescrite par la loi soit accomplie en nous, qui marchons, non selon la chair, mais selon l'Esprit.

En effet, ceux qui vivent selon la chair ont les tendances de la chair, tandis que ceux qui vivent selon l'Esprit ont celles de l'Esprit. Avoir les tendances de la chair, c'est la mort; avoir celles de l'Esprit, c'est la vie et la paix. Car les tendances de la chair sont ennemies de Dieu, parce que la chair ne se soumet pas à la loi de Dieu, elle en est même incapable. Or ceux qui sont sous l'emprise de la chair ne peuvent plaire à Dieu.

Pour vous, vous n'êtes plus sous l'emprise de la chair, mais sous celle de l'Esprit, si du moins l'Esprit de Dieu habite en vous. Si quelqu'un n'a pas l'Esprit de Christ, il ne lui appartient pas. Et si Christ est en vous, le corps, il est vrai, est mort à cause du péché, mais l'esprit est vie à cause de la justice. Et si l'Esprit de celui qui a ressuscité Jésus d'entre les morts habite en vous, celui qui a ressuscité le Christ-Jésus d'entre les morts donnera aussi la vie à vos corps mortels par son Esprit qui habite en vous.

Ainsi donc, frères, nous sommes débiteurs, mais non de la chair pour vivre encore selon la chair. Si vous vivez selon la chair, vous allez mourir; mais si par l'Esprit vous faites mourir les actions du corps, vous vivrez, car tous ceux qui sont conduits par l'Esprit de Dieu sont fils de Dieu. Et vous n'avez pas reçu un esprit de servitude, pour être encore dans la crainte, mais vous avez reçu un Esprit d'adoption, par lequel nous crions : Abba! Père! L'Esprit lui-même rend témoignage à notre esprit que nous sommes enfants de Dieu. Or, si nous sommes enfants, nous sommes aussi héritiers : héritiers de Dieu, et cohéritiers de Christ, si toutefois nous souffrons avec lui, afin d'être aussi glorifiés avec lui.

Paul nous encourage d'abord en décrivant la *consolation* que donne l'évangile (versets 1 à 11). Elle prend sa source dans deux réalités puissantes. Premièrement, l'œuvre de Christ a annulé la condamnation qui pesait sur nous à cause de notre péché. Jésus a entièrement payé la pénalité que méritaient nos transgressions – présentes, passées et futures. Cette consolation écarte la culpabilité liée au péché et devrait nous attirer hors des ténèbres où nous nous dissimulons, vers la lumière de sa grâce. Nul besoin de craindre, de nier, de jeter le blâme sur l'autre, de nous appuyer sur notre propre justice ou de récrire notre histoire. Ces tentatives d'expiation personnelle ne s'avèrent plus nécessaires puisque Christ a complètement expié notre péché. En venant à lui pour confesser nos fautes, nous n'avons plus à craindre sa colère et son rejet. Nous ne serons jamais condamnés, parce que Christ a parfaitement accompli la loi et sa mort constitue une offrande agréée par Dieu! Tout en aidant les gens à voir la gravité de leurs péchés, nous les consolons également en mettant l'accent sur l'œuvre de Christ qui a subi pour nous la colère de Dieu.

Les gens ont continuellement besoin d'entendre parler de la consolation que procure l'évangile. Ils ont besoin qu'on leur rappelle leur identité en Christ et les dons qu'ils ont reçus par sa vie, sa mort et sa résurrection. Nous ne devons pas tenir pour acquis qu'un chrétien, même s'il fréquente une bonne Église, a compris ces vérités. Il existe souvent de graves lacunes dans la compréhension de l'évangile. Par exemple, les gens vivent sans réaliser à quel point la consolation apportée par l'évangile change complètement notre approche de la vie ici-bas. Il est essentiel de confesser chaque jour nos péchés pour vivre une vie fondée sur l'évangile. Il n'est pas logique de rationaliser, de jeter le blâme sur l'autre ou de modifier les circonstances à notre avantage, car ce faisant, nous renions l'évangile. L'examen de mon propre cœur et la confession dénotent une confiance profonde en l'efficacité de l'œuvre de Christ pour moi aujourd'hui. Je viens à lui persuadé qu'il me pardonne.

Ensuite, l'évangile nous console par la présence du Saint-Esprit vivant en chaque croyant pour lutter contre le péché qui nous empêche de faire le bien. Avant d'être sauvés, notre nature pécheresse nous dominait. Nous étions incapables de penser, de choisir, de désirer, d'agir ou de parler en accord avec la volonté de Dieu. Aujourd'hui, tout a changé parce que Dieu vit en nous! Notre nature pécheresse ne nous domine plus. Dieu savait que notre condition était si désespérée que le pardon seul ne suffisait pas. Il devait venir vivre en nous avec toute sa puissance, sa grâce et sa gloire afin que nous ne soyons plus esclaves des mauvais désirs et des passions déréglées. Puisque nos cœurs sont sous l'emprise de l'Esprit, nous pouvons renoncer au péché et changer de direction.

Paul l'exprime ainsi : « L'Esprit donne la vie à vos corps mortels ». Nous sommes morts à la puissance dominatrice du péché et vivants dans le but d'obéir à Dieu. Nous pouvons suivre Dieu parce que l'Esprit nous donne la vie, la force et le désir d'obéir. Nous avons le devoir, en tant qu'ambassadeurs de Christ, de faire connaître ces vérités aux autres de peur qu'ils ne se découragent, se sachant incapables de faire ce que Dieu demande. Il arrive parfois que Dieu appelle des gens à opérer des changements majeurs dans leurs vies. Tout comme cet homme qui a déclaré : « Si je comprends bien, vous me dites que je ne peux plus être moi-même! » Au sens strict du terme, il avait raison. Dieu l'appelait à révolutionner sa manière de vivre à plusieurs égards. Cette expérience peut troubler profondément les gens si nous ne les aidons pas à voir l'appel de Dieu à travers les lunettes de l'évangile.

Cependant, ce n'est pas tout ce que Paul veut que nous comprenions au sujet de l'évangile. Ce dernier ne sert pas uniquement à nous consoler, il est également un appel et Paul le décrit dans les versets 12 à 17. L'apôtre nous rappelle que l'œuvre de Christ et la présence du Saint-Esprit nous obligent à prendre le péché au sérieux en le considérant comme Dieu le considère – une question de vie ou de mort. En aucun cas n'avons-nous le droit d'affirmer qu'en raison de notre pardon total, nous pouvons désormais vivre à notre guise. Paul déclare que la grâce exige que nous réglions promptement le péché qu'elle dévoile. Puisque le péché était si grave aux yeux de Dieu qu'il a offert son propre Fils en sacrifice et nous a remplis de son Esprit, comment pouvons-nous traiter avec légèreté le mal présent dans nos cœurs et nos actions?

Le travail continuel de Dieu dans la vie du croyant consiste à éradiquer le péché (faire mourir les actions du corps). En tant que croyant, je me dois de participer à l'opération de recherche et de destruction menée par le Saint-Esprit. Je n'ai plus le droit de vivre « selon la chair » puisque ce faisant, je renie l'évangile et mon identité d'enfant de Dieu. Je ne peux jamais dire : « Je ne veux pas » ou « Si je pouvais, je le ferais » ou « C'est trop difficile » ou « Ce n'est pas important, puisque je suis pardonné ». La seule réaction adéquate en considérant la consolation que procure l'évangile est d'accepter son appel et de suivre Christ en toute obéissance. Je suis appelé à reconnaître ma filiation et à réaliser que les vrais enfants de Dieu sont « conduits par l'Esprit » et non par leur nature pécheresse.

Lorsque nos paroles de vérité (la confrontation et la réprimande) sont enracinées dans l'évangile, nous cherchons alors à voir des cœurs transformés par l'œuvre de Christ présentée dans cet évangile. Nous voulons en premier lieu que les promesses de pardon et de puissance apportent aux gens un véritable espoir de changement. Ensuite, nous voulons qu'en entendant l'appel de l'évangile, ils assument la responsabilité de leurs péchés et répondent à l'appel de Dieu avec obéissance. Le cœur qui a saisi l'espoir (la consolation) et l'obligation (l'appel) est prêt à recevoir une réprimande honnête. À la lumière de l'évangile de vérité, l'individu prend conscience de la gravité de son péché et de la grandeur de l'appel de Dieu à obéir. Il peut alors vivre en véritable enfant de Dieu, s'évaluant avec honnêteté et suivant Dieu en obéissant par la foi.

En raison des pressions et des forces en cause dans l'exercice du ministère personnel, il devient facile d'insister sur l'un des aspects de l'évangile au détriment de l'autre. Par exemple, si vous parliez à un mari qui insulte et injurie sa femme depuis des années, vous seriez tenté de mettre l'accent sur l'appel plutôt que sur la consolation. Pourtant, c'est la consolation inhérente à l'évangile qui lui donnera justement le courage de confesser son péché en cessant de le nier et de le rationaliser.

D'autre part, si vous discutiez avec sa femme, vous pourriez être tenté de souligner à outrance la consolation que donne l'évangile aux dépens de l'appel. Pourtant, c'est cet appel qui lui permettra de mettre au jour l'amertume et les sentiments de supériorité spirituelle et de vengeance, car de telles tentations guettent souvent les victimes du péché. Tout le monde a besoin des deux facettes de l'évangile – en tout temps! Ces deux aspects (la grâce de la justification et la grâce de la sanctification) ne sont pas en opposition l'une à l'autre. Au contraire, elles se complètent et se mettent mutuellement en valeur. Elles témoignent de la grâce de Dieu en Christ et décrivent les fruits de l'évangile dans le cœur de ceux qui vivent à sa lumière. La figure 11.1 illustre une perspective équilibrée de l'évangile et les dangers d'un déséquilibre.

L'objectif de la confrontation n'est pas de forcer un changement de comportement, mais d'encourager les gens à vivre conformément à leur nouvelle nature en leur présentant l'évangile. Nous cherchons à leur ouvrir les yeux afin qu'en voyant la gravité de leurs péchés, ils prennent conscience de la gloire absolue de la grâce de Christ. L'évangile transforme des idolâtres en adorateurs de Dieu. Il humilie ceux qui se croient supérieurs et les rend capables d'écouter. Il donne un courage manifeste au craintif et au découragé et il aide le faible à demeurer persévérant et confiant. Il transforme les victimes en aides utiles et les égoïstes en serviteurs remplis d'amour. Une véritable confrontation biblique ne met pas seulement les gens en face de leurs péchés et de leurs échecs, mais elle les met en présence de Christ. Il est vraiment « le chemin, la vérité et la vie »! Le seul espoir de changement réside en lui.

Figure 11.1
Une perspective équilibrée de l'évangile

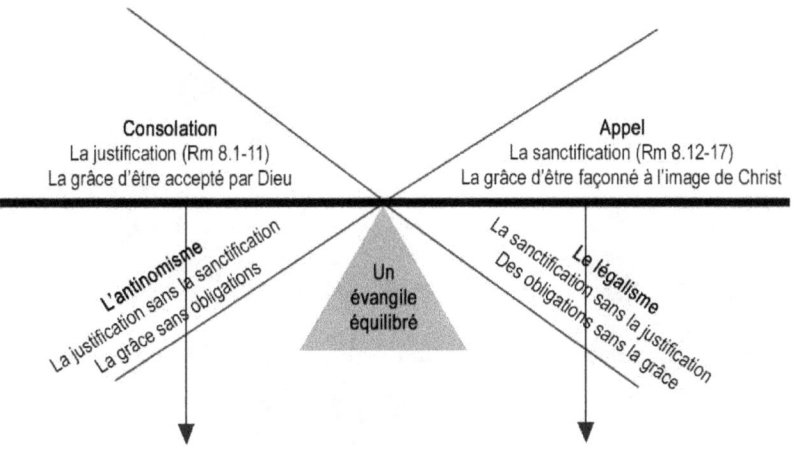

AIMER
CONNAÎTRE
► **PARLER**
AGIR

12

Le processus menant à dire la vérité avec amour

Les confrontations font partie intégrante de nos relations, chaque jour. Une mère mentionne à sa fille l'état de sa chambre en la réveillant le matin pour aller à l'école. Un frère réprimande sa sœur qui lui a emprunté quelque chose sans sa permission. Une femme parle à son mari de son emploi du temps trop chargé. Un pasteur exhorte un membre de son assemblée qui ne vient plus à l'église. Un fils explique à sa mère qu'il aimerait vivre sa vie de couple sans ses constantes intrusions. Un ancien reproche à un diacre sa mauvaise attitude. Une femme discute avec une amie qui a tendance à répandre des calomnies. Un homme âgé reproche à son fils de le voir trop rarement.

Puisque nous nous reprenons les uns les autres chaque jour, il convient de nous demander : « *Quel est l'objectif poursuivi par ces confrontations*? » Voulons-nous subtilement inciter les autres à combler nos désirs, nos besoins, nos attentes? Ou les reprenons-nous à titre d'ambassadeurs, employant la Parole de Dieu pour les conduire à la repentance?

La confrontation biblique efficace s'amorce généralement avant que nous ne prononcions un seul mot. Notre manière de vivre au quotidien prépare le terrain à une écoute attentive de nos paroles. Il n'existe pas de distinction entre nos vies de tous les jours et l'œuvre de la rédemption divine. Nous ne pouvons dissocier l'avancement de notre cause personnelle à travers nos occupations « ordinaires » du service conscient envers le Seigneur à travers l'exercice d'un « ministère ». Cet univers divisé est une invention de l'Ennemi.

Toutes nos relations appartiennent au Seigneur. Il nous a placés au sein de chacune d'elles pour l'avancement de son royaume et pour sa gloire. Ses desseins sont grandioses et largement supérieurs aux nôtres! Dans sa grâce, il adopte des êtres perdus, blessés, aveugles, bernés, égocentriques, craintifs et rebelles et il les façonne à l'image de son Fils. Il manifeste sa gloire en transformant les pensées et les intentions de leurs cœurs.

La manifestation de sa gloire se voit partout où ses enfants – ses ambassadeurs – vivent, travaillent et établissent des liens. Circonstances, conversations, relations, épreuves, bénédictions : tout lui appartient. Nous n'en possédons rien. Par conséquent, nous ne pouvons nous contenter d'agir et de parler à notre gré, mais devons nous demander constamment ce qui plaît à Dieu.

Ceux qui abordent la vie de cette manière sont prêts à servir d'instruments de changement entre les mains de Dieu. Ils voient plus loin que leurs plans personnels et désirent mener à bien les projets divins. Ils sont convaincus que rien n'a plus de valeur dans cette vie. Ceux qui vivent ainsi disent la vérité aux autres en reconnaissant leurs propres besoins et en exprimant sans cesse à Dieu leur gratitude, car il leur envoie fidèlement son secours.

Comprendre les étapes du processus de confrontation

Notre but ne consiste pas à dresser simplement une liste d'accusations tirées des Écritures ou de dire aux gens ce que nous pensons d'eux. Nous désirons les aider à reconnaître leurs torts et les conduire à la repentance. Pour ce faire, nous examinerons les quatre étapes incluses dans un processus de confrontation, en nous basant sur un exemple concret.

Olivier et Daniel sont des amis intimes. Daniel vient vous voir parce qu'il est inquiet. Il estime que certains comportements d'Olivier sont déplacés et inconvenants pour un chrétien. Olivier a admis avoir triché en inscrivant ses heures de travail et en « empruntant » des fournitures du bureau. Il a fait mention de sorties dans les bars du quartier pour « se détendre » avec des collègues de travail, des endroits que Daniel juge inappropriés pour un croyant. Daniel a également été blessé lorsqu'il a découvert qu'Olivier avait dévoilé certaines des confidences qu'il lui avait faites. Daniel a essayé de parler à Olivier de sa relation avec Dieu, mais il n'était pas disposé à écouter et a simplement dit qu'il n'était pas en « très bons termes » avec Dieu pour l'instant. Olivier a mentionné à plusieurs reprises qu'il songeait à changer d'Église et à déménager. Olivier vous inquiète, vous le connaissez bien et vous entretenez avec lui une relation de confiance mutuelle. Vous décidez de lui parler.

Que lui direz-vous? Comment vous y prendrez-vous pour amener Olivier à la repentance? Comment réussirez-vous à appliquer les vérités des Écritures aux aspects précis de sa vie qui doivent changer? Comment inciterez-vous Olivier à désirer un changement de cœur et non seulement un changement de situation? Comment parviendrez-vous à reprendre votre ami avec amour, humilité et honnêteté afin qu'il voie et se repente?

Les quatre étapes suivantes tracent les grandes lignes d'un processus de confrontation.

1. La prise de conscience

La première question à se poser s'énonce ainsi : « Que faut-il que cette personne voie qu'elle ne voit pas encore (concernant Dieu, les autres, elle-même, sa vie, la vérité ou le changement), et comment puis-je l'aider à voir? » Cette simple question peut complètement réorienter la discussion. Nous n'avons pas comme but d'établir une liste d'offenses, mais d'aider les gens à se voir tels qu'ils sont. Souvent, lorsqu'ils racontent leur histoire, ils s'excluent carrément du récit! Ils se concentrent sur les difficultés de la situation et sur les attitudes et les actions des autres. Ils ne parlent pas de leurs réflexions, leurs désirs, leurs choix et leurs actes. Tout en demeurant sensibles à la réalité de leurs souffrances et des péchés commis contre eux, nous voulons encourager les gens à regarder leurs propres comportements et à examiner leurs cœurs à la lumière de la Bible.

Supposons qu'une mère reprend sa fille en raison du désordre de sa chambre. En se remémorant l'étape de la prise de conscience, elle ne souhaite pas seulement exprimer son irritation ou lui lancer un ultimatum. La mère veut aider sa fille à réaliser que sa façon de traiter ses biens matériels reflète les pensées de son cœur. Cette manière de procéder peut également servir à l'ancien qui parle à un diacre de ses mauvaises attitudes. Ses soupirs d'exaspération ne représentent pas le fond du problème. L'ancien veut aider son frère à reconnaître, avouer et se repentir de sa colère et de son impatience.

Cette première étape m'oblige à rejeter mes propres objectifs et à adopter ceux du Seigneur. Je ne peux en aucun cas me venger en vous disant tout ce que j'ai toujours voulu vous dire ou simplement réciter une litanie de plaintes. Mes paroles et le ton de ma voix visent un but unique, soit une sainte transformation du cœur. Agir autrement équivaudrait à renoncer à mon identité et à mon appel.

Les cinq questions suivantes pourraient permettre aux gens de voir ce que Dieu veut qu'ils voient. Il est important de les poser dans l'ordre, car elles nous enseignent à réfléchir, selon un modèle biblique, aux motifs dictant nos actions et à la manière dont Dieu nous transforme. Ces questions conviennent aux enfants et aux adultes, au ministère officiel ou personnel.

1. *Que s'est-il passé ?* Cette question porte sur la situation ou les circonstances vécues. Les réponses de l'individu sont importantes pour deux raisons. D'abord, vous désirez qu'il réalise que ce ne sont pas les circonstances qui l'ont poussé à agir comme il l'a fait. Ensuite, vous voulez connaître et comprendre son univers le plus fidèlement possible afin de pouvoir y appliquer la vérité. Même si vous « connaissez » une personne, vous ne saisissez peut-être pas l'intensité de ses luttes. En émettant des hypothèses, vous comblez les lacunes de votre connaissance à l'aide de votre propre expérience plutôt que la sienne.

2. *À quoi pensiez-vous et que ressentiez-vous pendant le déroulement des événements ?* Cette question force les gens à détourner les regards de la situation et à examiner leurs cœurs. Elle leur rappelle que nos cœurs et les événements interagissent constamment. Nous ne sommes jamais de simples victimes, mais également des interprètes et nos interprétations dictent nos actions. Les vives émotions que nous éprouvons gouvernent aussi notre comportement.

3. *Quelle a été votre réaction ?* Cette question suit immédiatement la précédente parce que nos réactions sont déterminées par la réponse que donne le cœur à la situation. En combinant les informations recueillies grâce aux deux premières questions, vous pouvez aider les gens à voir le lien entre leur interprétation des circonstances et leur réaction. En posant la question à ce moment précis de la discussion, vous les aidez à réaliser que ni la situation : « Je ne pouvais agir autrement ! », ni les autres : « Elle m'a

mis dans une telle colère! », ne les obligeait à réagir de la sorte. Il ne peut y avoir de changement durable sans prise de conscience de ce lien unique. Si les gens ne le voient pas, ils continueront à rejeter le blâme sur les autres ou sur les circonstances.

Si nous n'arrivons pas à expliquer clairement le lien existant entre l'interprétation et la réaction, nous ouvrons toute grande la porte à Satan. Il est le père du mensonge plausible. Il l'a démontré dans le jardin en énonçant des vérités partielles et tordues. Ses mensonges exercent un pouvoir certain parce qu'ils contiennent une part de vérité. Par exemple, si j'entrais dans une pièce remplie d'étrangers, je ne parviendrais jamais à les convaincre que je suis un gymnaste olympique. Par contre, si je revêtais un complet élégant, transportais un beau porte-documents en cuir et que je connaisse quelque peu le langage spécialisé s'y rapportant, je pourrais leur faire croire que je suis architecte. Mes vêtements et ma façon de parler rendraient le second mensonge plus plausible. L'Ennemi est passé maître de ce type de mensonge.

Revenons à notre exemple du début. Il est vrai que les choses ne se sont pas passées exactement comme Olivier l'espérait. Il a vécu des expériences douloureuses et rencontré des personnes désobligeantes. L'Ennemi dispose de plusieurs éléments pour travailler. Il peut essayer de faire croire à Olivier que les pressions extérieures l'ont *forcé* à agir comme il le fait. Si cette tentative de Satan réussit, il devient facile de convaincre Olivier qu'il n'a pas besoin de changer, mais qu'il faut plutôt modifier les circonstances et les gens autour de lui.

En posant les questions dans cet ordre précis, nous nous efforçons de renverser les forteresses bien défendues du cœur. Nous cherchons à lever le voile sur les arguments et les mensonges cachés, où tantôt nous cherchons à nous justifier, tantôt nous essayons d'expier nous-mêmes nos fautes. Nous voulons aider les gens à voir, pour la première fois peut-être, que leur conduite dévoile davantage leur propre cœur que les difficultés liées aux circonstances. S'ils ne voient pas les choses sous cet angle, ils pourraient quand même décider de changer certains comportements, mais demeureront convaincus que les changements les plus importants doivent s'opérer en dehors d'eux-mêmes. Ces transformations s'avéreront temporaires parce qu'elles ne s'enracinent pas dans le cœur.

4. *Pourquoi avez-vous agi ainsi? Que cherchiez-vous à accomplir?* Si la deuxième question sert à dévoiler les pensées, celle-ci aborde les motifs. En la posant, nous cherchons à démontrer que le cœur est toujours au service de quelque chose. Dans Matthieu 6, Christ emploie la métaphore du trésor pour expliquer l'orientation de notre adoration. Notre existence s'apparente à une immense chasse au trésor. Certaines choses possèdent une grande valeur à nos yeux (l'acceptation, les biens matériels, la réussite, un mode de vie particulier, la gloire de Dieu, la vengeance, l'amour, l'indépendance, la santé). D'une certaine façon, nous cherchons tous à obtenir ces choses au moyen des circonstances et de nos relations. Nos comportements reflètent continuellement les motifs – ou les idoles – de nos cœurs. Remarquez que les questions deux et quatre relient les comportements aux pensées et aux motifs du cœur (Hébreux 4.12).

En établissant clairement ce lien, vous aidez Olivier à voir que ce qui domine son cœur dicte également ses réactions devant la souffrance *et* la bénédiction. À plus d'un égard, Olivier éprouve des difficultés en raison de ses nombreuses bénédictions. Il travaille pour une entreprise prospère. Dans l'Église, il est entouré de chrétiens qui l'aiment et avec qui il peut partager ouvertement. Pourtant, Olivier n'arrive pas à obtenir ce qu'il désire vraiment, ce qui le rend maussade et mécontent, et même fâché contre Dieu. Olivier doit se rendre compte qu'il a essentiellement un problème sur le plan de l'adoration. Il demeure insatisfait et en colère contre Dieu dans la mesure où il cherche la vie abondante dans la création. Olivier a remplacé le seul vrai Dieu par un autre dieu qui domine son cœur, dicte ses émotions et conditionne son comportement. Aucun changement durable ne s'opérera en lui tant que la vérité restera cachée à ses yeux. Sa prise de conscience, sa confession et sa repentance doivent jaillir du plus profond de son cœur.

Tôt ou tard, Olivier doit avouer qu'il a vécu jusque-là pour sa propre gloire plutôt que pour la gloire de Dieu. Le véritable changement se produit lorsque les gens deviennent non seulement horrifiés par le péché du monde, mais par le fait qu'ils ont eux-mêmes vécu en dérobant au Seigneur la gloire qui lui revient et en se l'appropriant. Quel effet positif durable récoltons-nous si nous enseignons à deux idolâtres égocentriques la manière d'établir une coexistence pacifique au sein de leur couple? Quel bien faisons-nous à long terme à une personne dépressive si, tout en parvenant de nouveau à vaquer à ses occupations quotidiennes, elle ne règle jamais les causes profondes de sa dépression?

L'Admirable Conseiller est un Dieu jaloux. Il ne se contente pas de laver le dehors de la coupe, alors que le dedans demeure inchangé (Matthieu 23.25). Le ministère personnel biblique finit toujours par aborder et résoudre le problème de la gloire et de l'adoration. La question fondamentale s'énonce comme suit : « Vivez-vous pour la gloire de Dieu ou la vôtre? »

5. *Quel a été le résultat?* Cette question cherche à mettre en évidence les conséquences (Galates 6.7) et à montrer que ces dernières découlent directement des pensées et des motifs du cœur. Les semences plantées dans le cœur d'un individu produisent en lui un certain type de fruits. Nous sommes tous passés maîtres dans l'art de nier que notre récolte soit mauvaise : « Essayez donc de ne pas crier avec des enfants pareils! » « Il m'a fait sortir de mes gonds! » « Ce n'est pas ce que j'ai voulu dire! » Nous devons aider les gens à examiner les fruits de leur vie et à voir le lien qui existe d'une part entre la moisson qu'ils récoltent et les pensées et motifs de leur cœur d'autre part.

Nous voulons que Dieu nous utilise pour donner aux gens deux principes importants. D'abord, le développement d'une mentalité de moissonneur, où chacun réalise qu'il plante sans cesse des semences et récolte des fruits conformément aux semences plantées. Ensuite, le développement d'une mentalité d'investisseur, où l'enseignement de Christ prend tout son sens : nos vies épousent la forme du trésor dans lequel nous investissons. Chaque jour, nous investissons dans quelque chose et vivons des rendements obtenus par les investissements antérieurs. Nous voulons que les gens « prennent conscience » de la qualité de leur récolte et des rendements de leur investissement.

En aidant les gens à envisager leur vie de cette façon, il faut se rappeler que la compréhension de ces principes s'inscrit généralement dans un processus plus ou moins long. La lumière ne poindra peut-être pas à la fin de la première rencontre, ni même en votre présence. Tant et aussi longtemps que votre interlocuteur accepte de demeurer engagé dans le processus, vous pouvez vous employer à rediriger son attention vers son cœur et ses fruits.

Il peut s'avérer utile de demander aux gens de répondre à ces questions par écrit. Je leur suggère, par exemple, de cibler deux ou trois situations ou relations problématiques. Je leur propose de rédiger pendant deux ou trois semaines une sorte de journal se rapportant à ces difficultés, en employant les cinq questions mentionnées auparavant. Ensuite, je lis moi-même ce journal, surlignant les thèmes et les modèles. Lors de la rencontre suivante, je leur remets leur cahier afin qu'ils le lisent devant moi en me donnant leurs impressions. À maintes et maintes reprises, Dieu a utilisé cette méthode toute simple pour ouvrir les yeux des gens et dévoiler ce qui se passait dans leurs cœurs.

Je m'entretenais un jour avec un homme rempli de colère, mais totalement inconscient de son état. Il avait fait fuir ses amis, sa famille et ses collègues de travail, mais il se considérait comme injustement abandonné. Chaque fois que j'essayais de lui parler de sa colère, il s'irritait. Je lui ai donc demandé d'écrire un journal pendant trois semaines, en se basant sur les cinq questions. Quand il me l'a rapporté, j'ai souligné en rouge les sources et les exemples de colère. Lorsque j'ai eu terminé, les pages étaient presque entièrement rouges! Lors de la rencontre suivante, il a lu le journal durant quelques minutes, puis les yeux mouillés de larmes, il a déclaré : « L'homme qui a écrit ces lignes est vraiment très en colère! » Ce rayon de lumière sur sa vie personnelle a ouvert les portes au changement. Il a commencé à voir l'existence égoïste qu'il avait menée jusqu'alors et à quel point il s'était montré intransigeant envers les autres. Il a pris conscience du fait que son attitude empreinte de jugement le rendait insupportable. Pour la première fois depuis des années, il commençait à vivre en regardant la vérité en face[1].

En proposant ce type de transformation, vous accomplissez le travail d'un ambassadeur. Vous incarnez la présence du Messie qui redonne la vue à ceux qui se trouvent dans les ténèbres spirituelles. En guérissant des aveugles pendant son séjour sur la terre, Christ nous a donné une illustration concrète de son œuvre auprès des pécheurs aveugles qui viennent à lui avec humilité. Le processus de changement s'amorce quand nous commençons à voir. Nous éprouvons alors une grande tristesse, non seulement à cause de nos expériences passées, mais parce que nous avons volé à Dieu la gloire qui lui revient et avons exigé d'être le centre de notre univers – et de celui des autres. Une telle compréhension renverse nos idoles et met au jour les mensonges et les arguments opportunistes qui ont trop longtemps caché notre idolâtrie.

Le processus de confrontation commence quand nous aidons les autres à comprendre non seulement leurs propres comportements, mais également le rôle de l'adoration et la façon dont elle influence le cœur. Cette étape est essentielle et on ne peut la précipiter.

2. La confession

Cette deuxième étape suit logiquement la précédente dans le processus de confrontation. En se regardant dans le miroir des Écritures, les gens discernent vraisemblablement les péchés d'attitude et de comportement qui doivent être confessés. Olivier devrait se rendre compte qu'il n'éprouve aucun remords à voler des articles du bureau parce qu'il a décidé qu'il y avait droit. Il devrait réaliser que malgré toutes les bénédictions reçues au cours de sa vie, il demeure toujours aussi insatisfait. Puis, tout en percevant ces vérités au sujet de son cœur, il devrait être en mesure de mieux analyser les nombreuses réactions qu'elles ont suscitées.

Un problème surgit, cependant : les pécheurs trouvent la confession difficile. Nous cherchons tous une porte de sortie. Quand la lumière de la vérité brille sur nous, notre premier réflexe consiste à nier, remanier l'histoire, nous justifier, accuser, blâmer, nous défendre, argumenter, rationaliser ou nous cacher. Pourtant, la confession constitue un élément essentiel du processus de changement. Par elle, les gens admettent enfin ce qui se trouve dans leur cœur et prennent l'entière responsabilité de leurs actions. Par conséquent, nous ne devons jamais supposer qu'une personne a réellement confessé au Seigneur son péché, ni que nos paroles de confrontation lui servent de confession. Nous devons encourager les gens à confesser leurs fautes sans les atténuer par des expressions telles que « mais » ou « si seulement ». La confession nous rappelle que nos cœurs et nos vies appartiennent au Seigneur et que derrière chaque comportement mauvais se cache une adoration déplacée. Une confession véritable découle de l'adoration et conduit à une adoration encore plus profonde et plus fervente envers Dieu.

En tant qu'ambassadeurs de Christ, nous cherchons à amener les gens à exprimer leur confession au Seigneur par des paroles humbles et des termes précis. Nous les encourageons à identifier les individus qui ont souffert à cause de leurs péchés et à leur demander pardon. Nous devrions les guider dans leur prière, dans l'aveu de leur péché et dans leur recherche d'aide et de pardon de la part de Dieu.

Pour parvenir à ce but, nous devons aussi nous occuper du péché de nos propres cœurs. Comme nous l'avons déjà mentionné, le péché de ceux que nous servons finit par nous atteindre. Par exemple, lors de séances de counseling officielles, un individu querelleur, contrôlant et qui croit tout savoir aura tendance à se montrer insolent, méprisant et antagoniste. Après quelques rencontres, nous en venons presque à souhaiter qu'il annule son rendez-vous! Ou peut-être qu'un frère en Christ vous demande fréquemment conseil, mais ne semble jamais les mettre en pratique. Pourtant, il continue à vous téléphoner, pris de panique, parce qu'il s'est encore empêtré dans une situation impossible. Nous devons admettre que nous sommes également pécheurs et que nos réactions ne reflètent pas toujours le caractère de Christ. Si nous ne faisons pas nous-mêmes preuve d'honnêteté en nous repentant, nous n'arriverons pas à aider les autres à renoncer au péché. Au contraire, nous serons subtilement entraînés dans leur cercle vicieux.

Si nous ne surmontons pas les tentations du ministère (le sentiment d'arrogance, les jugements et la condamnation non biblique, l'amertume et la colère, l'impatience et le manque de douceur), nous ferons échouer le processus de confession. Avez-vous déjà remarqué que le type de péché que nous commettons contre les gens en exerçant un ministère ressemble à une fausse confession? Par exemple, le fait d'entretenir de l'amertume contre une personne équivaut à *confesser ses péchés à mon propre cœur* de façon continue. La colère consiste à *confesser à Dieu les péchés d'un autre*, tout en manifestant mon mécontentement de ce qu'il n'est pas intervenu et en m'élevant moi-même comme juge à sa place. La médisance m'amène à *confesser à quelqu'un d'autre le péché d'un individu*. Chacune de ces fautes peut se présenter dans nos cœurs de façon subtile et nuire au ministère que Dieu veut exercer par nous. Nous ne sommes pas toujours encouragés par le fait que Dieu convaincra les gens de péché, les conduira à la repentance, leur accordera son pardon et les rétablira dans une communion renouvelée avec lui. À certains moments, nous ressemblons plutôt à Jonas qui s'est irrité de ce que Ninive s'était repentie :

> Cela fut très mal pris par Jonas qui se fâcha. Il pria l'Éternel et dit : Ah, Éternel, n'est-ce pas ce que je disais quand j'étais encore dans mon pays? C'est ce que je voulais prévenir en fuyant à Tarsis. Car je savais que tu es un Dieu qui fais grâce et qui es compatissant, lent à la colère et riche en bienveillance, et qui regrettes le mal. Maintenant, Éternel, prends-moi donc la vie, car la mort m'est préférable à la vie.
>
> (Jonas 4.1-3)

Autrement dit, Jonas déclare : « Voilà exactement la raison pour laquelle je ne voulais pas aller à Ninive. Je savais que tu pardonnerais à ces gens! Ils ne méritent pas ton pardon, ils méritent ta condamnation! Ils s'en sont sortis sans une égratignure! » J'aimerais pouvoir dire que je n'ai jamais éprouvé de tels sentiments, mais je mentirais. Il arrive souvent que ceux qui ont le plus besoin de notre ministère soient les plus difficiles à servir. Dans ce cas, il devient facile d'entraver le travail du Seigneur, plutôt que de collaborer à son désir de produire une repentance sincère. En appelant les autres à confesser leurs péchés, nous devons également confesser les nôtres.

3. L'engagement

La prise de conscience et la confession représentent l'aspect du processus de confrontation que Paul nomme « se dépouiller » (Éphésiens 4.20-22). L'engagement correspond à l'expression « se revêtir » et constitue la première étape de la repentance. Les questions suivantes peuvent aider à entamer cette nouvelle phase du processus : « Dans quels domaines de sa vie et de ses habitudes de pensée Dieu appelle-t-il cette personne à des transformations radicales? Dieu voudrait que certains désirs bibliques dominent le cœur d'Olivier dans les relations qu'il tisse à l'église et au travail; quels sont ces désirs particuliers? De quelle manière nouvelle Dieu appelle-t-il Olivier à aimer et à servir les autres? Dieu demande-t-il à Olivier de réparer certains torts qu'il a causés? Quelles sont les étapes de cette réparation? Quelles nouvelles habitudes devrait-il intégrer à sa routine quotidienne? S'est-il réellement engagé à obéir? »

Ne minimisez pas l'appel de Dieu à prendre des décisions concrètes concernant nos cœurs et nos vies. Les gens doivent s'engager envers Dieu, ils ne concluent pas un marché avec leurs semblables afin de vivre une vie meilleure et plus facile. Dieu est digne d'adoration même si la situation ne change pas. Si le péché confessé a été commis contre Dieu, l'engagement doit également être réaffirmé envers lui. Si l'individu admet avoir vécu pour sa gloire personnelle, son nouveau mode de vie doit émaner de son zèle pour la gloire de Dieu et de son intention de vivre pour lui. Un engagement biblique ne se traduit pas uniquement par une connaissance des éléments destructeurs de ma vie et par un changement de comportement superficiel visant à les corriger. Si je recherche un avantage personnel quelconque à cette nouvelle manière de vivre, je déguise en réalité mes vieilles idoles en leur donnant simplement une nouvelle apparence.

Dieu rejette ce type d'engagement superficiel, autant dans l'Ancien que dans le Nouveau Testament. Il veut nos cœurs, et ne se contentera de rien d'autre. (Voir Ésaïe 1.1-10; 29.13 et Matthieu 23.)

4. Le changement

Il est facile de croire qu'un changement s'est opéré quand l'individu a compris certains principes et pris certains engagements. Nous pouvons, dans ces conditions, être tentés de mettre un terme au processus de confrontation avant qu'il ne soit complété. Cependant, aucun changement n'a eu lieu tant que le changement ne s'est pas produit! Le but de la confrontation est le changement – non pas la compréhension ou l'engagement personnel. Ces deux effets ne constituent que des étapes en vue de vivre une vie d'adoration envers Dieu. Nous devons aider les gens à mettre en pratique dans leurs vies la prise de conscience et l'engagement. Alors que l'engagement se concentre sur le « quoi », le changement traite du « comment ».

Comment Olivier manifestera-t-il sa gratitude envers Dieu et les autres? Comment adoptera-t-il de nouvelles habitudes dans sa vie quotidienne lui permettant de réduire l'écart qu'il a mis entre lui, ses amis et sa famille chrétienne? Le changement applique concrètement les engagements renouvelés aux situations et relations quotidiennes.

Si nous voulons que nos paroles soient utilisées comme des instruments de changement dans le processus de confrontation, il nous faut une direction précise. Les quatre étapes expliquées dans les pages précédentes servent de carte routière.

1. *La prise de conscience.* Qu'est-ce que Dieu veut que la personne voie?

2. *La confession.* Qu'est-ce que Dieu veut que la personne admette et confesse?

3. *L'engagement.* Quel nouveau mode de vie Dieu appelle-t-il cette personne à adopter?

4. *Le changement.* Comment appliquer ses nouveaux engagements à sa vie de tous les jours?

Comment mettre la confrontation en pratique selon la bible

De même que les autres aspects du ministère, la confrontation doit épouser des objectifs ainsi que des méthodes bibliques. Nous devons continuellement scruter les Écritures pour y trouver la théologie et la méthodologie du ministère qu'elles révèlent. Par exemple, quand Paul enseigne aux membres du Corps de Christ d'exercer un ministère les uns envers les autres, il les exhorte ainsi : « ... en disant la vérité [contenu] avec amour [méthode] ». Les deux revêtent une importance égale. La vérité qui n'est pas dite avec amour cesse d'être vérité, car elle est déformée par des desseins humains. L'amour qui n'est pas guidé par la vérité cesse d'être de l'amour parce qu'il ne s'harmonise pas avec les plans de Dieu. Après avoir compris les objectifs de la confrontation et les étapes du processus, il convient de se demander *comment* les Écritures enseignent à exercer ce ministère particulier.

Je me permets de répéter que je ne préconise pas un type de confrontation où l'on sermonne un interlocuteur qui demeure silencieux en écoutant une longue liste de réprimandes. Dans les Écritures, le style de confrontation le plus répandu est celui où les personnes en cause interagissent entre elles. Celui qui confronte accompagne l'autre, l'aide à voir, raconte une histoire, pose des questions, encourage à trouver les réponses et appelle à prendre les décisions qui s'imposent. Le tout ressemble beaucoup à une conversation. Christ a utilisé cette méthode dans ses paraboles, dans le seul but de gagner le cœur de ses auditeurs (Luc 7.36-50; 14.1-14). Il parlait de manière à ce que les gens puissent voir et qu'en voyant ils confessent et que leur confession les mène à la repentance. Il a mis au jour des attitudes, des croyances et des actions intenses, mais sa méthode différait grandement de notre façon d'agir souvent accompagnée d'une forte tension.

Nous lisons dans 2 Samuel 12.1-7 un bel exemple de confrontation interactive :

> L'Éternel envoya Nathan vers David. Nathan vint à lui et lui dit : Il y avait dans une même ville deux hommes, l'un riche et l'autre pauvre. Le riche avait du petit et du gros bétail en très grande quantité. Le pauvre n'avait rien du tout sinon une petite brebis, qu'il avait achetée; il la nourrissait, et elle grandissait chez lui avec ses fils; elle mangeait de son pain, buvait dans sa coupe, dormait sur son sein. Elle était pour lui comme une fille. Un voyageur arriva chez l'homme riche; et le riche ménagea son petit ou son gros bétail, pour préparer un repas au voyageur arrivé chez lui; il prit la brebis du pauvre et l'apprêta pour l'homme arrivé chez lui.

> La colère de David s'enflamma violemment contre cet homme, et il dit à Nathan : L'Éternel est vivant! L'homme qui a fait cela mérite la mort, et il rendra au quadruple la brebis, pour avoir commis cette action et pour avoir agi sans ménagement.
>
> Alors Nathan dit à David : Tu es cet homme-là!

Nathan a été appelé à dénoncer le meurtre et l'adultère du roi, mais il n'a pas fait irruption dans la salle du trône pour lui faire part des chefs d'accusation pesant contre lui. Son but était d'aider David à reconnaître ses mauvaises actions et l'amener à se repentir. Par conséquent, sa façon de procéder ne ressemblait pas à la méthode que nous employons trop souvent. L'approche de Nathan est remarquable pour au moins douze raisons.

1. Notez la gravité du problème. Nathan ne se borne pas à donner de simples « conseils spirituels ». David a commis un meurtre et l'adultère.

2. Notez la profondeur de l'aveuglement spirituel. David est le roi choisi par Dieu et pourtant, il a non seulement commis l'adultère avec la femme d'Urie et tué ce dernier, mais il a également amené la jeune femme vivre au palais avec lui. Plus le péché est scandaleux, plus l'aveuglement qui le couvre est profond. C'est pourquoi vous ne devez pas vous contenter de faire la leçon ou de lire des chefs d'accusation. Vous ne vous mesurez pas seulement au péché de l'individu, mais également à un aveuglement autoprotecteur, érigé comme une barrière et qui lui cache complètement sa faute. D'une part, celui que vous êtes appelé à confronter ne veut pas voir la vérité en face. D'autre part, sa volonté est privée de vision claire. Il a besoin de *voir* ce qu'il a fait pour confesser son péché et s'en détourner. Notre style de confrontation doit servir ce but.

3. Nous n'avons pas l'impression que Nathan est entré dans la salle du trône en pointant un doigt accusateur, le regard flamboyant et les veines gonflées, en proférant des paroles furieuses : « David, tu es un adultère et un meurtrier ! » En fait, l'attitude calme et patiente de Nathan nous rend même quelque peu inconfortables.

4. Nathan se présente devant le roi et lui raconte une histoire, une métaphore imagée et composée précisément dans le but que s'ouvrent les yeux du cœur de David.

5. Il est intéressant de noter que l'histoire de Nathan est en lien direct avec la vie de David (une brebis). Si nous écoutons attentivement les gens, nous pouvons apprendre sur eux des faits qui s'avéreront utiles quand viendra le temps de les confronter. Il n'est pas nécessaire que nos métaphores soient émouvantes ou théâtrales. Parfois, en faisant ressortir un élément banal de la vie d'une personne pour illustrer un principe biblique ou révéler un péché, nous obtenons plus de résultats qu'en racontant une longue histoire dramatique.

L'homme coléreux dont j'ai déjà parlé ne voyait tout simplement pas le mal qu'il infligeait à sa famille. Il était directeur de la division informatique d'une grande entreprise et voulait que sa famille réponde à ses commandes de la même manière que son ordinateur. Il ne souhaitait pas de discussions ou de relations, seulement une réponse immédiate à des instructions claires. J'ai trouvé une image pour l'aider à mieux discerner son attitude en évoquant le fait « d'appuyer de nouveau sur la touche ». Sa façon de vivre était dépourvue de l'amour patient et du don de soi que Dieu appelle les maris et les pères à témoigner. Malheureusement, il n'en voyait rien, car sa famille « fonctionnait » correctement. Dieu s'est servi de la métaphore de la touche de clavier pour lui ouvrir les yeux.

Plusieurs semaines après avoir employé l'image pour la première fois, cet homme m'a dit : « Vous savez, vous avez fait de mon travail une vraie torture! Chaque fois que je m'assois devant mon ordinateur, je pense à ce que j'ai fait endurer à ma famille et je demande l'aide du Seigneur! » J'ai répondu de tout cœur : « Gloire à Dieu! » Quand vous vous servez d'éléments concrets de la vie d'un individu comme outils pour l'aider à voir, ces éléments continuent à lui parler même en votre absence. Cette façon de procéder lui permet également de ne jamais perdre de vue ce que le Seigneur veut lui montrer.

6. Dans le style de confrontation interactive employé par Nathan, l'accent est mis sur l'histoire et le but est de conduire David à voir ce qu'il ne voit pas.

7. Vous avez sûrement remarqué que l'histoire contient peu de détails, mais une application précise. L'histoire n'est pas le but en soi, elle constitue le moyen de parvenir au but. Son message doit produire un effet certain, afin de pénétrer profondément les ténèbres du cœur et le mettre à nu.

8. L'histoire a atteint l'objectif fixé, et David a réagi avec son cœur : « La colère de David s'enflamma » (verset 5).

9. Notez que David intervient le premier à la fin du récit. Il a compris l'objet de l'histoire et s'écrie : « L'homme qui a fait cela mérite la mort! » (verset 5). L'histoire le conduit à examiner son cœur, avant même qu'il en ait compris toutes les implications pour sa vie personnelle.

10. À la suite de l'introspection du roi, Nathan établit un lien direct entre l'histoire et ses péchés d'adultère et de meurtre (versets 7 à 12).

11. David confesse alors son péché, usant de mots précis, sans rejeter la faute sur qui que ce soit et sans chercher à se justifier (verset 13).

12. Avant de quitter David, Nathan lui assure que Dieu lui pardonne, mais que son péché aura des conséquences (versets 13-14).

Le sage ministère du prophète Nathan nous offre un excellent modèle de confrontation biblique. Les Évangiles nous présentent un modèle similaire à travers le ministère de Christ. En effet, puisque Jésus cherche à ouvrir les yeux des aveugles et à conduire les gens à la repentance, ses entretiens sont interactifs. Il raconte des histoires, pose et répond à des questions, guide les réflexions de l'un, entame une conversation avec l'autre, emploie des métaphores imagées et attend que chacun se voit tel qu'il est, toujours dans le but d'améliorer la compréhension et de mener à une repentance sincère.

Lorsque nous voulons dire la vérité, il importe de commencer en favorisant l'interaction. Par conséquent :

Établissez une communication interactive. Nous invitons toujours la personne que nous souhaitons reprendre à s'exprimer. Autrement, nous ne saurons jamais si elle a compris ce que nous cherchons à lui montrer, si elle a reconnu et confessé les péchés dont il est question et si elle s'est engagée à adopter un nouveau mode de vie.

Employez la métaphore. La métaphore se sert d'un concept connu pour communiquer une idée moins familière. Dieu a recours à plusieurs métaphores pour nous aider à mieux le voir et le connaître. Par exemple, les images tels le rocher, la forteresse, le soleil, le bouclier, la porte et la lumière nous enseignent que Dieu est solide, stable, immuable et constant : une Personne sur qui nous pouvons nous appuyer.

Au cours du processus de confrontation, nous essayons de relever des éléments de la vie de l'individu qui illustrent des vérités ou révèlent des péchés qu'il a besoin de voir. Pour ce faire, nous nous posons la question : « Qu'est-ce que je connais de son histoire, de son emploi, de ses centres d'intérêt et de ses expériences qui pourrait servir de métaphores? » Il peut s'agir d'une simple comparaison : « Vous appuyez de nouveau sur la touche! » ou d'une histoire détaillée : « Le royaume des cieux est semblable à un homme qui a semé de la bonne semence dans son champ… »

Trouvez des formulations incitant à s'examiner soi-même. Il importe d'encourager l'individu à établir lui-même des liens entre vos exemples et sa vie personnelle. Ne le faites pas pour lui! *Son* cœur doit accepter ce que Dieu lui montre, le confesser et se détourner du péché sans subir de pression extérieure.

Résumez. Enfin, vous résumez ce que Dieu veut enseigner à cet individu et ce qu'il l'appelle à faire en réponse à un engagement sincère. Assurez-vous qu'il comprend véritablement vos propos et ne tenez pas pour acquis qu'il a donné son accord. Prenez le temps de poser des questions précises concernant son engagement. Communiquez les principes généraux des Écritures de manière à ce qu'il puisse les appliquer concrètement à sa vie. Ainsi, il retournera chez lui non seulement avec une conviction profonde et personnelle, mais également avec un appel bien défini.

Nous devons toujours entamer un processus de confrontation en favorisant l'interaction. Cependant, il arrive que nous soyons appelés à exercer un ministère envers un individu entêté, rebelle et orgueilleux. Il refuse de participer aux échanges où chacun donne et reçoit. Il se doit, par conséquent, d'être informé de la volonté divine et placé devant un choix. Ce type de confrontation, la déclaration, est le plus souvent associé à la réprimande et devrait être réservé aux gens qui refusent de s'examiner eux-mêmes. La confrontation interactive est pour les obstinés et ceux qui ont le cœur dur. Nous commençons toujours par l'interaction – encourageant la personne à faire un auto-examen sincère – et nous passons au mode déclaration : « Ainsi parle l'Éternel, alors repens-toi » seulement si notre interlocuteur refuse d'écouter et de reconnaître la vérité (voir Matthieu 18.15-20; 23.13-39; Amos 6).

Quelle grâce incomparable d'être entourés de gens qui nous aiment suffisamment pour nous reprendre, refusant de nous laisser errer loin de Dieu, perdus, aveugles, confus et rebelles. Lorsque Dieu met sur notre route des amis qui nous aident à voir l'invisible et nous conduisent à la repentance, il nous donne un signe tangible de la fidélité de son alliance. Il nous guérit le plus souvent de notre aveuglement spirituel dans les situations courantes de la vie quotidienne, alors que nous prenons peu à peu conscience de la conviction qu'il exerce en nous. Il se sert de maris et de femmes, de frères et de sœurs, de pères et de mères, d'anciens et de diacres, de voisins et d'amis pour accomplir le travail de son royaume. Il nous appelle, où que nous soyons, à nous aider les uns les autres à voir et à rechercher une vie basée sur la foi.

C'est une véritable tragédie que nous soyons trop occupés pour remarquer les besoins autour de nous. Il est également terrible d'être conscients du mal, mais de maquiller la vérité parce qu'une réprimande humble et affectueuse repousse les limites de notre sécurité et de nos relations superficielles. En agissant ainsi, nous confirmons que l'amour de soi a remplacé l'amour pour Dieu. Pour exercer un ministère où nous disons la vérité biblique avec amour et humilité, nous devons toujours commencer par examiner nos propres cœurs.

Nous avons été appelés à participer à l'œuvre la plus importante de tout l'univers. Dieu prend des êtres rebelles et égocentriques et les transforme en des individus qui recherchent la sainteté pour l'amour de sa gloire, et ce, même au milieu des souffrances d'un monde déchu. Pour cette raison, il nous demande d'appeler des pécheurs à la repentance, incarnant auprès d'eux sa présence et son œuvre[2].

AIMER
CONNAÎTRE
PARLER
▶ AGIR

13

Élaborer un plan d'action et clarifier les responsabilités

J'avais dix-huit ans quand j'ai demandé à ma femme de m'épouser. Je l'aimais vraiment, mais je ne savais pas encore *comment* l'aimer. Nous étions des chrétiens engagés et voulions vivre un mariage selon les principes de Dieu, mais nous manquions de sagesse et de maturité. Nous avions besoin de quelqu'un qui appliquerait pour nous les vérités des Écritures aux réalités particulières de notre relation. Heureusement, nous avons reçu plusieurs conseils judicieux sur la manière de saisir les préceptes de Dieu sur le mariage et de les mettre en pratique dans notre vie à deux. Aujourd'hui, plus de trente ans ont passé, mais nous continuons toujours à apprendre comment appliquer la vérité de Dieu à nos vies.

Le changement exige toujours une compréhension plus profonde des principes divins et une application méthodique de ces derniers à nos vies. Le processus de changement dure toute la vie et ne sera complété que le jour où nous verrons le Seigneur. C'est pourquoi quand nous encourageons les gens à changer, la résolution des problèmes immédiats ne constitue pas la plus grande priorité. Nous nous intéressons davantage à l'appel de Dieu : « Vous serez saints, car je suis saint » (Lévitique 11.44). En invitant les gens à faire ce que Dieu leur demande de faire, nous devons garder constamment cet ultime objectif en tête.

Même après trente ans, je continue à apprendre à aimer Luella « comme le Christ a aimé l'Église » (Éphésiens 5.25). Nous ne comprenons pas encore parfaitement comment notre histoire s'imbrique dans la grande histoire de la rédemption. Je demande encore souvent à Luella de me pardonner, et des malentendus surviennent encore entre nous. Nous avons besoin d'être repris et il s'avère encore nécessaire que nous rendions des comptes. Nous nous aidons également l'un l'autre à reconnaître les zones d'aveuglement spirituel qui nous amènent à sortir des limites établies par Dieu.

Malgré tout, nous sommes devenus plus sages et notre vie de couple est plus facile. Nous avons acquis une assurance qui n'existait pas au début de notre mariage. Nous connaissons par expérience la véracité de la Parole et la fidélité de notre Seigneur. Nous avons goûté à sa grâce à plusieurs reprises et elle s'est révélée pleinement suffisante dans les moments de grande faiblesse. Nous avons appris que vivre pour la gloire de Dieu a pour conséquence notre bien. Nous avons reconnu les idoles de nos cœurs les unes après les autres et avons constaté leurs effets dévastateurs dans notre relation. Pourtant, malgré tous ces changements, nous continuons à changer! En outre, nous savons maintenant que le seul moyen de régler les problèmes d'aujourd'hui consiste à toujours garder en vue l'objectif final.

Vous verrez souvent la vérité de ce principe dans l'exercice du ministère personnel. Il est assez rare que vous deviez traiter seulement le problème d'origine dans la vie d'une personne. Vous aurez également à vous attaquer aux difficultés qui se sont ajoutées les unes après les autres par l'application de « solutions » rapides qui répondaient peut-être aux besoins du moment, mais ne tenaient aucun compte de l'intention ultime de Dieu. Quand survient une difficulté, une crise ou une déception, il est facile de porter toute notre attention sur le problème immédiat. Il devient plus difficile de nous engager à poursuivre un but à long terme quand nos actions sont dictées par un sentiment d'urgence. C'est pourquoi nous avons besoin non seulement de l'application précise de préceptes sages, mais également des conseils d'un ami fidèle qui nous rappelle notre destination finale.

Paul saisit bien le principe d'une vie axée sur des résultats à long terme dans 2 Corinthiens 11.1-3 :

> Oh! Si vous pouviez supporter de ma part un peu de folie! Mais vous me supportez! Car je suis jaloux à votre sujet d'une jalousie de Dieu, parce que je vous ai fiancés à un seul époux, pour vous présenter au Christ comme une vierge pure. Toutefois, de même que le serpent séduisit Ève par sa ruse, je crains que vos pensées ne se corrompent et ne s'écartent de la simplicité et de la pureté à l'égard de Christ.

Paul envisage la vie chrétienne d'un point de vue eschatologique, c'est-à-dire que les événements d'aujourd'hui nous préparent pour demain, alors que demain sert de préparation à un événement futur. En fait, Paul déclare : « Je sais, vous avez l'impression que je vous surveille, mais vous devez en comprendre la raison. Je crains que vous n'oubliiez qui vous êtes et à qui vous êtes fiancés. » Pour Paul, il n'existe qu'une seule façon de vivre qui soit convenable : il faut réaliser que nous sommes fiancés. Nous sommes fiancés à Christ et nos vies servent à nous préparer au grand jour des noces à venir.

Les difficultés présentes, les souffrances, les déceptions et les bénédictions actuelles servent à nous préparer au mariage *à venir*. Nos expériences ici-bas ne reflètent pas de l'infidélité ou de la négligence de la part de Dieu, mais témoignent plutôt de son amour jaloux. Il met au grand jour nos cœurs errants et nos esprits insensés, ainsi que l'habitude qui consiste à nous confier davantage dans nos passions que dans les principes de sa Parole. Il nous appelle à abandonner la poursuite de notre gloire personnelle et à rechercher la sienne. Il nous enseigne que les idoles que nous adorons ne donnent jamais la satisfaction escomptée. Il nous rend sages devant la tentation et conscients de la présence d'un ennemi menaçant. Il nous apprend à vivre pour des trésors que nul ne peut voler, et que la rouille et les mites ne peuvent détruire. Il nous aide à comprendre notre véritable identité d'enfants de Dieu et à vivre de manière humble et honnête en demeurant abordables.

En d'autres termes, votre vie en entier est un cours de préparation au mariage! Vous appartenez à un fiancé appelé Emmanuel, et Dieu vous a créé et racheté en vue de cette union. Tout ce qui vous arrive aujourd'hui s'inscrit dans le cadre d'une préparation à ce mariage – vous vivez *maintenant* en fixant les regards sur un événement *à venir*.

En revanche, le péché accentue en chacun de nous la tendance à être hantés par le moment présent. Ce faisant, nous oublions trois réalités : notre identité (fiancés à Christ), son œuvre actuelle (il nous prépare pour les noces à venir) et la façon dont nous devrions réagir (lui demeurer fidèles). Quand nous nous concentrons seulement sur nos désirs du moment, nos problèmes ne se règlent pas, au contraire, ils s'aggravent. Les différents types de dépression partagent un même dénominateur commun, soit un égocentrisme axé sur le présent. La colère est souvent alimentée par un sentiment de suffisance centrée sur le présent. Les peurs et l'anxiété s'accroissent en raison de l'obsession maladive du présent. Enfin, une mentalité ancrée dans le présent nuit à la persévérance et à la maturité.

Si nous apprenons aux autres à régler leurs problèmes *présents* en se concentrant sur l'*avenir*, nous accomplissons une tâche importante puisque nous, pécheurs, parvenons difficilement à faire ce travail seuls. Nous sommes plutôt enclins à manquer de clairvoyance et faisons preuve d'égoïsme. Nous oublions que le premier objectif de Dieu ne consiste pas à changer nos situations et nos relations pour nous rendre heureux. Dieu veut plutôt nous transformer à travers nos situations et nos relations pour nous rendre saints. Nous avons besoin de gens qui aiment Dieu et nous aiment suffisamment pour nous accompagner et nous aider à corriger notre myopie spirituelle.

Voilà l'une des raisons pour lesquelles la Bible ne présente pas le divorce comme une solution acceptable aux problèmes du mariage, bien que plusieurs couples en arrivent à prendre ces mesures. Les Écritures permettent la rupture d'un mariage sur la base d'un adultère sans repentance, mais la rupture ne règle pas les problèmes qui l'ont occasionnée. Le divorce modifie les relations, les situations et les lieux, mais il ne change pas les cœurs. Les gens qui décident de divorcer se butent souvent aux mêmes difficultés lorsqu'ils développent une nouvelle relation puisque ce qui devait changer – c'est-à-dire eux! – demeure inchangé. Leur vision à court terme les empêche de se voir. Par contre, s'ils envisagent leur mariage *présent* comme une école de formation en vue de leur mariage *à venir*, les épreuves envoyées par Dieu trouvent leur véritable sens. Si vous réglez vos problèmes de couple avec une vision des réalités *à venir*, la séparation ne constitue plus une solution acceptable. Vous vous efforcez plutôt de comprendre quelles transformations Dieu veut opérer en vous dans le but que vos relations deviennent plus harmonieuses. Vos réactions *présentes* deviennent alors motivées par une perspective *à venir*.

Un abandon trop rapide

La plupart d'entre nous aiment croire que des changements sont survenus en eux, même s'il n'en est rien. Nous confondons acquisition de connaissances et compréhension approfondie avec la véritable transformation du cœur. Pourtant, la compréhension ne mène pas nécessairement au changement, et les connaissances ne correspondent pas toujours à une sagesse pratique, active et biblique. Au cours de mes quatorze années d'enseignement au séminaire, j'ai rencontré plusieurs étudiants brillants, experts en théologie, qui faisaient preuve d'une immaturité incroyable dans leurs vies de tous les jours. Il existait souvent un écart considérable entre la théorie et la pratique de leur théologie. Des étudiants capables de définir clairement la souveraineté de Dieu éprouvaient cependant de vives inquiétudes. D'autres pouvaient présenter des exposés intéressants sur la gloire de Dieu et en même temps dominer les discussions dans la classe à seule fin de flatter leur égo. J'ai suivi des étudiants qui expliquaient en détail la doctrine de la sanctification progressive tout en s'adonnant secrètement à la convoitise et à la pornographie. J'ai connu plusieurs hommes qui, à quelques mois seulement du début de leur ministère, n'avaient pas encore appris à aimer leurs semblables. Certains offraient un enseignement biblique explicite sur la doctrine de la grâce de Dieu, mais jugeaient les autres comme le ferait un légaliste pur et dur.

Bref, il importe de ne pas confondre compréhension et changement. La compréhension est un début, une partie du tout, mais elle n'est pas tout. Nous désirons certes que les gens voient, apprennent et comprennent, mais nous voulons également qu'ils appliquent leur compréhension à leur vie quotidienne. Dieu nous ouvre les yeux afin qu'en le voyant, nous nous attachions à lui pour le suivre. C'est pourquoi il est préférable de ne pas mettre fin trop rapidement à un ministère personnel. Si Dieu veut notre sanctification, nous devons accepter d'aider les autres à mener à bien le processus de changement.

Plusieurs considèrent qu'il est beaucoup plus facile de reconnaître ce qui ne va pas que de le changer. J'ai peut-être confessé que mon cœur est idolâtre et égoïste et j'en ai saisi les effets néfastes dans ma relation avec ma femme. Cependant, il est plus difficile de trouver des moyens créatifs et efficaces conduisant à la repentance et à un amour sincère pour elle. Je comprends peut-être les thèmes importants des Écritures, mais je ne parviens pas à les appliquer à certaines relations et situations. Nous avons tous besoin de gens qui nous accompagnent dans nos tentatives visant à mettre en pratique la Parole de Dieu dans nos vies.

Les éléments nécessaires pour inciter au changement

Vous est-il déjà arrivé de comprendre certaines vérités qui ne vous ont toutefois pas conduit à un changement durable? La théologie que vous avez étudiée donne-t-elle toujours des résultats pratiques dans votre vie? Avez-vous déjà pris des résolutions que vous n'avez pas tenues en raison du rythme effréné de la vie? Avez-vous déjà pris conscience de votre besoin de changement, sans savoir comment vous y prendre pour y parvenir? Vous est-il arrivé de perdre de vue votre identité en Christ au milieu des contraintes, des épreuves ou des souffrances? Avez-vous déjà expérimenté les avantages liés au fait de devoir rendre des comptes à quelqu'un?

Le dernier aspect de notre modèle consiste à **agir** et nous enseigne comment appliquer à nos vies quotidiennes les vérités apprises, nos compréhensions personnelles et nos engagements. Cette facette du ministère enseigne aux gens à ne pas se complaire, avec une attitude résignée, dans l'écart existant entre la théologie abstraite et pratique. Nous les invitons à vivre pleinement leur identité d'enfants de Dieu et à s'approprier les droits et privilèges de l'évangile. Par l'**agir**, nous aidons les gens à vivre une vie centrée sur Christ et influencée par la Bible, particulièrement en ce qui concerne les décisions, les actions, les relations et les aptitudes. Il nous est donné une occasion merveilleuse non seulement de leur montrer à résoudre leurs problèmes selon les principes bibliques, mais également comment transformer complètement leurs vies à long terme.

Il est très important, encore et toujours, de rester concentré sur le cœur. Ceux qui commencent à suivre Christ par la foi en appliquant à leur vie des principes concrets, voient de plus en plus leur cœur exposé au grand jour. S'ils acceptent de s'examiner honnêtement, ils discernent leurs doutes ou leur refus de réfléchir en accord avec la Bible. Ils reconnaissent leur inclination à courir après des dieux de remplacement et à vivre pour leur propre gloire. Enfin, ils découvrent s'ils sont prêts ou non à trouver en Christ leur espoir et leur aide, ou s'ils préfèrent se livrer à une forme d'autoexpiation qui consiste à rejeter le blâme sur l'autre, à chercher des excuses ou à tenter de réécrire le passé. À mesure que le cœur se dévoile tel qu'il est, les gens peuvent apprendre à vivre « une vie transformée, en constante transformation ».

Dans le but d'apporter une aide efficace en ce sens, vous poursuivez quatre objectifs :

1. *Élaborer un plan d'action pour votre ministère personnel.* Vous précisez ainsi l'orientation de la démarche.

2. *Clarifier les responsabilités de chacun.* En appliquant la vérité à leur vie, les gens se demandent toujours qui porte la responsabilité.

3. *Affirmer leur identité en Christ.* Le changement s'avère un processus difficile, c'est pourquoi nous rappelons continuellement aux gens les richesses qui leur appartiennent en tant qu'enfants de Dieu.

4. *Instaurer un système permettant de rendre des comptes.* Tout changement exige de la patience et de la persévérance. Ainsi, nous bénéficions grandement des encouragements, des lumières et des avertissements que procure un système de supervision.

Dans ce chapitre, nous nous intéresserons aux deux premiers objectifs.

Savoir où l'on va

Si vous vous perdiez en voiture dans un endroit peu familier, vous ne souhaiteriez pas demander votre chemin à quelqu'un qui vient tout juste d'emménager dans la région. De même, vous ne voudriez pas recevoir de directives d'une personne qui connaît si bien l'endroit qu'elle omettrait de vous fournir les détails nécessaires pour vous orienter. En aidant les gens à tracer l'itinéraire les menant au changement, nous voulons nous aussi éviter ces deux pièges. Nous devons nous souvenir qu'il est impossible de guider quelqu'un vers le changement si nous ignorons nous-mêmes la direction à suivre. Aussi, sachons que ce qui nous semble évident peut être complètement obscur pour un autre.

▶ Premier objectif :
Élaborer un plan d'action pour votre ministère personnel.

Cet objectif s'avère aussi important pour le ministère personnel informel que lors d'une séance de counseling officielle. Il s'agit simplement d'établir un plan en vue d'atteindre un but, de dessiner une sorte de carte routière indiquant notre destination finale (les changements à opérer) et le chemin pour y arriver (Comment? Où? Quand? Avec qui?). Notre objectif nous mène plus loin qu'une simple dénonciation du péché ou la résolution du problème immédiat. Nous devons trouver quels changements précis Dieu appelle cet individu à opérer dans les circonstances présentes.

Que devrait faire Henri concernant son emploi qui le tient éloigné de sa famille près de quatre-vingts heures par semaine et constitue une menace pour sa vie conjugale? Comment Georges sera-t-il délivré de sa dépendance à la pornographie? De quelle manière Anita doit-elle aborder son père au sujet des mauvais traitements qu'il lui a fait subir? Comment peut-elle apprendre à lui pardonner? Comment Robert peut-il changer la manière de penser profondément ancrée en lui qui cause sa dépression et lui suggère des idées suicidaires? Comment Françoise apprendra-t-elle à vivre comme une enfant de Dieu plutôt qu'une « ratée et une moins que rien »? Quelles actions concrètes Guillaume et Dorothée doivent-ils entreprendre pour protéger leur fils rebelle contre lui-même? Comment André rétablira-t-il le lien de confiance qu'il a brisé au sein de son couple? Comment Lisa parviendra-t-elle à vaincre les peurs qui la paralysent? Comment Richard peut-il expérimenter l'espérance de l'évangile après l'accident qui l'a rendu invalide? Que peut faire Stéphanie pour aimer, guider et être une bonne mère pour ses trois jeunes enfants accaparants?

Le ministère biblique personnel doit répondre à ce type de questions et appliquer aux réalités concrètes de la vie les principes, les points de vue, les commandements et les thèmes de la grande histoire de la rédemption divine. Nous ne pouvons laisser les gens s'arranger tout seul ou leur prodiguer des conseils flous. Pourtant, cet aspect du ministère demeure souvent déficient. Nous ne réalisons pas que sans une aide extérieure, les gens parviennent très difficilement à appliquer les vérités bibliques à leurs vies. C'est pourquoi il est important à ce stade du processus d'établir une feuille de route basée sur la Bible (un plan d'action). Autrement, nos conseils ne porteront pas les fruits escomptés en raison de :

- Nos idées préconçues
- L'ignorance
- Une théologie déficiente

- Une mauvaise compréhension des Écritures
- Une application inadéquate des Écritures
- La crainte des hommes
- Des réflexions influencées par les émotions
- Les contraintes du moment

Dieu nous a choisis pour agir en tant qu'ambassadeurs auprès de cette personne! Le Saint-Esprit éveille son cœur et confère une puissance à nos paroles. Le Sauveur démontre son amour et produit des transformations à travers nous. Aucun autre travail ne revêt une telle importance ou ne donnera de résultats aussi durables. En considérant la sainteté de notre appel, nous réalisons que nous ne pouvons parler sans préparation adéquate. Nous nous posons donc des questions pertinentes qui nous aideront à réfléchir clairement sur la manière d'atteindre les buts que Dieu s'est fixés pour changer cette personne. Je vous propose trois questions fournissant un cadre de référence pour établir un plan d'action.

Que dit la Bible à propos de l'information recueillie? Il ne s'agit pas simplement de trouver un verset traitant de la situation en question. Nous voulons analyser les données en nous basant sur les grands thèmes des Écritures dans le but de comprendre comment une perspective résolument biblique dicte nos réponses aux problèmes de l'autre. Nous nous demandons : « Qu'est-ce que Dieu a enseigné, promis, ordonné et accompli concernant cette situation? Quels avertissements et encouragements s'y appliquent? » Cette façon de procéder protège notre ministère des idées préconçues, des réflexions non bibliques et des réactions impulsives suscitées par une crise, qui peuvent occasionner de nombreuses difficultés.

En nous engageant dans un tel processus, nous devons faire preuve d'humilité. L'une des erreurs les plus nuisibles au ministère consiste à croire que nous avons « atteint la réussite » au point de vue spirituel et théologique. Personne ne saisit parfaitement la grandeur et les aspects pratiques des Écritures. Personne n'a développé de vision chrétienne entièrement exempte d'erreurs ou ne connaît l'évangile au point d'en maîtriser complètement les applications et les implications. Nous participons tous au même processus, et nous sommes appelés à exercer un ministère envers d'autres personnes en cours de route. Nous devons confesser notre propre aveuglement, tout en conduisant les autres à reconnaître le leur. Nous avons tous besoin que le Saint-Esprit nous enseigne aujourd'hui, tout comme le jour où nous avons cru. Les Écritures recèlent de trésors riches et puissants qui attendent d'être découverts et nous puisons ces nouvelles découvertes dans d'anciens passages familiers.

L'exercice du ministère nous donne l'occasion de nous asseoir aux pieds du Seigneur et d'apprendre de lui des choses nouvelles et profondes. Les besoins de ceux que nous servons nous obligent à sonder soigneusement les Écritures pour y découvrir de nouveaux trésors. Nous devons exprimer notre reconnaissance au Seigneur puisqu'il nous permet d'utiliser les outils à notre disposition avec plus d'efficacité, de soin et d'habileté. Nous ne devons jamais prétendre avoir atteint la perfection!

Quels objectifs de changement Dieu désire-t-il réaliser pour cette personne, dans cette situation? Cette question correspond à l'appel de Dieu à se « dépouiller » et à se « revêtir » (Éphésiens 4.21-24) et l'applique aux détails précis de la vie d'une personne, soit ses pensées, ses motifs et ses comportements. Qu'est-ce que Dieu veut qu'elle pense, désire et fasse? Les réponses à ces questions déterminent notre destination. Il nous faut avouer, à ce stade de la démarche, que notre plan d'action ne s'harmonise pas toujours avec celui du Seigneur. Par exemple, je suis peut-être en désaccord avec ce que Dieu veut accomplir pour l'agresseur d'enfants que j'aide. Mes désirs ne vont pas nécessairement dans le même sens que ceux de Dieu concernant un individu incroyablement égocentrique, rempli d'amertume et détestant le monde entier. Je ne veux peut-être pas ce que Dieu désire pour la personne coléreuse qui s'est irritée contre moi. À l'instar de Jonas, je ne supporte peut-être pas que Dieu étende sa compassion aux Ninivites des temps modernes qu'il m'appelle à servir. En me posant ces questions, j'évite de confondre mon plan d'action avec celui de Dieu. Je ne peux conduire personne à destination si je ne sais pas où nous allons et je ne dois les guider qu'à l'endroit où Dieu les appelle.

Cette question rassemble les commandements, les thèmes, les perspectives et les principes bibliques généraux et les personnalise sous forme d'étapes menant au changement. Le but déterminé doit répondre à des questions précises concernant les transformations visées : Quoi? Comment? Quand? Où? Il importe de présenter des objectifs bibliques correspondant au contexte dans lequel l'individu vit et travaille. Vous n'y parviendrez qu'en analysant sa situation à l'aide de considérations bibliques éprouvées et de buts concrets.

Quelles méthodes bibliques nous sont données pour accomplir les objectifs de changement visés par Dieu? Après avoir établi des objectifs bibliques, nous devons trouver les moyens que nous donne la Bible pour les atteindre. Les gens se doutent généralement de ce qui ne va pas, mais les moyens qu'ils utilisent pour améliorer la situation ne font qu'envenimer les choses. Supposons que vous aidez un mari qui vous avoue ne pas encourager sa femme comme il le devrait. Votre recommandation n'est pas fondée sur la Bible si vous l'exhortez à la bombarder de paroles flatteuses et hypocrites. Pour trouver la bonne méthode, vous devez posséder une bonne connaissance de la Parole de Dieu, de la situation et des motifs du cœur de la personne.

Dieu nous surprendra souvent au cours de cette démarche. La Bible présente un mode de vie complètement différent de ce que nous pourrions concevoir par nous-mêmes. Elle dépeint non seulement un tableau étonnant de ce qui ne va pas chez les êtres humains, mais son plan d'action pour le corriger s'avère également déconcertant. Nous devons sans cesse nous demander : « Comment cet individu parviendra-t-il à se dépouiller de ce qu'il doit abandonner pour revêtir ce qu'il doit être ? » Quels pas de foi et d'obéissance Dieu l'appelle-t-il à faire ?

L'application des trois questions

Reprenons l'exemple de Sylvie et Édouard relaté au chapitre 10, afin de comprendre comment les trois questions précédentes nous aident à établir des objectifs bibliques. Nous nous souvenons que leur relation était marquée par la violence, l'infidélité, l'isolement, la manipulation et la vengeance. Même si Édouard voyait en Sylvie « la plus belle femme du monde » et qu'Édouard représentait « l'événement le plus heureux » de la vie de Sylvie, leur mariage était au bord du gouffre. Il existe plus d'une manière d'aider ce couple, mais quoi que nous fassions, la méthode utilisée doit se fonder sur une réflexion et des objectifs bibliques clairs et concrets. Pour les besoins de notre cause, nous nous concentrerons sur Sylvie.

Que dit la Bible à propos de l'information recueillie ?

- La vie de couple de Sylvie constitue sa relation humaine la plus importante (Genèse 2; Éphésiens 5). Vit-elle en conformité avec ce principe ?

- Les difficultés au sein de nos relations dévoilent nos cœurs (Luc 6.43-45; Marc 7).
- Il est plus facile de voir les fautes de l'autre que les nôtres (Matthieu 7.3-5; Hébreux 3.12-13).
- Dieu nous appelle à vivre en paix (Matthieu 5.9; Romains 12.14-21).
- Dieu nous appelle à exercer le ministère de la réconciliation (2 Corinthiens 5.16-21).
- Le pardon constitue le chemin menant à la paix et à la réconciliation (Luc 17.3-4; Éphésiens 4.29-5.2).
- Dieu donne à Sylvie et à Édouard tout ce dont ils ont besoin pour régler leurs problèmes de couple (2 Pierre 1.3-9).
- Dieu décrit clairement le type de lien qui devrait unir le mari et sa femme (Éphésiens 5.22-33).
- La question de fond se rapportant au mariage ne concerne pas ce que Sylvie veut et le meilleur moyen de l'obtenir, mais ce que Dieu veut et le meilleur moyen de chercher sa volonté.

Ces thèmes et principes renferment des éléments qui pourraient révolutionner leur vie conjugale. Imaginez la différence pour ce couple s'ils cessaient de jeter le blâme l'un sur l'autre et avouaient humblement que leur manière d'agir révèle véritablement les pensées et désirs de leurs cœurs. Imaginez les changements fondamentaux qui s'opéreraient s'ils reconnaissaient ce qui domine réellement leurs cœurs et donne le ton à leur vie de couple. Mieux encore, imaginez ce qui se produirait s'ils décidaient de vivre chaque jour en adoptant des attitudes fondées sur la Parole de Dieu. Quand nous intégrons des perspectives bibliques à la vie quotidienne, elles métamorphosent complètement les cœurs.

Alors que vous aidez Sylvie et Édouard, ces principes et ces thèmes vous rappellent à quel point leurs problèmes de couple sont profonds. Vous n'arrangerez pas les choses en élaborant avec eux de nouvelles techniques de communication, car presque tous les aspects de ce mariage ont besoin d'être réformés ! Leurs problèmes se situent d'abord sur le plan vertical, puis sur le plan horizontal. Dieu ne règne plus sur les cœurs de Sylvie et d'Édouard. Par conséquent, il n'a plus droit de regard sur leur mariage. Chacun d'eux cherche avant tout son propre bonheur et s'irrite de ce que l'autre ne répond pas à ses attentes ! En envisageant ce mariage dans une optique biblique, vous savez qu'ils sont d'abord appelés à se repentir. Ils ont remplacé Dieu par autre chose qui domine leurs cœurs et donne le ton à leur union.

Quels objectifs de changement Dieu désire-t-il pour Sylvie ?

- Passer d'un sentiment de supériorité inconscient à une juste et humble évaluation d'elle-même.
- Passer de l'amertume au pardon.
- Passer du désir de vengeance au désir de faire le bien.
- Passer du mécanisme de défense au don de soi et au service empreint d'amour.
- Passer du repli sur soi engendré par la colère à une communication efficace.
- Passer de l'éloignement à la réconciliation.
- Donner à Dieu l'espace nécessaire pour œuvrer dans la vie d'Édouard et cesser de vouloir être le « messie » de son mari.

Chacun de ces éléments représente une catégorie plutôt qu'un objectif, mais pourrait amorcer plusieurs changements précis. Par exemple, Sylvie s'est volontiers prêtée au jeu de la vengeance dans sa relation avec Édouard : « Si c'est comme ça, tu ne perds rien pour attendre ! » Dieu l'appelle à chercher des façons de faire le bien, même quand on lui fait du mal. Ce plan d'action amènera une foule de changements dans sa manière d'interagir avec son mari.

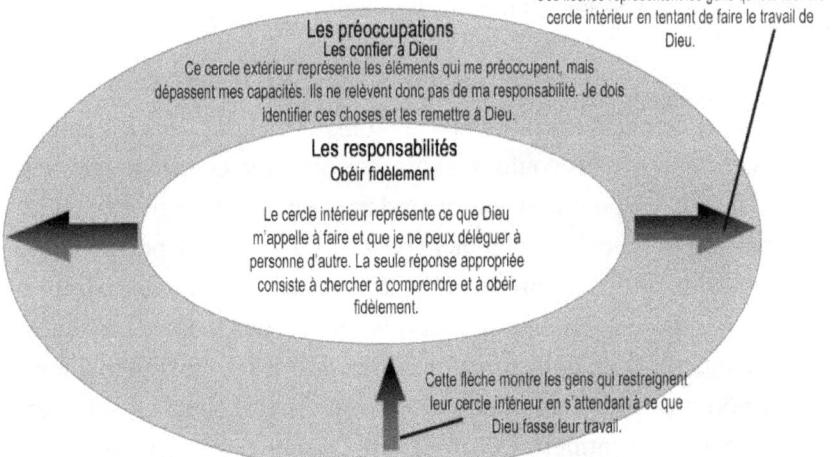

Figure 13.1
Clarifions les responsabilités

Quelles méthodes bibliques peuvent servir à accomplir les objectifs de changement visés par Dieu?

- Aidez Sylvie à se voir dans le miroir de la Parole de Dieu.

- Demandez à Sylvie de tenir un journal basé sur les questions du chapitre 10. Cet exercice l'aidera à voir de quelle façon les problèmes de son cœur se répercutent dans ses actions et réactions.

- Encouragez Sylvie à faire l'exercice des deux cercles (Figure 13.1) en se concentrant sur sa relation avec Édouard. Elle progressera ainsi dans sa compréhension de la « description de tâches » que Dieu lui a assignée, et saura quels aspects de sa vie confier à Dieu.

- Étudiez le Psaume 73 et 1 Pierre 1 avec Sylvie pour l'aider à échapper au découragement, à la colère et à la peur qui proviennent non seulement des échecs de son mari, mais également de son égocentrisme et de sa tendance à se concentrer sur le présent. Apprenez-lui à fixer les regards sur les réalités invisibles et éternelles.

En cherchant à promouvoir les transformations dans le cœur et la vie d'autrui, nous voulons les aider à confesser leur péché et à s'en repentir. C'est pourquoi nous nous demandons : « Comment puis-je favoriser le type de changement nécessaire chez cette personne ? » Les trois questions précédentes fournissent un modèle simple qui fixe des objectifs se situant à la croisée des thèmes bibliques généraux et des applications personnelles. Elles nous permettent de porter attention à la démarche du ministère. Nous ne sommes pas que des sentinelles chargées de donner des avertissements. Nous sommes également des instruments de changement entre les mains du Rédempteur.

> ▶ Deuxième objectif :
> Clarifier les responsabilités de chacun

L'une des questions les plus importantes de la vie consiste à se demander : « Qui est responsable de quoi ? » En abordant ce sujet dans l'exercice du ministère, vous rencontrez grosso modo trois types de personnes.

Le premier groupe se compose d'individus *irresponsables*. Ils refusent de reconnaître et d'assumer les responsabilités dont Dieu les a chargés. Ensuite, vous verrez des gens qui se sentent *responsables à l'excès*. Ils endossent des responsabilités que Dieu ne leur a pas données ou qu'ils sont incapables de porter. La troisième catégorie comprend probablement la majorité des individus. Il s'agit de ceux qui sont *sincèrement incapables de distinguer* les tâches que Dieu leur donne de celles qu'ils doivent lui confier. Ils jouent parfois le rôle de sauveurs, essayant de faire ce que Dieu seul peut accomplir. À d'autres moments, ils demandent à Dieu de s'occuper de certaines responsabilités qu'il leur a pourtant déléguées de toute évidence. Les trois groupes doivent comprendre leurs responsabilités s'ils veulent opérer des changements constructifs dans leurs vies quotidiennes.

La figure 13.1 fournit un outil simple pour clarifier nos responsabilités. Examinons d'abord le cercle intérieur, soit le cercle des responsabilités. Il représente la description des tâches bibliques propres à un individu. Il dresse la liste de ce que la Parole de Dieu demande à une personne de faire dans sa situation et ses relations actuelles. Par exemple, un homme doit posséder une idée précise du rôle que Dieu l'appelle à jouer en tant que mari, père, voisin, parent, fils, travailleur et membre du Corps de Christ. Dieu l'appelle à renoncer à lui-même, à se charger de sa croix et à suivre Christ (Luc 9.23-25), ainsi qu'à ne plus vivre pour lui, mais pour le Seigneur (2 Corinthiens 5.14-15). Dans ces conditions, son obéissance correspond à la réponse de la foi. Notre travail consiste alors à aider cet homme à trouver des moyens concrets de répondre, dans l'obéissance de la foi, à l'appel à devenir un disciple.

Nous demandons à l'individu d'inscrire dans le cercle intérieur les tâches qu'il croit que Dieu veut qu'il accomplisse en lien avec chacun des rôles qu'il lui a confiés (père, employé, etc.). Ensuite, nous l'aidons à examiner sa liste à la lumière des Écritures, dans le but de découvrir si son énumération correspond à ce que Dieu l'appelle vraiment à faire. Il existe souvent des disparités entre notre liste et celle de Dieu! En prenant conscience de ces écarts, nous sommes plus en mesure de comprendre ce que Dieu attend de nous – et ce qu'il nous aidera à accomplir par sa grâce.

Le cercle extérieur, soit le cercle des préoccupations, représente ce qui est important aux yeux d'une personne (l'amour au sein du couple, le salut d'un enfant), mais qu'elle est incapable de réaliser. Par conséquent, elles ne relèvent pas de sa responsabilité. À l'aide de ce cercle, nous appelons les gens à reconnaître leurs limites et à se souvenir que Dieu est fidèle, qu'il tient ses promesses (Psaume 145.13) et règne sur toutes choses (Actes 17.24-28). Dans ce cas, la réponse de la foi consiste à confier ces questions importantes à Dieu dans la prière.

Les gens confondent ces cercles de deux manières. D'une part, ils laissent le cercle intérieur déborder au-delà de ses limites jusque dans le cercle extérieur. Ce faisant, ils agissent comme de petits sauveurs essayant d'accomplir ce que Dieu seul peut faire. D'autre part, ils restreignent le cercle intérieur et sous le couvert de la foi, négligent d'obéir à ce que Dieu les appelle à faire. Nous voulons les aider à éviter ces deux pièges.

Imaginez à quel point cet exercice s'avérerait utile pour Sylvie qui, de toute évidence, n'arrive pas à démêler la question des responsabilités. Il lui arrive d'assumer un rôle de seigneur, maître et sauveur, essayant de faire ce que Dieu seul peut accomplir (repoussant à l'excès les limites de son cercle de responsabilités). À d'autres moments, elle fait preuve d'une passivité que la Bible condamne, attendant que Dieu intervienne à sa place alors qu'il l'appelle clairement à agir (restreignant à l'excès son cercle de responsabilités). Sylvie tirerait vraiment avantage de l'aide d'une personne qui clarifierait pour elle la question des responsabilités.

En se comportant comme un petit messie (avec un cercle de responsabilités trop grand), Sylvie doit faire face à certaines conséquences négatives. D'abord, puisqu'elle tente de prendre la place de Dieu, son travail ne suscitera que du découragement, de la frustration et des échecs. Après tout, elle ne possède pas les qualifications requises! Ensuite, du fait qu'elle s'applique à accomplir l'œuvre de Dieu, elle laissera probablement de côté le travail qu'il l'appelle à accomplir à travers sa Parole. Sylvie a expérimenté ces deux types de difficultés en tentant d'opérer des changements au sein de son mariage.

Prenons un autre exemple. Alicia est inquiète au sujet de son fils, Matthieu, car il est de plus en plus rebelle, irresponsable, désobligeant et égoïste. Il s'absente de l'école plus souvent qu'il ne s'y présente. Alicia a averti Matthieu et quelques-unes de ses amies intimes qu'elle s'était « engagée à faire de Matthieu un chrétien responsable, même si elle doit se tuer à la tâche ». Sans le savoir, Alicia tient les propos d'un petit sauveur. Elle a, de façon inappropriée, ajouté à son cercle de responsabilités des éléments qui appartiennent à son cercle de préoccupations. Elle peut certes trouver des moyens d'aider, de motiver, de discipliner et d'encourager Matthieu (des actions concrètes se retrouvant dans son cercle de responsabilités), mais elle n'exerce aucun contrôle sur le cœur de Matthieu (qui relève de son cercle de préoccupations). Seul Dieu peut travailler sur ce plan. Alicia veut faire l'œuvre de Dieu, mais elle n'en éprouvera que frustration et échec.

Deux conséquences négatives attendent également ceux dont le cercle intérieur est trop petit – qui cherchent à remettre à Dieu les tâches qu'il leur a assignées.

D'abord, je gaspillerai du temps et des prières si j'espère que Dieu fera pour moi ce qu'il me demande de faire. Je croirai que Dieu m'a abandonné alors qu'en fait, c'est moi qui aurai manqué à mon appel! Si les individus qui se sentent responsables à outrance agissent en petits sauveurs, ceux qui restreignent leur cercle intérieur ressemblent à des « vacanciers spirituels ». Ils ne se soumettent plus à la description de tâches établie par Dieu et se laissent aller à la flânerie, attendant que Dieu fasse leur travail. Dieu me rendra capable d'effectuer la tâche qu'il m'a confiée, mais il n'agira pas à ma place! Par conséquent, j'attendrai quelque chose que je ne recevrai pas. Et alors que j'attends, la seconde conséquence négative se manifeste : les choses empirent parce que je ne fais rien.

Que se passerait-il, selon vous, si Alicia réagissait de manière opposée à la rébellion de Matthieu, en restreignant son cercle de responsabilités? Elle pourrait, par exemple, dire à ses amies : « J'ai décidé de ne pas intervenir et de laisser Dieu s'arranger avec Matthieu. Je ne sais plus comment agir avec lui en tant que parent, il faut donc que Dieu fasse un miracle. » Il est vrai que seul Dieu peut changer le cœur de Matthieu, mais il est également vrai que Dieu place et se sert des gens pour accomplir ses desseins miraculeux. Il a donné à Matthieu une mère parce que Matthieu a besoin d'une mère, et parce qu'il a décidé de révéler et d'imprégner sa vérité dans le cœur de ce garçon à travers sa relation avec sa mère. Alicia devrait confier son fils au Seigneur chaque jour, tout en continuant à faire ce qu'il lui demande en tant que parent. Dieu appelle Alicia à vivre une vie de confiance active et obéissante et à rejeter la passivité.

La passivité peut paraître « spirituelle » à première vue, mais elle constitue une réponse non biblique, tout comme lorsque nous nous comportons en petits sauveurs. Pourtant, il arrive souvent que les gens réagissent ainsi quand leurs relations deviennent tendues. Supposons que David soit conscient que la relation est rompue entre lui et son ami Alexandre. Alexandre ne lui téléphone presque plus et il ne lui a pas demandé de prier pour lui depuis des mois, comme il en avait l'habitude. David sait que le problème remonte à l'année précédente, moment où ils ont tous deux étalé en public leur divergence d'opinions. David affirme qu'il a « réglé le problème dans son cœur » et il attend que Dieu rétablisse la relation brisée. La réaction de David révèle que son cercle de responsabilités est trop restreint. La Bible l'appelle clairement à entreprendre les démarches nécessaires en vue de leur réconciliation (Matthieu 5.23-24).

Plusieurs chrétiens adoptent également une attitude de « confiance passive » en cherchant la direction et les conseils du Seigneur. Ils pensent que Dieu leur révélera un plan secret et ainsi, ils connaîtront sa volonté et sauront comment agir. Pourtant, la direction de Dieu se traduit par une confiance active et obéissante. J'évalue les options qui s'offrent à moi en utilisant les principes, les thèmes et les perspectives bibliques. Ensuite, en me fondant sur mon évaluation, mes connaissances et mes habiletés, je prends une décision à la lumière de la sagesse contenue dans les Écritures. Ma décision n'est pas basée sur mon aptitude à lire dans les pensées de Dieu, mais sur ce qu'il a déjà révélé avec précision dans sa Parole. En entreprenant les actions appropriées, je m'en remets au Seigneur, sachant qu'il règne sur toutes choses et me conduira selon sa volonté. Voilà le modèle biblique pour recevoir des directives du Seigneur. Un grand nombre de chrétiens brandissent une sorte de « baguette magique chrétienne » espérant découvrir la volonté secrète de Dieu. Pendant ce temps, ils n'ouvrent pas la Bible – celle-là même que Dieu qualifie de « lampe à nos pieds et de lumière sur notre sentier »!

Confiance et obéissance

La vie chrétienne se résume en fin de compte à deux mots : confiance et obéissance. Je dois continuellement remettre à Dieu ce qui échappe à mon contrôle (mon cercle de préoccupations), et obéir fidèlement à ses commandements clairs et précis (mon cercle de responsabilités). Le passage de Romains 12.14-21 explique admirablement bien ce mode de vie fondé sur la confiance et l'obéissance :

> Bénissez ceux qui vous persécutent, bénissez et ne maudissez pas. Réjouissez-vous avec ceux qui se réjouissent; pleurez avec ceux qui pleurent. Ayez les mêmes sentiments les uns envers les autres. N'aspirez pas à ce qui est élevé, mais soyez attirés par ce qui est humble. Ne soyez pas sages à vos propres yeux.
>
> Ne rendez à personne le mal pour le mal. Recherchez ce qui est bien devant tous les hommes. S'il est possible, autant que cela dépend de vous, soyez en paix avec tous les hommes. Ne vous vengez pas vous-mêmes, bien-aimés, mais laissez agir la colère, car il est écrit : À moi la vengeance, c'est moi qui rétribuerai, dit le Seigneur. Mais si ton ennemi a faim, donne-lui à manger; s'il a soif, donne-lui à boire; car en agissant ainsi, ce sont des charbons ardents que tu amasseras sur sa tête.
>
> Ne sois pas vaincu par le mal, mais vainqueur du mal par le bien.

La puissance de ce passage réside dans le fait qu'il décrit un mode de vie caractérisé par la « confiance et l'obéissance » lorsque nous subissons de mauvais traitements. Dieu explique clairement quelle devrait être notre responsabilité dans de telles circonstances :

- Bénir ceux qui nous persécutent (v. 14).
- Faire preuve de douceur et de compassion (v. 15).
- Rechercher des relations harmonieuses (v. 16).
- Bannir l'orgueil (v. 16).
- Vivre en paix avec tous, dans la mesure du possible (v. 18).
- Pourvoir aux besoins de nos ennemis (v. 20).
- Vaincre le mal par le bien (v. 21).

En décrivant explicitement mes responsabilités quand je subis de mauvais traitements, Paul mentionne également certains éléments qui ne sont pas de mon ressort. Par exemple, je ne dois pas me venger ou rendre le mal pour le mal. Seul Dieu possède le pouvoir et l'autorité pour mener ces actions. En fait, il a promis qu'il le ferait. Je ne dois donc pas prendre ce fardeau sur mes épaules.

Cependant, il est mal de demeurer passifs quand nous subissons de mauvais traitements, attendant simplement que Dieu intervienne. Il nous appelle à persévérer dans l'obéissance active, recherchant des moyens de répondre aux besoins, de faire le bien et de répandre la paix. En même temps, nous remettons entre les mains justes et miséricordieuses de Dieu l'individu qui nous a fait du tort. Bref, nous devons nous acquitter de notre tâche dans un esprit de joyeuse soumission, et laisser à Dieu le soin de faire ce qu'il a promis en nous confiant humblement en lui.

La question des responsabilités personnelles demeure un sujet compliqué pour les gens. Par conséquent, il leur est bénéfique de recevoir des instructions précises et pratiques qui les éclaireront tout au long du processus de changement. Nous pouvons les aider en leur fournissant des directives claires, basées sur une compréhension biblique du plan d'action divin. Ensuite, nous pouvons les aider en clarifiant la question des responsabilités et en appliquant le principe de « confiance et obéissance » à leur mode de vie, leur situation et leurs relations quotidiennes.

Le seul moyen de supporter les déceptions et les pertes qui sont partie intégrante de la vie sur cette terre consiste à s'accrocher à la gloire et à la grâce de Dieu. En rappelant constamment aux gens ces deux thèmes importants, nous participons non seulement à l'œuvre du royaume de Dieu produisant des changements durables, mais nous leur présentons également la Personne qui seule satisfait parfaitement l'âme humaine.

AIMER
CONNAÎTRE
PARLER
 **AGIR**

14

Affermir l'identité en Christ et instaurer un système permettant de rendre des comptes

En poursuivant notre examen des moyens par lesquels Dieu nous emploie pour aider les gens à changer, réfléchissez un instant à votre propre vie. N'avez-vous pas également besoin que d'autres exercent un ministère envers vous? Que vous soyez un leader chrétien influent ou un nouveau converti, en regardant votre vie, vous constatez immédiatement que vous avez besoin du ministère d'autres croyants.

Dans ce chapitre, nous verrons que l'encouragement et le fait de rendre des comptes constituent des éléments importants du processus de mise en application de la vérité. Les Écritures enseignent clairement que nous n'avons pas été créés pour vivre dans l'isolement, mais d'abord en relation avec Dieu, puis avec nos semblables. D'après la Bible, les changements personnels sont intimement liés à la vie communautaire. En fait, nous prenons réellement conscience de notre besoin les uns des autres lorsque nous entamons un processus de changement. Ce besoin fondamental ne réside pas dans le fait que mes capacités morales ou intellectuelles soient déficientes par rapport à celles des autres. Dieu veut plutôt que nous dépendions les uns des autres pour vivre une vie juste, tout comme il a décrété que nous devions nous appuyer sur sa révélation pour interpréter la vie correctement.

> ▶ Troisième objectif :
> Affermir l'identité en Christ.

L'importance de savoir qui vous êtes

L'œuvre de transformation est un travail ardu. C'est pourquoi les gens ont besoin des vérités qui les motiveront et les fortifieront. L'évangile nous encourage non seulement par la présence de Christ et l'assurance de ses promesses, mais également en raison de notre nouvelle identité. Des passages tels Romains 8.15-17 et 1 Jean 3.1-3 nous expliquent cette nouvelle identité. Nous apprenons que Dieu ne nous a pas seulement pardonné, mais qu'il nous a aussi adoptés dans sa famille. Nous sommes les enfants du Roi des rois! Le Dieu de l'univers est notre Père!

Le Nouveau Testament décrit également notre nouvelle identité spectaculaire en déclarant que nous sommes « en Christ ». Cette expression signifie que nous sommes parfaitement unis à lui et avons reçu tout ce qu'il avait promis. Elle transcende la réalité du pardon et de l'espérance céleste. Quelque chose d'encore plus fondamental s'est produit. Paul en parle dans Éphésiens 2.6-7 : « ... il nous a rendus à la vie *avec le Christ...* il nous a ressuscités ensemble et fait asseoir ensemble dans les lieux célestes *en Christ-Jésus*, afin de montrer dans les siècles à venir la richesse surabondante de sa grâce par sa bonté envers nous *en Christ-Jésus.* » Au chapitre 15 de l'Évangile de Jean, Jésus emploie une métaphore pour illustrer la beauté de notre identité. Il dit que les croyants s'apparentent à des sarments attachés à des ceps de vigne. Nous ne portons du fruit que grâce à notre union avec Christ, le vrai Cep. Nous avons la vie parce que nous sommes « dans » le Cep.

Ces propos sont importants quand survient le changement. En effet, notre vie est marquée par notre identité et les identités que nous nous forgeons influencent grandement nos réactions à l'égard de la vie. En s'engageant dans un processus de changement qui dure toute la vie, les gens doivent vivre selon l'identité que leur procure l'évangile. Ils ont besoin, tout comme nous, qu'on leur rappelle encore et encore qui ils sont.

Dans les contraintes de la vie quotidienne, il devient facile d'oublier qui nous sommes. En cherchant à remplacer nos vieilles habitudes par de nouvelles, nous perdons aisément de vue notre position d'enfants de Dieu. En fait, plus un problème perdure, plus nous sommes enclins à nous définir en fonction de ce problème (personne divorcée, ou en proie à diverses dépendances, individu luttant contre la dépression ou la dépendance affective, ou aux prises avec le trouble du déficit de l'attention). Nous en venons à croire que notre difficulté nous définit en tant que personnes. Pourtant, bien que ces étiquettes puissent servir à décrire certaines de nos luttes en tant que pécheurs vivant dans un monde déchu, elles ne *représentent pas* notre identité! Si nous leur accordons le pouvoir de nous définir, nous sommes condamnés à vivre comme des esclaves à l'intérieur de leurs limites. Ce n'est certes pas ainsi qu'un enfant de Dieu est appelé à vivre!

Il existe une profonde différence entre ces deux manières de parler : « Je suis une personne dépressive » et « Je suis un enfant de Dieu "en Christ" et je dois lutter contre la dépression ». La seconde affirmation ne nie pas la présence d'une guerre intérieure, mais elle est empreinte d'espérance. Elle dit en substance : « J'admets que mon combat contre la dépression est quotidien, mais je ne suis pas seul. Je ne m'appuie pas sur mes propres forces et sur ma sagesse. J'ai compris que mon Créateur et Sauveur est également mon Père. Je commence à prendre conscience des richesses qui m'appartiennent en raison de la place que j'occupe dans sa famille, et j'apprends à vivre conformément à la grâce qu'il m'accorde en Christ, et non plus selon l'identité malheureuse que je m'étais forgée jusqu'ici. » Vous ne perdez jamais votre temps en rappelant aux gens leur position et leur identité en Christ. En agissant ainsi, vous ranimez l'espoir, le courage et la foi.

Un des passages du Nouveau Testament qui décrit le mieux notre identité se trouve en 2 Pierre 1.3-9. Étudiez-le jusqu'à ce qu'il n'ait plus de secrets pour vous! Ces versets constituent un outil à employer avec sagesse et de manière pratique dans vos échanges :

> Sa divine puissance nous a donné tout ce qui contribue à la vie et à la piété, en nous faisant connaître celui qui nous a appelés par sa propre gloire et par sa vertu. Par elles les promesses les plus précieuses et les plus grandes nous ont été données afin que par elles vous deveniez participants de la nature divine, en fuyant la corruption qui existe dans le monde par la convoitise; à cause de cela même, faites tous vos efforts pour joindre à votre foi la vertu, à la vertu la connaissance, à la connaissance la maîtrise de soi, à la maîtrise de soi la persévérance, à la persévérance la piété, à la piété la fraternité, à la fraternité l'amour. En effet, si ces choses existent en vous et s'y multiplient, elles ne vous laisseront pas sans activité ni sans fruit pour la connaissance de notre Seigneur Jésus-Christ; mais celui qui ne les possède pas est un aveugle, il a les yeux fermés, il a mis en oubli la purification de ses anciens péchés.

Analysons ensemble les points importants de ce passage.

- Au verset 8, Pierre déclare que certains individus qui connaissent pourtant le Seigneur demeurent oisifs et ne portent pas de fruits. Il se peut que leur foyer ressemble à une zone de combat, que leurs cœurs soient remplis d'amertume ou qu'ils résistent à l'autorité. Quelle que soit la difficulté, leur vie n'a pas produit les fruits qu'on attend de la part d'une personne qui jouit des droits et des privilèges d'un enfant de Dieu.

- Pierre affirme dans les versets 5 à 8 que ces individus ne produisent pas les fruits escomptés parce qu'il leur manque certaines qualités essentielles (la foi, la vertu, la connaissance, la maîtrise de soi, la persévérance, la piété, la fraternité et l'amour). Pourtant, Christ a vécu, est mort et est ressuscité afin que nous *possédions* ces qualités.

- Quand nous voyons des croyants qui ne démontrent pas le caractère chrétien, il importe de se demander pourquoi. Que leur manque-t-il? Pierre nous donne la réponse : « Ils ont oublié qui ils sont » (v. 9). Ils ont perdu de vue leur identité en Christ et par conséquent, ils ne se rendent pas compte des ressources dont ils disposent. Par conséquent, leur vie est dépourvue d'espoir, de foi et de courage. Leurs problèmes s'aggravent et de nouvelles difficultés s'y ajoutent. Cette condition augmente la possibilité qu'ils traversent la vie en adoptant une identité axée sur les problèmes. Il y a probablement plus de gens qui vivent de cette manière que nous l'imaginons. Lorsque j'étudie ce passage avec les gens, je suis souvent surpris de constater qu'ils semblent n'avoir jamais entendu parler de ces vérités auparavant. Généralement, leur identité est façonnée par leurs problèmes.

- Un autre aspect important de notre identité concerne le fait qu'en Christ, nous avons reçu « tout ce qui contribue à la vie et à la piété » (v. 3). En tant qu'enfants de Dieu, nous sommes riches! Nous possédons plus que *certains* bienfaits. Nous possédons plutôt tout ce dont nous avons besoin! Dieu fournit à ses enfants tout ce qui leur est nécessaire pour accomplir ce qu'il les appelle à faire.

Notez le temps du verbe au verset 3. Pierre déclare que Dieu nous « a donné ». Le verbe est conjugué au temps parfait en grec, qui correspond à une action accomplie dans le passé et dont les effets se font sentir jusque dans le futur. Dieu a déjà donné, nous n'avons pas à attendre de recevoir son don. En raison de l'œuvre de Christ à la croix, nous avons obtenu tout ce qui contribue à « la vie et à la piété » et nos entrepôts regorgent de ces biens. Ces mots employés par Pierre n'ont rien de redondant, puisqu'ils établissent une distinction importante. Dieu n'a pas pourvu à ce qui est nécessaire seulement pour que nous recevions la vie éternelle, mais également pour que nous vivions une vie de piété. Il m'est ainsi accordé de vivre, dès le moment où je suis accepté dans sa famille jusqu'à ce que j'aille le rejoindre dans l'éternité, une vie qui honore Dieu. Il nous a donné tout ce dont nous avons besoin pour penser, désirer, parler et agir de manière à l'honorer. Quel don merveilleux!

Cette identité provenant de l'évangile et de ses prodigieuses richesses constituent un puissant moyen de défense dans la guerre qui se livre pour la domination de nos cœurs. Quand les gens décident d'obéir à nouveau au Seigneur, l'Ennemi s'approche en disant : « Tu n'as pas ce qu'il faut pour y arriver. Il te manque *ceci* ou *cela*, si seulement tu pouvais, mais tu ne peux pas… » La guerre qui se livre alors pour remporter les cœurs en est une d'identité. Leur réponse à Satan dépend de l'identité dont ils se réclament. Malheureusement, beaucoup de gens n'incluent pas Dieu dans leur histoire lorsqu'ils racontent leurs ennuis. Ils se préoccupent du péché des autres et des difficultés liées à la situation. Cependant, si Dieu est absent de leur histoire, ils n'auront aucune notion biblique de l'identité puisque l'identité biblique prend toujours sa source en Dieu. L'Ennemi sait qu'il n'a pas à nous tenter d'abandonner la foi pour remporter une victoire. Il gagne chaque jour de petites batailles s'il parvient à s'en prendre à notre identité ou à la rendre obscure.

Quand vous oubliez votre identité et l'abondance de vos richesses en Christ, vous vivez comme le ferait une personne pauvre. Dans la ville de Philadelphie, on compte près de 3500 sans-abris. Leurs vies se résument à trouver quotidiennement un peu de nourriture et un endroit où dormir. Le soir venu, ils sont heureux simplement s'ils peuvent se reposer quelque part, en sécurité. Ils n'en demandent pas plus.

Au milieu de leurs luttes, plusieurs vivent comme des sans-abris spirituels. Leur existence se déroule en mode survie, ils sont déstabilisés, craintifs, ils fuient la réalité et vivent pour « l'instant présent ». La pensée du changement et de la croissance ne leur effleure même pas l'esprit et ils ne recherchent pas les nombreuses bénédictions qui font partie de leur héritage d'enfants de Dieu. Ils essaient simplement de traverser une autre journée. Ils vivent comme s'ils étaient pauvres, alors qu'ils sont immensément riches.

Quand nous vivons selon une identité de démunis, nous ne demandons pas suffisamment à notre Père, et nous nous contentons de trop peu. Nous nous bornons à nous fabriquer une sorte de survie spirituelle, espérant que tout ira mieux dans l'éternité. Pourtant, la Bible ne présente jamais notre vie sur terre comme une attente dépourvue de sens, en prévision de bénédictions futures. Elle ne nie pas que nous vivions dans l'attente, mais notre espérance ne porte pas seulement sur ce que nous obtiendrons à la fin, elle s'intéresse à ce que nous *devenons* en attendant. Dieu nous a promis une vie véritable et abondante, ici et maintenant. Nous avons un Père. Nous possédons une demeure. Nous sommes riches. Nos difficultés *abondent*, mais notre espérance *surabonde*.

- Au verset 4, Pierre nous dit ce que nous devrions attendre de la grande provision que Dieu nous a accordée en Christ. Le principal objectif de Dieu ne consiste pas à promouvoir notre bonheur personnel (carrière intéressante, mariage, famille, Église, milieu de vie, vacances, retraite), mais à nous rendre participants de la nature divine! Ce faisant, Dieu comble mon besoin le plus fondamental. Ce dernier n'est ni extérieur ou affectif, mais moral. Nous avons d'abord et avant tout besoin d'un cœur gouverné par le Seigneur plutôt que par nos « mauvais désirs ». Nous avons besoin d'être progressivement libérés de l'esclavage produit par nos dieux de remplacement, ces dieux qui nous gardent prisonniers de nous-mêmes et continuellement en quête de notre gloire personnelle.

En fin de compte, Pierre enseigne que si mon cœur est dominé par de mauvais désirs, je participe à la « corruption du monde » plutôt qu'à l'œuvre de Christ. Dans ce cas, je ne produirai pas de bons fruits. Trop de chrétiens croient que leur comportement est le *résultat* de leurs expériences, mais Pierre renverse cet ordre. Il affirme que le monde corrompu ne nous pousse pas à avoir de mauvais désirs. Au contraire, ce sont nos mauvais désirs qui causent la corruption du monde! Les Écritures décrivent les difficultés de notre monde avec une honnêteté désarmante et nous ramènent toujours au cœur. Ensuite, elles nous réconfortent par les promesses de l'évangile, promesses de la grâce de Jésus-Christ qui transforme les cœurs et change les vies.

Une mentalité monastique subtile existe encore au sein de l'Église aujourd'hui. La théologie des monastères enseignait : « Le monde est mauvais, il faut donc nous en séparer pour demeurer purs. » Pourtant, l'histoire atteste que le mal présent dans la société se retrouvait également dans les monastères. Pourquoi? Parce qu'ils ont commis l'erreur tragique de permettre à des humains d'y entrer! En s'assemblant, les pécheurs ont transporté avec eux la panoplie complète des désirs mauvais et ont ainsi corrompu l'environnement où ils espéraient pourtant trouver la pureté.

Le modèle présenté par Pierre apparaît nettement différent. Son principe part de l'intérieur du cœur vers l'extérieur. Dieu a abondamment pourvu à mes besoins en ce qui a trait à la transformation progressive de mon cœur, de manière à ce que je puisse faire ce qui est bien et récolter une moisson de bons fruits. Pierre déclare que Dieu nous a surtout sauvés de nous-mêmes! En raison de la richesse de sa grâce, nous ne sommes plus contraints à vivre en étant esclaves de nous-mêmes, mais nous pouvons vivre « pour celui qui est mort et ressuscité pour nous » (2 Corinthiens 5.15).

Si nous appliquons ces vérités à l'exemple de Sylvie et Édouard (au chapitre 10), nous constatons qu'ils sont tous deux prisonniers de la condition de leur cœur. Sylvie est convaincue qu'Édouard constitue son principal problème et Édouard pense que Sylvie est la source de ses difficultés. Aucun d'eux n'admet que le problème réside dans son propre cœur et ne désire recevoir l'aide appropriée. Ce n'est pas qu'ils ont trop demandé à leur Père céleste. Au contraire, ils se contentent de bien trop peu! Leur vie de couple a été entachée par de mauvais désirs, dont plusieurs étaient déjà présents avant leur mariage. S'ils refusent de régler les problèmes de leur cœur, leur relation s'enfermera dans l'interminable cercle vicieux du blâme et des récriminations, ou se soldera par un divorce. Par la suite, Sylvie et Édouard répéteront les mêmes erreurs dans de nouvelles relations. C'est la raison pour laquelle la question de l'identité est tellement importante. Elle ne représente pas un à-côté dans la situation, elle en est l'*essence* même.

- Enfin, Pierre nous apprend ce qui se produit lorsque nous commençons à vivre conformément à notre identité en Christ (versets 5 à 8). Notre manière de vivre change. Nous ne nous contentons plus d'un caractère chrétien chancelant. Nous ne considérons plus nos relations et les situations difficiles comme des dangers à éviter, mais comme des occasions d'expérimenter ce qui nous appartient déjà en Christ. Nous devenons pleins d'espoir et actifs parce que notre vie est axée sur un modèle de croissance progressive. Nous ne cédons plus aux anciennes habitudes qui nous incitaient à fuir, à nous défendre ou à échapper à la réalité. Nous ne nous bornons plus à améliorer quelque peu notre mariage ou à faire preuve d'un peu plus d'honnêteté dans nos relations. Nous voulons chaque jour jouir davantage des richesses qui sont nôtres en tant qu'enfants de Dieu. Ce modèle de changement progressif et rempli d'espérance est primordial pour ceux qui appliquent à leur vie leurs nouvelles compréhensions et leurs nouveaux engagements. J'aimerais en donner une illustration.

Supposons qu'un jour, je reçoive l'appel d'un directeur de banque m'informant que j'ai hérité d'une somme de 50 millions de dollars provenant d'un parent éloigné. Je m'empresse de raccrocher et survolté, j'annonce la bonne nouvelle à Luella, puis je me précipite à la banque pour signer les documents requis. J'effectue ensuite un retrait de 10 000 $ afin d'amener Luella au restaurant (à

Paris, bien sûr, pour le plus beau weekend de sa vie!). Six semaines plus tard, Luella, qui s'occupe des finances à la maison, n'arrive toujours pas à boucler le budget familial. Elle n'y comprend rien et me demande : « Paul, je croyais que nous étions immensément riches. Pourtant, nous vivons comme si nous étions plus pauvres que jamais. Pourquoi ne vivons-nous pas de l'héritage que tu as reçu? »

Imaginez la réaction de Luella si je lui répondais alors : « Sais-tu qu'il est très difficile de se rendre à cette banque et d'y retirer de l'argent? D'abord, l'édifice se situe en plein centre de la ville. La circulation tient du cauchemar et il est impossible de garer la voiture. Ensuite, en entrant à la banque, les files d'attente sont si longues qu'on se croirait à Disney World. Enfin, quand tu te présentes au guichet, on te traite davantage comme un criminel qu'un client. [Les caissiers relèvent les empreintes digitales des clients qui retirent de grosses sommes d'argent.] C'est beaucoup trop désagréable! »

Si vous étiez à la place de Luella, vous penseriez sûrement : « *Tu es riche! Comment peux-tu laisser ces petits détails t'empêcher de prendre possession de l'héritage qui nous rendrait la vie plus facile? Tu dois retourner à la banque jusqu'à ce que tu aies reçu tout ce qui te revient de droit!* »

Pierre associe la disposition à persévérer dans les difficultés à la compréhension de notre identité en Christ et aux ressources qui en découlent. Plus nous saisissons ces vérités, plus nous cherchons à obtenir ce qui nous appartient en Christ. Il a promis de conformer peu à peu nos cœurs pécheurs à l'image de notre Sauveur, Jésus-Christ.

En mettant en pratique une compréhension renouvelée et en prenant de nouveaux engagements, nous devons garder en tête notre identité en Christ. Malheureusement, comme les héros de la foi, nous oublions souvent qui nous sommes. Moïse n'a-t-il pas protesté en ces termes devant l'Éternel : « Qui suis-je pour aller vers le Pharaon... » Et Gédéon a fait part de ses doutes en déclarant : « Ah! Mon Seigneur, avec quoi sauverai-je Israël? » Nous devons continuellement nous souvenir de notre position en tant qu'enfants de Dieu et des ressources que nous possédons en Christ.

En raison de sa structure, le passage de Philippiens 2.1-12 s'avère particulièrement utile pour mieux saisir notre identité. En effet, il commence au verset 1, par l'énumération de quatre « si », des conditions qui évoquent des vérités liées à la rédemption et s'appliquant à la vie de chaque croyant.

- S'il y a donc quelque consolation en Christ
- S'il y a quelque encouragement dans l'amour
- S'il y a quelque communion de l'Esprit
- S'il y a quelque compassion et quelque miséricorde

Par la suite, aux versets 2 à 12, il expose les conséquences des conditions précédentes et décrit la manière dont nous devrions vivre à la lumière de la grâce qui nous a été accordée en tant qu'enfants de Dieu.

- Alors, ayez une même pensée, un même amour, une même âme (v. 2).
- Alors, ne faites rien par rivalité ou par vaine gloire (v. 3).

- Alors, estimez les autres supérieurs à vous-mêmes (v. 3).
- Alors, que chacun de vous, au lieu de considérer ses propres intérêts, considère aussi ceux des autres (v. 4).
- Alors, ayez en vous la pensée qui était en Christ-Jésus (v. 5-8).

La structure de ce passage où certaines conditions entraînent certaines conséquences fournit une description pratique de ce que signifie vivre à la lumière de mon identité en Christ, incluant le changement radical de mon cœur que Dieu opère progressivement par sa grâce. Imaginez ce que deviendrait le mariage de Sylvie et d'Édouard s'ils commençaient tous deux à vivre ainsi! Pensez aux transformations qu'ils verraient s'accomplir s'ils remplaçaient leurs disputes méprisantes, intéressées et axées sur leurs besoins personnels par un don de soi humble et désintéressé. Ils n'ont pas à vivre comme ils le font. Ils ont déjà reçu beaucoup mieux en Christ.

> ▶ Quatrième objectif
> Instaurer un système permettant de rendre des comptes

Aimer suffisamment pour demander des comptes

Tout comme la confrontation, l'idée de devoir rendre des comptes revêt souvent une connotation négative. En entendant ces mots, des images désagréables d'ingérence surgissent dans la pensée des gens. Pourtant, les Écritures en dépeignent un portrait positif pour au moins deux raisons. D'abord, en aidant les gens à revenir à la position que Dieu a déterminée pour eux, nous sommes appelés à « porter les fardeaux les uns des autres » (Galates 6.2). De plus, dans le but de lutter contre les mensonges du péché, l'auteur de l'Épître aux Hébreux nous demande de nous « exhorter chaque jour » les uns les autres (3.13). Nous devons faire preuve d'un amour qui transcende la simple dénonciation du mal et la définition du bien. Notre travail n'est pas terminé tant que nous n'avons pas décidé de nous retrousser les manches et d'accompagner celui ou celle qui se trouve en pleine zone de combat entre le péché et la justice.

Dans l'exercice du ministère personnel, nous appelons les gens à démontrer leur foi de façon nouvelle et profonde – à rompre des habitudes qu'ils entretiennent depuis des années et à faire ce qu'ils n'ont jamais fait auparavant. Nous mettons devant eux de nouveaux motifs, de nouvelles résolutions, de nouveaux objectifs. Nous leur demandons de rétablir la paix là où la guerre faisait rage et de servir au lieu de contrôler et d'exiger. Nous les appelons à abandonner ce qui revêtait une grande valeur à leurs yeux et à s'engager à persévérer, non pas seulement le temps d'une rencontre, mais à long terme.

Néanmoins, même si les gens font de nouveaux pas de foi, ils demeurent souvent perplexes et craintifs. Ils veulent agir autrement et mieux, mais ne sont pas encore prêts à marcher seuls. Les disciples illustrent très bien cette réalité. Ils ont accompagné Jésus pendant trois ans et ont été témoins de la gloire et de la puissance de sa présence. Ils ont beaucoup appris au sujet du royaume de Dieu, mais se montraient toujours hésitants et chancelants. Au cours des derniers instants passés avec eux avant la croix, Jésus s'est bien rendu compte qu'ils n'étaient pas prêts à voler de leurs propres ailes (voir Jean 16.12-16). Leur peur et leur confusion lors de la crucifixion (Jésus les avait pourtant mis en garde contre de tels sentiments) révèlent l'immaturité de leur vie spirituelle. Effrayés et troublés, ils se sont cachés ensemble, ne sachant que faire. Même après avoir vu le Christ ressuscité, ils continuaient à poser des questions hors de propos (Actes 1.7-11). Cependant, Jésus n'a pas laissé ses disciples seuls avec leur incertitude. Il a envoyé le Saint-Esprit pour les guider, les instruire, les encourager, les avertir, les convaincre et les fortifier.

Dieu nous appelle à exercer un ministère similaire par la puissance du même Esprit-Saint. Il nous demande d'accompagner celui ou celle qui fait courageusement un pas de foi et d'obéissance. Voilà en quoi consiste le ministère qui nous incite à rendre des comptes. Il ne s'agit pas de surveiller l'autre afin de le prendre en défaut à la première occasion. Il s'agit plutôt de le guider vers ce qui est bien, à long terme. Ce ministère lui procure une présence lui permettant de demeurer ferme, responsable, sensible et vigilant jusqu'à ce qu'il soit capable de fonctionner seul. Par ce ministère, nous dirigeons les visions encore floues et fortifions les mains et les genoux faibles. Nous cherchons à encourager la foi chancelante et à rappeler à l'autre les objectifs de Dieu. Nous l'aidons à comprendre à quel moment il vaut mieux fuir devant le péché et à quel moment il est préférable de demeurer ferme et de combattre.

Comme tous les autres aspects du ministère personnel, nous instaurons un système de responsabilisation et accompagnons l'autre dans cette démarche en incarnant la présence du Saint-Esprit qui est non seulement *avec* lui, mais également *en* lui. Nous annonçons l'évangile d'un Rédempteur dont la présence est constante et qui ne se contente pas de commander, mais rend également capable d'obéir. Il le convainc de péché, bien sûr, mais il pardonne et restaure également. Demander des comptes en se fondant sur la Bible n'a rien d'agressif, d'indiscret ou d'angoissant. Au contraire, cette tâche est sainte et prête au sacrifice, elle témoigne d'une grande compassion, elle incarne le Sauveur et accomplit le travail d'un ambassadeur. Comment pourrions-nous servir Emmanuel – Dieu avec nous – et agir autrement?

Cependant, en aidant quelqu'un à rendre des comptes, je ne joue pas au détective, je n'essaie pas de faire l'œuvre du Saint-Esprit, je ne deviens pas la conscience de mon interlocuteur, je ne contrains personne à obéir, je ne me lance pas à la poursuite de celui qui fuit ou qui se cache. L'instauration d'un tel système fournit un cadre de travail agréable, des directives, des encouragements et des avertissements à quelqu'un qui accepte et désire réellement les transformations que Dieu opère dans sa vie. *L'individu qui rend des comptes est celui qui fait réussir le processus.* Il ne considère pas notre présence et notre aide comme une intrusion ou une source d'angoisse. Il ne fuit pas. Au contraire, il est soulagé, car il associe notre désir de l'accompagner à la présence même de Dieu. Cet aspect du ministère donne des résultats parce que l'individu aidé cherche sans se dérober; il constitue une aide précieuse pour ceux qui se sont engagés à changer. Celui qui fuit n'a nul besoin de rendre des comptes, il doit plutôt être repris.

L'imputabilité et les bienfaits qui en résultent

Le fait de se rendre redevable est utile pour plusieurs raisons :

L'imputabilité offre un cadre. La vie est souvent chaotique et désorganisée. Il semble plus facile de discuter des changements que de les mettre en pratique. Dans ces conditions, en demandant à quelqu'un de rendre des comptes, nous lui fournissons une structure extérieure : « Voici ce que tu dois faire pendant une période déterminée ». Ce cadre s'avère extrêmement utile à celui qui tente une nouvelle approche pour la première fois.

L'imputabilité offre une direction. Il arrive souvent qu'un individu qui décide de bien agir ne sache pas exactement comment s'y prendre. Quelle bénédiction alors de pouvoir profiter de conseils sages et pratiques à long terme et de savoir *où, quand* et *comment* effectuer les transformations indispensables.

L'imputabilité offre une assistance. Il arrive parfois qu'une personne craigne de franchir le pas décisif vers le changement nécessaire (par exemple, une discussion difficile avec un ami, un enfant ou sa femme). Dans ce cas, il a besoin d'aide pour parvenir au but.

L'imputabilité procure un encouragement bienfaisant. Il est difficile de changer et les gens se sentent continuellement poussés à la limite de la foi, du courage et de l'espérance. Ils sont tentés de remettre en question leur engagement ou même de tout abandonner. C'est pourquoi il est salutaire qu'une personne de confiance les accompagne, quelqu'un qui connaît leurs luttes intérieures et peut les encourager à continuer. Ils ont besoin de quelqu'un qui incarne la présence de Celui qui est leur aide et leur seule espérance.

L'imputabilité offre des avertissements. Parfois, les gens admettent qu'ils doivent changer, mais se rebellent en constatant le travail et le coût qui s'y rattache. On doit alors les avertir des conséquences de la désobéissance et de la rébellion, et leur rappeler que nous récoltons ce que nous semons (Galates 6.7).

Le fait de rendre des comptes apporte une aide continue à un individu qui s'est engagé sans réserve à entamer le processus décrit par Paul en ces termes : « *se dépouiller* et *se revêtir* ». Posez-vous ces trois questions en cherchant à instaurer un tel système :

1. De quel type d'aide à long terme cet individu aura-t-il besoin?

2. À quelle fréquence devrai-je le rencontrer dans le but que se poursuive l'œuvre de transformation dans sa vie?

3. Existe-t-il dans le Corps de Christ des ressources supplémentaires qui pourraient s'avérer utiles pendant cette période? Comment puis-je le mettre en contact avec ces ressources?

Dans un monde déchu, le changement peut représenter un très lourd fardeau. Quand les gens appliquent à leurs vies une compréhension renouvelée et des engagements précis, nous devons leur rappeler leur identité en Christ et la présence du Saint-Esprit qui habite en eux.

La simplicité et la grandeur du ministère personnel

Comment résumeriez-vous ce livre en quelques mots ? Vous le classez peut-être dans la catégorie des ouvrages décrivant des stratégies de transformation personnelle. Ou il vous apparaît comme traitant du counseling dans l'Église locale. Les uns diront qu'il explique comment appliquer les principes de la Parole aux problèmes de la vie, les autres affirmeront qu'il démontre la nécessité d'exercer un ministère personnel dans le Corps de Christ.

Bien que ces réponses soient justes, sachez que ce livre se veut d'abord et avant tout un appel à vivre au quotidien un mode de vie axé sur un ministère enraciné dans la Parole de Dieu. Nous n'avons rien caché de la Bible, de la vie et du mode de vie chrétien. Cette approche n'emploie pas la Bible comme une encyclopédie pour résoudre les problèmes. Elle trouve plutôt dans la grande histoire de Dieu une perspective transformant notre manière d'envisager les circonstances de la vie.

Ensuite, ce livre repose sur la conviction que Dieu a appelé et placé stratégiquement chacun de ses enfants de manière à ce qu'ils puissent agir comme ses ambassadeurs. Nous sommes ses représentants, notre temps et nos relations lui appartiennent de droit.

Enfin, ce style de vie ne s'applique pas seulement aux quelques individus privilégiés exerçant un ministère professionnel. L'œuvre du royaume de Dieu touche tous les membres du Corps de Christ. Que vous soyez pasteur, enseignant, étudiant, enfant, mari ou femme, voisin, parent ou ami, vous devez montrer votre appel d'ambassadeur dans toutes vos relations et chercher à représenter fidèlement le message, les méthodes et le caractère de Dieu. Il envoie des gens imparfaits vers d'autres individus imparfaits en leur confiant le message de sa grâce afin de pouvoir reconquérir chaque cœur pour sa gloire.

Les vérités essentielles caractérisant le mode de vie d'un ambassadeur

Nous avons vu qu'un mode de vie axé sur le ministère se caractérise par huit principes et points de vue essentiels.

Première vérité. Nous avons besoin de Dieu et de sa vérité pour vivre comme il l'a décrété (Genèse 1.26; 2 Timothée 3.16-17). Nous devons abandonner toute idée d'autonomie et d'autosuffisance. Nous ne pouvons comprendre la vie ou faire ce que Dieu demande sans son aide. Nous dépendons totalement du Seigneur en raison de notre humanité, et non à cause de la chute. Nous avons été créés pour adorer le Seigneur et dépendre de lui.

Deuxième vérité. Chacun de nous est appelé par Dieu à agir comme instrument de changement dans la vie des autres, en commençant par nos familles et l'Église (Éphésiens 4.11-16; Colossiens 3.15-17). L'exercice du ministère ne s'effectue pas en dehors de nos relations familiales. Au contraire, Dieu veut nous utiliser *au milieu* de ces relations pour accomplir son œuvre rédemptrice.

Troisième vérité. Nos comportements prennent leur source dans les pensées et les motifs du cœur. Les gens et les situations incitent simplement nos cœurs à dévoiler les paroles et les actions qui s'y trouvaient déjà (Proverbes 4.23; Luc 6.43-45; Marc 7.20-23; Matthieu 23.25; Jacques 4.1-10). Sans nier la triste réalité de la souffrance et du péché commis contre une autre personne, nous devons rejeter toute analyse du comportement humain qui ne tient aucun compte du cœur. Au contraire, nous affirmons que Dieu transforme la vie des gens à mesure que sa grâce change leurs cœurs. Par conséquent, en exerçant un ministère personnel, nous visons toujours le cœur, quelle que soit la difficulté en cause.

Quatrième vérité. Christ nous appelle à être ses ambassadeurs, en respectant son message, ses méthodes et son caractère (2 Corinthiens 5.14-21). Notre appel nous permet de représenter le Seigneur de l'univers auprès des gens qui nous entourent! Dieu prend des individus perdus, perplexes, découragés, rebelles et égoïstes, et par sa grâce, il leur accorde une nouvelle puissance alors que sa gloire les anime d'un souffle nouveau. Rien n'est plus important que cette œuvre!

Cinquième vérité. Nous devenons des instruments de changement en incarnant l'amour de Christ, en partageant les problèmes des autres, en nous identifiant à leurs souffrances et en témoignant de la grâce de Dieu à ceux que nous appelons à changer. Nous cherchons à nouer des relations qui non seulement apportent une certaine satisfaction personnelle, mais permettent surtout à Dieu d'effectuer son œuvre de transformation. Nous participons à ce travail en donnant aux autres l'amour que nous avons reçu de la part de Christ. Nous nous présentons à ceux qui souffrent comme souffrant également, mais désirant leur offrir la consolation et la compassion de Dieu. Enfin, nous allons vers des pécheurs, sachant que nous sommes également pécheurs, mais que la grâce qui a transformé nos cœurs peut aussi transformer le leur.

Sixième vérité. Nous devenons des instruments de changement en cherchant à connaître vraiment les gens. Pour ce faire, nous nous gardons de formuler de fausses hypothèses, nous posons des questions pertinentes et interprétons les informations recueillies selon un modèle biblique (Proverbes 20.5; Hébreux 4.14-16). Nous ne pouvons nous contenter d'entretenir des relations superficielles avec les membres du Corps de Christ. Nous voulons apprendre à bien connaître les gens et découvrir les domaines où le changement s'impose. Nous apprenons à poser des questions qui exigent que notre interlocuteur ouvre son cœur. Ensuite, nous filtrons les données et informations à travers une grille d'analyse biblique. Notre but ne consiste pas seulement à connaître les autres conformément aux vérités des Écritures, mais à les aider à se connaître eux-mêmes selon ces mêmes vérités.

Septième vérité. Nous devenons des instruments de changement en disant la vérité avec amour. L'évangile représente notre consolation et notre appel, c'est pourquoi nous voulons aider les gens à se voir dans la Parole de Dieu, puis les guider vers la repentance (Romains 8.1-17; Galates 6.1-2; Jacques 1.22-25). En exerçant la confrontation basée sur la vérité, nous cherchons à devenir des agents de la repentance et des instruments qui aident les autres à voir. Il est plus facile pour les gens de voir les difficultés causées par les circonstances et les autres que de saisir la gravité des problèmes de leurs propres cœurs. Par conséquent, nous leur présentons avec amour les vérités de la Parole de Dieu afin qu'ils se voient tels qu'ils sont et se repentent. Nous prions que nos paroles exposent au grand jour et changent les cœurs et qu'ils répondent positivement à la consolation et à l'appel de l'évangile.

Huitième vérité. Nous devenons des instruments de changement et cela signifie que nous aidons les gens à répondre à l'appel de Dieu pour eux, en clarifiant leurs responsabilités, en leur donnant l'occasion de rendre des comptes et en leur rappelant leur identité en Christ (Philippiens 2.1-14; 2 Pierre 1.3-9; 1 Jean 3.1-3; Galates 6.2). Il ne faut pas confondre un changement de cœur et de vie et une nouvelle compréhension des choses. Cette compréhension est certes essentielle au processus de changement, mais elle ne constitue pas le changement comme tel. Nous savons qu'une transformation s'opère lorsqu'un individu peut décrire sans hésitation ce que Dieu l'appelle à faire et qu'il se met à l'œuvre par la foi. Nous facilitons le processus en accompagnant les gens, en leur offrant la sagesse, les conseils et l'encouragement bibliques associés au fait de pouvoir rendre des comptes. Enfin, nous incitons au changement en aidant les gens à vivre adéquatement leur identité d'enfants de Dieu, en n'oubliant aucun des droits et privilèges liés à cette identité.

J'ai donc résumé les principes et perspectives bibliques façonnant notre ministère envers les autres. Le Roi nous a appelés et il nous préparera pour accomplir son œuvre. Nous avons été rachetés à un grand prix et nos vies ne nous appartiennent plus. Puisque Dieu nous fait grâce, nous devenons des agents de la grâce. En raison de nos souffrances, nous assumons la responsabilité de consoler ceux qui souffrent. En étant nous-mêmes transformés, nous devenons des ambassadeurs de la transformation auprès des autres. Notre vie ici-bas ne pourrait revêtir un sens plus grand sur cette terre! Nous devrions être profondément reconnaissants de participer à ce dessein. Pourtant, vous vous demandez peut-être si vous réussirez un jour à mettre en pratique le mode de vie décrit dans ce livre. Vous vous sentez assommé par le nombre de détails, les stratégies et le savoir-faire exigés. Ou alors, vous êtes complètement bouleversé par les révélations au sujet de votre propre cœur.

En concluant l'enseignement de ces principes, deux pensées me viennent toujours à l'esprit. D'abord, la grande simplicité du ministère biblique personnel m'impressionne. Il ne s'agit pas d'une technologie secrète pour des intervenants d'élite, mais d'un appel simple adressé à tous les enfants de Dieu afin qu'ils prennent part à son œuvre dans la vie des autres. Cet appel donne lieu à une vie communautaire caractérisée par l'humilité, l'honnêteté et la rédemption, où les membres *aiment* comme Christ a aimé, vont au-delà des relations superficielles habituelles et apprennent à vraiment *connaître* leurs semblables. Ils aiment suffisamment pour *parler* aux autres selon la vérité, les aidant à se voir dans le miroir de la Parole de Dieu. Enfin, ils accompagnent les autres et les assistent dans leurs efforts visant à *agir* conformément à l'appel de Dieu pour leurs vies. En fait, ce n'est rien de plus qu'un appel à entretenir des amitiés bibliques! Sa simplicité en devient presque déconcertante. *Aimez* les gens. Apprenez à les *connaître*. *Parlez*-leur en accord avec la vérité. Aidez-les à *agir* selon l'appel de Dieu pour leur vie.

Parallèlement, le ministère personnel est empreint d'une noblesse que l'on ne peut exprimer par des mots. Dieu peint sa grâce sur la toile de l'âme humaine. Un jour, nous serons avec lui dans la gloire, nous verrons alors le tableau complété et son chef-d'œuvre nous inspirera une profonde adoration. Quel rôle jouons-nous dans l'accomplissement de cette œuvre? Nous sommes les pinceaux de Dieu. Il veut nous imprégner de la palette de sa grâce et peindre encore plus de sa bonté sur d'autres âmes. La question qui se pose est la suivante : « Sommes-nous des pinceaux souples entre ses mains? » Un pinceau dur et sec ne retient pas aussi bien la peinture et abîme le dessin qu'il devait embellir. J'espère que ce livre vous aidera à devenir un pinceau souple entre les mains d'un Rédempteur qui poursuivra son œuvre jusqu'à ce que sa toile soit achevée.

Lorsque nous nous tiendrons devant lui au dernier jour, et que nous verrons la beauté incomparable de la plus glorieuse des œuvres, la voix de Dieu retentira au milieu du concert d'adoration et nous entendrons ces mots merveilleux et mystérieux : « Bien, bons et fidèles serviteurs! » Nous réaliserons alors la valeur de chaque instant passé à exercer un ministère. Nous prendrons conscience que nous avons participé à l'œuvre la plus importante, la plus durable et la plus belle qui soit : celle de la rédemption. La réalité des paroles de ce cantique[1] prendra alors tout son sens :

> Qui se tiennent ainsi devant le trône de Dieu,
> Semblables à des étoiles brillantes?
> Leur front est ceint d'une couronne d'or,

Mais qui est donc cette foule glorieuse?
Alléluia! Écoutez! Elle chante
Des louanges retentissantes au Céleste Roi.

Qui sont-ils ainsi parés de divine vérité,
Jetant un éclat éblouissant,
Vêtus de robes blanches et pures,
Dont la beauté ne sera jamais altérée,
Et que le temps ne détruira point?
D'où vient donc cette foule glorieuse?

Ce sont ceux qui ont persévéré constamment,
Pour l'honneur de leur Sauveur,
Luttant sans relâche, jusqu'à la fin,
Sans emprunter le chemin du péché,
Ils ont soutenu le bon combat,
Et obtenu la victoire remportée par l'Agneau.

Oui, leur cœur fut déchiré,
Accablé de malheur et d'angoisse.
Ils ont lutté souvent dans la prière,
Avec le Dieu qu'ils ont glorifié.
Leur combat s'achève maintenant,
Dieu promet qu'ils ne pleureront plus.

Comme des prêtres, ils ont veillé avec patience,
Offrant à Christ leur volonté,
Se consacrant corps et âme,
À le servir nuit et jour pour toujours.
Aujourd'hui dans le sanctuaire de Dieu,
Ils voient sa face et sont bénis.

[Traduction libre]

Cet hymne décrit les récompenses réservées aux fidèles de Dieu. Puissent-elles vous encourager à servir le Roi de tout cœur!

Appendice 1

Dissiper l'aveuglement : un autre regard sur la collecte de données

Céline avait eu recours au counseling pour « l'aider dans ses relations ». À travers ses larmes, elle décrivait son incapacité à trouver une seule « amie véritable » et se définissait comme une personne qui « accumule les rejets les uns après les autres ». Dieu lui semblait lointain et pourtant, se plaignait-elle, « je ne suis pas une si mauvaise personne, du moins, pas mauvaise au point de mériter les nombreux coups durs que j'ai encaissés ».

J'ai sympathisé avec Céline, mais je me suis aussi efforcé de l'encourager à s'examiner elle-même. Puisque le rejet semblait l'un des thèmes récurrents de sa vie, j'ai suggéré que nous tentions de voir s'il était possible que sa façon d'agir en soit la cause. Elle s'est aussitôt repliée sur la défensive. En tant que conseiller, comment poursuivre l'entretien ? Je devais apprendre à mieux connaître Céline, mais il importait encore plus qu'elle se voit davantage. Plusieurs murs avaient été érigés en raison de son aveuglement personnel et Céline devait les franchir pour recevoir l'aide nécessaire. Céline était blessée, frustrée et épuisée, mais du fait de son aveuglement, elle ne cherchait pas encore la vérité.

L'aveuglement personnel est universel et représente une des conséquences tragiques de la chute. Il rend le counseling biblique extrêmement difficile et modifie radicalement le processus de collecte des données.

Le péché est trompeur et les pécheurs n'arrivent pas à se voir eux-mêmes avec acuité, c'est pourquoi la collecte de données vise toujours deux objectifs précis. D'abord, elle doit fournir au conseiller des informations utiles, l'équipant pour donner des conseils bibliques sages. Plus important encore, elle doit nous aider à devenir entre les mains du Messie un instrument efficace pour ouvrir les yeux d'aveugles qui s'ignorent depuis trop longtemps.

La guérison de l'aveuglement se trouve au cœur de la mission messianique de Christ. Anticipant la venue future du Messie, Ésaïe a annoncé : « Alors s'ouvriront les yeux des aveugles, s'ouvriront les oreilles des sourds » (35.5). Plus loin, Dieu promet : « Je ferai marcher les aveugles sur un chemin qu'ils ne connaissaient pas, je les conduirai par des sentiers qu'ils ignoraient; je changerai devant eux les ténèbres en lumière et les endroits tortueux en terrain plat; c'est bien cela que je ferai et je ne les abandonnerai pas » (Ésaïe 42.16).

Seul le Messie peut ouvrir les yeux de pécheurs aveugles afin qu'ils voient. Ésaïe décrit le pécheur en ces termes :

> C'est pourquoi le droit reste loin de nous,
> Et la justice ne nous atteint pas;
> Nous espérions la lumière, et voici les ténèbres;
> La clarté, et nous marchons dans l'obscurité.
> Nous tâtonnons comme des aveugles le long d'un mur,
> Nous tâtonnons comme ceux qui n'ont pas leurs yeux;
> Nous trébuchons au milieu du jour comme au crépuscule.
>
> (Ésaïe 59.9-10a)

Dans le Sermon sur la Montagne, Jésus nous confie le mandat de prendre part à sa mission messianique en faisant briller la lumière de la vérité dans les ténèbres du péché. Voilà une description très juste du ministère de counseling. Nous voulons non seulement éclairer les ténèbres existant dans les relations et les situations, mais également dissiper la noirceur du cœur, afin d'y appliquer l'évangile.

Toute personne demandant l'aide d'un conseiller ressemble plus ou moins à quelqu'un qui « tâtonne comme ceux qui n'ont pas leurs yeux ». Nous devons prendre ce besoin très au sérieux lorsque nous recueillons nos données. Je veux que la personne conseillée se voie dans le miroir de la Parole de Dieu. Je pose donc des questions qu'elle ne s'est jamais posées à elle-même et j'explore un univers inconnu pour elle jusque-là. Mes questions se basent sur le point de vue que donne la Bible sur les gens et leurs problèmes. Je représente alors le Messie, cherchant à mettre fin au tâtonnement dans le noir. Je désire non seulement présenter mes conclusions, mais aider un aveugle à recouvrer la vue, à voir les pensées et les motifs de son cœur au moyen de la lumière et de la profondeur des Écritures.

Cet appendice traite de la collecte des données liées au « recouvrement de la vue ». Nous analyserons la nature de l'aveuglement répandu parmi les pécheurs et verrons ensuite certaines qualités essentielles à développer dans notre rôle de conseiller pour devenir des instruments entre les mains de Dieu.

Les masques de l'aveuglement spirituel

Il existe une différence entre la cécité physique et l'aveuglement spirituel : alors que le premier état est évident pour tous, le second passe souvent inaperçu. Celui qui perd la vue subit immédiatement les conséquences liées à sa condition. Cependant, il arrive fréquemment que l'aveugle spirituel ne soit pas conscient de son état, étant même convaincu qu'il possède une excellente vision. Un des contrecoups importants de l'aveuglement spirituel consiste à ne pas se considérer comme aveugle.

Tous les pécheurs sont atteints d'aveuglement spirituel, incluant ceux que vous cherchez à aider. Pourtant, peu se rendent compte de l'impact que produit cet état sur leur manière d'envisager Dieu, les autres, leur situation et eux-mêmes. Ils ressemblent aux individus décrits dans le premier chapitre de l'Épître aux Romains : ils se vantent d'être sages, mais ils sont devenus fous. Persuadés de la justesse de leur raisonnement, ils ignorent que les pensées de leurs cœurs sont vaines et insensées.

L'aveuglement spirituel est trompeur, et l'apôtre Jean le décrit bien dans sa lettre à l'Église de Laodicée : « Parce que tu dis : Je suis riche, je me suis enrichi et je n'ai besoin de rien, et parce que tu ne sais pas que tu es malheureux, misérable, pauvre, *aveugle* et nu... » (Apocalypse 3.17). L'aveuglement spirituel nous trompe parce qu'il se déguise de toutes sortes de manières. Si nous voulons agir comme instruments entre les mains de Dieu pour ouvrir les yeux des aveugles, nous devons reconnaître les différents masques portés par l'aveuglement spirituel. La liste suivante s'avère un échantillon passablement représentatif.

Premier masque : je me perçois avec exactitude

Céline croyait bien se connaître. Elle s'est offusquée à l'idée qu'elle pouvait porter une part de responsabilité dans ce qui lui arrivait. Quelqu'un ne se verra jamais vraiment tel qu'il est sans plonger ses regards dans le parfait miroir des Écritures (Jacques 1.22-25).

La plupart des gens que nous aidons entretiennent une fausse image d'eux-mêmes parce qu'ils se regardent dans un miroir déformant. Ce miroir leur renvoie un reflet de leur personne qui s'apparente à une caricature. Ils ne se voient pas tels qu'ils sont.

Plusieurs individus que nous souhaitons aider se trouvent dans cette situation. Ils ont développé leur perception d'eux-mêmes en se contemplant dans le miroir déformant de l'opinion des autres, la vision culturelle du succès, la psychologie populaire ou les expériences passées (la liste pourrait encore s'allonger). Ils ignorent que leur perception est tordue. Ils possèdent la Parole de Dieu, mais ils la considèrent surtout comme une encyclopédie religieuse ou un livre inspirant. Même en écoutant des sermons basés sur la Parole de Dieu, ils ne voient pas à quel point celle-ci révèle l'état du cœur humain. Ils entendent des histoires et l'exposition de principes importants, mais ces passages ne leur renvoient jamais l'image de leur être intérieur.

Deuxième masque : je suis victime du péché des autres

Céline pouvait raconter dans le menu détail des histoires de mauvais traitements répétés qu'on lui avait infligés. Son attention se portait seulement sur les comportements des autres envers elle.

La métaphore « de la paille et de la poutre » dans Matthieu 7 donne une image saisissante de la façon dont se dissimule l'aveuglement spirituel derrière le fait d'avoir été victime d'injustice. Imaginez quelqu'un qui est littéralement obsédé par un grain de poussière dans l'œil de son interlocuteur, tout en ayant lui-même une poutre qui dépasse du sien! Il ne pense qu'au péché de l'autre, sans jamais penser au sien. Par conséquent, à son avis, les changements requis ne le concernent pas personnellement.

Troisième masque : je vis des épreuves et des difficultés

Puisque sa perception d'elle-même et de son péché manquait de lucidité, Céline considérait souvent les conséquences naturelles de ses choix et de ses actions comme des *épreuves*. Paul a pourtant déclaré : « Ne vous y trompez pas; on ne se moque pas de Dieu. Ce qu'un homme aura semé, il le moissonnera aussi. Celui qui sème pour sa chair, moissonnera de la chair la corruption; mais celui qui sème pour l'Esprit, moissonnera de l'Esprit la vie éternelle » (Galates 6.7-8).

Puisque la plupart des gens que nous aidons ne possèdent pas une mentalité de moissonneur, ils ont tendance à envisager les conséquences de leurs actions comme de pénibles épreuves non méritées, plutôt que comme le juste retour de ce qu'ils ont semé.

De plus, rappelons-nous que les pécheurs ont tendance à servir et à adorer la créature au lieu du Créateur (voir Romains 1.25). Par conséquent, ils ne sont pas conscients de l'œuvre bienveillante que le Créateur accomplit au milieu des circonstances. Ils se concentrent plutôt sur la perte de bienfaits que Dieu a créés. J'estime que telle situation constitue une épreuve parce qu'une chose qui a de la valeur à mes yeux se trouve en péril. La manne venant du ciel s'est transformée en épreuve pour les Israélites quand ils ont cessé de la considérer comme une évidence de la provision de Dieu à leur égard, selon les promesses de son alliance. Ils se sont alors mis à la comparer au menu diversifié dont ils jouissaient en Égypte!

En raison de leur aveuglement, les gens appellent les conséquences de leurs comportements des « épreuves » et les bienfaits de Dieu des « tests ». Ils ne comprennent pas que Dieu envoie des épreuves pour leur bien, en vue de la rédemption. Au lieu de voir l'amour de Dieu et la transformation qu'il opère en eux à travers les circonstances, dans le but de les rendre semblables à l'image de son Fils, ils croient que Dieu les a désignés pour subir des malheurs. La vie leur paraît injuste. La souffrance ne vise pas un objectif rédempteur, mais devient le signe que Dieu ne les aime pas.

Quatrième masque : mes besoins

Céline se plaignait de nombreux manques. Elle considérait avoir vécu une grande partie de sa vie sans le nécessaire. Elle disait souvent : « Si seulement j'avais eu _____, j'aurais pu _____. » Sa compréhension de la notion du besoin s'avérait aussi floue que celle de la société actuelle. Pourtant, son interprétation de la vie reposait amplement sur ce terme. En fait, elle attribuait essentiellement la cause de ses problèmes à tout ce qui lui avait manqué. Elle expliquait sa vie en employant le leitmotiv classique, largement répandu : « Si seulement... »

Céline ne se rendait pas compte que son perpétuel sentiment de manque reflétait l'effet dévastateur du péché qui fait que « nous nous conduisons selon nos convoitises charnelles, et nous exécutons les volontés de notre chair et de nos pensées » (Éphésiens 2.3), au lieu d'adorer Dieu. Son insatisfaction révélait davantage sa nature humaine et les convoitises de son cœur, que ses besoins réels ou l'infidélité de ses amis. En fait, elle n'avait jamais désiré la seule chose dont elle avait *vraiment* besoin – Dieu. Si vous voulez savoir ce qui importe réellement pour quelqu'un, essayez de l'amener à verbaliser ce qui lui manque. Les valeurs deviennent des désirs, les désirs deviennent des exigences et les exigences deviennent des « besoins » au cours des séances de counseling.

Céline ne réalisait pas qu'elle était le point central de son univers et envisageait la vie en se demandant constamment ce qu'elle pouvait en retirer. Elle ne savait pas que cette philosophie de la vie axée sur ses « besoins » la suivait partout, où qu'elle aille, quoi qu'elle fasse. Elle abordait chaque nouvelle situation chargée d'exigences silencieuses et réagissait en critiquant avec virulence quiconque semblait ignorer ses besoins. Elle était persuadée que ses besoins non comblés démontraient l'égoïsme et les lacunes de son entourage alors qu'en fait, ils prouvaient à quel point elle était égocentrique.

Cinquième masque : les conseils sages

Plusieurs voix se sont élevées pour conseiller Céline. Elle a écouté, mais comme dans le cas de Job, la plupart des conseils qu'elle recevait étaient inutiles. Pourquoi? Parce qu'ils ne se fondaient pas sur la Bible. Céline a certes puisé un certain réconfort dans les paroles de ses guides, mais il a été de courte durée.

Bien que Céline ait recherché le counseling, elle me répétait souvent les « paroles de sagesse » qu'elle avait glanées ici et là. Elle avait soin, cependant, de ne rapporter que les idées appuyant sa vision du monde et ses décisions. Elle n'a jamais cité personne dont l'opinion divergeait de la sienne.

Les Écritures appellent « insensé » celui qui fait preuve d'aveuglement spirituel. Les sages conseils que Céline a reçus n'étaient en réalité que folie. Ils lui paraissaient sages simplement parce qu'elle ne voyait pas les véritables problèmes de son cœur. Le livre des Proverbes affirme que l'insensé n'achèterait pas la sagesse, même s'il possédait suffisamment d'argent (17.16). Céline croyait être à la recherche de conseils sages alors qu'elle désirait seulement trouver un appui pour justifier son point de vue.

Sixième masque : ma compréhension personnelle

Comme tous les êtres humains, Céline a toujours cherché à donner un sens à son existence. Elle voulait en classer les différents aspects en catégories afin de l'aider à comprendre ce qui s'était passé et quelles actions entreprendre pour corriger la situation. Elle avait passé beaucoup de temps à analyser sa vie et trouvait l'exercice utile. Cependant, sa quête de sens avait des limites. Quand je commençais à remettre en question certaines de ses interprétations, la tension montait d'un cran dans la pièce.

L'aveuglement spirituel se déguise aussi en sagesse! Même si vous faites preuve d'une intelligence supérieure et d'un esprit d'analyse exceptionnel, vous n'êtes pas nécessairement sage. La vraie sagesse commence par l'humilité. Je reconnais que je ne possède pas en moi-même tout ce dont j'ai besoin. Je cherche alors la vérité qui se trouve uniquement dans la Parole de Dieu. Je ne comprends pas la vie avec exactitude en développant une pensée analytique, mais biblique, ainsi que le psalmiste l'a si bien exprimé :

> Ton commandement me rend plus sage que mes ennemis,
> Car je l'ai toujours avec moi.
> Je suis plus avisé que tous mes maîtres,
> Car tes préceptes font ma méditation.
> J'ai plus d'intelligence que les vieillards,
> Car je garde tes statuts.
>
> (Psaume 119.98-100)

Céline ne se rendait pas compte que sa compréhension des choses révélait davantage son cœur que l'état de la situation. Sa compréhension provenait de désirs trompeurs qui déformaient son interprétation des circonstances. Par conséquent, il s'agissait d'une perspective développée à partir de désirs, plutôt qu'une analyse objective des faits. Pourtant, Céline n'y voyait rien, car l'aveuglement revêt souvent le masque de la sagesse.

Septième masque : le sens des valeurs

Céline pensait savoir ce qui importait dans la vie, mais plus je l'écoutais, plus il m'apparaissait clairement qu'elle n'était pas axée sur ce qui est vraiment important. Une fois de plus, Céline démontrait son aveuglement spirituel. Elle avait évalué la situation et réagissait en conformité avec ses valeurs, mais ses problèmes ne se réglaient pas, ce qui la rendait perplexe et frustrée.

Céline chérissait ses relations interpersonnelles plus que tout et ce trésor constituait sa principale source de motivation. L'amitié, le respect, l'acceptation et l'amour occupaient une place considérable dans sa vie et elle faisait tout ce qui était en son pouvoir pour éviter le rejet et la solitude qui, selon elle, étaient la cause de sa piètre image d'elle-même. Pourtant, plus Céline analysait les gens et leurs réactions, plus elle essayait de leur plaire et plus elle ressentait de l'irritation. Elle abordait de nouvelles relations avec une longue liste d'exigences non formulées. Cependant, elle ne se rendait pas compte qu'elle jugeait les gens et ne leur pardonnait pas quand ils ne comblaient pas ses attentes secrètes. Matthieu 6 nous dit que nos cœurs sont dominés par ce qui constitue notre trésor et ce qui régit nos cœurs régit aussi notre comportement. En d'autres termes, je vis pour obtenir et garder ce qui importe le plus pour moi, et également pour en profiter.

Les valeurs de Céline représentaient un de ses problèmes. Elle laissait les autres définir son identité. Les échecs et la frustration étaient au rendez-vous, parce que le Dieu qui l'appelait à lui travaillait à un projet différent. En effet, il ne s'intéressait pas tant aux relations de Céline qu'à la rendre conforme à l'image de son Fils.

Souvent, les personnes que nous aidons ne se rendent pas compte de leur aveuglement parce que ce dernier se cache sous un sens passionné de ce qui est juste ou injuste. D'une part, l'homme coléreux qui a blessé les membres de sa famille pendant des années par ses réactions violentes ne voit que ce qu'il a perdu en étant séparé d'eux. À ses yeux, son droit de voir ses enfants et de vivre dans la maison qu'il paie de sa poche est ce qui importe avant tout. Pendant les séances de counseling, il répète sans cesse : « Ce n'est pas juste! Ce n'est tout simplement pas juste! » Pourtant, il ne voit pas les changements qui doivent s'opérer en lui afin que sa famille retrouve la paix.

D'autre part, une femme se plaint continuellement que son mari est froid et distant. Elle veut que le conseiller le transforme en un homme attentionné et aimant. Cependant, elle ne réalise pas qu'elle l'accable constamment de critiques qui le portent à prendre ses distances. Elle devient furieuse quand le conseiller commence à diriger l'attention sur elle, suggérant qu'elle a besoin de changer. L'œuvre que Dieu veut accomplir en elle et qui aura une portée éternelle lui est complètement cachée.

Huitième masque : les connaissances théologiques

Céline connaissait très bien les Écritures et les doctrines de la foi. Elle comprenait presque tous les termes bibliques et théologiques que j'employais dans nos discussions.

Malheureusement, cette connaissance avait produit quatre effets nuisibles. Premièrement, Céline se sentait très sûre de son interprétation de la vie. Elle était persuadée que ses idées et ses actions émanaient de ses croyances. Deuxièmement, elle croyait avoir atteint un niveau de maturité spirituelle enviable, et s'offusquait si on lui laissait entendre qu'elle avait besoin qu'on lui enseigne les principes élémentaires de la Parole de Dieu. Troisièmement, en raison de ses connaissances, pendant les séances de counseling, Céline adoptait l'attitude de celle qui « connaît et a déjà essayé tout ce que vous lui proposez ». Quatrièmement, elle était convaincue n'être responsable d'aucun de ses problèmes. Elle « savait ce qui était juste et faisait de son mieux ». Par conséquent, il devait y avoir une cause extérieure à ses difficultés. Ses connaissances l'empêchaient d'assumer ses responsabilités et de reconnaître son péché.

En fait, Céline n'avait pas réussi à appliquer sa théologie à sa vie de tous les jours de manière à pouvoir trouver un sens à ses luttes. Elle manquait de sagesse et ne se rendait pas compte de son immaturité spirituelle. La maturité spirituelle s'installe à mesure que nous appliquons la vérité à notre quotidien, et non en emmagasinant des vérités dans notre tête (Hébreux 5.11-14). Cependant, Céline croyait fermement que ses conseillers chrétiens lui répétaient sans arrêt des vérités qu'elle savait déjà.

En plus de son sentiment de rectitude théologique, Céline posait généralement les mauvaises questions qui ne la conduisaient pas à une meilleure compréhension de sa situation, à une espérance plus solide en Dieu ou à un plan d'action pratique axé sur le changement. J'aimerais, par conséquent, faire ressortir un principe important que nous étudierons plus en détail dans un article subséquent : les gens perspicaces comprennent certaines choses, non parce qu'ils connaissent toutes les réponses adéquates, mais parce qu'ils savent poser des questions pertinentes. Si vos questions sont fausses au départ, vous ne parviendrez jamais à des réponses justes. Les analyses de Céline la menaient continuellement dans une impasse, elle perdait ainsi l'espoir et se trouvait aux prises avec la dépression.

Voici un exemple de question erronée posée par Céline. Elle disait : « Je prie tout le temps. Je lis ma Bible, mais Dieu ne m'aide pas. Il ne répond pas à mes prières. » Puis, elle demandait : « Pourquoi Dieu ne travaille-t-il pas dans ma vie ? » Cette question est erronée, car elle se base sur une supposition non biblique et conduit sur une fausse piste.

La question de Céline la mène à l'une ou l'autre des réponses suivantes. Tantôt, elle conclut que Dieu n'œuvre pas dans sa vie parce qu'il ne l'aime tout simplement pas. Il a autre chose à faire que de s'occuper de sa petite vie insipide. Tantôt, elle en déduit que son péché est si grave que Dieu veut la punir en demeurant inactif.

Les réponses erronées découlant d'une question erronée produisent nécessairement une moisson de mauvais fruits. Comme les amis de Job désormais tristement célèbres, Céline n'a pas réussi à établir un lien entre sa théologie et sa situation actuelle, ce qui l'aurait conduite à interpréter la vie conformément à un modèle biblique.

Nous pouvons modifier la question de Céline et la rendre biblique en nous appuyant sur le principe suivant, fondé sur les Écritures : Dieu est constamment à l'œuvre dans ma vie (Psaume 46; Romains 8.18-39). Il est faux de penser qu'il n'agit pas. La vérité d'une conclusion ne peut provenir d'une fausse hypothèse. Ainsi, voici une meilleure façon de poser la question : « Dieu œuvre dans ma vie en vue de la rédemption. Que fait-il en ce moment et pourquoi suis-je incapable de le voir? » Cette question peut déboucher sur une compréhension renouvelée, un changement biblique et une moisson de bons fruits.

Neuvième masque : la sainteté personnelle

Même si Céline ne se décrivait pas en employant le vocabulaire biblique se rapportant à la sainteté, elle était persuadée qu'elle possédait précisément cette qualité. Elle croyait que ses désirs étaient légitimes et ses actions justes, et ne s'expliquait pas pourquoi les choses allaient si mal. La sainteté qu'elle croyait posséder reposait sur une justice personnelle légaliste qui ne ressemble en rien à l'appel de Dieu : « Vous serez saints, car je suis saint » (Lévitique 11.44).

En fait, Céline ne percevait pas sa ressemblance avec le pharisien type. Comme lui, elle réduisait la loi de Dieu à une liste de normes à appliquer. Elle n'avait pas à dépendre de Christ pour mettre en pratique ce qu'elle prônait, puisqu'il s'agissait de normes comportementales qui n'exigeaient aucun changement de cœur. Céline associait l'évangile au ciel et à l'enfer. Puisqu'elle avait atteint un niveau de « justice » humainement accessible, elle n'éprouvait pas le besoin de compter sur la puissance rédemptrice de Christ à chaque instant.

Céline revenait sans cesse sur les sujets de moindre importance et se félicitait de pouvoir les appliquer, mais elle laissait de côté les éléments essentiels. Elle se montrait fière de sa maison bien rangée, sa ponctualité, sa mémorisation des dates d'anniversaire de ses amis, les livres chrétiens qu'elle avait lus, sa planification financière vigilante et son empressement à travailler comme bénévole. Malgré tout, elle était remplie de jalousie, de colère, de jugement, d'amertume, de vengeance et témoignait très peu de compassion.

Christ a déclaré à ses disciples : « Car je vous le dis, si votre justice n'est pas supérieure à celle des scribes et des pharisiens, vous n'entrerez point dans le royaume des cieux » (Matthieu 5.20). Puis, il a dit aux pharisiens : « Malheur à vous, scribes et pharisiens hypocrites! Parce que vous payez la dîme de la menthe, de l'aneth et du cumin, et que vous laissez ce qu'il y a de plus important dans la loi : le droit, la miséricorde et la fidélité; c'est là ce qu'il fallait pratiquer sans laisser de côté le reste » (Matthieu 23.23). La justice des scribes et des pharisiens ne suffisait pas *parce qu'elle n'était pas la véritable justice.* Il s'agissait plutôt d'hypocrisie déguisée en justification personnelle, humaine, orgueilleuse et méprisable. Ce type de justice met toujours l'accent sur ce que l'homme peut réaliser et met de côté ce que Christ seul peut accomplir par la richesse surabondante de sa grâce.

Nous venons peut-être de localiser le foyer de l'aveuglement spirituel. Celui-ci nous fait croire essentiellement que nous sommes justes, alors qu'il n'en est rien. Dans ces conditions, la grâce de Dieu et l'obligation de changer sont tout simplement ignorées. Si je suis juste (c'est ce que je pense), je n'ai nul besoin de Christ ou d'être transformé. Nous en trouvons un exemple instructif dans Luc 18 où l'auteur nous raconte l'histoire des deux hommes dans le temple. Le pharisien, debout, prie et dit à Dieu qu'il n'a pas besoin de lui. Il est venu annoncer au Seigneur que tout va bien dans sa vie. Il se distancie du reste des pécheurs et dresse la liste de ses œuvres justes devant Dieu.

De la même manière, Céline se présentait aux séances de counseling en récitant la liste de ses bonnes œuvres, cherchant mon approbation quant aux mérites de sa condition. Puisqu'elle négligeait les questions cruciales se rapportant au cœur et insistait sur des comportements réalisables, elle se voyait pure et pourtant, à l'intérieur elle était remplie « d'ossements de morts ».

Dixième masque : la repentance

Tout comme plusieurs des personnes que nous aidons, Céline pensait que les séances de counseling constituaient en soi un acte de repentance. Ce n'est pas toujours le cas. Plusieurs de ceux qui nous consultent considèrent leurs aveux comme une confession et ainsi, la décision de poursuivre le processus représente leur repentance. En réalité, pour Céline, le counseling s'apparentait plutôt à une pénitence. Elle ne s'apercevait pas qu'elle tentait d'expier ses propres fautes. J'appelle cette façon de penser « l'absolution protestante ». Notre interlocuteur confesse, analyse certaines questions, participe à une discussion sans fin sur lui et sa situation et semaine après semaine, il quitte le bureau en se sentant purifié, justifié et racheté. Pourtant, toute cette démarche se produit sans véritable changement de cœur ou de comportement. L'individu s'estime repentant, mais à vrai dire, il peut arriver que le counseling devienne un moyen *d'éviter* de considérer les problèmes que Dieu veut aborder.

La vie de Céline ne démontrait aucun fruit digne de la repentance. Premièrement, elle ne prenait aucune initiative personnelle. Elle persistait dans ses comportements mauvais et destructeurs, bien qu'elle en ait discuté à plusieurs reprises. Elle avouait ses torts à contrecœur lorsqu'elle ne pouvait faire autrement, mais ses confessions la conduisaient rarement à décider d'agir différemment. Deuxièmement, Céline demeurait sur ses gardes. Elle n'arrivait pas à accepter mon évaluation biblique de sa personne. Elle m'accusait de ne pas la comprendre, de ne pas la croire ou de prendre le parti d'un tiers. Troisièmement, Céline refusait qu'on l'enseigne. Il lui était très difficile d'admettre qu'elle avait besoin des Écritures pour recevoir et mettre en pratique les instructions utiles à sa vie de tous les jours. Elle remettait en cause ma théologie, mon interprétation de certains passages ou mon application des principes bibliques à sa vie. Quatrièmement, Céline s'acquittait de ses devoirs pour la forme, sans enthousiasme, sans chercher à comprendre ou à changer, ce qui constituait pourtant le principal objectif de l'exercice.

Céline demeurait fermée à ces réalités. Elle était aveuglée par sa présence assidue, mais légaliste, aux séances de counseling, par son consentement à discuter de sujets personnels et par son étude de certains passages choisis de la Parole. Malheureusement, toutes ces choses (qui, selon elle, prouvaient sa repentance) ne servaient qu'à masquer l'amertume et l'hypocrisie dominant son cœur.

Dans les Écritures, la repentance est présentée comme un changement radical du cœur, aboutissant à un mode de vie fondamentalement différent. À mesure que le cœur change et emprunte une nouvelle direction, toute la vie s'oriente autrement. Si une telle transformation n'a pas lieu, il n'y a pas eu de véritable repentance. Plusieurs ne se rendent pas compte qu'ils se présentent à des séances de counseling en vue d'expier leurs fautes. Ils désirent recevoir l'approbation de quelqu'un, justifier leurs actions et leurs réactions. Ils veulent se sentir bien dans leur peau et comme leurs visites chez le conseiller comblent ce désir, ils continuent.

Néanmoins, ils n'ont pas répondu à l'appel radical de Dieu à la repentance. Ils ne prient pas avec le psalmiste :

> Sonde-moi, ô Dieu, et connais mon cœur!
> Éprouve-moi, et connais mes préoccupations!
> Regarde si je suis sur une mauvaise voie,
> Et conduis-moi sur la voie de l'éternité!
>
> (Psaume 139.23-24)

Les séances de counseling empêchaient Céline de voir son entêtement et la rébellion de son cœur. Elle se voyait plutôt comme une personne qui n'a plus rien à confesser. Elle se croyait repentante. « Pour quelle autre raison viendrais-je consulter un conseiller? » disait-elle. Aussi déconcertant que cela puisse paraître, l'aveuglement spirituel revêt même le masque de la repentance!

Il est primordial de se rappeler que l'aveuglement spirituel produit un impact profond sur chaque pécheur et sur sa vision de la vie. Par conséquent, nous recueillons nos données dans le but d'aider notre interlocuteur à voir. De plus, souvenons-nous qu'un individu frappé d'aveuglement spirituel ne se considère pas comme aveugle, parce que l'aveuglement se dissimule sous une infinité de masques. Nous devons reconnaître la nature de ces masques et nous appliquer à recueillir les informations pertinentes afin que les yeux de celui que nous aidons s'ouvrent et qu'il se voit tel qu'il est. Nous nous confions en Dieu afin d'être ses instruments pour ouvrir les yeux aveugles et c'est dans cette optique que nous effectuons la collecte des données nécessaires.

Appendice 2

Qualités que le conseiller doit développer pour effectuer la collecte des données

Dans l'appendice précédent, nous avons abordé la question de l'aveuglement spirituel et de son pouvoir trompeur. Nous avons noté que ceux qui sont aveugles spirituellement ne se rendent pas compte de leur état. C'est pourquoi nous, conseillers, devons étudier soigneusement les différents masques empruntés par l'aveuglement spirituel. Cette condition joue un rôle déterminant dans toutes les démarches de counseling. Ainsi, chaque conseiller biblique doit s'y préparer.

Cependant, il importe de se rappeler que ce problème ne s'applique pas uniquement aux personnes que nous aidons. Lorsque nous portons attention à l'avertissement de la Parole de Dieu affirmant que *tous* ont péché et sont fondamentalement fermés aux réalités spirituelles, nous réalisons à quel point nous avons également besoin du ministère personnel préconisé par le Nouveau Testament et essentiel à la vie de l'Église. Mon cœur tortueux m'empêche de voir mes propres péchés, j'ai donc besoin d'amis croyants qui m'aiment suffisamment pour dresser un portrait de ma vie selon une perspective divine. Je dois également agir de même à leur égard. En raison de notre nature humaine, nous devons adopter un plan d'action centré sur la rédemption dans toutes nos relations. Hébreux 3.12-13 l'explique ainsi : « Prenez donc garde, frères, que personne parmi vous n'ait un cœur méchant et incrédule, au point de se détourner du Dieu vivant. Mais exhortez-vous chaque jour, aussi longtemps qu'on peut dire : Aujourd'hui! afin qu'aucun de vous ne s'endurcisse par la séduction du péché. »

D'après ce passage, je ne suis pas appelé à exercer ce type de ministère d'exhortation quotidienne à cause d'une *situation* – par exemple, un péché ou un problème que j'ai vu en vous et qui exige un changement. La raison de mon intervention est plutôt reliée à un *état* – le péché qui habite en nous et la puissance qu'il déploie pour aveugler et endurcir le cœur. Tant et aussi longtemps que le péché agit en nous, l'aveuglement spirituel persiste et nécessite que nous nous engagions à entretenir des relations favorisant un ministère réciproque, empreint d'honnêteté et d'amour.

Ce type de relations s'avère particulièrement important pour les chrétiens exerçant un ministère de counseling biblique. Les personnes que nous aidons s'attendent à ce que nous explorions leur univers en proposant une perspective biblique qui les aidera à dissiper leurs ténèbres spirituelles. Nous n'y parviendrons jamais, à moins de diriger d'abord le projecteur des Écritures sur nos propres vies, guidés par des frères et sœurs en Christ qui peuvent nous aider à connaître notre propre cœur comme il se doit.

Les conseillers qui s'engagent à agir de la sorte développent les qualités suivantes, essentielles pour aider les autres.

L'objectivité

Parmi ceux qui cherchent de l'aide, plusieurs sont aveuglés par leur subjectivité – c'est-à-dire que leurs désirs conditionnent leur façon de voir la vie. Quand leurs exigences sont d'abord centrées sur eux, ils ne parviennent pas à le voir. Ils ne sont pas conscients du ton de leur voix et de l'expression de leur visage. Leur version de l'histoire est subtilement arbitraire en raison de leurs désirs. Ils ne s'aperçoivent pas qu'ils critiquent les autres pour des fautes qu'ils excusent dans leur propre vie. Ils refusent de pardonner et adoptent la défensive sitôt qu'on leur adresse un reproche. Ils ne savent pas qu'ils ont développé une mentalité de victime. Ils ne se rendent pas compte non plus que leurs œuvres bonnes deviennent un moyen de manipuler, dévoilant ainsi aux autres (mais pas à eux) le manque de foi qui alimente toute leur conception de la vie.

Conseillers, n'endurcissez pas votre cœur contre ces gens. Si ce n'était de la grâce de Dieu, vous ne seriez guère différents! Ces personnes ont besoin d'aide pour se voir clairement. Voilà pourquoi votre objectivité biblique revêt une telle importance.

Quand un conseiller entre dans l'univers de celui qu'il aide, il n'est pas aveuglé par les intérêts personnels dominant son interlocuteur. (Bien entendu, dans la mesure où il s'est lui-même soumis au ministère de la Parole et des autres.) Il est capable de « redresser » la personne aidée parce qu'il n'est pas « prisonnier » de ses pièges spirituels (Galates 6.1). Il peut parler avec une objectivité biblique.

En revanche, celui qui souffre d'aveuglement spirituel a perdu une telle objectivité de point de vue, si toutefois cette dernière a déjà existé. Il s'enferme dans une seule et unique perspective (non biblique) et cette façon de voir influence la manière dont il expérimente tout ce qui lui arrive.

Pour la plupart des individus, leur expérience personnelle constitue le point de départ de leur interprétation. Ils ont tendance à regarder la vie entière à travers l'objectif de leur histoire, de leurs suppositions et de leurs désirs. Leur interprétation de la vie jusqu'à maintenant risque de fausser leur interprétation future. En outre, leur compréhension des Écritures sera également erronée. Les gens qui interprètent la vie en se servant de leur expérience agissent de même avec la Parole de Dieu. Dans ces conditions, leur vision du monde est gouvernée par leur expérience personnelle et non par les Écritures.

Un tel individu profitera grandement du point de vue différent d'un autre, d'une personne qui adopte comme point de départ les Écritures et les applique ensuite à la vie. Les Écritures doivent devenir le fondement de l'interprétation de l'existence, et non le contraire. Un conseiller biblique désire apporter ce genre de pensée à la personne aidée, car lorsque la vérité divine devient l'objectif à travers lequel nous effectuons nos analyses, la vie est transformée. Par exemple, lors d'une séance de counseling avec un couple, il est possible de mettre un terme au sempiternel : « Il a dit – elle a dit » en se demandant : « Qu'est-ce que Dieu a dit? »

Simon et Rachel sont mariés depuis quinze ans. Il leur est pratiquement impossible d'avoir une discussion sans que la conversation dégénère en échange d'accusations virulentes. Rachel est convaincue avoir perdu les meilleures années de sa vie parce que Simon fuit devant les problèmes et fait des compromis avec le monde. Simon considère que Rachel est sévère et porte des jugements du haut de sa prétendue supériorité spirituelle. Au cours de leurs entretiens, ils échangent des répliques cinglantes, remplies de l'amertume logée au fond de leurs cœurs. Ils sont prisonniers d'une vision complètement opposée de leur vie de couple et donc, incapables de résoudre leurs problèmes. Rachel et Simon ont besoin d'une intervention radicale dans trois domaines de leur vie et seule une perspective biblique les aidera.

En matière de comportement, ils doivent se demander : « Qu'est-ce que Dieu a dit à propos de la façon dont nous nous parlons? » Leurs échanges n'invitent pas à l'amour, à la compréhension, à l'espoir et à la recherche de solutions. Il s'agit en réalité de l'un de leurs principaux problèmes. S'ils tenaient compte des principes de communication clairement énoncés dans Éphésiens 4.25-5.2, ils gagneraient une nouvelle perspective et pourraient envisager des changements durables.

Sur le plan des pensées, Rachel et Simon doivent se demander : « Quels buts *Dieu* poursuit-il pour nous qui sommes ses enfants? » Plusieurs passages du Nouveau Testament, comme Romains 8.28-29, Galates 5.16-26, Colossiens 3.1-14 et 2 Pierre 1.3-9, enseignent que l'objectif de Dieu concerne plus que le simple désir de Rachel d'exercer un ministère satisfaisant ou celui de Simon d'avoir une femme respectueuse. Dieu veut qu'ils deviennent participants de la nature divine, un peu plus chaque jour. Simon et Rachel ne réalisent pas que leurs querelles au sujet de la vie chrétienne démontrent qu'ils comprennent très mal ce que Dieu cherche à accomplir en eux à travers les différentes circonstances de leurs vies (ou alors, ils refusent de s'y soumettre). En fait, Dieu désire les rendre semblables à l'image de Jésus-Christ.

Enfin, sur le plan des désirs, ils doivent se demander : « Quels désirs Dieu veut-il que nos cœurs nourrissent? » Simon souhaite « juste un peu plus de respect ». Cette exigence silencieuse transparaît dans chacune de ses interactions avec Rachel. Cette dernière aspire à avoir « un mari qui veut servir le Seigneur autant qu'elle ». Les questions découlant de passages tels Jacques 4.1-10, Philippiens 3.1-16 et Colossiens 3.1-17 exposent au grand jour l'état de leur relation basée sur des aspirations égoïstes. De là leur incapacité à résoudre leurs problèmes.

Rachel et Simon ont besoin d'une aide extérieure, de quelqu'un qui interprète l'état actuel de leur relation du point de vue des Écritures, tout en leur apprenant à se poser des questions pertinentes (bibliques) qui conduisent à de véritables solutions. Les gens ne trouveront de solutions efficaces qu'en examinant leurs comportements, leurs pensées et leurs désirs à la lumière des Écritures.

Quand je recueille mes données, j'essaie de formuler mes questions d'une manière qui diffère de celle que la personne aidée a l'habitude d'employer. En effet, même si elle se pose des questions pénétrantes, ces dernières portent toujours la marque de son aveuglement spirituel. Certaines questions ne sont jamais abordées, mais devraient l'être. Certaines sont soulevées à propos des autres, alors qu'elles concernent en réalité la personne aidée. Je veux que mes questions rejoignent celles de mon interlocuteur lorsqu'il me décrit les faits, mais de manière à l'aider à considérer sa vie selon une perspective biblique.

La sagesse

Dans l'Épître aux Romains, Paul dit que le cœur des pécheurs insensés est plongé dans les ténèbres (1.21). Un insensé est un individu frappé d'aveuglement spirituel. Il pense voir, comprendre et être sage, alors qu'en réalité il est aveugle, insensé et désorienté. Le livre des Proverbes décrit l'insensé en ces termes :

- Sa voie est droite à ses yeux (12.15).
- Il laisse voir à l'instant son irritation (12.16).
- Il s'emporte, il est plein d'assurance (14.16).
- Il dédaigne la correction (15.5).
- Il gaspille son argent (17.16).
- Il prend plaisir à la manifestation de ses pensées (18.2).
- Il est déchaîné (20.3).
- Il méprise le bon sens (23.9).
- Il est sage à ses propres yeux (26.5).
- Il a confiance en son propre cœur (28.26).
- Il n'y a aucun repos en sa compagnie (29.9).
- Il étale tous ses sentiments (29.11).

L'intervention de la Parole de Dieu dans la vie de l'insensé s'avère nécessaire puisque ses choix, ses réactions, ses points de vue, ses actions et ses attitudes démontrent à tous qu'il est aveugle. Il a besoin de l'objectif de la sagesse biblique pour l'aider à voir et à comprendre de la manière dont Dieu voit et comprend.

Le conseiller biblique peut offrir une sage perspective divine au moyen des Écritures. Il offre plus qu'une opinion, une formation, ou le résultat de recherches et d'expériences. Il fournit un modèle de confiance (et de soumission) envers la Parole de Dieu, de manière à exposer et à pénétrer l'aveuglement de la personne aidée. Il apporte une sagesse biblique pure, pacifique, modérée, conciliante, pleine de miséricorde et de bons fruits, sans partialité et sans hypocrisie (Jacques 3.17). Bref, par la grâce de Dieu, il est en tout point l'opposé d'un insensé.

Plusieurs des individus que nous aidons montrent leur folie par un sens déformé des valeurs et des proportions. Ils ne possèdent pas de système de valeur biblique qui pourrait les aider, d'une manière pratique, à distinguer ce qui est important de ce qui ne l'est pas. Seules les Écritures nous permettent de comprendre le lien existant entre les différents aspects de nos vies.

Le conseiller intervient en posant des questions qui obligent la personne aidée à examiner la situation en faisant abstraction de sa subjectivité. Il peut lui demander ce qui importe vraiment et ce qui relie véritablement les divers aspects de sa vie, selon le point de vue de Dieu. Ces interrogations la forcent à remettre en question sa vision habituelle et familière de l'existence, afin se soumettre à la vision de Dieu.

Revenons à l'exemple de Simon et Rachel. Il est convaincu que sa femme représente son principal problème et les questions qu'il se pose découlent de cette interprétation. Rachel croit fermement que son problème se nomme Simon, et cette manière de voir les choses influence le diagnostic qu'elle pose sur la situation. Ils s'entendent malgré tout sur un point : leur difficulté réside dans le fait qu'ils n'envisagent pas la vie et leurs objectifs de la même façon. Cependant, les principes contenus dans le livre des Proverbes indiquent que la colère, les dissensions et le désespoir vécus par Simon et Rachel ne viennent pas de leurs différences, mais montrent qu'ils ont réagi comme des insensés devant leurs différences. En outre, les Écritures enseignent que leurs réactions proviennent des mauvais désirs de leurs cœurs qui font partie de toutes leurs interactions. Les ressemblances et l'harmonie entre deux personnes ne constituent pas les ingrédients essentiels d'une unité parfaite. L'amour (pour Dieu d'abord, puis pour le prochain) est plutôt ce qui nous rend humbles, doux, patients et tolérants au milieu des différences et des provocations (Éphésiens 4.1-2).

Si Simon *se* posait des questions basées sur la description de l'insensé tel qu'elle est énoncée dans le livre des Proverbes et citée auparavant, il développerait un plan d'action complètement différent pour résoudre ses problèmes de couple. Je vous suggère quelques exemples de questions que Simon pourrait se poser :

- Dans quelles sphères de la vie suis-je tellement convaincu d'avoir raison que je ne veux même pas écouter le point de vue de Rachel ou réviser mon opinion?
- Quelles sont mes réactions habituelles quand Rachel remet en question mes idées ou mes décisions (Proverbes 12.15)?
- Dans quelles circonstances ai-je tendance à me montrer irrité ou contrarié, à réagir sans réfléchir sous le coup de la colère?
- Quel impact ma colère exerce-t-elle sur Rachel et son désir d'entretenir des conversations ouvertes et honnêtes (Proverbes 12.6; 14.6; 15.1)?

- Qu'est-ce que j'attends de Rachel et qu'elle ne me donne pas, selon moi – ce qui me met en colère? De quels « trésors précieux » ai-je le sentiment d'être dépossédé par Rachel (Matthieu 6.19; Jacques 4.1)?

De telles questions peuvent conduire Simon à s'examiner *lui-même* devant Dieu, à voir à quel point il a besoin de la miséricorde de Jésus et à rechercher cette miséricorde. Il peut également commencer à mettre le doigt sur certaines actions concrètes afin que s'opèrent des changements précis.

Un individu qui développe une vision biblique de la vie, approfondie et cohérente, parvient à échapper au désespoir lié à son ancien système de valeurs. Ce dernier engendre souvent la confusion, un enthousiasme vain et une incapacité d'agir. À partir du moment où Simon apprend à considérer les choses d'un point de vue biblique, de nouvelles options de changement, inconnues jusqu'alors, s'offrent à lui. Il n'est plus prisonnier de sa propre subjectivité. Il ne se voit plus coincé dans un mariage sans alternative satisfaisante. Il commence à prendre conscience du fait que les pensées et les désirs de son cœur représentent en fin de compte la source de ses problèmes, et il peut expliquer comment ses désirs ont influencé ses réactions dans sa relation avec Rachel. Il ne répète plus sans arrêt qu'il se sent captif ou qu'il a raison. Il comprend, au contraire, que le processus consistant à « se dépouiller et à se revêtir » changera son mariage, s'il est appliqué à son cœur et à son comportement.

La clarté de l'évangile

Par nature, les gens interprètent et cherchent continuellement à trouver un sens à la vie. Il est donc normal que les personnes que nous cherchons à aider se sentent désorientées lorsqu'elles sont incapables de comprendre *ce* qui arrive, *pourquoi* cela se produit et *comment* réagir.

Plusieurs de ceux que nous aidons sont désorientés, mais ne le *savent* pas! Ils pensent que leurs interprétations sont exactes et leurs actions logiques. Ils ne voient ni leur situation ni leur condition avec netteté.

L'une des composantes importantes de l'aveuglement spirituel que j'observe chez les gens en counseling concerne le fait qu'ils ne voient pas les réalités de l'évangile. Ils se sentent partagés et impuissants, car ils ont laissé de côté certaines vérités primordiales et ne les ont pas incluses dans leur système d'interprétation.

L'évangile nous présente trois perspectives essentielles concernant les luttes de l'être humain. Si nous ignorons ces trois réalités, la vie perd son sens ou s'explique sans fondement biblique et donc, incorrectement. L'évangile nous donne une vraie perception de nous-mêmes, de Dieu et du processus.

La perception de soi

Notre réaction aux diverses situations est invariablement conditionnée par la compréhension de notre identité. Par conséquent, l'évangile s'avère essentiel pour corriger et guider notre définition de qui nous sommes et l'origine exacte de nos luttes. En fait, l'évangile m'enseigne que mes combats se situent à un niveau plus profond que les problèmes liés à mon passé, les difficultés de mes relations présentes et les circonstances de la vie quotidienne. L'apôtre Pierre affirme que les mauvais désirs du cœur causent la corruption dans le monde. Les changements doivent donc s'opérer dans les cœurs.

Plusieurs des gens que je conseille ont très peu conscience de la présence et du pouvoir du péché qui habite en eux. Ils ne réalisent pas que les pensées, les désirs et les choix du cœur se trouvent à la racine de leurs difficultés personnelles. Par conséquent, ils continuent à rejeter le blâme sur les autres et les circonstances, ignorant complètement que les luttes de leurs cœurs influencent tous les aspects de leurs vies. L'évangile déclare que la guerre se déroulant à l'intérieur de nous (Romains 7 et Jacques 4) constitue la première préoccupation visée par le plan rédempteur de Dieu (2 Pierre 1.3-4).

La perception de Dieu

Une fois de plus, je m'étonne du nombre de personnes qui connaissent peu ou mal le Dieu de l'évangile, le Rédempteur fidèle à ses promesses, tout-puissant, agissant et toujours présent avec nous. L'évangile présente Dieu comme un secours qui ne manque jamais dans la détresse (Psaume 46), souverain en tout temps sur toutes choses (même sur celles qui m'apparaissent chaotiques et inutiles) et ce, pour mon bien (Éphésiens 1.22-23). Il agit dans chaque situation de ma vie pour me délivrer de l'esclavage des péchés du cœur, afin que je goûte aux richesses de la grâce qu'il a déversée sur moi en Christ, et que je sois rendu conforme à l'image de son Fils (Romains 8.28-39; Éphésiens 1.3-7). Il est Celui qui pardonne, réconcilie, délivre, console et restaure.

En raison de son œuvre rédemptrice incessante, toutes les circonstances de la vie, même celles qui me paraissent ténébreuses, déroutantes et terrifiantes sont sanctifiées, utiles et porteuses de sens et d'espoir.

Souvent, les individus que nous aidons ne perçoivent pas distinctement le Dieu de l'évangile qui gouverne le monde de manière à demeurer près de chacun de nous. Dieu agit ainsi afin qu'à chaque instant, nous puissions le chercher, nous tourner vers lui et le trouver (Actes 17.26-27). Ces individus perdent tout espoir lorsqu'ils ont épuisé leur propre sagesse et leur force. Le Dieu qui agit dans leur vie est petit, faible, distant et indifférent – vous n'oseriez jamais lui confier le précieux trésor de votre existence. Ainsi, leurs réactions et leur perplexité sont directement liées à leur perception de Dieu.

La perception du processus

Non seulement l'évangile affirme-t-il que Dieu est à l'œuvre, mais il décrit également ce qu'il fait et comment il le fait. Plusieurs des personnes que je conseille ne comprennent pas le processus de la rédemption. Ils n'expliquent pas la vie et ses difficultés selon un modèle de sanctification progressive.

Dieu a mis en place un processus dans un but précis, soit que mon « amour abonde de plus en plus en connaissance et en vraie sensibilité, qu'ainsi [je sache] apprécier ce qui est important, afin d'être sincère et irréprochable pour le jour de Christ, rempli du fruit de justice qui vient par Jésus-Christ, à la gloire et à la louange de Dieu » (Philippiens 1.9-11).

Dieu ne vise pas d'abord mon bonheur personnel immédiat. Il ne désire rien de moins que me rendre participant de sa nature divine (2 Pierre 1.4). Dans ce contexte, les relations pénibles et les situations désastreuses servent d'instruments pour opérer dans mon cœur les transformations nécessaires, afin que ma vie produise des fruits, à sa gloire. Nous ne devons pas nous étonner de la souffrance et la percevoir comme un signe que Dieu s'est éloigné et ne prend plus soin de nous. Il l'emploie comme agent de son amour rédempteur. Les individus que nous aidons doivent apprendre à cultiver leur confiance envers le processus de la sanctification progressive, divine et agissante, afin de trouver un sens biblique à leurs problèmes.

Sans une compréhension de la dynamique du péché et des luttes intérieures, sans une compréhension de la présence, du caractère et de l'action de Dieu dans le processus de sanctification, la vie est dépourvue de sens. Les individus que nous conseillons sont désorientés, parce qu'ils ne possèdent pas la compréhension pratique, sage, profonde et axée sur la mise en œuvre d'un plan d'action, qui vient lorsque nous nous analysons nous-mêmes et examinons nos situations du point de vue de l'évangile.

Sophie ne vivait que pour recevoir l'acceptation de son entourage. Cependant, elle n'était pas venue consulter un conseiller pour cette raison, mais parce qu'elle se sentait déprimée suite à des ruptures de relations répétées. Sophie ne voyait pas à quel point elle était exigeante, craintive et manipulatrice. Le sentiment de vengeance et de condamnation qu'elle faisait peser sur ceux qui l'abandonnaient lui était totalement caché. Sa liste interminable de besoins étouffait ses amis. Ces derniers lui tenaient lieu de dieux et elle en tirait sa raison même de vivre. Tout en cherchant de l'aide, elle se sentait seule, abandonnée par Dieu et les autres. Déroutée et incapable de comprendre pourquoi les choses tournaient ainsi, elle était devenue de plus en plus centrée sur elle-même et démoralisée. Elle n'entretenait aucun espoir de voir un changement durable se produire. De son point de vue, tout ce qu'elle avait tenté pour améliorer la situation s'était retourné contre elle.

Sophie disait que Dieu devait vraiment la détester. Elle avait cessé de lire la Bible et de prier, et elle n'allait pratiquement plus à l'église. Elle était persuadée d'avoir été injustement choisie pour souffrir. Elle ne désirait qu'une chose : mettre un terme à cette situation intenable.

De toute évidence, l'évangile ne trouvait aucun écho pratique dans la vie de Sophie. Elle ne discernait aucunement l'œuvre du Dieu de l'évangile, lui qui est souverain, saint et omniprésent et qui pardonne, réconcilie, guérit et agit sans jamais se lasser. Il dirigeait pourtant toutes choses pour le bien de cette femme, en répandant sur elle les glorieuses richesses de sa grâce en Christ-Jésus (Éphésiens 1.3-9).

Elle ne se considérait pas comme la pécheresse à qui l'évangile est destiné. Ainsi, elle ne voyait pas l'idolâtrie présente dans son cœur et ne réalisait pas qu'elle vivait ses relations et les événements en étant remplie d'exigences silencieuses et d'attentes égoïstes. Elle ne voyait pas que ses aspirations idolâtres la menaient chaque fois à la déception et elle était complètement inconsciente des projets de vengeance secrète et manifeste qui la poussait à agir comme elle le faisait envers les gens qui l'avaient blessée. Elle ne se rendait pas compte qu'elle jouait le rôle de Dieu, agissant tantôt en législateur, tantôt en juge.

Enfin, Sophie ne percevait pas le processus de sanctification progressive inhérent à l'évangile. Elle ne reconnaissait pas que Dieu dirigeait les circonstances de sa vie. Il était certes à l'œuvre dans ses relations et les événements, mais il ne s'était jamais engagé à lui donner l'acceptation à laquelle elle aspirait. Il *travaillait plutôt* à dévoiler son cœur et ses comportements mauvais, et à la rendre conforme à l'image de Christ au moyen de diverses expériences. Les circonstances qui lui servaient d'exemples pour démontrer « l'infidélité » de Dieu étaient en fait ordonnées par lui, prouvant son amour fidèle pour le bien de son enfant. Sophie ne comprenait plus rien parce qu'elle omettait certains faits essentiels dans l'évaluation de sa vie – des faits contenus dans l'évangile.

Sophie symbolise chaque individu que nous aidons. Personne ne parvient à interpréter correctement ce qui arrive s'il demeure fermé à la réalité, à savoir son état pécheur, le caractère de Dieu et son œuvre, son héritage d'enfant de Dieu et le processus de la rédemption en cours (la sanctification). Il est impossible dans de telles conditions de se conduire d'une manière digne de l'évangile.

Voilà l'une des principales caractéristiques du counseling biblique. Un conseiller biblique ne considère pas la Bible comme une encyclopédie où figurent des principes de vie à appliquer pour trouver le bonheur. Les Écritures nous offrent plutôt une vision de la vie fermement enracinée dans l'évangile; tous les points de vue et principes bibliques y prennent leur source.

Notre vision de la vie indique que nous sommes un peuple choisi par un Dieu souverain et compatissant qui, en Christ, nous a pardonné et nous a adoptés dans sa famille. Il se sert de chaque événement pour nous conformer à l'image de son Fils, et il nous donne tout ce dont nous avons besoin pour accomplir ce qu'il nous appelle à faire. Par conséquent, nous ne nourrissons aucun faux espoir reposant sur l'idée que nous deviendrons forts et indépendants, des individus « sains », avertis et heureux. Nos actions et notre espérance s'enracinent dans le fait que tout en étant de faibles vases d'argile, nous avons été remplis de la toute-puissante présence de Dieu. Nous envisageons l'avenir avec espoir, en nous préparant pour ce moment incomparable où disparaîtront maladies, chagrins, péchés et mort, car nous serons avec Christ et rendus semblables à lui pour toujours. C'est pourquoi nous ne perdons pas courage, même dans les jours sombres de souffrance personnelle (2 Corinthiens 4.7-18).

Vous ne pouvez retirer Christ des principes des Écritures sans en tordre le sens. Tout ce que Dieu nous appelle à faire s'enracine dans l'œuvre que Christ accomplit. Si la personne aidée ne place pas l'évangile au cœur de son système d'interprétation, la signification des principes bibliques lui échappera complètement et elle n'y répondra pas adéquatement.

Les éclaircissements fournis aux personnes que nous aidons constituent l'évangile lui-même. Nous voulons qu'elles comprennent l'évangile, pour la première fois peut-être. Nous pouvons affronter tous les problèmes grâce aux multiples richesses de Christ. Réfléchissez à la prière de Paul pour les Éphésiens :

> Je fais mention de vous dans mes prières afin que le Dieu de notre Seigneur Jésus-Christ, le Père de gloire... illumine les yeux de votre cœur, afin que vous sachiez quelle est l'espérance qui s'attache à son appel, quelle est la glorieuse richesse de son héritage au milieu des saints, et quelle est la grandeur surabondante de sa puissance envers nous qui croyons selon l'action souveraine de sa force. Il l'a mise en action dans le Christ, en le ressuscitant d'entre les morts et en le faisant asseoir à sa droite dans les lieux célestes, au-dessus de toute principauté, autorité, puissance, souveraineté, au-dessus de tout nom qui peut se nommer, non seulement dans le siècle présent, mais encore dans le siècle à venir. Il a tout mis sous ses pieds et l'a donné pour chef suprême à l'Église, qui est son corps, la plénitude de celui qui remplit tout en tous.

(Éphésiens 1.16-23)

Paul prie que ces chrétiens se considèrent eux-mêmes et voient la vie à la lumière des vérités fondamentales de l'évangile. Il prie également qu'ils soient rendus capables de considérer la puissance et les richesses de leur héritage en Christ.

Les personnes que nous aidons ne vivront pas conformément à l'appel de Dieu pour eux s'ils ne reconnaissent pas la présence et la puissance de Christ à l'œuvre dans leur vie. Ils demeureront plutôt inactifs et ne porteront aucun fruit (2 Pierre 1.8-9).

La clarté de l'évangile devrait influencer notre collecte de données, tandis que nous joignons nos prières à celles de Paul afin que « les yeux du cœur soient illuminés ». Ainsi, nous poserons des questions qui prennent leur source directement dans l'évangile, amenant la personne aidée à envisager la situation différemment. À mesure que les réponses se précisent, la clarté de l'évangile dissipe le brouillard de la confusion.

Nous avons déjà mentionné que l'une des caractéristiques de l'aveuglement spirituel consiste à poser des questions inadéquates – ce qui conduit inévitablement à des réponses erronées. En recueillant nos informations, nous pouvons enseigner aux individus que nous aidons comment entamer leur recherche par l'examen des vérités bibliques, puis à poser des questions en se basant sur ces vérités. Par exemple, si la Bible déclare que Dieu travaille dans ma vie en tout temps et en toute circonstance pour accomplir son œuvre rédemptrice (Romains 8.28), j'évite de remettre son intervention en cause en me demandant pourquoi il n'agit pas. Je peux cependant m'interroger ainsi : « Quel bien Dieu veut-il faire ressortir au milieu des événements pénibles actuels? » ou « Qu'est-ce qui m'empêche de voir le bien que Dieu est en train d'accomplir? » ou « De quelle façon mes plans diffèrent-ils de ceux de Dieu? » ou « Quels sont mes trésors (ce qui a le plus de valeur à mes yeux)? S'agit-il de trésors que Dieu considère comme précieux et d'œuvres qu'il désire produire en moi? » Ces questions s'inspirent de vérités bibliques et conduisent à une meilleure connaissance de soi, ainsi qu'à une transformation biblique.

Un mari, découragé par sa situation familiale, peut être tenté de croire que Dieu est absent. Dans ces conditions, il a tout intérêt à personnaliser ces exemples de questions. Quels sont ses buts pour sa famille? Sont-ils identiques à ceux de Dieu? De façon générale, quels moyens a-t-il utilisés pour parvenir à ses buts? A-t-il agi comme un instrument entre les mains de Dieu ou plutôt comme si sa famille lui appartenait? Est-il possible que Dieu ne soit pas « absent », mais que cet homme récolte simplement ce qu'il a semé? Dans quels domaines peut-il voir Dieu agir précisément dans sa famille? En tant que mari et père, ses plans d'action entrent-ils parfois en conflit avec ceux de Dieu? Dans quelles circonstances exactement? Que cherche-t-il avant tout dans chacune de ces relations? Dieu désire-t-il la même chose que lui? Dans quelles situations essaie-t-il de faire le travail de Dieu et de produire ce que Dieu seul peut produire? À quelles occasions a-t-il manqué de reconnaître ses propres faiblesses, tentations et péchés en répondant à sa femme et à ses enfants? Quand a-t-il tendance à s'irriter, à proférer des paroles d'accusation, de condamnation et de menace? À quels moments se laisse-t-il tenter par le découragement et le désespoir? Que nous enseignent ses réactions sur sa perception de lui-même, de Dieu, des autres et des circonstances? Ce type de questions est inspiré de vérités bibliques et conduit à un changement profond et à une connaissance de soi fondée sur les Écritures.

Une intention

Tous ceux qui assistent à des séances de counseling le font pour une raison. Ils poursuivent un objectif précis qu'ils cherchent à accomplir. Cependant, un conseiller doit se souvenir que l'aveuglement spirituel empêche la personne aidée de voir à quel moment ses plans révèlent une attitude égoïste, étroite ou trop axée sur le présent et l'éphémère. Vos conseils s'avèrent donc précieux et utiles pour les amener à réaliser que certains buts démontrent qu'ils servent et adorent la créature au lieu du Créateur (Romains 1.25).

L'homme séparé de sa femme vous consulte parce qu'il veut retrouver sa famille. La femme vient vous voir, car elle veut un mari qui l'aime vraiment. L'adolescent prend rendez-vous parce qu'on lui a confisqué sa voiture « jusqu'à ce qu'il soit devenu raisonnable ». Le jeune homme déprimé veut simplement retrouver un peu de bonheur. Le pasteur désire comprendre pourquoi son ministère ne connaît pas davantage de succès.

Chacun d'eux a une raison qui le pousse à venir vous consulter, mais aucun ne reconnaît que ses intentions émanent d'un cœur égocentrique. En réalité, ils désirent seulement jouir un peu plus de l'univers créé afin d'être heureux. Pourtant, ils sont enfants d'un

Dieu qui veut beaucoup, beaucoup plus pour eux, et qui a sacrifié son propre Fils afin qu'ils l'obtiennent!

De tels individus consultent un conseiller sans se rendre compte que leurs intentions sont teintées de leur peur, de la poursuite de leur bonheur et de leur intérêt personnel, de leur désir de contrôler ou de posséder une réalité créée appartenant à ce monde. Ils ne réclament rien de trop grand de la part du Seigneur, ils se contentent au contraire de trop peu, voilà le problème. Ils cherchent les plaisirs éphémères de la création, alors que Dieu veut qu'ils deviennent « participants de la nature divine » (2 Pierre 1.4), rien de moins!

La personne conseillée a besoin de quelqu'un qui l'accompagne, un guide muni d'un objectif solide qui n'est pas défini par un intérêt personnel restreint. Ce guide vise un but rédempteur qui n'est pas entaché par l'égocentrisme et le gain personnel. Il présente à son interlocuteur le plan de Dieu, grandiose et rédempteur, plus élevé, plus satisfaisant et plus profond que celui qu'il aurait souhaité ou planifié pour sa vie.

Pierre affirme que l'œuvre de Dieu ne se limite pas à me donner un mariage heureux et des enfants bien élevés. Paul l'a bien exprimé à la fin de sa lettre aux Éphésiens : « ... celui qui peut faire infiniment au-delà de tout ce que nous demandons ou pensons » (3.20). En conseillant, nous ne voulons pas manquer de clairvoyance ou nous contenter de trop peu. Nous désirons que Dieu nous utilise pour amener les gens à passer d'une joie passagère – quand Dieu semble entériner leurs plans – à l'abandon de leurs rêves personnels – où ils reçoivent de plus grandes joies à participer au plan divin pour eux.

Le conseiller biblique veut ce que Dieu souhaite pour la personne aidée. Son plan d'action repose sur les Écritures, il aide son interlocuteur à investir dans les réalités qui ne se flétrissent pas et ne périssent pas. Pour ce faire, le conseiller accompagne cette personne pour qu'elle découvre les intentions réelles de son cœur, tout en lui ouvrant les yeux sur les glorieux projets de Dieu pour elle. Mes questions visent donc ce but précis. Je veux qu'elles contribuent à ouvrir les yeux de mon interlocuteur. Je veux qu'il voie la véritable raison de son existence et que cette réalisation crée en lui la soif de vivre pour autre chose que les plaisirs éphémères de ce monde. Je veux recevoir ses intentions en lui présentant les buts rédempteurs de Dieu.

La méthodologie employée pour recueillir nos données doit prendre sérieusement en compte cet objectif. Comment nos questions peuvent-elles servir à cette fin? Nous traiterons de ce sujet dans l'appendice suivant.

Quand nous conseillons quelqu'un, nous représentons le Messie. En quoi consiste son œuvre?

> Il ouvre les yeux des aveugles,
> Il fait sortir de prison le captif
> Et de leur cachot les habitants des ténèbres.
>
> (Ésaïe 42.7)

Nous qui sommes ses serviteurs, pouvons-nous viser un but de moindre portée que celui de notre Maître?

Appendice 3

Stratégies pour la collecte des données

L'évidence de l'aveuglement spirituel et ses effets sur la façon dont un individu vit sa vie sont illustrés avec puissance dans le Psaume 36.3-5 :

> Car il se flatte à ses propres yeux,
> Pour consommer sa faute, pour assouvir sa haine.
> Les paroles de sa bouche sont fraude et tromperie;
> Il renonce au discernement, au bien.
> Il médite la fraude sur sa couche,
> Il se tient sur une voie qui n'est pas bonne,
> Il ne rejette pas le mal.

Cette réalité inhérente au cœur humain fait dire au conseiller biblique que le processus de collecte de données ne représente pas seulement une méthode pour mieux connaître la personne qu'il aide, mais un moyen permettant à cette dernière de se voir avec une nouvelle clarté biblique. Le péché n'est pas uniquement une question de volonté, c'est-à-dire la transgression consciente des limites imposées par Dieu. Le péché a également trait à l'aveuglement, car je ne vois pas ce que je dois voir pour vivre comme Dieu m'appelle à vivre. Un pécheur est *obstinément aveugle*, tout en étant *aveuglément obstiné*. Par conséquent, le conseiller se mesure continuellement à l'aveuglement spirituel lors des séances de consultation, qu'il en soit conscient ou non.

C'est pourquoi le Psaume 36 se révèle fort instructif. D'abord, il nous permet de mieux saisir le fonctionnement de l'aveuglement spirituel : « Il se considère d'un œil trop flatteur pour reconnaître sa faute, et la détester » (v. 3, version du *Semeur*). L'individu spirituellement aveugle entretient une trop haute opinion de lui-même (Romains 12.3) et son sentiment de supériorité l'empêche de voir le péché dans sa vie. Il ne déteste pas son péché parce qu'il se croit incapable de commettre de telles choses. Au contraire, il se défend, il trouve des excuses, se justifie, remanie l'histoire et cherche à se déculpabiliser. Il ne mesure pas son péché à la lumière des Écritures et n'éprouve aucune aversion pour ses fautes.

Ensuite, le Psaume 36 enseigne que si je suis insensible à mon propre péché, si je ne le hais pas au plus haut point et si je ne fuis pas devant lui, je m'y enfonce encore davantage. L'aveuglement spirituel m'empêche d'appliquer des mesures restrictives à mon cœur, je continue donc à mentir et à tromper. Je continuerai ainsi à vivre en insensé et à ne pas faire ce qui est bien. Même dans l'intimité de mes méditations, mes pensées se portent vers des choses étrangères à la volonté de Dieu pour moi. Le psalmiste en tire la conclusion suivante : l'aveugle spirituel ne rejette pas le mal. Cette vérité s'applique à *tous* les pécheurs. Nous gardons tous des recoins cachés et obscurs dans notre cœur où nous ne voyons pas le péché, nous ne le détestons pas et ne le rejetons pas.

Nous avons étudié cette réalité spirituelle dans les deux articles précédents. Nous verrons maintenant quelles stratégies le conseiller biblique peut employer pour dissiper l'aveuglement spirituel.

Appendice 3 / Stratégies pour la collecte des données 419

Trois stratégies de collecte de données

Je trouve dans 2 Corinthiens 10.3-5 une structure me permettant d'utiliser le processus de collecte de données pour dévoiler l'aveuglement spirituel chez ceux que j'aide. Paul expose les objectifs de son ministère et déclare :

> Si nous marchons dans la chair, nous ne combattons pas selon la chair. Car les armes avec lesquelles nous combattons ne sont pas charnelles, mais elles sont puissantes devant Dieu, pour renverser des forteresses. Nous renversons les raisonnements et toute hauteur qui s'élève contre la connaissance de Dieu et nous amenons toute pensée captive à l'obéissance au Christ.

Je ne compte pas faire l'exégèse approfondie de ce passage qui, le plus souvent, est appliqué à la bataille spirituelle et à l'apologétique. Je veux en analyser les répercussions dans la perspective de l'aveuglement spirituel et des stratégies pratiques en vue du changement.

Repérez les forteresses

Premièrement, la métaphore de la forteresse s'avère très utile. Une forteresse est un endroit fortifié, servant à se protéger des attaques. Elle est construite à toute épreuve et défendue avec vigueur. Pour cette raison, elle est particulièrement difficile à renverser. Permettez-moi de vous donner un exemple de la façon dont cette illustration se manifeste dans la vie de celui que vous aidez.

Suzanne ne se voyait pas pécheresse. Elle estimait qu'elle avait des besoins qui n'avaient jamais été comblés. Ses nombreux besoins inassouvis lui tenaient lieu de forteresse. Ils lui procuraient un abri où elle se dissimulait afin de ne pas faire face aux responsabilités d'une vie vécue en accord avec la Bible. Ils lui fournissaient des prétextes excusant sa manière de vivre et lui permettaient de rejeter continuellement le blâme sur les autres. Ses besoins constituaient la forteresse où elle avait l'habitude de se réfugier.

Non seulement Suzanne se cachait-elle derrière ses nombreux besoins, mais elle défendait activement sa condition. Elle s'irritait et se plaçait sur la défensive chaque fois qu'elle sentait que je remettais en question sa vision du monde. Elle ripostait et m'accusait d'être semblable aux autres hommes insensibles qu'elle avait connus. En défendant le fait qu'elle avait tant de besoins non comblés, Suzanne était *obstinément aveugle*. Tous les pécheurs ont des forteresses où leur aveuglement spirituel est fortifié afin de leur offrir une retraite sûre. Dans ce cas, l'aveuglement structure la façon dont l'individu pense et agit.

La première tâche que je cherche à accomplir en recueillant mes informations consiste à repérer les forteresses. Qu'est-ce qui empêche cette personne de voir ce que Dieu veut qu'elle voie? Quelles en sont les conséquences sur sa manière d'affronter les circonstances, les autres, Dieu et sa propre personne?

Renversez les hauteurs

Deuxièmement, Paul dit qu'il s'efforce de renverser « ...toute hauteur qui s'élève contre la connaissance de Dieu » (2 Corinthiens 10.5). En quoi consistent ces hauteurs? Il s'agit d'allégations trompeuses, de propos qui semblent vrais, mais ne le sont pas. L'aveuglement spirituel incite à accepter comme vrai ce qui est faux. Il nous porte à croire des mensonges.

Paul affirme que ces hauteurs se dressent contre la vérité de Dieu. Quand je crois un mensonge, je ne suis plus ouvert à entendre la vérité. Le mensonge dans le jardin d'Éden ne représentait pas simplement une alternative différente. Il s'*opposait* à la vérité révélée par Dieu à Adam et à Ève. Les mensonges vont *toujours* à l'encontre de la vérité. Quand je crois un mensonge, je suis incapable de savoir ce que je devrais savoir, de la manière préconisée par Dieu. Mon univers est alors façonné par des faussetés plutôt que par la connaissance de Dieu qui donne la vie, la liberté et la sagesse. Paul déploie un zèle infatigable pour mettre fin au règne et à la domination du mensonge dans la vie d'une personne. Il désire ardemment dénoncer l'incrédulité et les fausses croyances, et les renverser.

Nous sommes continuellement aux prises avec ce type d'obstacle dans le counseling – des manières d'agir et de penser qui paraissent vraies, mais relèvent en fait du mensonge. Les prétendus besoins de Suzanne constituaient une illusion. Ils revêtaient une apparence de vérité et les péchés commis contre elle semblaient en confirmer la validité. De plus, ses besoins semblaient légitimes puisque renforcés par la culture ambiante psychologisante. Cependant, en se basant sur la croyance non biblique que ses besoins à combler et non sa nature pécheresse constituaient son principal problème, Suzanne était *aveuglément obstinée*.

Les forteresses de l'aveuglement spirituel s'entourent de justification personnelle et de défiance, et reposent sur le fondement des mensonges plausibles qui se dressent contre la vérité. C'est pourquoi lors de la collecte des données, la seconde stratégie consiste à exposer et à renverser les hauteurs. Nous travaillons afin que les mensonges soient dénoncés et détruits.

Amenez toute pensée captive

Troisièmement, l'objectif de Paul comprend un dernier élément : « Amener toute pensée captive à l'obéissance au Christ » (2 Corinthiens 10.5). Cette expression illustre l'aspect de la collecte des données se rapportant à l'instruction et à la correction. Non seulement notre but consiste-t-il à aider les gens à reconnaître leur aveuglement spirituel, mais nous désirons également qu'ils voient la vie de façon biblique. La collecte d'informations peut se révéler un outil efficace pour corriger, puisque la personne que nous aidons écoute nos questions, apprend à se poser elle-même des questions pertinentes et à penser selon les principes des Écritures. Nous sommes appelés à libérer les gens des forteresses et des hauteurs de l'aveuglement spirituel *afin qu'*ils soient saisis par Christ et que chacune de leurs pensées se soumette à lui et à sa vérité.

L'esprit de Suzanne, autrefois dominé par des mensonges défendus avec vigueur, s'est peu à peu soumis à la vérité de Christ. Elle est devenue de plus en plus habile à reconnaître ses présomptions subtiles, ainsi que ses justifications personnelles et son attitude défensive. Dieu s'est servi de la collecte de données pour conquérir le cœur et l'esprit de Suzanne. Tous les pécheurs ont besoin d'un tel ministère.

Comment repérer les forteresses

Dans les pages précédentes, j'ai noté que l'aveuglement spirituel afflige les gens d'au moins dix manières, à savoir :

1. Ils croient posséder une juste perception d'eux-mêmes.
2. Ils croient que les péchés commis contre eux représentent leur principal problème.
3. Ils perçoivent leurs difficultés comme des épreuves plutôt que des conséquences de leurs choix et de leurs comportements.
4. Ils estiment que leurs problèmes résultent de besoins non comblés.
5. Ils pensent être sages et avoir reçu des conseils judicieux.

Appendice 3 / Stratégies pour la collecte des données 423

6. Ils ont effectué une analyse rigoureuse de leur vie et croient comprendre ce qui arrive et pourquoi.
7. Ils pensent posséder une vision claire de ce qui compte vraiment et qui a de la valeur.
8. Ils estiment avoir acquis une connaissance solide des Écritures et de la théologie.
9. Ils se perçoivent saints, c'est-à-dire désirant et accomplissant ce qui est bien.
10. Ils pensent s'être déjà repentis.

Dans chaque cas, les personnes conseillées estiment que leur analyse est juste, mais il n'en est rien. Évidemment, très peu possèdent *toutes* ces forteresses en même temps dans leurs vies.

Ainsi, comment puis-je repérer les endroits où l'aveuglement spirituel est particulièrement profond et où il influence fortement le comportement de la personne? Je tends l'oreille afin de discerner quelques attitudes caractéristiques.

Pendant la collecte des données, j'essaie de discerner les sujets qui irritent la personne aidée ou l'amènent à se placer sur la défensive. À quel moment se sent-elle accusée par une question ouverte, exigeant un certain dévoilement de sa part, mais à laquelle aucun blâme n'est associé? Il se peut qu'elle se sente piégée ou accusée parce que ma question a touché une forteresse qu'elle ne veut pas abandonner. Elle se tient sur ses gardes, mais ne le sait peut-être même pas. Ces instants sont précieux, car Dieu est à l'œuvre, révélant le mensonge présent dans son cœur. Je ne laisse pas passer une telle occasion, je m'arrête et je l'aide à prendre conscience qu'elle est irritée et sur la défensive. J'essaie de l'encourager à dévoiler ce qu'elle cherche à protéger, et à réaliser comment tout cela s'accorde avec son mode de vie.

Suzanne s'est montrée très aigrie lorsque je lui ai posé des questions sur son passé. Au début du processus, elle avait déclaré : « Comment ai-je pu penser que vous seriez différent des autres conseillers? Personne ne prend au sérieux ce qui m'est arrivé. » Au moment où elle a fait cette remarque cinglante, je n'avais encore émis aucun commentaire sur son passé, et je n'avais certes pas lancé d'accusations. Je savais, par conséquent, que les déclarations de Suzanne révélaient des éléments importants.

Je me suis arrêté et j'ai fait remarquer à Suzanne que je n'avais porté aucune accusation contre elle. Je l'ai donc interrogée concernant ses réactions défensives. Certaines données essentielles à une relation de counseling efficace en sont ressorties : des informations que je devais connaître et dont Suzanne devait prendre conscience. Elle se voyait comme une personne ayant été contrainte à vivre avec plusieurs besoins essentiels non comblés. Cette manière de se définir elle-même avait eu un impact considérable sur sa vie. Elle se sentait déchargée de toute responsabilité pour le mal qu'elle avait commis et les conséquences fâcheuses qui en découlaient dans la vie des autres. Suzanne défendait avec vigueur cette partie de son existence qu'elle considérait comme précieuse. Si quelqu'un osait la remettre en question, elle répliquait immédiatement en affirmant qu'une telle personne ne l'aimait pas et ne la comprenait pas. Pourtant, au cours du processus de collecte des données, Dieu a commencé à montrer à Suzanne à quoi ressemblait véritablement cette forteresse.

En qualité de conseillers, nous devons apprendre à écouter et observer avec soin, tout en posant des questions. Nous notons les mouvements de colère et les réactions défensives et les portons à l'attention de la personne aidée. Parfois, les moments de tension et d'inconfort pendant les séances de counseling s'avèrent les plus propices aux changements. Dieu semble se servir de ces instants particuliers pour dévoiler les intentions du cœur. Nous ne devons pas éviter ces moments de rédemption, mais les utiliser de façon créative.

Pendant la collecte des données, je relève les moments où la personne se referme sur elle-même et tente de se protéger. Notez les questions pour lesquelles vous attendiez une réponse rapide de la part de la personne aidée, alors qu'elle a du mal à y répondre, demeure silencieuse, déclare qu'elle ne sait que dire ou vous donne une réponse qui ne dévoile rien sur elle-même ou la situation.

Portez également une attention spéciale à la *manière* dont un individu raconte son histoire. Une des formes les plus subtiles d'autoprotection se reconnaît à la façon de raconter ce qui est arrivé. J'ai souvent remarqué que les gens ne s'incluent pas dans leur histoire personnelle! Leur récit présente les comportements des autres et les difficultés de la situation, mais il ne nous apprend rien sur leurs pensées, leurs désirs, leurs choix et leurs actions.

J'utilise fréquemment l'analogie de la vidéo pour mettre cette réalité en évidence. Je dis aux gens : « Nous venons de regarder le film de votre vie en vidéo et j'ai remarqué quelque chose d'intéressant : vous n'étiez pas dans le film! La caméra a capté des images de différentes personnes et de circonstances difficiles, mais elle ne semblait jamais s'attarder sur vous. J'aimerais revenir en arrière parler de nouveau des mêmes relations et des mêmes situations, mais cette fois, je veux que la caméra vous suive. Je veux me concentrer sur ce que vous pensiez, désiriez et faisiez lorsque ces événements ont eu lieu. »

J'ai appris qu'il est essentiel que je n'essaie pas de meubler le silence quand les gens n'arrivent pas à me répondre. Je leur affirme que je suis prêt à attendre et qu'il est important qu'ils répondent à la question. Je m'arrête et je les aide à comprendre pourquoi cette démarche est si ardue. Dieu œuvre au cours de ces moments critiques et dévoile les cœurs.

J'ai également appris à ne pas me satisfaire de réponses qui n'en sont pas en réalité. J'informe aimablement les gens que je n'ai rien appris de nouveau. Je reformule ensuite la question et je la pose une fois de plus parce que je veux mettre au jour le cœur qui se cache derrière l'autoprotection.

J'utilise ordinairement deux méthodes quand un individu n'arrive pas à parler de lui en racontant sa propre histoire. D'abord, je soumets à mon interlocuteur une étude de cas. Je lui dépeins une situation problématique ou une relation difficile et je lui demande de me décrire ce qu'il penserait s'il se trouvait à la place de la personne vivant de telles circonstances. Je suggère qu'il me décrive ses objectifs touchant le cas fictif et comment il compterait les réaliser. Puis, j'essaie d'établir un lien entre ses réponses et sa vie de tous les jours. Cet exercice s'est souvent avéré très utile pour révéler les cœurs.

Ensuite, je donne souvent un exercice à la personne aidée dans le but de nous dévoiler – à elle autant qu'à moi – les thèmes récurrents présents dans son cœur. Je demande à cette personne de lire certains passages des Écritures, de répondre à des questions et de m'apporter ses réponses écrites lors de la rencontre suivante. Je lui demande alors de me dire ce qu'elle a appris sur elle-même. A-t-elle perçu que certains thèmes revenaient à plusieurs reprises? Je discute avec elle des thèmes que je découvre par ses réponses. Je trouve cet exercice très profitable pour ouvrir à la fois les yeux de la personne aidée et ceux du conseiller. Dans toute cette démarche, le conseiller cherche à aider son interlocuteur à sortir de l'abri fortifié de son autoprotection.

Je relève les cas où la personne aidée rejette la responsabilité de ses actions sur les autres. Une des forteresses les plus puissantes de l'aveuglement spirituel est celle de l'accusation. Nous trouvons *tous* le moyen de rejeter le blâme sur les autres pour ce que nous avons fait. De l'enfant qui s'écrie : « C'est lui qui a commencé! »

jusqu'à l'homme qui affirme avoir commis l'adultère parce que sa femme ne lui accordait pas suffisamment d'attention, nous, pécheurs, nous cachons souvent dans la forteresse du péché des autres. Puis, nous justifions avec vigueur nos propres péchés si nous subissons à notre tour de mauvais traitements.

Lorsque de telles occasions se présentent, je pose des questions selon le modèle qui suit : « Est-ce vraiment ce que vous voulez dire? » Je veux que mon interlocuteur réfléchisse aux implications de ses paroles. Ainsi, je demande à l'homme adultère : « Vous affirmez donc qu'il existe un lien direct entre le manque d'attention de votre femme et votre infidélité. » Ou : « Expliquez-moi la relation que vous voyez entre votre adultère et l'attitude de votre femme à votre égard. » Ou encore : « Quelle autre réaction auriez-vous pu avoir devant les blessures que votre femme vous a infligées? » Je désire que mon interlocuteur cesse de se cacher derrière le péché des autres afin de pouvoir réagir de façon constructive à ses propres attitudes et comportements.

J'écoute attentivement afin de découvrir à quel moment la personne aidée défend manifestement son point de vue et ses actions par des arguments logiques. Les gens qui consultent un conseiller ne sont pas toujours prêts à soumettre leurs attitudes et leurs actions à un examen biblique. Ils viennent souvent demander une aide qu'ils ne veulent pas vraiment recevoir, et cherchent des conseils qu'ils rejettent aussitôt. Plusieurs ressemblent au pharisien priant Dieu dans le temple. Dans les faits, ils disent à Dieu qu'ils n'ont pas besoin de lui.

J'écoute avec soin quand un individu ne révèle pas ses pensées ou ses actions dans le but de mieux se comprendre, mais se défend plutôt et provoque de vives discussions lorsqu'on le remet en question. Les gens se présentent souvent aux séances de counseling armés d'une défense solide. Ils trouvent des arguments favorables à leur cause en racontant des expériences passées, en citant une histoire biblique, un passage des Écritures, un livre ou un article, rapportant les propos d'un expert ou encore, ils affirment avoir longuement réfléchi à la situation et sont convaincus d'avoir raison.

Dans ma manière d'aborder ce type de réaction, j'essaie d'obtenir trois résultats précis. D'abord, je cherche à montrer à l'individu que les discussions ne prouvent en rien qu'il désire véritablement recevoir de l'aide; elles constituent plutôt un moyen de se justifier. Ensuite, je l'exhorte à bien vouloir soumettre chaque aspect de sa vie à une inspection biblique. Dieu s'en servira pour le bénir, et non pour le condamner. Enfin, je pose des questions qui l'aideront à examiner ses pensées et ses actions selon une perspective biblique.

Comment exposer et renverser les hauteurs

Paul emploie un langage très fort dans 2 Corinthiens 10.3-5, car il connaît la puissance du mensonge plausible. Il joue un rôle important dans les raisonnements incrédules de tout pécheur. Nous avons tous déjà mis notre confiance dans des mensonges et la plupart semblaient porter un fond de vérité. Les mensonges nous séduisent simplement parce qu'ils se déguisent en vérité. Après tout, l'Ennemi de nos âmes porte le nom de « père du mensonge » et son principal travail consiste à nous séduire par des mensonges imitant la vérité.

Avant de poursuivre, je veux apporter une clarification importante. Paul ne nous encourage pas à mettre en pièces l'*individu* que Dieu nous appelle à aider, mais à renverser les *raisonnements mensongers* qui le tiennent prisonniers. Il n'est pas nécessaire de hausser le ton, de se montrer dur ou désagréable lorsque nous dénonçons des mensonges plausibles. Nous devons au contraire toujours dire la vérité avec amour. Malgré tout, nous devons détester au plus haut point le mensonge et les fruits destructeurs qu'il produit chez ceux qui le croient.

Les mensonges qui paraissent vrais ont tendance à déformer la vision de la vie qu'entretient un individu (en d'autres termes, sa théologie pratique) sous trois rapports essentiels. Ainsi, sa vision de lui-même, celle de Dieu et de la situation sont faussées. Si la personne aidée a cru un mensonge touchant à l'un ou l'autre de ces trois domaines, ses réactions aux circonstances que Dieu gouverne souverainement en seront profondément influencées. Je cherche donc des preuves d'incrédulité, de scepticisme ou de fausseté se manifestant concrètement dans chacun de ces trois domaines. Tout en me servant de la collecte de données pour discerner les sphères où mon interlocuteur se montre *aveuglément obstiné*, j'agis de la manière suivante :

Je cherche à découvrir des preuves confirmant une vision erronée de soi. De façon générale, les pécheurs n'entretiennent pas une vision adéquate de leur personne. Ils se pensent meilleurs qu'ils ne le sont réellement. L'orgueil est beaucoup plus répandu que le mépris de soi. Par conséquent, je m'efforce de relever dans le discours de mon interlocuteur les endroits où sa vision de lui-même ne correspond tout simplement pas aux attitudes démontrées et aux actions entreprises.

Je tâche de mettre au jour ces irrégularités en employant deux moyens principaux. D'abord, j'ai découvert que Dieu se sert souvent de la rédaction d'un journal autour d'un thème ciblé pour ouvrir les yeux d'un individu possédant une image de soi déformée. Je ne demande pas à la personne aidée d'écrire tout ce qui arrive, car cette tâche contraignante échouerait probablement dans la plupart des cas. Le journal se concentre sur quelques points seulement. Je lui demande de relater certaines situations importantes et de répondre à cinq questions précises :

1. Que s'est-il passé? Décrivez la situation en cause.
2. Qu'avez-vous ressenti et pensé durant le déroulement des événements?
3. Comment avez-vous réagi?
4. Que désiriez-vous ou que cherchiez-vous à accomplir en agissant de la sorte?
5. Quel en a été le résultat?

Je demande à l'individu aidé d'écrire ce journal pendant deux ou trois semaines. Ensuite, il me le remet et je le lis en cherchant les thèmes et les modèles de comportement qui s'en dégagent. Je surligne et indique tous les endroits où ces thèmes et modèles apparaissent. Par la suite, lors d'une rencontre subséquente, je lui redonne le journal et lui demande de le lire devant moi, en portant une attention spéciale aux endroits que j'ai surlignés. À la fin, je m'informe auprès de lui de ce qu'il a appris sur lui-même en relisant son texte. À plusieurs reprises, Dieu s'est servi de cet exercice pour ouvrir les yeux aveugles. Cet outil me semble particulièrement efficace parce que l'individu aidé ne se trouve pas confronté à mon opinion personnelle, mais à ses propres paroles!

Rachel était remplie d'amertume, mais n'en était pas du tout consciente. Elle se croyait fondamentalement patiente, gentille et compréhensive. Elle pensait posséder un cœur de servante puisqu'elle vivait avec sa grand-mère âgée et prenait soin d'elle. Pourtant, Rachel éprouvait un fort ressentiment du fait que cette tâche soit retombée sur ses épaules. Elle méprisait ses frères et sœurs parce qu'ils ne lui offraient jamais leur aide. Elle se voyait comme une femme patiente et compréhensive, car elle occupait le même emploi et travaillait avec les mêmes personnes depuis douze ans. Néanmoins, elle se disputait régulièrement avec son patron et entretenait des relations tendues avec la plupart de ses collègues de travail.

Rachel n'avait pas tenu compte de l'amertume dans son évaluation et c'est pourquoi plusieurs aspects de son caractère restaient cachés à ses yeux. Le journal a eu l'effet d'une bombe dans la vie de Rachel. Pendant trois semaines, elle a pris soin de rédiger son journal, puis je l'ai gardé pour le lire. Comme je n'avais pas de surligneur avec moi, j'ai utilisé un feutre vert et j'ai souligné tous les moments où l'amertume ressortait dans ce qu'avait écrit Rachel. Les pages étaient littéralement vertes d'amertume. À la rencontre suivante, je lui ai demandé de lire son journal en lui expliquant comment j'avais procédé. Au milieu de sa lecture, Rachel s'est mise à pleurer. Elle m'a regardé en disant : « Je suis une femme remplie d'amertume! » Le mensonge plausible qui lui renvoyait une image inexacte d'elle-même avait été exposé au grand jour.

La collecte des données « en direct » peut également dévoiler la vision erronée qu'entretient un individu sur lui-même. Pendant les séances de counseling, j'en viens à connaître mon interlocuteur tel qu'il est. L'individu contrôlant aura tendance à contrôler lors de nos rencontres. La personne coléreuse finira tôt ou tard par se mettre en colère. Celui qui se croit juste se tiendra sur la défensive et n'acceptera pas mes conseils. Un autre qui est rempli de craintes pourra difficilement me faire confiance. Je trouve qu'il est essentiel d'amener mon interlocuteur à examiner la dynamique de sa relation avec moi. Il lui est plus difficile de se cacher, car je suis témoin de ses actions et réactions. Je lui demande de me partager honnêtement les difficultés qu'il éprouve dans sa relation avec moi et je m'engage à faire de même envers lui. À mesure que nous analysons la dynamique de notre relation et que certains thèmes ressortent, les mensonges plausibles que la personne aidée a crus à propos d'elle-même sont dévoilés.

Je cherche à découvrir les interprétations erronées de leur perception de Dieu. Les gens développent une théologie à partir de leur expérience et elle paraît vraisemblable, car elle se base sur leur interprétation de ce qui s'est passé dans leur vie. Plus cette interprétation – plutôt que les Écritures – définit leur vision de Dieu, plus l'écart est grand entre leur théologie confessionnelle (officielle) et fonctionnelle (pratique et quotidienne). Malgré tout, leur théologie fonctionnelle semble contenir un fond de vérité et de logique puisqu'elle correspond à leur vision de la vie.

Par exemple, le Dieu de Jocelyn est distant et indifférent. Il affirme que dans ses plus sombres moments de dépression, alors qu'il avait tant besoin de lui, Jocelyn n'a jamais eu l'impression que Dieu était présent. Il dit croire que Dieu fait des miracles, mais ne comprend pas pourquoi il ne répond pas à ses prières. Jocelyn percevait Dieu comme un juge sévère prêt à infliger à quiconque ne « marche pas droit » les conséquences de ses actions. Pourtant, Jocelyn se dit croyant.

Comment ai-je réussi à saisir le contenu de la théologie pratique de Jocelyn et à l'aider à voir l'écart entre ce qu'il *affirmait* croire et ce qu'il croyait *réellement*? J'ai porté une attention particulière à la façon dont il s'interrogeait au sujet Dieu, et je l'ai conduit à réaliser l'impact qu'avaient ces questions sur sa manière de vivre. Par exemple, Jocelyn disait : « Je ne comprends pas pourquoi Dieu ne travaille pas dans ma vie. » (Plusieurs des personnes que j'ai aidées ont soulevé ce problème.) De tels propos se basent sur une supposition non biblique – à savoir, que Dieu abandonne certains de ses enfants pour des raisons que nous ignorons. Une telle question ne débouche pas sur une meilleure compréhension de la situation vécue ou la mise en pratique de la foi biblique.

J'ai employé la stratégie suivante : chaque fois que Jocelyn posait une question sur Dieu, je lui faisais voir les hypothèses sur lesquelles se fondait sa question. Il supposait, par exemple, que les sentiments représentent un indice fiable de la présence de Dieu, que la souffrance signifie que Dieu me punit, que si je ne vois aucune preuve de l'œuvre de Dieu dans ma vie, c'est qu'il ne répond certainement pas à mes prières et que Dieu est plutôt distant. J'ai aidé Jocelyn à réaliser que par leur nature même, ses questions n'étaient pas bibliques. Je les ai donc reformulées, en me basant sur les vérités des Écritures. Par exemple : « Dieu dit qu'il est près de chacun de nous, Jocelyn. Pourquoi, alors, vous semble-t-il si lointain? » « Dieu œuvre dans votre vie, Jocelyn. Qu'est-ce qui vous empêche de le voir? » « Regardons ensemble ce que vous avez demandé à Dieu dans vos prières et trouvons comment il a répondu. » Chaque question rejoignait une de ses préoccupations, mais elle avait été reformulée de manière à s'appuyer sur la Bible. Elle mettait au grand jour les mensonges plausibles que Jocelyn avait crus au sujet de Dieu, tout en dirigeant son regard vers une foi biblique véritable.

Écoutez attentivement les propos de votre interlocuteur quand il parle de Dieu. Écoutez les questions qu'il se pose au sujet de la personne et de l'œuvre de Dieu. Écoutez et tentez de discerner ses mensonges théologiques plausibles. Peu de gens rejettent d'emblée le Dieu des Écritures pour devenir des athées déclarés. Cependant, plusieurs tombent dans un cynisme théologique froid et distant, à mesure que le Dieu de leur théologie fonctionnelle devient indigne de leur adoration et de leur respect.

Je cherche également des indices montrant que la personne aidée a délaissé les moyens de grâce à sa disposition pour stimuler sa croissance spirituelle comme le culte personnel quotidien, l'assistance à l'église, les amitiés chrétiennes, la communion fraternelle et l'enseignement de la Parole. Je tente de comprendre pourquoi ces activités ont été abandonnées, espérant dévoiler et expliquer les mensonges qui ont causé un déclin de la foi et une perte de la motivation incitant à rechercher une communion profonde avec Dieu et son peuple.

Je me suis inspiré de 1 Corinthiens 10.13 pour mettre au point un exercice à faire à la maison et utile pour démasquer les mensonges que certains ont adoptés au sujet de Dieu et de ses œuvres. Paul énonce quatre déclarations à propos de Dieu et de son œuvre qui semblent réfuter quatre mensonges plausibles que nous sommes tentés de croire. J'ai préparé l'exercice de cette manière :

1. La déclaration : « Aucune tentation ne vous est survenue qui n'ait été humaine. »

    La question : À quel moment avez-vous été tenté de penser que votre situation est unique et que vous avez été désigné en particulier pour souffrir?

2. La déclaration : « Dieu est fidèle. »

    La question : À quel moment avez-vous été tenté de croire que Dieu avait manqué à ses promesses envers vous?

3. La déclaration : « Il ne permettra pas que vous soyez tentés au-delà de vos forces. »

    La question : À quel moment avez-vous cru que vous ne pouviez en supporter davantage ou que l'énorme pression de la situation était la cause de votre péché?

4. La déclaration : « Avec la tentation, il donnera aussi le moyen d'en sortir, pour que vous puissiez la supporter. »

    La question : À quel moment vous êtes-vous senti piégé, sans trouver de moyens légitimes pour affronter la situation?

Cet exercice ciblé révèle autant au conseiller qu'à la personne aidée les mensonges que cette dernière a crus à propos du Seigneur et de son œuvre.

Appendice 3 / Stratégies pour la collecte des données

Je cherche à mettre en évidence les interprétations erronées que la personne fournit de sa situation. En recueillant vos données, n'oubliez jamais que votre interlocuteur ne vous présente pas l'exposé objectif et spontané de la situation. Il n'offre pas la description pure et simple des gens, des lieux et des faits. Comme tous les êtres humains, il interprète et essaie de trouver un sens à ce qui s'est passé. Chacun possède sa vision du monde et des circonstances présentes, qu'il en soit conscient ou non. En fait, il est impossible de raconter son histoire ou de donner un compte-rendu de la situation actuelle sans les teinter d'une interprétation personnelle. Mon interlocuteur présente toujours sa propre vision des choses, c'est pourquoi je dois m'exercer à reconnaître certains éléments précis de son discours. Je vous propose une liste des indices les plus courants à rechercher pour découvrir ses perspectives erronées (ou mensonges plausibles).

Je tends l'oreille afin de détecter des **interprétations**, du type : « Je pense que cela veut dire que… » Personne n'arrête au milieu d'une conversation en disant : « Écoutez bien, maintenant, je vais vous expliquer le sens que j'attribue à la situation. » Les interprétations sont mentionnées dans le cours de la discussion et prennent une infinité de formes. Vous devez demeurer vigilant et à l'écoute. Par exemple, si votre interlocuteur dit : « J'ai bien réfléchi et j'ai décidé que je devrais… », il vous transmet une interprétation. Arrêtez-vous, approfondissez ses propos et cherchez à les comprendre. Ou encore, si vous entendez : « Je sais exactement pourquoi cela m'arrive sans arrêt… », vous reconnaissez que le fait ne vous est pas raconté à l'état pur et l'interprétation peut vous révéler des distorsions dans sa manière de considérer la vie.

J'essaie également de déceler des **évaluations**, des jugements portant sur ce qui est bien ou mal, juste ou injuste, vrai ou faux, important ou secondaire, possible ou impossible, signe de succès ou d'échec. En fait, je pose continuellement des questions me permettant d'obtenir l'évaluation de cette personne. Je demande, par exemple : « Selon vous, quelle serait la meilleure façon de réagir à cette situation? Qu'est-ce qui vous importait par-dessus tout lorsque s'est produit l'événement en question? Selon vous, qu'est-ce qui était vrai ou faux dans ce qu'ils vous ont dit? Qu'est-ce qui vous a fait croire que la situation était impossible à supporter? » Ces questions fournissent une évaluation sur laquelle la personne aidée base ses décisions et ses actions. Elles servent à révéler le cœur se dissimulant derrière les réactions.

Ensuite, je cherche à discerner les **buts et les intentions**. Qu'est-ce que cette personne veut retirer de la situation, comment pense-t-elle en profiter? À quoi est-elle surtout attachée, quelle est sa véritable raison de vivre dans la situation où Dieu l'a placée? Tâchez de distinguer ses buts, ses intentions et les déclarations qui trahissent ce qu'elle recherche vraiment. Tout le monde vit pour quelque chose. Posez des questions qui révèlent ses objectifs dans les circonstances présentes. Ses buts s'harmonisent-ils avec ceux de Dieu? Par exemple, si un individu nous dit ce qu'il a fait ou comment il a réagi, nous devons lui demander ce qu'il cherchait à accomplir par ce comportement. Demandez à la personne aidée de décrire ce qu'elle chérit par-dessus tout et comment ses trésors influencent sa façon de réagir. Posez des questions exigeant qu'elle réfléchisse à ses motifs et réponde honnêtement.

J'essaie de comprendre sa **théologie et ses doctrines**. Je ne veux pas dire que je demande à mon interlocuteur s'il a lu l'ouvrage de théologie systématique de Louis Berkhof récemment! Je recherche plutôt des déclarations de foi officielles ou informelles, qui réfèrent à son système de théologie fonctionnelle. J'écoute attentivement chaque fois qu'il cite un passage des Écritures : comment l'emploie-t-il? Quel sens lui accorde-t-il? Je tends l'oreille lorsqu'il évoque une doctrine particulière : de quelle manière la comprend-il et comment l'applique-t-il à sa situation? Je prête attention quand il mentionne une histoire de la Bible : de quelle manière associe-t-il sa situation au récit biblique? Quel lien établit-il entre les deux? Je suis à l'écoute lorsqu'il cite un prédicateur, un enseignant ou un auteur chrétien : quelle leçon en a-t-il retirée qui a contribué à donner un sens à sa propre vie?

Tous les gens appliquent une certaine forme de théologie à leur situation, même si la plupart ne s'en rendent pas compte! De même, la plupart des personnes aidées ne se livrent pas directement à des réflexions théologiques. Celles-ci nous parviennent entremêlées à leur histoire, c'est pourquoi nous devons écouter attentivement et poser des questions qui nous permettent de connaître leur position à ce sujet.

Je me mets à l'écoute des **émotions**. Je prends note des sentiments exprimés par la personne lorsqu'elle parle de sa situation. La joie, la colère, la peur, l'espoir, le découragement, la frustration, la tristesse, la gratitude, l'amertume, le désespoir et le contentement représentent des fenêtres ouvertes sur le cœur. Il faut en préciser la teneur, car elles entretiennent un lien étroit avec la façon dont la personne aidée réagit aux circonstances envoyées par Dieu dans sa vie. J'ai l'habitude d'interrompre la conversation et d'émettre un commentaire sur les émotions à mesure qu'elles surgissent. J'approfondis ensuite le sujet avec mon interlocuteur afin de mieux comprendre l'émotion en cause, et afin qu'il puisse mesurer l'influence qu'elle exerce sur sa façon de voir sa vie.

Tout en essayant de discerner les émotions, je me demande continuellement si elles sont légitimes. Découlent-elles d'une analyse biblique de la situation? Par exemple, quand les Israélites se sont plaints de la manne que Dieu leur donnait dans le désert et ont évoqué l'Égypte avec nostalgie, leurs sentiments étaient déplacés. Ils ne provenaient pas de la foi, de la confiance en Dieu et d'une vision de la vie fondée sur sa Parole. Un des moyens les plus simples de mettre au jour les mensonges plausibles qu'une personne a crus consiste à porter une attention particulière à ses émotions et à l'interroger de manière à dévoiler ses véritables sentiments.

Nous, pécheurs, sommes aveuglément obstinés. Nous avons tendance à croire les mensonges plausibles. Certaines « hauteurs », ou prétentions, sont profondément enracinées dans nos vies. Il faut les débusquer et les détruire. Paul exerçait son ministère avec en vue cet objectif précis, et nous devons faire de même. En cherchant à connaître notre interlocuteur à travers la collecte de données, nous sommes investis d'une mission certaine : amener à la lumière les mensonges subtils de l'Ennemi qui attire les gens loin des voies de Dieu.

Comment amener toute pensée captive à l'obéissance à Christ

En dernière analyse, Paul résume son ministère par ces mots : « Nous amenons toute pensée captive à l'obéissance au Christ » (2 Corinthiens 10.5). Nous devrions poursuivre le même but dans l'exercice de notre ministère. Lorsque nous posons des questions pertinentes fondées sur une vision de la vie résolument biblique, nous obligeons ceux que nous aidons à réfléchir sur eux-mêmes de manière complètement nouvelle. Au moyen de questions formulées autrement et qu'ils ne s'étaient jamais posées auparavant, Dieu peut nous utiliser pour renverser les murs de l'aveuglement spirituel et favoriser une compréhension biblique.

Je me souviens qu'après avoir répondu à une série de questions, une femme m'a dit : « Vous savez que j'apprends énormément sur moi-même, sur Dieu et sur les choix que j'ai faits! » Je n'avais pas ouvert la Bible pour l'instruire de manière officielle. Son apprentissage découlait du processus de collecte de données. Cette démarche l'avait mise en face de son aveuglement spirituel et peu à peu, ses pensées avaient été amenées captives à l'obéissance à Christ.

L'aveugle spirituel essaie de voir le monde sans Christ, mais n'y parviendra pas plus que celui qui, dans la réalité physique, tente de voir en ayant perdu l'usage de ses yeux. Paul nous rappelle dans Colossiens 2.8 : « Prenez garde que personne ne fasse de vous sa proie par la philosophie et par une vaine tromperie selon la tradition des hommes, selon les principes élémentaires du monde, et non selon Christ. » Si les idées que j'entretiens sur moi-même, les autres, ma situation et Dieu n'obéissent pas à Christ, elles deviennent prisonnières de la philosophie vaine et trompeuse du monde. Quand la personne que vous aidez comprend cette vérité et comment elle doit changer sa manière de penser, elle devient plus réceptive à l'enseignement et à la réprimande. Elle se rend compte que les solutions bibliques s'appliquent vraiment à ses problèmes.

Remarquez les termes qu'emploie Paul pour décrire la philosophie du monde : vaine et trompeuse. Elle trompe. Elle paraît juste, exacte et attirante, dotée d'arguments valables et d'une logique serrée. Elle semble posséder un fondement solide en raison d'innombrables années d'étude et de recherche. Pourtant, elle est vaine. Elle n'a aucune substance. Elle ne donne aucune vraie réponse. Elle ne conduit pas vers une compréhension claire et véritable. Elle ne tient pas ses promesses. Elle est vide. Pourquoi? Parce qu'elle ne se soumet pas à Christ. Elle ne présente aux gens que ce qu'ils voient – et nous savons que les gens sont pécheurs et frappés d'aveuglement spirituel – c'est pourquoi elle ne satisfait jamais. Tout bien considéré, il lui manque toujours quelque chose.

Dans tout processus de counseling, nous reconnaissons qu'« en Christ sont cachés tous les trésors de la sagesse et de la connaissance » et nous nous efforçons d'amener toute pensée captive à l'obéissance au Seigneur. Nous savons qu'une vision claire et véritable de la vie commence avec Jésus, mais nous réalisons que nous conseillons des individus qui pensent voir distinctement tout en étant aveugles, comprendre avec exactitude alors que leur jugement est vain et trompeur.

Pour cette raison, nous cherchons à exposer et à détruire les forteresses imprenables et bien gardées de l'aveuglement spirituel. Nous nous efforçons de dévoiler et de démolir les hauteurs qui s'élèvent contre la connaissance de Dieu, ces mensonges plausibles qui trompent les pécheurs. Pourtant, notre tâche ne s'arrête pas là. Notre objectif ultime consiste à amener des gens *obstinément aveugles* et *aveuglément obstinés* à devenir captifs de Christ. Ainsi, ils verront, grâce à la lumière de la Parole et l'obéissance reconnaissante envers leur Seigneur. Alors que nous nous appuyons sur lui, Dieu peut se servir de nos questions pour dévoiler et percer les ténèbres spirituelles, amenant les pensées des personnes que nous aidons captives à l'obéissance à Christ.

Inviter les personnes aidées à prendre conscience des projets de leurs cœurs

Les projets dans le cœur de l'homme sont des eaux profondes, mais l'homme intelligent sait y puiser. (Proverbes 20.5)

Des questions qui révèlent les cœurs. Les Écritures traitent abondamment du cœur et de ce qui le domine. Je vous propose quelques exemples de questions destinées à aider les gens à analyser les thèmes et les modèles façonnant leurs pensées, leurs motifs et leurs désirs. En y répondant, ils pourraient commencer à découvrir les véritables trésors de leurs cœurs, et comment ces trésors influencent leurs manières de réagir aux situations de la vie, aux autres et à Dieu.

1. À quel moment la personne aidée semble-t-elle ressentir de la peur, de l'inquiétude ou de l'anxiété (Matthieu 6.19-34)?
2. À quel moment a-t-elle éprouvé des déceptions (Proverbes 13.12, 19)?

Appendice 3 / Stratégies pour la collecte des données 441

3. Dans quelles situations cette personne se met-elle en colère (Jacques 4.1-2; Proverbes 11.23)?

4. Dans quelles situations rencontre-t-elle des problèmes relationnels (Jacques 4.1-10)?

5. Quelles sont les circonstances de la vie que cette personne trouve particulièrement difficiles (1 Corinthiens 10.13-14)?

6. Comment cette personne s'y prend-elle pour fuir ses responsabilités? De façon générale, que cherche-t-elle à éviter?

7. Quels sont les problèmes récurrents que cette personne éprouve dans sa vie spirituelle ou sa relation avec Dieu (Psaume 73)?

8. Où et quand cette personne a-t-elle tendance à mettre en doute les vérités des Écritures (Romains 1.25)?

9. Quelles sont les véritables intentions de cette personne dans ses rapports avec les autres? Quelle est sa définition d'une bonne relation? Qu'attend-elle des autres exactement? En quoi consistent ses exigences silencieuses à l'égard de son entourage (Jacques 4.1-2)?

10. Qu'est-ce qui rend cette personne amère (Éphésiens 4.3; Proverbes 18.19)?

11. Pour quelle raison cette personne éprouve-t-elle des regrets et est-elle tentée de dire : « Si seulement… »?

12. Quelles sont les expériences passées auxquelles cette personne renonce difficilement?

13. Quand cette personne éprouve-t-elle des difficultés à prier et à lire sa Bible en privé (Jacques 4.3-4)?

14. Cette personne a-t-elle des problèmes d'envie? Si oui, quel est, en général, l'objet de sa convoitise (Proverbes 14.30)?

Appendice 4

Les doctrines inspirant les exercices pratiques

Le counseling biblique se distingue dans sa méthodologie par son fréquent recours aux exercices pratiques. Un travail pertinent et adapté peut jouer un rôle important dans le counseling et le processus de changement. Jay Adams a écrit : « Les conseillers bibliques s'accordent pour dire que les travaux pratiques représentent l'une des forces vitales les plus efficaces dans le counseling[1]. » Pourquoi se servir d'exercices? Il n'existe aucune « preuve textuelle » en leur faveur. Jésus n'a pas demandé au jeune homme riche de tenir un « registre » de ses manquements personnels et de revenir le voir la semaine suivante! Par conséquent, sommes-nous simplement tombés par hasard sur une technique qui a fait ses preuves à l'usage?

Le counseling biblique insiste depuis longtemps sur l'importance de cet outil, car il s'harmonise bien avec les doctrines bibliques essentielles. En effet, le conseiller biblique estime que la théologie renferme davantage que le simple *contenu* de la foi et de la pratique. Une théologie biblique découlant d'une exégèse rigoureuse s'intéresse au *processus* de transformation des croyances et des comportements, autant en ce qui a trait aux méthodes de counseling (l'aspect du processus se rapportant au conseiller) qu'à la sanctification progressive (l'aspect touchant la personne conseillée).

Les méthodes de counseling biblique se basent sur une théologie scripturaire. Ce que le conseiller biblique *fait* lors des séances de counseling – et ce qu'il demande à la personne aidée de faire – doit s'appuyer sur la Bible et être en parfait synchronisme avec ce qu'il *dit*. Ainsi, les exercices pratiques représentent un moyen de développer de façon logique et fonctionnelle les croyances qui rendent le counseling biblique unique et différent.

Cinq doctrines nous incitent à avoir recours aux exercices pratiques. Nous avons brièvement discuté des raisons pour lesquelles nous employons cette méthode, nous nous intéressons maintenant à certains types d'exercices appropriés aux différentes phases du processus de counseling et de changement.

La doctrine des Écritures

Serge est membre d'une Église depuis longtemps. Au cours des dernières années, il a traversé diverses épreuves. Sa femme est décédée à la suite d'une longue maladie. Sa pharmacie ne rapporte plus autant en raison d'une concurrence commerciale féroce. Une vieille blessure de football a refait surface et le fait boiter. Enfin, son assemblée a voté en faveur de la construction d'un nouvel édifice, même si Serge s'y était verbalement opposé. Serge est devenu de plus en plus aigri, parce que la vie ne lui a pas donné ce qu'il en espérait. Il est amer, désillusionné et malheureux; il se plaint constamment et il est en conflit avec Dieu, son entourage et les circonstances. Comment pouvez-vous aider Serge? Quel rôle les exercices pourraient-ils jouer?

Par définition, les conseillers bibliques sont soumis à l'autorité et à la toute-suffisance des Écritures. Ils cherchent à analyser les problèmes humains selon le point de vue de la Parole de Dieu. Par exemple, la Bible traite longuement et à plusieurs reprises du problème de Serge, des « plaintes » qui sont causées par ce que nous voulons ou craignons dans des situations de stress[2]. Cependant, un conseiller biblique désire que la personne qu'il accompagne réfléchisse à tous les aspects de sa vie en se basant sur les Écritures. Serge a besoin d'être transformé par le renouvellement de son intelligence et d'aborder ses difficultés selon la pensée divine.

Le conseiller biblique offre bien plus qu'une oreille attentive et des paroles de réconfort. Vous écoutez, bien sûr. Vous sympathisez avec un homme « tenté, éprouvé et qui succombe parfois ». Cependant, vous amenez également Serge à comprendre ses problèmes et son cœur à la lumière de la personne de Christ : « Même quand j'ai le cœur brisé, lui, mon réconfort, soutient mon âme[3]. » Une compréhension biblique oriente vers une action biblique, convenant à chaque aspect de sa situation. Des exercices? Le conseiller biblique souhaite que son interlocuteur plonge sans tarder ses regards dans la Parole de Dieu, afin que le programme qu'il envisage pour ces séances de counseling soit de plus en plus centré sur la Bible. Serge désire peut-être déverser ses plaintes afin de se convaincre et vous prouver que la vie est sans issue. Dieu, lui, veut que Serge se repente de son mécontentement et vive pour sa gloire, même dans les moments difficiles.

Les exercices permettent à la personne que vous aidez d'exploiter les richesses des Écritures et d'y trouver la compréhension, la certitude, les promesses et l'assistance dont elle a besoin. Basés sur la Parole de Dieu, ces mêmes exercices offrent au conseiller une occasion unique de surprendre son interlocuteur par la sagesse divine, pratique et personnelle qui aborde certains détails précis de sa vie : « Étudions ensemble comment certains individus ont été tentés de réagir lorsqu'ils ont traversé des épreuves (Nombres 11-21). Examinons ce que Dieu veut faire de nos épreuves, lorsqu'elles nous font ressentir à quel point nos vies sont fragiles (Deutéronome 8). Essayons de comprendre ce que Dieu veut que vous fassiez quand vous êtes tenté de vous plaindre et de vous replier sur vous-même, au lieu de vous tourner vers lui (Philippiens 2.1-16). »

Les exercices bibliques appellent à un engagement. Dès le début du counseling, ils placent la personne conseillée sous l'autorité de Dieu dans les Écritures. Toutes les voies de Dieu sont justes et ses paroles, vraies. Ainsi, les exercices exigent que la personne conseillée examine chaque question à la lumière des Écritures. Ils nécessitent qu'elle fournisse des efforts pour étudier la Parole afin d'appliquer la sagesse biblique aux différents aspects de sa vie. Ils demandent qu'elle sacrifie ses interprétations personnelles au profit de celles de Dieu. Ils lui imposent la nécessité de vivre une vie animée et influencée par les principes bibliques, plutôt que par ses émotions et désirs propres.

Bref, les exercices appliquent concrètement la doctrine de l'autorité et de la toute-suffisance des Écritures à la vie de la personne en situation de counseling. Ils l'appellent à penser et à agir en conformité avec ses enseignements. Notre doctrine des Écritures exige que nous donnions des exercices incitant les personnes que nous aidons à étudier la Bible.

La doctrine de la responsabilité humaine

Quand ils sont entrés dans mon bureau, Gabriel et Valérie formaient tout un tableau! Gabriel affichait une mine sévère et distante, tandis que Valérie était en larmes avant même que je ne commence à parler. J'ai examiné leur « Inventaire de données personnelles[4]. » Je me suis présenté et j'ai posé ma première question : « Dites-moi, pour quelle raison êtes-vous venus me voir aujourd'hui? Selon vous, en quoi consiste le problème? » La réponse a jailli spontanément, en même temps, un mot résumant l'essence du problème. Gabriel s'est écrié : « Valérie » et Valérie s'est exclamée : « Gabriel »!

En tant que conseiller, j'avais de gros ennuis! Ni Gabriel ni Valérie n'étaient venus dans l'intention de recevoir de l'aide. Chacun pensait que l'autre représentait le problème. Chacun se disait que si l'autre changeait, tout s'arrangerait. Dans de telles conditions, on ne peut pas vraiment parler de consultation. Ni l'un ni l'autre ne voulait assumer la responsabilité des problèmes de la relation ou des changements à opérer. Il ne servait à rien de tenir des séances de counseling tant que Gabriel et Valérie n'acceptaient pas de porter chacun sa part de responsabilité pour les difficultés du couple et les transformations à effectuer. Comment les exercices peuvent-ils permettre aux personnes que nous aidons d'adopter une nouvelle interprétation des faits?

De toute évidence, la question de la responsabilité se situe au cœur du travail du conseiller biblique. Les Écritures affirment que chacun est responsable devant Dieu, chacun rendra compte de ses paroles et de ses actes. Dieu nous appelle à nous examiner en toute honnêteté, à confesser nos péchés et à nous repentir sincèrement. Il nous appelle à participer activement à son œuvre de transformation. Les Écritures nous invitent à concentrer davantage notre attention sur la poutre dans notre œil que sur la paille dans l'œil du prochain. Dieu veut que nous cessions de pointer un doigt accusateur et que nous scrutions plutôt nos propres cœurs.

Nous avons vu que la doctrine des Écritures conduit la personne aidée vers l'écoute de Dieu, au moyen d'exercices ciblés. Cette doctrine de la responsabilité humaine, quant à elle, l'appelle à un type de travail différent c'est-à-dire, un regard sur elle-même. Le but des exercices confère une orientation précise aux séances de counseling. Une autoévaluation adéquate détourne l'attention des actions des autres et la dirige vers ses propres réactions aux circonstances. Les exercices empêchent que le conseiller « professionnel » devienne le point de mire et que l'heure passée en sa compagnie chaque semaine revête un envoûtement malsain. Ils rendent Gabriel et Valérie responsables de participer quotidiennement au processus de changement. Les exercices dirigent également l'espoir vers l'objectif approprié. Ils amènent les gens à abandonner l'idée que les autres ou les circonstances changeront et qu'alors la vie sera plus facile. Ils anéantissent tout espoir voulant que le conseiller accomplisse des prodiges et opère une transformation. La personne qui considère ses propres responsabilités voit son espérance s'orienter vers Dieu et vers la puissance de l'évangile pour la transformer.

Dès les premières séances de counseling, les exercices obligent l'individu à comprendre qui il est par rapport à Dieu, à se confier en lui et à marcher de manière responsable devant sa face. Les exercices l'aident à accepter la part de responsabilité qui lui revient pour effectuer les changements nécessaires dans sa relation avec Dieu et son prochain. Notre interlocuteur ne se présente pas à nos rencontres avec une attitude passive, comme s'il écoutait son gourou. Au contraire, le conseiller sert de guide et d'enseignant, lui montrant le rôle qu'il a à jouer dans le processus de transformation.

Les êtres humains sont responsables et pour cette raison, nous préparons de bons exercices adaptés à chacun. Cet aspect du counseling s'avère très important, car le mouvement où nous entraînent la Chute et la culture ambiante tend vers une direction complètement opposée. Gabriel et Valérie vivent dans une société où le rejet des responsabilités est devenu pratique courante. Les systèmes d'interprétation de l'homme se basant sur « l'enfant intérieur, la dépendance affective, la famille dysfonctionnelle ou l'adulte-enfant » conduisent à attribuer à autre qu'à soi-même les attitudes et les comportements répréhensibles. Qui plus est, la tendance naturelle de nos cœurs déchus consiste à nous excuser alors que nous accusons les autres et que nos propres péchés demeurent cachés à nos yeux. Vous commencez à comprendre l'importance des exercices lorsque la personne aidée participe activement au processus d'autoévaluation et de changement, inspirée par une motivation à dépendre de Dieu et à espérer en lui. Notre doctrine de la responsabilité humaine exige que nous proposions des exercices incitant les personnes que nous accompagnons à s'arrêter et à s'examiner en toute honnêteté.

La doctrine de Dieu

Monique parlait d'une voix tremblante, tout en avouant avec anxiété : « J'ai décidé d'essayer le counseling une fois de plus. Je suis à bout de nerfs. J'ai consulté huit thérapeutes différents. J'ai été hospitalisée et j'ai reçu des séances d'électrochocs. Je ne peux même pas me souvenir de tous les genres de médicaments que j'ai ingurgités. J'ai essayé la technique du biofeedback. J'ai essayé de prendre des résolutions du Premier de l'an, puis des vacances. J'ai essayé de voir si je me sentirais mieux en trouvant un emploi ou en adhérant à des groupes de soutien. J'ai consulté des guérisseurs de l'âme au cas où la spiritualité guérirait mes blessures intérieures. Mes amis n'en peuvent plus, je les ai vidés de leur énergie. J'ai tout essayé... » Quel type d'aide les exercices pourraient-ils apporter à Monique?

Les conseillers bibliques se démarquent des autres systèmes d'aide en ce qu'ils croient que Dieu seul transforme les gens. La particularité du counseling biblique réside dans le fait de croire en un Dieu rédempteur possédant la puissance de changer le cœur humain. Le conseiller biblique ne se voit pas comme l'auteur du changement, mais comme un instrument entre les mains de celui qui opère des transformations surpassant tout ce que lui ou son interlocuteur peut demander ou imaginer.

Le problème vient du fait que les gens perdent Dieu de vue au milieu des circonstances de la vie et de leur égocentrisme charnel. Ce phénomène n'a rien de nouveau. Le peuple d'Israël qui campait au bord de la mer Rouge s'est affolé lorsqu'il a réalisé que l'armée égyptienne était à ses trousses. Israël avait oublié

Dieu, sa souveraineté empreinte d'amour et son plan rédempteur. Les premiers versets du quatorzième chapitre d'Exode démontrent pourtant clairement que Dieu n'avait pas perdu le contrôle de la situation, qu'il poursuivait un but précis en laissant les choses se passer ainsi et qu'Israël n'avait pas été abandonné à lui-même.

Monique ressemble au peuple d'Israël. Comme lui, elle a mis Dieu en oubli, de même que sa seigneurie sur les événements et sa puissance qui la rend capable d'accomplir ce qu'il l'appelle à faire. Il arrive souvent que les personnes conseillées ne réussissent pas à interpréter les circonstances de la vie à la lumière de l'Affirmation des affirmations : Dieu EST, et dans son amour rédempteur, il règne parfaitement sur toutes choses. Puisqu'elles ne se réfèrent pas à Dieu, à ses attributs et à ses œuvres pour analyser leur situation, elles réagissent comme si elles étaient seules. Leurs pensées et leurs comportements sont régis par le sentiment que Dieu est absent.

Les exercices fournissent une excellente occasion de remettre Dieu au premier plan. Dans le cas de Monique, ils l'amènent à interpréter autrement les circonstances de sa vie, parce qu'ils pointent vers Dieu et vers son œuvre en faveur de son peuple. Les exercices qui apportent à la personne conseillée une meilleure perception de Dieu permettent de clarifier ce qui relève de sa responsabilité et ce qu'elle doit lui confier dans la situation en cause. Des exercices centrés sur Dieu aident la personne à dépendre de moins en moins du conseiller, à développer une confiance de plus en plus profonde envers Dieu et à s'appuyer sur lui. Celui qui contemple Dieu ne craint pas de faire face à ses échecs, ses faiblesses et son incapacité, car il espère en Dieu. Il peut s'attacher sans s'inquiéter à son appel divin, en y mettant toute son énergie et en confiant à Dieu ce qui n'est pas de son ressort.

L'existence et l'œuvre de Dieu doivent devenir la principale clé d'interprétation du vécu de la personne au cours du counseling.

L'étude des Écritures mettant en lumière la personne de Dieu revêt donc une importance capitale. Elle devrait inclure :

1. Qui est Dieu : son caractère et ses attributs.
2. Comment travaille Dieu : son processus de sanctification, sa souveraineté parfaite sur toutes choses, sa grâce et son pardon.
3. La relation de la personne conseillée avec Dieu : son identité en Christ et son adoption, la manière de s'approcher de Dieu et de le servir par le Saint-Esprit.
4. Des études de cas tirées des Écritures : le Dieu qui œuvre en faveur de son peuple et qui remplit ses promesses.

Des exercices centrés sur la vérité au sujet de Dieu replacent les circonstances et les problèmes de la personne aidée dans une perspective plus réaliste. La vérité permet de détourner les yeux des dilemmes passagers et de regarder avec confiance et espoir vers celui qui est l'auteur de la foi et qui la mène à la perfection. Il ne suffit pas d'énoncer ces vérités aux personnes en situation de counseling, il importe également qu'elles s'impliquent dans le processus de recherche des Écritures afin que la présence puissante de Dieu s'imprègne profondément dans leur cœur. Notre doctrine de Dieu exige que nous donnions aux personnes que nous aidons des exercices qui favoriseront leur rencontre avec Dieu.

La doctrine du péché

Quand Pascal et Marianne sont venus me consulter au sujet de leur mariage, il m'est apparu évident que leurs problèmes ne dataient pas d'hier. Leur relation n'avait jamais été exempte de conflits. Pascal était un bourreau de travail dur et perfectionniste qui considérait l'échec comme une malédiction et les loisirs comme une preuve d'irresponsabilité. Il avait l'habitude d'être terriblement exigeant envers Marianne et de la juger sévèrement si son travail n'était pas absolument parfait. Ses relations avec Marianne et leurs enfants étaient empreintes de cynisme et de méchanceté.

Marianne était une femme remplie de colère et elle ressassait sans arrêt tout le mal que Pascal lui faisait endurer. Elle se rappelait chaque incident malheureux dans le menu détail. À sa manière, elle était en guerre contre Pascal et lui rendait continuellement la pareille. Pourtant, Marianne était inconsciente de la colère qui grondait en elle. Elle se voyait plutôt juste et acceptable, la pauvre victime d'une vie intolérable. Comment parvenir à comprendre les difficultés de Marianne? Quel exercice pratique pourrait contribuer à une meilleure compréhension de la situation, tant de la part du conseiller, que de Marianne elle-même?

Les problèmes humains se situent à un niveau plus profond que celui des comportements, des sentiments et des étiquettes que la culture appose sur ces problèmes, comme le manque d'estime de soi, la dépendance affective, la compulsion, le trouble de la personnalité limite, le trouble obsessionnel compulsif, l'enfant qui refuse de grandir, ainsi de suite. Certains problèmes s'avèrent plus fondamentaux que les habitudes, les actions, les paroles et l'autosuggestion. Le conseiller biblique ne souhaite pas simplement remplacer des comportements, des sentiments et des connaissances par d'autres comportements, sentiments et connaissances. Il s'intéresse plutôt à la racine du problème.

Le conseiller biblique se distingue par l'attention qu'il accorde au « cœur » tel que le définit la Bible. En cela, il se démarque nettement d'une culture qui ne croit même pas à l'existence du cœur. En psychologie moderne, le terme est considéré comme archaïque. Dans les psychologies christianisées, le mot est chargé de connotations séculières. Ainsi, on entend parler de « cœurs blessés », des « besoins du cœur » ou l'on perçoit le cœur comme « l'endroit où sont enfermés les blessures refoulées et les souvenirs douloureux ». Aucune de ces définitions ne correspond à la vérité. Il s'avère impossible de diagnostiquer correctement la cause des problèmes humains lorsque les concepts séculiers dominent.

S'il veut voir des transformations essentielles et durables s'opérer en lui, un individu doit adopter une définition biblique du péché, incluant une analyse du cœur.

Les Écritures affirment que la racine des problèmes humains se trouve dans le cœur. Le « système racinaire » du cœur (Hébreux 4.12; Genèse 6.5) produit des fruits sous forme de paroles et d'œuvres. Les comportements découlent directement de ce qui gouverne le cœur. Chaque aspect de la vie d'une personne est influencé par ce qui domine son cœur.

Christ en a parlé en utilisant un langage simple et clair. Un tel tire du bien du bon trésor de son cœur, un autre tire du mal du mauvais trésor de son cœur. Le problème du fruit est directement lié à celui de la racine. Pourtant, peu de gens nous consultent avec l'idée d'examiner leur cœur. La plupart du temps, ils veulent s'attaquer aux problèmes extérieurs. En réglant ces derniers, ils comptent retrouver le bonheur. Dans le meilleur des cas, ils cherchent simplement à se débarrasser de sentiments intérieurs désagréables.

Ézéchiel 14.5-6 déclare que l'intention de Dieu est différente. Il veut « toucher les cœurs » de ceux qui se sont détournés de lui. Il ramène à lui le cœur de son peuple, afin qu'il soit en mesure de le servir, lui seul. Le conseiller biblique doit également viser ce même but pour les cœurs.

Une fois de plus, les exercices jouent un rôle de première importance. Les Écritures agissent comme un miroir. En les examinant avec soin, la personne en situation de counseling se voit telle qu'elle est. Hébreux 4.12 enseigne que la Parole est le moyen par excellence pour révéler les mystères du cœur. Elle a le pouvoir de pénétrer et d'exposer les sentiments et les pensées qui motivent les comportements de notre interlocuteur.

La personne en situation de counseling doit se rendre compte que son cœur réagit continuellement à ce qui se passe autour d'elle. Si son cœur est dominé par autre chose que Dieu, elle ne réagira pas aux circonstances selon ce que Dieu a commandé. Par exemple, Jacques identifie la cause des conflits humains comme étant les désirs qui combattent en nous. Du fait de ces désirs « cantonnés » dans les cœurs, les gens se font la guerre. Il est primordial que l'individu que nous aidons reconnaisse et avoue les pensées et les intentions de son cœur, puisqu'elles conditionnent ses réactions. Comment la doctrine du péché conduit-elle à certains exercices ciblés?

J'ai demandé à Marianne de rédiger pendant quelques semaines un journal de ses conversations avec Pascal. Par la suite, je lirais ce compte-rendu et le conserverais jusqu'à la rencontre suivante. Je savais que la colère ressortirait comme un thème déterminant du journal, et j'avais raison. J'ai donc souligné toutes les manifestations de colère évidentes. En plus de tenir ce journal, j'ai demandé à Marianne d'étudier les passages suivants dans la Parole : Ézéchiel 14.1-5; Luc 6.43-45 et Jacques 4. Peu à peu, Marianne a pu voir son cœur et sa colère, et la façon dont ils influençaient son attitude envers Pascal.

La rédaction d'un journal méthodique et adapté à la situation, ajoutée à des exercices bibliques touchant le cœur conduisent la personne en situation de counseling à prendre la responsabilité des changements essentiels à effectuer. Ils corrigent les fausses idées reçues de la culture au sujet de l'origine de ses problèmes et guérissent l'aveuglement spirituel causé par les tromperies du péché.

En dénonçant le péché, nous nous assurons de toujours offrir des solutions de rechange : la justice, la paix, l'amour, l'obéissance et la résolution des problèmes. À mesure que Marianne reconnaît ce qui est mal (Éphésiens 4 parle de se dépouiller), elle voit également par l'évangile de Christ ce que Dieu veut qu'elle fasse en contrepartie (les choses dont elle doit se revêtir). Les exercices aident notamment à comprendre comment rétablir la paix en cherchant le pardon, en apprenant à confronter humblement avec douceur et en témoignant un amour tangible, même si notre prochain agit en ennemi à notre égard. Les exercices deviennent l'occasion de planifier les « œuvres bonnes que Dieu a préparées d'avance, afin que nous les pratiquions » (Éphésiens 2.10). Notre doctrine du péché exige des exercices incitant les personnes que nous conseillons à repenser leur manière de voir les problèmes et à suivre une direction claire vers des changements précis.

La doctrine de la sanctification progressive

Frédéric se raconte : « J'ai vraiment tout essayé. J'ai fait ce que Dieu demande pour me débarrasser de l'immoralité et j'en suis encore au même point. Je me suis repenti. J'ai prié. J'ai cédé le contrôle aux mains du Seigneur. J'ai réprimé Satan. Parfois, j'ai l'impression d'avoir enfin réglé mon problème, puis un mois passe et je retombe. » Le conseiller recueille quelques informations supplémentaires, comme les circonstances qui font tomber Frédéric dans l'immoralité, s'il a déjà parlé de ses luttes à un chrétien mûr et s'il cherche réellement une solution définitive. Ses réponses ne le surprennent pas. Frédéric ne connaît pratiquement rien au mode de fonctionnement de la vie chrétienne et aux moyens que Dieu préconise pour vivre par la grâce.

Louis Berkhof décrit ainsi le processus de sanctification : « ...Dieu et non l'homme accomplit l'œuvre de sanctification. Seuls les partisans du prétendu libre arbitre soutiennent qu'elle résulte d'une action humaine. Cependant, elle diffère de la régénération en ce que l'homme peut et a le devoir de toujours chercher à faire progresser sa sanctification en employant les moyens mis à sa disposition par Dieu. Cet enseignement se retrouve expressément dans les Écritures : 2 Corinthiens 7.1; Colossiens 3.5-14 et 1 Pierre 1.22[5]. »

Quels moyens Dieu emploie-t-il pour sanctifier ses enfants? Le Nouveau Testament en mentionne trois parmi les plus importants, soit la Parole de Dieu, la providence divine et le ministère d'édification au sein du Corps de Christ. Ces trois éléments se trouvent au cœur du counseling, puisqu'il se définit comme le ministère de la Parole exercé par des croyants envers des croyants, dans le contexte de l'œuvre accomplie par Dieu dans une situation donnée. Le counseling biblique reconnaît explicitement l'autorité de la Parole, la souveraineté de Dieu sur les circonstances et l'appel du Corps de Christ à exercer un ministère personnel.

Quel lien existe-t-il entre ces principes et les exercices pratiques? Ces derniers permettent à la personne en situation de counseling de comprendre que Dieu veut sa sanctification et sa participation active au processus. Ils l'obligent à prendre part aux disciplines de la sanctification, particulièrement à l'étude de la Parole, à son application pratique se traduisant par des actes de foi et d'obéissance, puis à la soumission au ministère du Corps de Christ qui édifie, encourage et réprimande.

Les exercices enseignent à la personne aidée que la croissance dans la grâce n'apparaît pas comme par magie ou ne s'abat pas sur nous comme la foudre, mais elle se produit par l'application humble, honnête, obéissante et pratique de la Parole de Dieu aux circonstances particulières du quotidien. Par la sanctification, Dieu appelle ses enfants à suivre, tenir ferme, abandonner, se confier, se dépouiller et se revêtir, courir, obéir, faire mourir, étudier, fuir et résister. Les exercices prennent cet appel de Dieu et l'appliquent à la situation précise de notre interlocuteur. Ils font sortir des verbes tels que « résister, abandonner, suivre et se revêtir » du domaine de l'abstrait pour les faire entrer dans la réalité de la vie courante. Les exercices incitent la personne conseillée à agir comme Dieu l'appelle à agir en tant que participant à sa grâce purificatrice, et ce, dans le contexte de sa vie personnelle.

Les exercices pratiques cadrent aussi parfaitement avec le processus de sanctification à long terme. En effet, les métaphores des Écritures illustrant la sanctification, comme courir vers le but, passer de l'enfance à l'âge adulte, ou croître pour devenir une plante mature présupposent un long processus. En fait, il durera la vie entière. Les exercices obligent la personne ayant recours au counseling à abandonner l'idée que tout s'arrangera en un clin d'œil et à adhérer de bon gré au processus de changement progressif effectué par Dieu. Ils conservent par écrit l'importance de chaque étape franchie au nom de Dieu et servent de points de repère auxquels il est possible de se référer pour le louer. Un journal ou un cahier où sont consignés les exercices rend compte des progrès, il encourage celui en qui Dieu poursuit son œuvre de sanctification par le moyen du counseling.

Enfin, les exercices remettent en question l'attitude du « droit à la vie privée » adoptée par plusieurs chrétiens dans le cercle des croyants. La sanctification est souvent envisagée comme une question personnelle entre un individu et Dieu, mais il est impossible d'arriver à une telle conclusion en lisant Éphésiens 4 et 1 Corinthiens 12. La nature même des exercices présuppose qu'il faut rendre des comptes et se soumettre à un ami chrétien. Ils incitent l'individu en situation de counseling à être honnête envers Dieu et envers l'un de ses instruments de rédemption, le conseiller. Ils l'appellent également à renoncer à l'orgueil et aux craintes qui le poussent à se dissimuler, et à se montrer plutôt au grand jour, en toute honnêteté, remerciant Dieu d'avoir placé sur sa route quelqu'un pour l'aider. Notre doctrine de la sanctification progressive exige des exercices qui encourageront les personnes conseillées à poursuivre le processus de changement en demeurant en contact avec d'autres.

Résumé

- Notre doctrine des Écritures exige que nous donnions des exercices incitant les personnes en situation de counseling à étudier la Bible.

- Notre doctrine de la responsabilité humaine exige que nous donnions des exercices incitant les personnes en situation de counseling à s'arrêter pour s'examiner en toute honnêteté.

- Notre doctrine de Dieu exige que nous donnions des exercices incitant les personnes en situation de counseling à vouloir rencontrer Dieu.

- Notre doctrine du péché exige que nous donnions des exercices incitant les personnes en situation de counseling à repenser leur manière de voir les problèmes et à suivre une direction claire vers des changements précis.

- Notre doctrine de la sanctification progressive exige que nous donnions des exercices incitant les personnes en situation de counseling à poursuivre le processus de changement en demeurant en contact avec d'autres.

Les exercices pratiques jouent un rôle essentiel dans le counseling biblique. Les exemples mentionnés ci-dessus démontrent qu'ils fonctionnent en harmonie avec les doctrines fondamentales sur lesquelles repose le véritable counseling biblique. En effet, ils fournissent un moyen privilégié d'appliquer concrètement les doctrines de la Parole de Dieu dans la vie des personnes ayant recours au counseling.

Appendice 5

Les exercices pratiques liés aux quatre étapes du counseling

La vie de Simone était de plus en plus dominée par la peur. Dès le début, elle m'a avoué avoir jeté tous les couteaux de la maison, par crainte de souffrir de somnambulisme et d'infliger des blessures à son mari et à son enfant. Elle éprouvait une angoisse continuelle, se demandant si elle avait contracté une maladie mortelle. Elle se méfiait de son mari, sans raison valable. Elle s'inquiétait d'avoir dit ou fait quelque chose qui aurait pu blesser, irriter ou chasser ses nouvelles amies. Elle craignait de consulter un conseiller, car « personne ne comprendra ce que je vis » et « je serai rejetée ». Comment les exercices pouvaient-ils mettre fin à son cauchemar et aider Simone à faire confiance à Dieu et à son conseiller?

Le Psaume 37 présente aux craintifs et aux anxieux une personne digne de confiance, quelqu'un qui offre des solutions profondes à leurs problèmes. Le Psaume 37 parle sans détour des situations terrifiantes de la vie et invite ceux qui ont peur à examiner leur cœur. À la fin de notre première rencontre, j'ai recommandé à Simone de lire plusieurs fois ce psaume au cours de la semaine en se demandant : « Qu'est-ce que Dieu veut me dire? » Au cours des semaines suivantes, le Psaume 37 m'a donné l'occasion d'entrer dans l'univers de ses craintes et de bâtir une relation d'aide avec elle. Des exercices additionnels basés sur les Psaumes ont permis de mettre en relief les nombreuses peurs de Simone et de les confronter aux promesses du Seigneur. Bientôt, elle a pu faire face à la cause de ses peurs destructrices : ses réactions aux péchés des autres révélaient ses propres péchés et son incrédulité.

Nous avons déjà mentionné que ni Valérie ni Gabriel n'étaient venus aux séances de counseling pour recevoir de l'aide. Quand je leur ai demandé en quoi consistaient leurs problèmes de couple selon eux, ils ont répondu sans hésitation le prénom de leur partenaire. Ils se tenaient devant moi pour me dire comment régler les problèmes de l'autre. Comment des exercices adaptés pouvaient-ils canaliser la collecte des données et pénétrer au cœur de leur attitude défensive et des accusations réciproques?

Lors de notre seconde rencontre, j'ai parlé du principe de « la paille et de la poutre », de la grâce de Dieu et de la repentance (Matthieu 7.1-5 et Luc 6. 37-42). J'ai demandé à chacun de dresser une liste de leurs « poutres personnelles », à savoir : que faites-*vous* de mal qui cause du tort au lien d'amour instauré par Dieu pour le mariage? Valérie et Gabriel ont fait les exercices requis et cette semaine-là, ils ont accepté tous les deux de recevoir de l'aide – ils sont devenus disciples du Seigneur Jésus-Christ. Au cours des rencontres subséquentes, nous nous sommes basés sur leurs listes et sur les principes des Écritures s'y rattachant pour recueillir les données nécessaires et résoudre les problèmes.

« Vous ne me croirez pas si je vous dis ce que j'ai découvert dans mon devoir cette semaine! », s'est écriée Judith au début de notre cinquième rencontre. Je lui avais demandé d'écrire un compte-rendu de ses querelles avec son mari. Leur mariage s'apparentait à une guerre sans fin et Judith était convaincue que « l'égoïsme légendaire de Gilles » en était la seule cause. Elle avait « prié pendant des années, sans résultat ». Comment les exercices pouvaient-ils l'aider à se voir selon les critères de la Parole de Dieu?

Le journal de Judith rapportait chaque querelle entre elle et son mari, en accordant une attention particulière à ce qu'elle pensait, désirait, ressentait et faisait lors de ces conflits. Judith a systématiquement tenu ce journal pendant trois semaines. Lors de la quatrième semaine, elle devait le lire à plusieurs reprises afin d'y déceler les modèles de pensées, de comportements et de motifs qui en ressortaient. Elle devait ensuite comparer ce qu'elle avait découvert à certains passages bibliques traitant des relations : Jacques 4.1-6; Éphésiens 4.25-32 et 1 Corinthiens 13. Je *savais* ce que Judith avait découvert : la vérité de Dieu avait tracé son chemin dans son cœur. Je pouvais percevoir dans ses paroles une nouvelle humilité et un espoir renouvelé, et je voyais sur son visage la sincérité de ses propos.

Bertrand avait rompu les liens avec sa famille depuis plusieurs années. Au moyen du counseling, son amertume et sa froide indifférence ont cédé la place à la grâce de Dieu. Comment les exercices pouvaient-ils concrétiser les changements qui s'étaient opérés dans le cœur et les attitudes de Bertrand? Je lui ai confié la tâche d'écrire une lettre de réconciliation à sa mère à qui il n'avait pas parlé depuis dix ans. Je lui ai demandé de ne pas envoyer cette lettre, mais de l'apporter lors de la rencontre suivante afin que nous l'examinions ensemble. Nous voulions qu'elle exprime avec exactitude la manière dont Dieu le dirigeait à apporter des changements à ses relations familiales, changements qui découlaient d'une relation plus profonde avec Dieu.

Ces histoires illustrent quatre exemples d'exercices différents et qui cherchent à atteindre des objectifs différents. Le devoir de Simone servait à supprimer ses barrières d'autoprotection afin qu'elle puisse développer une relation avec Dieu et avec moi. Dans le cas de Valérie et Gabriel, les exercices ont permis de centrer sur chacun d'eux en particulier le processus de collecte des données. Les exercices de Judith lui ont révélé qui elle était et elle s'est finalement regardée dans le miroir des Écritures. Grâce à l'exercice proposé, Bertrand a pu appliquer concrètement le plan de Dieu à sa vie de tous les jours.

Les exercices ne sont pas seulement constitués d'études bibliques ciblées, consolidant l'aspect de l'enseignement dans le counseling. Ils ne se limitent pas nécessairement à un seul objectif et un seul point précis. Au contraire, s'ils sont préparés de façon créative et employés avec à-propos, ils font progresser chaque étape du processus. Leur utilisation judicieuse devient une partie intégrante du counseling et non un simple ajout au processus. En effet, ils assurent la poursuite de la démarche même lorsque le conseiller et la personne conseillée ne sont plus ensemble, puisque de bons exercices permettent au travail de transformation de se prolonger au-delà des rencontres.

À chaque nouvelle étape, le conseiller biblique doit se demander : « Quel type d'exercices serait utile et pertinent ? Qu'est-ce qui pourrait renforcer et faire progresser les sujets sur lesquels nous travaillons actuellement ? »

Pour les besoins de mon propos, je diviserai le processus de counseling en quatre étapes. Bien entendu, au cours de nos rencontres, elles n'apparaissent jamais aussi distinctement que la description ci-dessous. Les quatre étapes qui guideront mon analyse s'énoncent ainsi :

1. L'accueil : bâtir une relation saine et biblique avec la personne conseillée.

2. La compréhension : recueillir des données conduisant au cœur.

3. La confrontation et la consolation : amener la personne à se voir selon une perspective biblique et à mettre sa confiance dans les promesses de Dieu.

4. L'action : appliquer à la vie de tous les jours les intentions de Dieu concernant le changement.

Je donnerai l'objectif général visé à chaque étape, suivi de quelques exemples d'exercices basés sur cet objectif. J'aimerais stimuler votre désir de préparer des exercices utiles. Il ne tiendra qu'à vous de développer, par la suite, un menu varié et complet s'appliquant à votre ministère de conseiller particulier.

L'accueil

L'objectif : établir, avec la personne conseillée, une relation basée sur la compréhension et la confiance, tout en ranimant son espérance en Dieu.

Le counseling est une relation entre deux personnes ou plus, selon le cas. Dans sa souveraineté, Dieu l'a suscitée afin d'accomplir ses desseins de sanctification.

Dans quelle mesure la vie et l'amour du conseiller importent-ils? Considérons l'exemple de Christ, l'Admirable Conseiller. Il est venu dans notre monde et il a partagé pleinement nos expériences quotidiennes. Il est devenu un souverain sacrificateur compatissant et compréhensif, touché par nos faiblesses, nos tentations et nos souffrances. Nous nous approchons de lui avec confiance parce que nous savons que nous obtiendrons miséricorde et trouverons grâce, en vue d'un secours opportun (Hébreux 4.14-5.9). Regardons l'exemple de Paul. Son amour évident pour ceux dont il avait la charge et sa vie d'une droiture exemplaire donnaient à son ministère de la Parole une intégrité et une grande force de persuasion[1].

Comment résumer le counseling *biblique* en quelques mots? « ... disant la vérité avec amour, nous croîtrons à tous égards... en Christ » (Éphésiens 4.15). Les personnes que vous aidez ont besoin de savoir que vous dites la vérité qui vient de Dieu et qu'ils peuvent vous faire confiance – car vous parlez selon la vérité et vous travaillez *dans leur intérêt*. Si vous voulez que les personnes en situation de counseling vous confient ce qu'elles ont de plus cher, c'est-à-dire leurs vies et leurs secrets, vous devez à l'exemple de Christ témoigner de la sympathie, de la compréhension et une humilité à toute épreuve. Elles veulent l'assurance que les conseils reçus proviennent de quelqu'un qui comprend leur univers et est ému par leurs faiblesses. De cette manière, elles participeront avec confiance au processus de counseling.

Quel lien existe-t-il entre ces affirmations et les exercices? Un des buts recherchés par les exercices durant la phase initiale du counseling consiste à développer une relation à travers laquelle la grâce transformatrice sera communiquée. Je veux que la personne conseillée sache le plus rapidement possible ce qui suit : « Dieu a quelque chose à dire au sujet de mes luttes actuelles » et « le conseiller a bien écouté ce que je lui ai partagé et il comprend mes difficultés ».

Dès les premières séances de counseling, je cherche à découvrir les sujets me permettant d'accéder au cœur de la personne, et qui donneront du poids à mes réactions et aux exercices. Ces entrées en matière se trouvent souvent dans la description que donne la personne conseillée des « problèmes en cause ». Ils ne représentent pas nécessairement le cœur des véritables problèmes à régler, mais ils permettent d'entrer dans la vie de l'individu. On doit les prendre au sérieux si l'on veut que la personne en situation de counseling s'engage à changer et devienne un disciple. Je me demande donc : « Quelle est la difficulté évidente de mon interlocuteur en ce moment? Quel exercice pratique pourrais-je lui donner pour l'aider? » La peur, le découragement, la colère, l'amertume, la solitude et le désespoir offrent de bons exemples de portes d'accès donnant sur le cœur.

Si le conseiller réussit à tirer profit de ces portes d'accès, elles lui permettent généralement de découvrir les difficultés se situant à un niveau plus profond. Par exemple, à cause de ses peurs incontrôlables, Simone avait essentiellement besoin d'être rassurée. En effet, ses problèmes s'expliquaient, elle n'était pas folle. Dieu se souciait d'elle et le counseling biblique pouvait l'aider. Plus tard, d'autres problèmes plus fondamentaux sont apparus comme la colère, des attentes exigeantes, la crainte de l'homme, l'égoïsme, le perfectionnisme et l'incrédulité. En raison du climat de confiance et de vérité établi entre nous dès le début, il a été possible de régler ces autres questions.

Tout en préparant et en donnant à la personne aidée un exercice qui répond à ses préoccupations premières, je veux qu'il éveille en elle l'espérance. Il arrive souvent que les gens viennent à des séances de counseling sans nourrir de véritable espoir. Un exercice qui donne de l'espérance ouvre naturellement la porte au développement d'une relation et ranime la confiance en Dieu.

Amélie était une célibataire à la fin de la vingtaine. Elle se décrivait comme une « solitaire introvertie souffrant d'embonpoint ». Elle détestait son emploi, elle se sentait mal à l'aise et incomprise dans son Église et rejetée par sa famille. Elle affirmait que son chat était son meilleur ami! Elle disait vivre une vie misérable, être une « erreur de Dieu » et la mort lui apparaissait comme la meilleure solution possible. Quel exercice pouvait encourager Amélie et lui faire voir que Dieu et son conseiller la comprenaient? Je lui ai donné un exercice pour raviver son espérance, tiré de 1 Corinthiens 10.13 et reproduit à la fin du présent appendice

Cet exercice nécessite une préparation soigneuse. Le conseiller lit et travaille le texte de 1 Corinthiens 10.1-14 avec son interlocuteur au cours de la rencontre, avant de lui proposer cet exercice. Le passage s'adresse aux individus traversant des épreuves. Il décrit les réactions habituelles des pécheurs devant la souffrance, il affirme que Christ est présent au milieu des difficultés et désire nous bénir. Quel résultat cet exercice a-t-il donné dans la vie d'Amélie? D'abord, il m'a permis de mieux connaître son vécu. Ensuite, Amélie a réalisé qu'elle pouvait déterminer la cause exacte de son désespoir. Il était directement relié à sa manière de se percevoir, de penser à Dieu et à la situation, et d'y réagir. Enfin, Amélie a commencé à interpréter ses difficultés autrement. En considérant ses problèmes d'un point de vue biblique, l'espoir est revenu peu à peu.

Faites une étude personnelle et approfondie de l'exercice. Photocopiez-le ou adaptez-le afin de l'employer selon les besoins de ceux que vous aidez.

J'ajoute quelques exemples supplémentaires d'entrée en matière et d'exercices favorisant le développement d'une bonne relation avec la personne aidée :

1. L'espoir s'accroît en comprenant mieux les projets visés par Dieu dans vos souffrances et vos difficultés. Vous pouvez étudier Romains 5.1-11; 8.18-39; Jacques 1.2-27; 1 Pierre 1.1-2; 3 et Deutéronome 8.

2. Concentrez-vous sur vos richesses et votre identité d'enfant de Dieu. Vous pouvez étudier la signification de l'expression « en Christ » dans l'Épître aux Éphésiens.

3. Lisez des récits bibliques qui vous porteront à voir Dieu dans votre situation. Par exemple, Exode 13-14; Nombres 11, Nombres 20 et 1 Samuel 17 tournent autour d'un même thème : soit les acteurs impliqués ont oublié Dieu, soit ils se sont souvenus de lui. Posez-vous les questions suivantes au sujet des différentes histoires : Quel type de difficultés ces personnes affrontent-elles? Que pensent-elles de la situation où elles se

trouvent? Que ressentent-elles? Comment réagissent-elles? Que veulent-elles? Que fait Dieu? Quelles sont les évidences que Dieu est présent dans ce qui leur arrive? Si ces gens avaient « vu Dieu » dans leur situation, auraient-ils agi autrement? Si oui, qu'est-ce qui aurait été différent?

4. Étudiez la vie de certains individus dans les Écritures qui ont vécu des périodes de découragement, comme Élie dans 1 Roi 19; Samuel dans 1 Samuel 8 et Moïse dans Nombres 11. Posez-vous trois questions essentielles : Quelle était la cause de leur découragement? Quelle a été la réponse de Dieu à leur désespoir? Quel a été le remède à leur découragement?

5. Sachez que vous n'êtes pas seul à ressentir des craintes et des angoisses, comme en témoignent Philippiens 4.4-10 et les Psaumes 37 et 46. Posez-vous les questions suivantes : Qu'est-ce qui cause la peur? Quelles sont les conséquences de la peur dans la vie d'une personne? Quelles en sont les conséquences dans votre vie? Quelles sont les solutions offertes dans ces passages? Quelle influence votre relation avec Dieu exerce-t-elle sur vos craintes? À quoi ressemblerait votre vie si vous ne viviez plus dans la peur?

Le conseiller biblique trouve toujours une porte d'accès, à partir de laquelle il peut proposer à la personne qu'il aide un exercice fait sur mesure. Cet exercice exprime l'idée suivante : « J'ai pris note de vos préoccupations. Je les prends au sérieux. Je m'efforce de comprendre vos luttes. Dieu se tient près de vous et vous trouverez en lui l'espoir et l'aide nécessaire. » En quittant la rencontre, Amélie s'est sentie comprise et encouragée, car les exercices portaient exactement sur ses luttes.

La compréhension

L'objectif : acquérir une connaissance directement de la source et diriger l'attention vers ce qui importe vraiment.

Pendant la phase de collecte des données, il importe d'abord et avant tout de bien saisir les détails des circonstances vécues par la personne en situation de counseling. Le péché et l'obéissance ne sont pas des notions abstraites. Ils se traduisent plutôt par des réactions concrètes à des événements vécus, orchestrés par Dieu. Le counseling biblique vise à appliquer la Parole de Dieu en la transposant à des circonstances précises. Il se distingue en cela de la prédication dans l'Église. Je recueille des informations de manière à comprendre l'individu assis devant moi. Je veux connaître les détails se rapportant à sa situation afin d'appliquer correctement les Écritures à sa vie. Ce processus constitue une incarnation, puisqu'il consiste à entrer dans l'univers de mon interlocuteur, à me familiariser avec les traits distinctifs de son monde et à me laisser émouvoir par les réalités qui s'y rattachent.

Ensuite, il est primordial de diriger les réflexions vers ce qui importe vraiment. Ce faisant, je favorise une saine interaction naturelle où s'insèrent des occasions d'enseigner. En posant des questions basées sur une perspective biblique des gens et de leurs problèmes, j'oblige mon interlocuteur à se considérer, de même que sa situation, de manière conforme aux Écritures. Mon objectif est de l'amener à une prise de conscience biblique et accrue. À mesure que le processus de collecte des données progresse, la personne en situation de counseling devrait apprendre de nouveaux éléments avant même que l'enseignement formel n'ait commencé. Je ne recueille pas mes informations dans le seul but de déterminer où doit s'effectuer le changement. Au contraire, s'il est bien mené, ce processus fait partie intégrante du changement. La collecte des données est formatrice. De bonnes questions enseignent dès le début

Appendice 5 / **Les exercices pratiques...** 471

aux personnes conseillées à organiser, interpréter et expliquer leur monde de façon biblique.

Durant cette seconde étape du counseling, je veux que les exercices favorisent l'atteinte des deux objectifs décrits plus haut. Comme j'ai déjà mentionné, un des meilleurs outils pour recueillir des données consiste à tenir un journal. Vous ne demandez pas à la personne aidée d'écrire à propos de tout et de rien. Ce serait une tâche fastidieuse et contre-productive. Cependant, il peut s'avérer utile de suggérer la rédaction d'un journal structuré et précis. Voici comment j'ai présenté le projet à Judith, la femme qui pensait que son mari portait l'entière responsabilité de tous leurs problèmes :

1. Je lui ai demandé d'acheter un petit calepin se glissant facilement dans un sac à main ou une poche. Il allait servir à prendre des notes pour référence ultérieure. Je voulais que Judith emporte ce carnet partout, en tout temps. Elle pouvait ainsi y inscrire au besoin un mot ou deux pour l'aider à se souvenir des événements au moment de rédiger son journal.

2. J'ai demandé à Judith de ne consigner dans son journal que les situations de conflit avec son mari, Gilles.

3. Je lui ai demandé de répondre à cinq questions concernant chaque incident :

    - Que s'est-il passé?
    - Que ressentiez-vous?
    - À quoi pensez-vous?
    - Que désiriez-vous?
    - Qu'avez-vous fait?

4. Je lui ai demandé de rédiger systématiquement ce journal pendant trois semaines. Ensuite, Judith devait le relire en cherchant des thèmes et des modèles récurrents. Lors de la rencontre suivante, nous avons comparé ses conclusions et les Écritures.

Le journal de Judith m'a fourni une foule de détails sur ses luttes. Il a également permis à Judith de prendre du recul et de réfléchir sérieusement à sa situation et à sa manière d'y réagir.

Il existe plusieurs autres types d'exercices servant à la collecte des données. J'emploie souvent des listes et des questionnaires qui orientent la personne aidée vers une autoévaluation. Par exemple :

- Une « liste des poutres » (telle que mentionnée dans le cas de Valérie et Gabriel).

- Ce que je voudrais voir changer dans mon mariage.

- Les moyens par lesquels j'ai tenté de régler mon problème.

- À quoi aimerais-je que ma vie ressemble si je pouvais appuyer sur un bouton pour qu'elle change comme par magie?

- Le *Homework Manual for Biblical Counseling* de Wayne Mack, Volume 2, contient quelques exercices utiles pour évaluer un mariage[2] [en anglais seulement].

Il s'avère souvent bénéfique que les gens décrivent leur vie en l'évaluant par écrit :

- Je ne suis pas satisfait de ma vie parce que...
- Ce qui m'importe le plus dans la vie en ce moment c'est...
- Le foyer où j'ai grandi ressemblait à...
- Mon mariage se porterait beaucoup mieux si seulement...
- Ce qui me fait le plus peur dans la vie c'est...

Ces suggestions offrent de bons exemples d'exercices à adapter selon les besoins de votre interlocuteur.

Il arrive que des individus ne parviennent pas à transmettre certaines expériences oralement, mais réussissent à les communiquer à l'aide d'histoires et de dessins. Quand je recueille des informations sur le passé, je demande souvent à la personne conseillée d'écrire l'histoire de sa famille d'origine sous forme de récit : « Ma vie dans la famille _____ ». Les dessins peuvent également s'avérer utiles. Par exemple, je demande de dessiner à quoi ressemblaient les liens familiaux dans le foyer où elle a grandi. Lors de la rencontre suivante, elle m'explique et interprète son dessin.

Un de mes exercices préférés servant à la collecte de données s'appelle « Dressons un portrait global » (vous le retrouvez à la fin du présent appendice). Je commence en lisant Luc 6.43-45 avec la personne que j'aide et je lui présente le principe « du fruit et de la racine ». Je lui explique que je ne veux pas axer le counseling uniquement sur sa situation, ses difficultés, son entourage ou ses comportements. Je désire que nous prenions du recul et dressions un portrait global de la situation : les circonstances, les fruits et la racine. Je lui demande ensuite de répondre par écrit aux quatre questions inscrites sur la page de l'exercice. N'hésitez pas à l'adapter selon les besoins ou à le photocopier en vous conformant aux directives indiquées au début de cet ouvrage (voir la page des mentions de copyright).

Une lettre peut de même s'avérer un outil profitable pour décrire honnêtement la situation. Dans ces conditions, la lettre en question n'est envoyée à personne, elle sert à recueillir des données. Il s'agit d'un moyen efficace pour connaître les intentions de la personne aidée. Cet exercice est bénéfique dans le cas où elle vit des conflits relationnels précis. Je lui demande d'écrire « la lettre de ses rêves », en dépeignant honnêtement ses pensées et ses sentiments concernant la relation problématique. Bien entendu, il est très important de ne pas envoyer cette lettre. Elle est destinée à l'usage du conseiller et de l'individu en situation de counseling, et elle leur fournit de précieuses informations au sujet des véritables désirs et intentions de ce dernier.

Jean, un célibataire en colère, dans la vingtaine, a rédigé à sa mère une lettre comme celle que je viens de décrire. Quelle lettre! Elle contenait dix pages. Elle m'a été très utile pour comprendre d'où venait son irritation. Qui plus est, grâce à elle, Jean a commencé à mieux se connaître. Il s'est littéralement vu dans les pages de sa lettre. Celle-ci, ajoutée aux questions qu'elle a suscitées, a ouvert la voie à une prise de conscience plus profonde et à une conviction de péché. L'exercice qui avait pour objectif de recueillir des informations a conduit Jean vers la première étape menant au changement : « Je suis rempli de colère. Comment puis-je changer? »

L'exercice permet de garder la dynamique enclenchée et de poursuivre la collecte d'informations même après la séance de counseling. Il exige que la personne aidée s'implique activement dans le processus d'autoévaluation. Ainsi, elle ne joue pas un rôle passif alors que l'autre apprend à la connaître, mais elle accepte la responsabilité de s'examiner et d'apprendre à penser selon des normes bibliques.

La confrontation et la consolation

L'objectif : amener la personne conseillée à se voir selon une perspective biblique et à mettre sa confiance dans les promesses de Dieu.

En raison du péché qui nous trompe, nous avons tous besoin d'être réprimandés. À cause de la culpabilité, de la puissance et de la souffrance du péché, nous avons tous besoin de la consolation qui se trouve en Christ. Nous avons besoin d'amis qui répondent à l'appel de Dieu et nous disent « la vérité avec amour ». La confrontation ne jouit pas d'une bonne réputation dans notre culture. Elle possède une connotation chargée de dureté et de sévérité. Pourtant, les Écritures nous présentent la confrontation comme un acte d'amour, des mots remplis de douceur, de pertinence, d'honnêteté, et motivés par les besoins de mon prochain plutôt que par mes intérêts personnels.

De même, la consolation et l'encouragement ont acquis une réputation mensongère, l'équivalent d'un « soutien » inconditionnel qui déborde d'acceptation, de tolérance et de relativisme, et favorisant l'estime de soi. Pourtant, la consolation biblique abonde en vérité et présente l'évangile d'un Sauveur crucifié et la puissance de l'Esprit Saint qui nous transforme.

Trois principes fondamentaux devraient orienter votre manière de voir le processus de confrontation et de consolation, et l'intégration d'exercices pertinents à cette démarche. D'abord, faites participer la personne conseillée. Ensuite, présentez-lui les préceptes et les promesses de la Parole. Enfin, abordez les problèmes du cœur et du comportement.

Premièrement, comment réussir à faire participer un individu qui pourrait se montrer rebelle à la vérité? Nous en trouvons un exemple frappant dans 2 Samuel 12.1-25. Le prophète Nathan va vers David et dénonce son adultère et son meurtre. Remarquez bien sa méthode de confrontation. Il amorce un dialogue plutôt que de mettre tout de suite David sur ses gardes. Son histoire atteint directement la conscience de David, elle fait tomber les barrières de dissimulation et de tromperie personnelle. Nathan déclare ensuite : « Tu es cet homme-là! » Une telle confrontation honnête et pertinente n'entraîne pas de réactions défensives, de mensonges ou d'excuses. Les Psaumes 32 et 51 décrivent les pensées intérieures de David qui ont donné lieu à son attitude repentante, à la suite de la confrontation habile de Nathan.

De plus, Nathan a su réconforter David par des propos éclairés et pertinents. Il n'a pas adopté une attitude de positivisme inconditionnel ou de tolérance absolue et n'a pas tenté de stimuler son estime de lui-même. Par contre, il a aimé David et lui a apporté un message d'espoir de la part de Dieu : « L'Éternel pardonne ton péché, tu ne mourras pas » (2 Samuel 12.13). David l'a cru de tout son cœur. Plus tard, Nathan lui a donné un autre message de consolation venant de Dieu : « [Salomon] fut aimé de l'Éternel » (2 Samuel 12.24-25). C'est pourquoi Salomon a également été appelé Yedidya qui signifie « chéri de l'Éternel ». Les Psaumes 32 et 51 témoignent de la foi de David dans les promesses de grâce données par Nathan. Il s'avère bénéfique de vous inspirer d'un tel modèle de confrontation et de consolation interactive dans vos séances de counseling.

Le deuxième aspect de la confrontation et de la consolation bibliques se trouve dans le premier chapitre de l'Épître de Jacques. Présentez les préceptes de Dieu et offrez ses promesses. Selon Jacques 1.22-24, les Écritures s'apparentent à un miroir. Ce passage décrit bien comment se déroule la confrontation durant une séance de counseling biblique. Au cours de l'étape où la vérité est énoncée, je veux aider mon interlocuteur à se voir avec exactitude dans la Parole de Dieu. La plupart du temps, les individus aidés se sont regardés dans le miroir déformant de la tromperie ou de l'opinion des autres. Ils entretiennent une fausse image d'eux-mêmes. La confrontation place le miroir de la Parole devant leurs yeux afin qu'ils se voient tels qu'ils sont réellement. Les conseillers bibliques compétents n'ont pas nécessairement besoin de recourir à des paroles de reproche. Ils présentent le miroir. Ils se servent des Écritures de manière à ce que les paroles mêmes de Dieu percent leurs ténèbres spirituelles et qu'ils se reconnaissent coupables. Une vraie connaissance de soi conduit à une repentance et à une confession véritables.

Jacques 1 apporte de même une précieuse consolation (versets 2-5, 12, 17-18 et 25). Vous avez sûrement remarqué que le cœur de la consolation biblique ne se trouve pas dans l'affirmation humaine de soi, qui cherche à renforcer l'estime de soi, ce substitut mensonger du monde qui dit : « Je suis avec toi. Je crois en toi. Je pense que tu n'as rien à te reprocher. » En réalité, la véritable consolation vient de Dieu. Si, en confrontant, nous présentons le miroir de la Parole de Dieu, nous consolons en offrant ses promesses : Si quelqu'un manque de sagesse – si l'épreuve fait ressortir votre folie et votre péché – demandez-la à Dieu qui donne à tous libéralement et sans faire de reproche et elle lui sera donnée. Toute personne en situation de counseling peut s'approprier une telle promesse et agir en conséquence.

Le troisième élément important de l'étape de confrontation et de consolation se trouve également dans Jacques 1. Les versets 14 et 15 révèlent à quel point les désirs pécheurs produisent un mode de vie caractérisé par le péché qui, à son tour, suscite les souffrances de la malédiction divine. Simone, Valérie, Gabriel, Judith et Bertrand ont tous connu la misère, la confusion et le malheur. Leurs attitudes, leurs actions et leurs paroles témoignaient de la présence de péchés précis dans leurs vies. Au fond d'eux-mêmes, ils avaient abandonné Dieu, s'étaient attachés à de fausses croyances et servaient les désirs de la chair. Vous devez mettre au jour ces conditions du cœur, ainsi que les comportements qui en découlent.

Quel dessein Dieu forme-t-il pour le genre humain ? Lisons ce qu'en dit le prophète Joël (2.12-13) :

> Revenez à moi de tout votre cœur,
> Avec des jeûnes, avec des pleurs et des lamentations.
> Déchirez vos cœurs et non vos vêtements,
> Et revenez à l'Éternel, votre Dieu ;
> Car il fait grâce, il est compatissant,
> Lent à la colère et riche en bienveillance.

Le prophète fait référence à la coutume de l'Ancien Testament qui consistait à déchirer ses vêtements en signe de deuil et de douleur. Ce geste extériorisait un sentiment intérieur. De même, Dieu ne souhaite pas une « repentance extérieure » seulement. Il veut qu'elle émane d'un cœur qui revient à lui sans partage. Il veut se saisir à nouveau des cœurs de ceux que vous aidez et régner sur eux dans le but de changer leur manière de vivre. La consolation inhérente au counseling invite les gens à revenir sincèrement au Dieu compatissant. Ainsi, en disant la vérité, nous ciblons autant le cœur que les comportements.

Nous avons mentionné que le counseling doit être interactif, biblique et pénétrant. Comment les exercices aident-ils à réaliser ces objectifs ? Au cours de cette étape, je donne deux types d'exercices : une première catégorie porte sur l'enseignement et une seconde sur la prise de conscience ou la connaissance de soi. J'analyserai les deux catégories et en fournirai quelques exemples.

Je donne des exercices didactiques aux personnes que j'aide parce que plusieurs manquent d'enseignement. Elles ne connaissent pas ou ne comprennent pas les fondements des Écritures, ses concepts, ses catégories, ses principes, ses commandements et ses promesses. Il est essentiel de comprendre la vérité si l'on veut interpréter la vie et y réagir conformément à la Parole. Ainsi, j'enseigne tout en confrontant et en consolant.

L'exercice intitulé « Qu'est-ce que la vie chrétienne? » (à la fin du présent appendice) offre un exemple de travail favorisant l'édification. Vous voyez tout de suite que son enseignement se veut encourageant – même inspirant. Il sert également à remettre en question certaines idées de la personne conseillée. Le counseling biblique ne fait pas une grande différence entre la confrontation et la consolation. Les deux vont de pair pour accomplir les desseins de Dieu.

En quoi une telle étude s'avère-t-elle utile? Plusieurs individus ne saisissent pas les éléments de base de la sanctification progressive : « Dieu est à l'œuvre dans votre vie. Un disciple marche pas à pas dans la voie de la transformation. Il n'est pas parfait, il tombe encore, mais il progresse toujours sur le chemin de la foi et de l'obéissance. » Un petit nombre seulement voit la vie chrétienne comme un processus de changement et non comme la perfection ou une série d'échecs. Plusieurs personnes en situation de counseling cherchent un genre de « secret » pour résoudre l'ambiguïté. D'autres ont tout simplement abandonné et se débrouillent tant bien que mal dans leurs péchés et leur misère. Certains n'ont jamais entendu dire que Christ règne sur tous les chrétiens, et non pas seulement sur une élite dévouée qui a vécu une deuxième expérience de consécration. Enfin, certains n'ont jamais réalisé que si Dieu nous sauve de la condamnation du péché (la justification), il nous sauve également de la puissance du péché (la sanctification et la vie de disciple). La citation de Luther et les passages des Écritures agissent à la fois comme un rappel à l'ordre, un défi et un encouragement. Prenez le temps d'étudier personnellement « Qu'est-ce que la vie chrétienne? ». Vous pouvez utiliser ce document dans sa forme actuelle ou l'adapter selon vos besoins.

Nous devons remplacer les systèmes de pensée non bibliques par des perspectives résolument fondées sur la Bible. J'aime donner aux personnes que j'aide des exercices didactiques sur la Parole de Dieu.

1. Que disent les Écritures au sujet du cœur? (Pr 4.23; Lc 6.43-45 et Jc 4.1-5)

2. Qu'est-ce que l'idolâtrie? (Ez 14.1-6; Rm 1.18-32; 1 Co 10.1-14 et Ép 5.3-7)

3. En quoi consiste votre identité en Christ? (Rm 6.1-14; Éphésiens et 2 P 1.3-9)

4. Qui est Dieu et que fait-il? (Ps 34; Ps 46; Es 40 et Rm 8)

5. De quelle façon devriez-vous envisager les épreuves et les souffrances? (Rm 5.1-5; Jc 1.1-8 et 1 Pierre)

6. Comment devriez-vous réagir lorsque vous êtes victime du péché des autres? (Mt 5; 18.15-35 et Rm 12.9-21)

Cette liste, sans être exhaustive, fournit des exemples d'exercices didactiques pouvant être donnés au cours de l'étape de confrontation et de consolation du counseling. Ces études permettent d'employer plus efficacement le temps alloué à chaque séance. En effet, la personne se présente aux rencontres avec une étude déjà complétée sur certaines vérités fondamentales devant être discutées, puis mises en pratique dans sa vie.

Le deuxième type d'exercices que je donne durant l'étape de confrontation et de consolation porte sur la connaissance de soi. Il se concentre sur le cœur, puisque le cœur dicte les comportements. Les luttes se rapportant aux mensonges du péché se passent à l'intérieur, il en va de même de la foi et de la repentance.

Un des exercices que j'emploie souvent s'inspire de Jacques 4.1-6. L'auteur affirme que les conflits humains sont causés par les désirs dominant mon cœur. Les gens dissimulent une foule d'intentions lorsqu'ils abordent leurs semblables, de même que de nombreux désirs, exprimés ou non. Je suggère à mon interlocuteur d'écrire les choses qui importent le plus pour lui ou de répondre par écrit à des questions comme : « Qu'est-ce que je veux vraiment retirer de la vie? » ou « Qu'est-ce que je désire obtenir des gens autour de moi? » Ensuite, je lui demande d'écrire comment ces désirs ont influencé ses relations, par exemple : « De quelle manière les intentions de votre cœur (vos désirs dominants) ont-ils agi sur vos sentiments et vos réactions envers votre entourage? »

Bien entendu, l'objectif de cet exercice est de permettre à la personne aidée de reconnaître les idoles de son cœur, celles-là mêmes qui l'empêchent systématiquement d'agir comme Dieu le veut. Plusieurs ne s'interrogent pas sur la logique de leurs comportements. En fait, ils ne croient pas que les comportements revêtent une signification quelconque, ou que les actions mettent en lumière les pensées et les intentions du cœur. Pour cette raison, les personnes en situation de counseling pensent souvent qu'elles n'ont d'autres choix que d'agir comme elles le font. Cette façon d'envisager la situation et leurs désirs nous permet de comprendre pourquoi elles ne voient pas d'autre issue possible. En comprenant qu'elles ont le choix, la promesse de Jacques 4.6 prend tout son sens : « Mais il [Dieu] donne une grâce supérieure, puisqu'elle [l'Écriture] dit : Dieu résiste aux orgueilleux, mais il donne sa grâce aux humbles. » Une meilleure connaissance de soi conduit à une meilleure connaissance de Dieu et à une rencontre avec lui (Jacques 4.7-10).

Je veux amener la personne aidée à réfléchir à ses motifs et à se dévoiler en toute honnêteté. Un des moyens d'y parvenir est de donner l'exercice « En réponse aux situations de la vie » (à la fin du présent appendice). J'écris une histoire d'un paragraphe racontant un problème semblable à celui que vit mon interlocuteur. Je lui demande ensuite de compléter le tableau, énumérant cinq réactions possibles à la situation ainsi que les raisons poussant quelqu'un à agir comme il le ferait. Cette partie de l'exercice permet de voir la nature stratégique des comportements. Enfin, je lui demande de décrire sa réaction à une des situations précises dont nous avons déjà parlé et d'analyser ce qu'elle révèle au sujet des désirs et des intentions de son cœur.

L'étude de certains récits bibliques peut s'avérer très utile pendant l'étape en cours et s'insère facilement dans l'exercice « En réponse aux situations de la vie ». Je demande à la personne aidée d'étudier la réaction d'un personnage biblique dans les circonstances où il se trouve et de chercher des indices dévoilant les motifs derrière ces réactions : Jonas, Moïse dans Nombres 11, Gédéon dans Juges 6, Pierre dans Galates 2, Hérode dans Marc 6 et Esther dans Esther 4-5. Cet exercice amène une réponse positive à l'appel de Dieu, basée sur la reconnaissance et le souci de vivre pour sa gloire.

J'ai également recours à un autre exercice pendant la démarche en cours. Les versets de Matthieu 22.37-40 me servent de point de départ. Je discute du passage avec l'individu aidé avant de lui donner l'exercice. Je lui demande de réfléchir aux deux grands commandements et à la façon dont ils influencent ses réactions aux différentes situations de sa vie et aux gens qu'il côtoie chaque jour. Ensuite, il dresse deux listes sous les rubriques suivantes : « Si j'aime vraiment Dieu par-dessus tout, je vais... » et « Si j'aime vraiment mon prochain comme moi-même, je vais... » La semaine suivante, nous discutons ensemble de ses réponses et des changements précis qu'elles dictent.

Le but du processus de confrontation et de consolation est de produire une repentance sincère autant sur le plan des pensées et des motifs que sur celui des comportements. Le conseiller biblique prend bien soin de préparer des exercices qui incitent les personnes conseillées à s'engager dans une démarche d'autoévaluation biblique les menant à se confesser sincèrement à Dieu, à placer toute leur confiance en Christ et à effectuer des changements pratiques dans leur mode de vie.

Les actions

L'objectif : aider la personne à appliquer à sa situation les vérités apprises sur Dieu, elle-même et les autres, apportant les correctifs bibliques nécessaires et adoptant de nouvelles habitudes fondées sur la Bible.

Le counseling ne se termine pas au moment où la personne aidée commence à comprendre. Certes, il importe qu'elle saisisse qui elle est à la lumière de la Parole de Dieu, car en cela repose le fondement des changements qui suivront. Cependant, les Écritures sont profondément pratiques, elles nous équipent « pour toutes œuvres bonnes ». Le conseiller biblique ne peut abandonner celui qui entreprend d'appliquer ce qu'il a appris aux difficultés des réalités quotidiennes.

À ce stade du counseling, plusieurs principes importants ont été appris et doivent être mis en pratique. Le travail du conseiller se résume alors en cinq points principaux. Premièrement, il sert de *berger*, guidant l'individu aidé dans ses efforts pour appliquer des vérités totalement nouvelles. Deuxièmement, il sert d'*ami*, prodiguant réconfort, soutien et encouragement à celui qui tente de supporter autrement les pressions qu'il vivait auparavant. Troisièmement, le conseiller sert de *pasteur*, demandant à la personne en situation de counseling de rendre des comptes quand vient la tentation de faire demi-tour ou d'abandonner, car les normes fixées par Dieu sont saintes. Quatrièmement, il sert de *gardien*. Conscient que les tentations sont bien réelles, il prévient la personne aidée des attaques subtiles de l'Ennemi et l'aide à se défendre. Cinquièmement, il sert d'*enseignant*. La formation ne s'arrête pas lorsque le disciple a acquis de nouvelles connaissances bibliques. La vie quotidienne tient lieu de stage et de laboratoire. L'enseignant demeure au côté du disciple, affermissant les vérités déjà apprises.

Ces cinq rôles du conseiller structurent les différents types d'exercices appropriés à cette étape du counseling.

1. Le berger. Demandez à l'individu aidé d'élaborer un *plan d'action personnel* basé sur la Bible. Il le fait d'abord seul en exercice, puis nous le travaillons ensemble à la rencontre suivante. Je lui dis, en premier lieu, de se fixer des *buts* personnels correspondant aux changements à effectuer. Il doit se poser la question : « Qu'est-ce que Dieu m'appelle à changer dans ma vie de tous les jours ? » Par exemple, dans mon style de vie et mes habitudes, dans mes relations et ma situation actuelle. Ensuite, je lui demande d'écrire sous chaque but comment il compte s'y prendre de façon très pratique pour atteindre chaque objectif. Il crée ainsi une *liste de tâches stratégiques*. Les changements s'opèrent pour une raison précise, ils rapprochent l'individu aidé des desseins de Dieu pour lui. Enfin, je lui demande d'établir un ordre de *priorité* pour les buts et les tâches à accomplir. Comme je l'ai mentionné, nous révisons ensuite son plan ensemble avant qu'il ne le mette en action.

Je me dépouille-Je me revêts. Un des moyens efficaces d'entreprendre une action concrète à ce stade-ci du counseling consiste à écrire la liste des choses dont la personne doit se dépouiller et celles qu'elle doit revêtir à la place. Je lui suggère de se demander : « Quels éléments se rapportant à ma vie, à mes habitudes, à mes relations et à l'état actuel de ma situation dois-je abandonner? » Ensuite, elle réfléchit de nouveau : « Qu'est-ce que je négligeais de faire auparavant et que je dois maintenant m'engager à accomplir? » Je propose cet exercice, car je veux que mon interlocuteur assume la responsabilité de l'autoévaluation et de la planification biblique. Une planification détaillée conduit à une obéissance claire et précise.

Il s'avère très important de définir avec précision les responsabilités de chacun. Plusieurs individus que j'aide ne comprennent pas bien en quoi consistent leurs responsabilités. Je leur propose donc un exercice facile, basé sur l'appel de Dieu à « faire confiance et à obéir ». Ce faisant, la question se résout peu à peu – l'exercice « Clarifions les responsabilités » se trouve à la fin du présent appendice. La plupart de ceux qui effectuent sérieusement ce travail le trouvent très utile. Je le présente en des termes simples : « Nous pouvons diviser notre vie en deux cercles. Le plus petit renferme nos responsabilités, le plus grand englobe nos préoccupations. Le premier contient ce que Dieu nous appelle à faire. Nous répondons par l'obéissance aux éléments inscrits dans ce cercle. Nous ne pouvons transférer ces responsabilités à personne d'autre. Elles représentent les commandements que Dieu nous prescrit dans une situation donnée. Le second cercle, celui des préoccupations, contient ce qui importe pour nous et fait partie de nos soucis quotidiens. Cependant, ces éléments ne relèvent pas de notre responsabilité, nous ne pouvons les produire nous-mêmes et nous n'exerçons aucun contrôle sur eux. Nous confions donc ces choses à Dieu. J'aimerais que vous réfléchissiez aux différents aspects de votre vie et que vous les placiez dans les cercles appropriés. » Cette méthode simple pour clarifier la question des responsabilités a fait ses preuves. Elle permet également de découvrir la cause des colères, des craintes, de l'anxiété, de la peur, de la manipulation, de la passivité et de plusieurs autres péchés. En essayant d'exercer un contrôle là où vous êtes appelé à faire confiance, et en négligeant d'agir là où vous êtes appelé à obéir, il survient toute sorte de maux.

En présentant cet exercice, je lis Romains 12.17-21 avec mon interlocuteur. Paul mentionne le fait que d'autres pèchent contre nous et il établit une distinction entre les responsabilités de Dieu et les nôtres. Il ne nous appartient pas de rendre le mal pour le mal, mais la vengeance revient à Dieu. Nous devons plutôt vaincre le mal par le bien. Paul dit : « Laissez agir la colère [de Dieu] ». En réalité, il nous exhorte ainsi : « N'essayez pas de faire le travail de Dieu, n'empiétez pas sur ses plates-bandes. Ayez confiance que Dieu rétribuera ceux qui font le mal, et pratiquez le bien puisqu'il vous y a clairement appelé. » Paul déclare également : « S'il est possible, autant que cela dépend de vous, soyez en paix avec tous les hommes. » Votre part consiste à rechercher la paix. Cependant, vous n'êtes pas responsable des changements qui s'opèrent chez l'autre et vous êtes incapable de transformer un ennemi en ami. Vous confiez simplement à Dieu les conséquences – heureuses ou malheureuses – résultant de vos efforts. Ce passage fournit un préambule intéressant à l'exercice portant sur les responsabilités. Vous pouvez l'utiliser dans sa forme actuelle ou l'adapter aux besoins de ceux que vous aidez.

2. L'ami. Je veux offrir à la personne conseillée le soutien et l'encouragement de l'évangile pendant la difficile période de mise en application. En général, je l'exhorte à étudier certains passages ciblés des Écritures qui concernent son identité d'enfant de Dieu, l'espérance de l'évangile, les promesses de Dieu, les richesses qui sont nôtres en Christ, la puissance divine nous permettant de changer et d'obéir, le ministère quotidien du Saint-Esprit, l'analyse des luttes actuelles à la lumière de l'éternité et la victoire de Dieu sur le mal. Je prépare chaque exercice de façon à ce qu'il réponde aux besoins particuliers de la personne que j'aide, je lui demande de le compléter à la maison durant la semaine, puis nous en discutons ensemble au début de la rencontre suivante.

3. *Le pasteur*. Dans l'Épître aux Hébreux, les pasteurs sont décrits comme ceux qui veillent sur le bien des âmes « dont ils devront rendre compte » (13.17). Le counseling implique davantage que l'apport de conseils judicieux. Il remplit une fonction pastorale. Je dois personnellement rendre compte à Dieu des personnes qu'il a confiées à ma garde. Le pasteur n'enseigne pas seulement la vérité aux membres du peuple de Dieu, mais il les tient responsables de leur confiance et de leur obéissance à la vérité. En tant que pasteur, je propose deux types d'exercices. Le premier s'apparente à une fiche d'évaluation et je le prépare ainsi :

- Ce que j'ai appris (sur Dieu, moi, les autres, la vie, l'évangile, la situation de ma vie, etc.).
- Ce que j'ai à apprendre (les zones de confusion ou de doute).
- Ce qui a changé (écrivez quels changements précis sont survenus).
- Ce qui doit encore changer.
- Ce que je fais pour apporter les changements requis.

Je propose ensuite comme exercice la rédaction d'un journal. Je le décris à la personne aidée comme étant identique à celui qu'elle a déjà rédigé, incluant les cinq questions. Il sert à la fois d'évaluation et de moyen de rendre des comptes. Il s'avère très encourageant de comparer ces nouveaux écrits avec ce qui a été rédigé plus tôt. Le parallèle entre les deux donne lieu à des actions de grâces sincères et permet de se rendre compte du besoin de persévérance, de discipline et de changements supplémentaires.

4. Le gardien. Cette fonction du conseiller est menée sur deux fronts. D'abord, il avertit. Je veux que la personne conseillée demeure sur ses gardes et reconnaisse les attaques de l'Ennemi. Ensuite, le gardien protège. Je veux aider mon interlocuteur à se défendre efficacement contre les attaques. Je donnerai un exemple d'exercice pratique se rapportant aux deux fonctions du gardien.

- La mise en garde. Un des exercices que je donne fréquemment sous cette rubrique s'intitule « Ma liste de points sensibles ». Je demande à la personne aidée de trouver les points chauds de ses luttes, quand et où elle est tentée de transgresser les règles ou de tricher un peu. Je désire également qu'elle comprenne pourquoi elle est particulièrement vulnérable dans ces moments. La discussion qui ressort de cet exercice est très utile pour préparer l'exercice suivant.

- La protection. La plupart du temps, je demande à mon interlocuteur de préparer un « plan en cas de tentation » pour les moments et les endroits où surviennent les attaques. Ainsi, après avoir terminé son exercice et l'avoir mis au point avec moi, je lui suggère d'en écrire les principaux éléments sur une fiche de carton 3 x 5 qu'il emporte avec lui en tout temps afin de l'avoir à sa disposition au moment où survient la tentation. Le plan inclut trois parties :

Un aide-mémoire (quelques versets, principes bibliques et avertissements).

Des actions concrètes (les gestes à poser pour obtenir la victoire sur cette tentation).

Un numéro de téléphone (le nom d'une personne qui accepte d'être appelée « d'urgence » pour aider et encourager au besoin)

5. L'enseignant. Enfin, j'agis à la manière d'un professeur circulant parmi ses élèves dans un laboratoire de science. Il guide leur travail pratique. Il pose des questions et fait part d'observations auxquelles les étudiants n'avaient pas songé. Il lui arrive même d'apporter des éléments didactiques nouveaux, si nécessaire. Ainsi, en tant « qu'expert dans le domaine », je continue à enseigner aux personnes que j'aide pendant qu'elles mettent en pratique leurs connaissances nouvellement acquises. Je mentionnerai deux types d'exercices liés à la fonction d'enseignant.

D'abord, je donne un exercice *d'interprétation biblique*. Le but recherché est non seulement de permettre à l'individu de penser à sa vie selon une perspective biblique, mais de lui enseigner comment cultiver une compréhension et une interprétation bibliques adéquates pour ce qu'il doit affronter quotidiennement. Nous déterminons quelles situations le troublent ou lui causent des difficultés. Nous trouvons des passages bibliques pertinents, puis je lui propose un exercice en lien avec ces derniers. Je demande à mon interlocuteur de répondre à quatre questions sur chaque passage :

- Comment Dieu décrit-il ce problème?
- Quel objectif Dieu poursuit-il dans cette situation?
- Qu'est-ce que Dieu désire que je fasse?
- Quelles ressources Dieu m'a-t-il données pour y arriver?

Je révise ensuite ce qu'il a appris dans la Parole de Dieu et je l'aide à l'utiliser pour interpréter ce qu'il vit.

Le deuxième type d'exercices de cette section traite des *sujets inexplorés*. Il sert à donner à la personne conseillée une perspective biblique sur certains sujets précis. Par exemple, l'argent, la sexualité, le travail et la carrière, l'Église, le rôle des parents, la communication, la piété personnelle, etc. Je prépare des études adaptées à ses besoins et à son degré de maturité. Je veux qu'elle ait effectué quelques recherches personnelles avant que nous en discutions ensemble.

Le but ultime du counseling est d'entreprendre des actions concrètes, c'est-à-dire faire ce que Dieu m'appelle à faire là où il m'a placé. Cette étape confère au conseiller une fonction de berger, d'ami, de pasteur, de gardien et d'enseignant. Les exercices constituent un des outils que le conseiller biblique doit employer pour atteindre ces objectifs, et la raison en est évidente. Cette étape du counseling nécessite des actions précises de la part de la personne aidée et les exercices servent exactement cette cause. En effet, grâce à eux, elle cherche, étudie, évalue, travaille et retravaille tout en s'exerçant à la piété et en acquérant une discipline spirituelle.

Je ne soulignerai jamais assez l'importance des exercices quand nous conseillons les individus que Dieu met sur notre route et qui ressemblent à Simone, Valérie, Gabriel, Judith et Bertrand. Les exercices ne sont pas un luxe, ni un complément au processus normal de counseling biblique, mais ils en constituent une partie essentielle et sont grandement profitables. Les exercices servent autant à développer les relations qu'à recueillir des données, confronter un péché, offrir la consolation de Christ et appliquer concrètement la vérité. Ils permettent à la personne en situation de counseling de demeurer active, les regards plongés dans les Écritures; ils exigent d'elle un engagement tout en la rendant responsable de ses actes. Grâce à eux, la personne aidée prend une part active à chaque étape du counseling. Les exercices font progresser le travail du conseiller puisque l'individu qu'il aide l'amène en quelque sorte à la maison sous forme de travail pratique, utile, sage et honorant Dieu. En parlant des exercices, Jay Adams a déclaré :

« Dès le début, nous demandons qu'ils [les individus en situation de counseling] fassent ce que Dieu demande, à la lumière des Écritures et qu'ils dépendent complètement de la puissance du Saint-Esprit. Le conseiller ne fait pas les exercices à leur place. Il les dirige comme un berger conduisant ses brebis, cependant ce sont les individus qui font le travail. Il insiste sur le fait qu'ils doivent « travailler à leur salut » (solution) par leur obéissance à Dieu, en dépendant de son appui. Les exercices mettent l'accent là où il est nécessaire d'insister – c'est-à-dire, sur la responsabilité qu'a la personne aidée envers Dieu et son prochain[3]. »

1 CORINTHIENS 10.13

Les mensonges de l'Ennemi	La vérité de Dieu
« Tes problèmes sont uniques, plus grands et plus difficiles que ceux des autres personnes. » (Dressez la liste des problèmes de votre vie que vous avez perçus de cette manière.)	« Tu fais face à des tentations communes à tous les êtres humains. » (Dressez la liste des tentations quotidiennes auxquelles vous devez faire face et qui ressemblent à celles que vivent les autres.)
« Dieu t'a oublié. » (Dressez la liste des domaines dans lesquels vous avez eu tendance à vous sentir abandonné.)	« Je suis fidèle. » (Dressez la liste des évidences de la fidélité de Dieu dans votre vie.)
« Tes problèmes sont au-delà de tes forces. » (Dans quel domaine vous êtes-vous senti dépassé ou surchargé?)	« Je ne te laisserai pas être tenté au-delà de tes forces. » (Quelles sont les ressources dont vous disposez déjà pour faire face aux problèmes de votre vie?)
« Tu es pris au piège et il n'y a aucune issue. » (Dressez la liste des problèmes auxquels vous êtes confronté et qui vous semblent insolubles.)	« Je préparerai le moyen d'en sortir afin que tu puisses supporter l'épreuve. » (Déterminez les changements en vous qui vous rendraient capable de régler les difficultés de votre situation.)

DRESSONS UN PORTRAIT GLOBAL
Luc 6.43-45

SITUATION :

Que se passe-t-il? (Circonstances, comportement des autres)

FRUIT :

Comment réagissez-vous aux événements? (Émotions, actions, réactions)

RACINES :

Que pensez-vous de ce qui arrive? (au sujet de Dieu, de vous-même, des autres, de la vie)

Que voulez-vous? (Objectifs, désirs, besoins, exigences)

©2012 (Version française). Paul David Tripp. *Instruments entre les mains du Rédempteur.* Trois-Rivières, Éditions Impact.

QU'EST-CE QUE LA VIE CHRÉTIENNE?

1. **Les questions suivantes énoncent différentes visions de la vie chrétienne :**
   a. Croyez-vous qu'il existe un « secret » dans la vie chrétienne qui permet d'en finir avec les luttes et qui facilite le passage sur cette terre?
   b. Avez-vous démissionné en tant que chrétien parce que le changement semble trop difficile?
   c. Êtes-vous déjà devenu un « disciple », c'est-à-dire quelqu'un qui change consciemment, qui apprend comment penser et agir comme Jésus-Christ dans toutes les situations de la vie?
   d. Quand vous prenez conscience d'un manquement dans votre vie, réagissez-vous comme s'il s'agissait d'une grande crise, soit en excusant la faute, soit en vous laissant désespérer par elle? Cherchez-vous plutôt la perfection et la délivrance instantanées?

2. **Lisez la description suivante de la vie chrétienne normale :**

   > Cette vie, par conséquent, n'est pas la justice,
   > Mais la croissance dans la justice,
   > Non pas la santé, mais la guérison,
   > Non pas l'être, mais le devenir,
   > Non pas le repos, mais l'exercice.
   > Nous ne sommes pas encore ce que nous serons,
   > Mais nous progressons vers ce but;
   > Le processus n'est pas encore terminé, mais il se poursuit;
   > Ce n'est pas l'arrivée, mais la route.
   > Tout ne reluit pas encore de gloire, mais tout est purifié.
   >
   > Martin Luther [Traduction libre]

©2012 (Version française). Paul David Tripp. *Instruments entre les mains du Rédempteur.* Trois-Rivières, Éditions Impact.

a. À quoi ressemble cette vie?

b. Quelles promesses tient-elle en réserve, à la fois pour le présent et pour l'avenir?

c. Est-ce là votre vision de la vie chrétienne? Dans quel domaine vous sentez-vous interpelé? De quelle manière vous sentez-vous encouragé?

d. De quelle manière précise avez-vous besoin de changer?

3. Luther a pu écrire ce texte parce qu'il avait étudié la Bible. Étudiez les passages suivants des Écritures : Jacques 1.2-5; Philippiens 1.6; 1.9-11; 2,12-13; 2 Pierre 1.3-11. Interrogez-vous sur chacun de ces passages en vous posant les mêmes questions que celles qui se rapportent à la citation de Luther.

a. À quoi ressemble cette vie?

b. Quelles promesses tient-elle en réserve, à la fois pour le présent et pour l'avenir?

c. Est-ce là votre vision de la vie chrétienne? Dans quel domaine vous sentez-vous interpelé? De quelle manière vous sentez-vous encouragé?

d. De quelle manière précise avez-vous besoin de changer?

©2012 (Version française). Paul David Tripp. *Instruments entre les mains du Rédempteur*. Trois-Rivières, Éditions Impact.

EN RÉPONSE AUX SITUATIONS DE LA VIE

Lisez l'histoire suivante avec soin. (Le conseiller écrit une anecdote d'un paragraphe se rapportant aux situations de la vie de l'individu conseillé.)

Dressez une liste de cinq réactions possibles à la situation racontée ci-dessus et apposez un but ou une intention à chacune de ces réactions.

RÉACTIONS
1.
2.
3.
4.
5.

MOTIFS
1.
2.
3.
4.
5.

De quelle manière avez-vous réagi à _____ ?

Que révèle votre réponse au sujet des désirs et des intentions de votre cœur?

©2012 (Version française). Paul David Tripp. *Instruments entre les mains du Rédempteur.* Trois-Rivières, Éditions Impact.

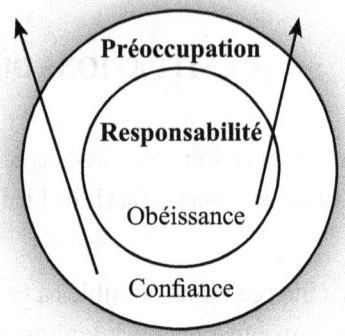

CLARIFIONS LES RESPONSABILITÉS

Les choses qui constituent des préoccupations dans ma vie, mais qui ne relèvent pas de ma responsabilité. Je dois confier ces choses à Dieu.

1.   6.
2.   7.
3.   8.
4.   9.
5.   10.

Les choses dont je dois assumer la responsabilité comme Dieu me le demande et que je ne peux, par conséquent, déléguer à personne d'autre.

1.   6.
2.   7.
3.   8.
4.   9.
5.   10.

Les changements que je dois effectuer :

©2012 (Version française). Paul David Tripp. *Instruments entre les mains du Rédempteur.* Trois-Rivières, Éditions Impact.

Notes

CHAPITRE 1 :
LA MEILLEURE DES NOUVELLES :
UNE RAISON DE SE LEVER LE MATIN

1. Pour une étude plus approfondie du sujet, lisez « Wisdom in Counseling », *The Journal of Biblical Counseling*, vol. 19.2, hiver 2001, p. 4-13.

CHAPITRE 2 :
ENTRE LES MAINS DU RÉDEMPTEUR

1. Pour une étude plus approfondie du sujet, lisez « The Great Commission: A Paradigm for Ministry in the Local Church », *The Journal of Biblical Counseling*, vol. 16.3, printemps 1998, p. 2-4.

2. Voir le livre de David Henderson, *Culture Shift: Communicating God's Truth to Our Changing World*, Grand Rapids, Baker Books, 1998. Il offre une analyse utile de l'emploi approprié des Écritures, p. 29 et suivantes.

3. Vous trouverez une application supplémentaire de ce principe au mariage dans « Whose Dream? Which Bread? » *The Journal of Biblical Counseling*, vol. 15.3, printemps 1997, p. 47-50. Cet article est aussi publié sous forme de brochure et intitulé *Marriage: Whose Dream?* dans la série Resources for Changing Lives.

CHAPITRE 3 :
AVONS-NOUS RÉELLEMENT BESOIN D'AIDE?

1. Vous trouverez une analyse détaillée de ce concept dans les appendices 1 à 3.

CHAPITRE 4 :
LE CŒUR EST LA CIBLE

1. Je me suis servi de cette illustration pour la première fois dans *Age of Opportunity: A Biblical Guide to Parenting Teens*, Phillipsburg, NJ, P&R, 1997, p. 49-50.

CHAPITRE 8 :
BÂTIR DES RELATIONS EN NOUS IDENTIFIANT
À LA SOUFFRANCE

1. Je recommande vivement deux livres pour approfondir ce sujet : *When God Weeps*, par Joni Eareckson Tada et Steven Estes, Grand Rapids, Zondervan, 1997; et *Why Does It Have to Hurt?*, par Dan G. McCartney, Phillipsburg, NJ, P&R, 1998.

2. Pour une étude plus approfondie du sujet, consultez mon article intitulé « Keeping Destiny in View: Helping Counselees View Life from the Perspective of Eternity », *The Journal of Biblical Counseling*, vol. 13.1, automne 1994, p. 13-24. Cet article est également publié sous forme de brochure et intitulé *Suffering: Eternity Makes a Difference*, dans la série Resources for Changing Lives.

CHAPITRE 12 :
LE PROCESSUS MENANT À DIRE LA VÉRITÉ AVEC AMOUR

1. Les appendices 4 et 5 fournissent des informations pertinentes sur l'emploi d'exercices pratiques à chaque étape du ministère personnel.

2. Vous trouverez d'autres analyses sur ce sujet dans « Speaking Redemptively », *The Journal of Biblical Counseling*, vol. 16.3, printemps 1998, p. 10-18 et « Grumbling – A Look at a 'Little' Sin », *The Journal of Biblical Counseling*, vol. 18.2, hiver 2000, p. 47-52.

CHAPITRE 14 :
AFFERMIR L'IDENTITÉ EN CHRIST ET INSTAURER UN SYSTÈME PERMETTANT DE RENDRE DES COMPTES

1. Ce cantique écrit par Heinrich T. Schenk est extrait du *The Trinity Hymnal*, Philadelphie, PA, Great Commission Publications, 1990, n° 542.

APPENDICE 4 :
LES DOCTRINES INSPIRANT LES EXERCICES PRATIQUES

1. Jay Adams, *Ready to restore*, Phillipsburg, NJ, P&R, 1981, p. 72

2. Nombres 11–21; Philippiens 2.14-16; etc.

3. Extrait du cantique anglais *Jesus, What a Friend for Sinners!*

4. Vous trouverez un exemple d'inventaire de données personnelles dans le livre de Jay Adams intitulé *The Christian Counselor's Manual*, Grand Rapids, Zondervan, 1973, p. 433-435.

5. Louis Berkhof, *Systematic Theology*, Grand Rapids, Eerdmans, 1941, p. 534.

APPENDICE 5 :
LES EXERCICES PRATIQUES LIÉS AUX QUATRE ÉTAPES DU COUNSELING

1. Dans les trois passages suivants, l'amour et l'honnêteté personnelle préparent le terrain à un ministère de la Parole efficace : 2 Corinthiens 1.3–2.4; 1 Thessaloniciens 2.1-20 et Actes 20.17-38. Paul fait continuellement référence à la relation qu'il entretient avec ses auditeurs, même dans les épîtres qualifiées de plus « impersonnelles et objectives », comme Éphésiens, Colossiens et Romains.

2. Wayne Mack, *A Homework Manual for Biblical Counseling*, vol. 2, Phillipsburg, NJ, P&R, 1980.

3. Jay Adams, *Christian Counselor's Manual*, Grand Rapids, Zondervan, 1973, p. 306 et suivantes.

« **Publications Chrétiennes inc.** » est une maison d'édition québécoise fondée en 1958. Sa mission est d'éditer ou de diffuser la Bible ainsi que des livres et brochures qui en exposent l'enseignement, qui en démontrent l'actualité et la pertinence, et qui encouragent la croissance spirituelle en Jésus-Christ.

Pour notre catalogue complet :
www.publicationschretiennes.com

Publications Chrétiennes inc.
230, rue Lupien, Trois-Rivières, Québec, CANADA – G8T 6W4
Tél. (sans frais) : 1-866-378-4023, Téléc. : 819-378-4061
commandes@pubchret.org

www.ingramcontent.com/pod-product-compliance
Lightning Source LLC
Chambersburg PA
CBHW050241170426
43202CB00015B/2869